立信会计系列精品教材
国家级特色专业教材
普通高等院校“十三五”规划教材

《会计学原理（第五版）》
学习指导书

KUAIJIXUE YUANLI DIWUBAN XUEXI ZHIDAOSHU

主　编　邵瑞庆
副主编　袁国红

立信会计出版社
LIXIN ACCOUNTING PUBLISHING HOUSE

图书在版编目(CIP)数据

《会计学原理(第五版)》学习指导书 / 邵瑞庆主编. —上海：立信会计出版社，2019.12(2021.8 重印)
ISBN 978-7-5429-6340-6

Ⅰ.①会… Ⅱ.①邵… Ⅲ.①会计学—自学参考资料 Ⅳ.①F230

中国版本图书馆 CIP 数据核字(2019)第 276633 号

责任编辑 陈 旻
封面设计 南房间

《会计学原理(第五版)》学习指导书

KUAIJIXUE YUANLI (DIWUBAN) XUEXI ZHDAOSHU

出版发行	立信会计出版社		
地 址	上海市中山西路 2230 号	邮政编码	200235
电 话	(021)64411389	传 真	(021)64411325
网 址	www.lixinaph.com	电子邮箱	lixinaph2019@126.com
网上书店	http://lixin.jd.com		http://lxkjcbs.tmall.com
经 销	各地新华书店		
印 刷	上海万卷印刷股份有限公司		
开 本	787 毫米×1092 毫米	1/16	
印 张	19.5		
字 数	447 千字		
版 次	2019 年 12 月第 1 版		
印 次	2021 年 8 月第 2 次		
印 数	28 901—31 000		
书 号	ISBN 978-7-5429-6340-6/F		
定 价	42.00 元		

前　言

本书是立信会计系列精品教材《会计学原理(第五版)》的配套学习指导书,目的是给予学生有效的学习指导,让学生巩固所学知识与开阔专业视野。在内容结构上与《会计学原理(第五版)》相一致,分10章,按概要解析、背景资料、复习思考题与练习题、案例分析题四部分进行编写。概要解析部分,主要对教材中的重要概念、方法和疑点难点问题作概括简练的解析,帮助学生对一些会计基本概念与方法的理解;背景资料部分,着重对会计学原理涵盖的会计基本理论、方法与技术的发展背景、变化趋势以及有争议的问题或学术观点等进行介绍,拓展学生的专业视野;复习思考题与练习题部分,编入与教材类型相同的复习思考题与练习题,练习题包括单项选择题、多项选择题、判断题与业务题四种类型,促进学生加深理解和熟练掌握会计学的基本理论、基本知识、基本方法和基本技能;案例分析题部分,编入了一些著名案例或其他案例,培养学生的分析性思维与提高综合判断能力。为便于学生的复习与自习,练习题附有参考答案。在本书最后附有六套模拟试卷及其参考答案,学生可以通过模拟试卷测试自己对"会计学原理"课程的掌握程度。

本书主要由参与立信会计系列精品教材《会计学原理(第五版)》的编写人员编写,邵瑞庆教授担任主编,袁国红副教授担任副主编。由主编负责拟订编写大纲、设计体例和确定内容结构,并负责总纂、修改和定稿;副主编协助主编承担相应的工作。第一、第二、第十章以及所附模拟试卷由邵瑞庆编写,第三章由杨鲁博士编写,第四章由杨家亲副教授编写,第五章由刘睿洁讲师编写,第六章由付君副教授编写,第七章由周陈莲讲师编写,第八章由章立军副教授编写,第九章由袁国红编写。

限于编者的水平,本书存在着不足之处,恳请使用者提出批评指正,以不断提高本书的质量。

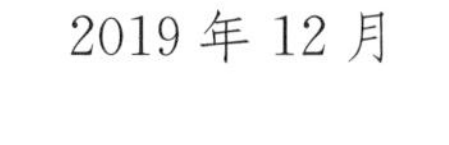

2019年12月

目　　录

第一章　总　　论

一、概要解析

(一) 会计的含义

对于会计的理解，是随着对会计工作、会计学科、会计信息作用的认识的不断深化而有所变化。目前对于会计的含义基于不同的视角而产生不同的认识：从采用的方法来认识，会计被认为是一种经济活动的管理工具；从信息处理与提供过程来认识，会计被认为是一种提供经济活动信息的技艺；从目标来认识，会计被认为是一个服务于会计信息使用者据以作出决策的信息系统；从工作来认识，会计被认为是一种经济管理活动。从这四种视角出发对会计的认识是一种互补的认识关系。通过这四种视角，才能全面地理解会计的含义。

会计不同于其他的经济管理活动或者其他经济管理学科，原因在于会计具有四个方面的显著特点：一是以货币为主要计量尺度；二是以凭证为基本依据；三是以一套完整的专门方法为手段；四是对经济活动的管理具有全面性、连续性和系统性。会计信息因会计这四个方面的特点而为使用者所倚重。

观念反映着思想意识，会计的观念反映着会计的思想意识，包括会计的用户观念、经济后果观念以及规范观念。会计的用户观念是由会计的目标形成的，会计的目标是为会计信息的使用者提供进行决策所需的会计信息，会计所提供的信息应该能够满足其用户的需要，会计信息在一定程度上具有公共产品的特征。会计的经济后果观念是由会计所提供的信息影响信息使用者的决策形成的，会计信息会对会计信息使用者的决策产生直接影响，会计所提供的会计信息也就负有法律责任，并受到道德约束。会计的规范观念是因会计信息的特征形成的，会计对外提供的是能够满足所有用户群体共同需求，并具有经济后果的信息，会计必须建立与遵循统一的、法定的或公认的规范来生成与提供会计信息。对会计观念的把握很重要，只有确立了会计的观念，才能说对会计有了一个正确而全面的理解。

(二) 会计的基本职能

会计的基本职能是核算与控制。

会计的核算职能是指会计对所发生的客观经济活动的表述和价值数量上的确定，为会计信息使用者提供作出决策所需信息的功能。会计核算职能要求会计按照会计准则，通过一定的程序和方法，全面、系统、及时、准确地把一个会计主体所发生的经济活动反映出来。

会计的控制职能是指会计按照一定的目标和要求，利用会计核算所提供的信息，对经济活动进行控制，使之达到预期目标的功能。会计的控制职能具有强制性、连续性与整体性的特征。会计控制不仅体现在已经发生的经济活动方面，还体现在经济活动的发生过程之中甚至尚未发生之前，包括事前控制、事中控制与事后控制。

（三）会计的目标

会计的最终目标是如何利用有限的经济资源获得最大的经济效益。从企业的角度看，会计的特定目标是向会计信息的使用者提供与一个企业的财务状况、经营成果和现金流量等有关的会计信息，反映管理层受托责任履行情况，有助于会计信息的使用者作出经济决策。

在现代公司制下，企业所有权和经营权相分离，企业管理层是受托经营管理企业及其各项资产，负有受托责任。企业管理层所经营管理的各项资产属于投资者投入的资本或者向债权人借入的资金所形成的，企业管理层有责任保证这些资产的保值与增值。因此，会计提供的信息应当能够反映企业管理层受托责任的履行情况，以客观评价企业的经营管理责任以及资源使用的效率。这种观点被称为会计目标的受托责任观。

会计的产生动因是为了向会计信息使用者提供有助于其作出正确决策的信息。这种观点被称为会计目标的决策有用观。

关于会计特定目标的决策有用观与受托责任观并不是排斥的，而是兼容的。受托责任观是决策有用观的基础，而反映管理层受托责任履行情况的目的仍在于决策，决策有用观也就包含了受托责任观。决策有用观与受托责任观两种观点的差异表现在两者侧重点的差异上。

（四）会计信息的使用者

会计信息存在着供需双方。会计信息提供者所提供的会计信息应该能够满足会计信息需求者的需求，会计信息的需求者也就是会计信息的使用者，即在社会经济活动中需要根据会计信息进行经济决策的组织和个人。会计信息的使用者按其与提供会计信息企业的利益关系不同，可分为外部使用者与内部使用者。会计信息的外部使用者是不直接参与企业的内部经济活动运作，但与企业有经济利益关系的组织与个人，包括不直接参与企业管理的现实投资者与潜在投资者、债权人与债务人、物资供应商和产品经销商、各级政府的有关部门、中介机构以及咨询或分析机构等；会计信息的内部使用者是直接参与企业的内部经济活动运作的组织与个人，包括企业的管理当局或责任部门、职工代表大会与工会组织、员工等。

企业向会计信息的外部使用者提供的会计信息受到法定的或公认的会计规范的约束，

通常以资产负债表、利润表与现金流量表等报表及其附注等基本形式与规定内容来满足外部使用者的共同需要，并保证所提供会计信息的中立性；而向会计信息的内部使用者提供的会计信息可以不受法定的或公认的会计规范的约束，具有较多的个性。

（五）企业会计与非营利组织会计

通常将组织分为营利组织与非营利组织两大类。营利组织是以营利为目的的组织，就是通常所说的企业；非营利组织是不以营利为目的的组织，包括政府机关、学校、医院、科研机构、社会团体、基金会和慈善机构等。

企业根据经营业务的性质不同，可分为制造业企业、商品流通业企业与服务业企业等类别。制造业企业是将原材料加工成可以销售给消费者的产品的组织，如通用汽车公司、可口可乐公司等；商品流通业企业是通过向其他企业购买产品再销售给消费者的组织，如沃尔玛公司、联华公司等；服务业企业是向消费者提供劳务或服务的组织，如中国国际航空公司、中国移动通讯公司等。企业根据其组织形式不同，可分为独资企业、合伙企业与公司制企业。独资企业是由一个个人主体出资创办、归个人所拥有的企业；合伙企业是由两个或两个以上个人主体共同出资创办、归出资人共同拥有的企业；公司制企业是依照法定的条件和程序设立的法人企业，具有独立的法人财产，享有法人财产权，并以其全部财产对债务承担责任。公司制企业是现代企业的主要形式，具体又可分为有限责任公司和股份有限公司。有限责任公司的股东以其认缴出资额为限对公司承担责任；股份有限公司的股东以其认购的股份为限对公司承担责任。

企业会计是以企业为会计主体的会计，以资产、负债、所有者权益、收入、费用、利润为会计要素，通过核算提供与一个企业的财务状况、经营成果与现金流量等有关的会计信息；非营利组织会计是以行政、事业单位以及民间非营利组织为会计主体的会计，一般以资产、负债、净资产、收入和费用为会计要素，通过核算提供与一个非营利组织的财务状况、运行情况和现金流量情况以及预算执行情况等有关的会计信息。

（六）财务会计、管理会计与成本会计

企业的经营权与所有权的分离，导致财务会计从传统会计中分离出来成为一个重要的会计分支。财务会计以会计信息的外部使用者为主要服务对象，以复式簿记系统为信息生成基础，以通用的财务报表为主要方式来传递与披露财务信息，以公认或法定的会计准则为依据来进行会计确认、计量与报告。

市场竞争的加剧与企业内部管理的强化，导致管理会计从传统会计中分离出来成为另一个重要的会计分支。管理会计主要服务于企业的内部会计信息使用者，不受公认或法定会计准则的约束，直接对企业的经济活动作出预测、决策与规划，以企业内部各个责任单位为会计主体对其日常经济活动进行控制、评价与考核，根据管理与决策的需要来确定会计程序与报告形式，可较多地应用非货币度量的信息与多样化的方法。

追求经济效益必定重视经济活动中的耗费，即成本情况。成本会计同时包含着财务会

计与管理会计的元素。成本会计有关生产费用的确认、成本计算对象的确定、生产费用明细账的设置与登记、产品总成本和单位成本的计算、成本信息的传递与披露等也属于财务会计的重要内容;成本会计有关成本习性确定、成本分析、成本水平预测、最优成本方案制定,在经营决策时的成本决策、规划、控制与考核等也属于管理会计的内容。

(七) 会计学专业的课程体系

大学会计学专业核心课程体系围绕会计学原理→中级财务会计学→高级财务会计学这一课程主线,配以成本会计学、管理会计学、税务会计学、电算化会计、财务管理学与审计学等课程构成。大学会计学专业课程体系的各门课程之间具有一定的层次结构关系,表明会计专业高级人才所需的知识结构层次;各门课程之间具有严谨的推进关系,如中级财务会计学课程必须以会计学原理课程为基础,高级财务会计学则又必须以中级财务会计学课程为基础;各门课程之间具有一定的交叉关系,如中级财务会计学、成本会计学与管理会计学等课程都有关于成本核算问题的内容,虽然各门课程具有各自的侧重点,但存在着内容交叉。

(八) 会计职业

会计职业是指会计的专业工作领域。在我国,目前会计人员主要从事企业或者非营利组织会计、注册会计师以及会计教学、会计研究等职业的工作。

企业或者非营利组织的会计人员服务于各类企业或者非营利组织,具体从事企业或者非营利组织财务会计、管理会计以及内部审计岗位的工作;注册会计师在一定的会计师事务所执业,为企业或者非营利组织提供审计与管理咨询等服务。

二、背景资料

(一) 会计的定义及其学派

对于什么是会计,是一个看起来易于回答,但在会计学界至今仍未取得一致认识的问题。定义是揭示概念内涵的逻辑方法,对会计定义认识的不同,标志着对会计的内涵和外延在认识上存在着差异。会计在其发展过程中由于对其认识的不同而存在不同的学派,各学派对会计的定义存在着差异。

1. 会计工具论学派

会计工具论学派认为,会计是经济管理或者经济核算的工具,强调了会计在社会经济活动中的核算作用。这一学派的观点流行于20世纪五六十年代的苏联、我国以及东欧等国家。例如,我国1955年出版的由苏联马卡洛夫和别洛乌索夫合著的《会计核算原理》认为:“会计核算是在完成国民经济计划的各个部门中反映和监督经济活动的方法。在社会主义经济中,会计核算是对国民经济统一体系的各个环节的活动进行监督和领导的最重要的工具。”1958年出版的由上海财经学院(现上海财经大学)编写的《会计核算原理》也认为:“会计核算是经济核算的一种,是反映经济过程中各个经济事实或经济现象的一种工具。”会计工具论强调的是会计的反映职能,把会计的功能视作被动的反映,从而降低了会计对经济活动能动的反映和控制职能,使会计工作长期处于记账、算账、报账循环的阶段,而削弱了会计的预测、决策、预算、分析、考核职能。随着现代经济的发展与信息处理技术的进步以及对会计职能认识的深化,会计工具论学派的观点已被拓展,会计被认为是一种经济活动的管理工具,经济活动管理包括对经济活动的核算、控制以及预测、决策、预算、分析、考核等。

2. 会计艺术论学派

会计艺术论学派将会计视为一种艺术,强调的是会计人员的个人素质。通常认为,艺术一部分是由客观规律决定的,或者说是由自然科学所决定的;另一部分则是由艺术家本人的技巧和经验所决定的。例如,画家的绘画创作,不仅要按照光学原理、美学原理的普遍规律来进行,而且要根据画家本人的灵感与技巧来进行。会计也是如此,会计工作需要按照会计规范确定的原则与规则进行,但是受到会计人员职业判断差异的影响。例如,对会计政策、会计方法的选择在一定程度上会影响会计信息的质量。这一学派曾得到会计界的广泛认同,如1953年美国注册会计师协会(AICPA)发表的《会计名词公报》(Accounting Terminology Bulletin No. 1)对会计所作的定义为:“会计是一种艺术,它用货币形式对具有或至少部分具有财务特征的交易事项予以记录、分类及汇总并解释由此产生的结果使之处于有意义(有用)的状态。”1980年第15版《大英百科全书》对会计所作的定义之一为:“会计是一种艺术(Art),它记录、分类和总结一个企业的交易并报告和解释其结果。”随着近年来大量会计舞弊案的曝光与一些上市公司粉饰财务会计报表事件的频频出现,会计被视为了一种“魔术”。魔术属于艺术的范畴,将会计视为艺术也就不难理解了。只不过这时会计所提供的信息的客观真实性已不存在了,已不是真正意义上的会计了。

3. 会计信息系统论学派

会计信息系统论学派认为,会计的本质特征是一个信息系统。在20世纪六七十年代,受信息科学和管理科学发展的影响,一些会计学家从会计本质的视角,认为会计信息系统是在企业或其他组织范围内,旨在反映和控制各企业或组织的经济活动,而由若干具有内在联系的程序、方法和技术组成的,由会计人员加以管理的,用于处理经济数据、提供财务信息和其他有关经济信息的有机整体,是现代会计的同义语。会计信息系统论思想源自美国著名会计学家利特尔顿(A. C. Littleton),他在1953年出版的会计学名著《会计理论结构》(Structure of Accounting Theory)认为:“会计是一种特殊门类的信息服务”“会计的显著目的在于对一个企业的经济活动提供某种有意义的信息。”1966年美国会计理论权威机构——美国会计学会(AAA)将会计定义为:“会计是对经济信息的确认、计量和传输的程序,以确保信息使用者作出有根据的判断和决策。”1977年由美国当代著名的会计学教授悉德尼·戴维森(Sidney Davidson)主编的《现代会计手册》第二版由主编和副主编罗曼·韦尔(Roman. Weil)所合写的序的第一句话就阐明:“会计是一个信息系统。它旨在向利害攸关的各个方面传递一家企业或其他个体的富有意义的经济信息。”

会计信息系统论学派的会计定义不仅在美国等国家受到了广泛的认同，在我国也受到了广泛的认同。例如，由我国著名会计学家潘序伦、王澹如教授合写，于1983年出版的《基本会计学》认为：“从广义来说，会计是一种旨在传达一个企业的重大财务和其他经济信息以使其使用者据以作出明智的判断和决策的‘经济信息系统’，即经济信息专门化。”我国另一著名会计学家葛家澍教授是会计信息系统论的倡导者及系统研究者，他在1988年出版的《会计学导论》阐述的会计定义为：“会计是旨在提高经济效益，加强经营管理和经济管理而在每个企业、事业机关等单位范围内建立的一个以提供财务信息为主的经济信息系统。”

会计信息系统论学派认为，以信息系统定义会计能揭示会计的本质和特征。在本质上，会计是一个信息系统，通过特定的程序把一个组织的经济信息传送给信息使用者，使其能够作出判断和决策。作为一个信息系统，一端与信息源联系着，另一端与信息宿联系着的包含有信息获取、信息传输、信息贮存、信号处理、特征提取、分类判决、反馈控制和测量显示等部分的有机系统。会计的各项活动都可以体现为对信息的某种作用，是会计信息系统的一个组成部分。取得原始凭证，是信息的获取；原始凭证的审核，是信息的特征提取和确认；设置会计账户，总的说是信息的分类判决；采用复式记账方法进行填制记账凭证、登记会计账簿，是变数据为信息并进行传递和贮存；成本计算，是对成本信息的进一步变换和处理；账务检查和核对，是会计内部信息的反馈和控制；编制并呈报财务报表，是以财务信息为主的经济信息的显示和输出；会计分析则是对会计信息的再变换、再显示、再输出。会计活动的过程，是一个按照人们的意志和要求，提供可靠、及时和相关的财务信息和其他经济信息的过程。

4. *管理活动论学派*

管理活动论学派将会计视为一种管理活动，认为会计不仅是管理经济的工具，而且其本身就具有管理职能，是人们从事的一种管理活动，是经济管理活动的重要组成部分。将会计视为一种管理活动并使用会计管理的概念，在西方国家早已出现，如古典管理理论的代表人物法国管理学先驱亨利·法约尔(Henry Fayol)把会计列为管理的六种职能活动之一，美国哥伦比亚大学教授卢瑟·古利克(Luther Gulick)把会计列为管理的七种功能之一。20世纪50年代，美国出现了“管理经济会计学派”(Managerial Economics and Accounting School)，这个学派认为，进行经济分析和建立管理会计制度就是管理。20世纪80年代以来，我国的杨纪琬、阎达伍两位教授著书立说，逐渐形成较为系统的“会计是一种管理活动”学说的理论体系。杨纪琬教授认为，“会计管理”的概念，是建立在“会计是一种管理活动，是一项经济管理工作”这一认识基础之上的。“会计”和“会计管理”是同一概念，“会计管理”是“会计”这一概念内涵的深化，反映了会计工作的本质属性，是同一概念的发展。先有会计实践，后有会计概念，会计就是会计实践的理性抽象。阎达伍教授认为，会计作为经济管理的组成部分，它的核算和监督内容以及要达到的目的受不同的社会制度所制约。

5. 会计控制论学派

会计控制论学派认为，现代会计与传统会计不同，相对而言，现代会计更侧重于对企业的决策与控制，现代会计之所以发展成为一个控制系统，是现代市场经济发展的一个必然结果，为此而提出现代会计从本质上说是一个控制系统的观点。这一学派的主要代表人物是我国的杨时展、郭道扬两位教授，其中杨时展教授的会计控制思想主要侧重于会计微观控制领域，郭道扬教授的会计控制思想主要侧重于会计宏观控制领域。杨时展教授的会计控制思想的基础是受托责任观，认为会计的基本职能在于反映、控制经济活动，以履行对各种受托人的受托责任，或者说会计和审计都是对受托责任加以认定和重认定的量具。基于受托责任观，他认为，“会计艺术论”对会计下的定义大体上只解决了“会计干什么”的问题，而没有解决“会计是什么”的问题；“会计管理活动论”实际上只是回答了“会计工作做什么”的问题，也没有解决“会计是什么”的问题；“会计信息系统论”虽然试图解决“会计是什么”的问题，却又未能彻底解决。杨时展教授所提出的会计定义为：“现代会计是一种以认定受托责任为目的，以决策为手段，对一个实体的经济事项按货币计量及公认会计原则与标准，进行分类、记录、汇总、传达的控制系统。”郭道扬教授则从会计史学研究出发，放眼世界经济发展的历史与现状，提出了现代会计的全面控制、会计控制的法制体系、会计控制循环、会计控制的方法体系以及宏观会计控制等会计控制思想。会计控制论学派是会计学界新兴的一个会计学术派别，其会计控制论思想被认为代表了现代会计当前及今后发展的方向。

（二）会计的产生动因与发展的阶段

1. 会计的产生动因

社会生产是人类会计思想、会计行为产生的基本前提，经济管理的需要是会计产生的直接动因。

人类最基本的实践活动是生产活动。人类社会为了生存和发展，就要消费，就必须进行所需消费资料的生产。从整个社会再生产过程来看，其过程是由生产、分配、交换和消费四个要素组成的有机整体，这一过程既是人力、物力和财力的耗费过程，又是新的物质财富的创造过程。如果生产的产品只能用于人们的消费而没有剩余，社会就得不到发展；如果生产的产品在满足人们的生产消费和生活消费之后仍有剩余，社会再生产就能在扩大的规模上进行。剩余产品越多，社会发展就越快。为此，人们都力求用较少的耗费创造出较多的成果，也就是追求所得大于所费，不断增加剩余产品，提高经济效益。那么，用什么方法来计算和比较生产过程中的消耗和取得的成果及其经济效益，就成为人们十分关心的问题。当然，在不同的发展阶段所关心的程度不同。这种关心的结果就产生了对生产过程进行管理和控制的会计，关心的程度也随着社会生产的发展和科学技术的进步而不断提高，包括对会计的重视程度、会计技术方法的发展程度和会计理论的进步程度等。可以认为，会计是适应对生产过程中的耗费和成果进行确认、计量、记录、报告以及管理的客观需要而产生的。

2. 会计发展的五个阶段

会计从产生的萌芽状态到发展至今已有五六千年的历史。在这漫长的发展过程中，随着社会经济与科学技术的发展，会计的技术水平在不断提高，会计的职能在不断拓展，对会计的认识在不断深化。这里以社会经济与科学技术发展引发的会计技术的重大变革与会计职能的重大拓展为依据，将会计的发展划分为五个阶段。

(1) 简单计量阶段。简单计量阶段是指由新石器时期进入铜器时期，属于会计的萌芽阶段。在弓箭尚未发明之前的社会生产力水平极其低下的时代，人类还处于以野果、根茎为食时期，这时不需要也不存在计量。人类逐步学会制作弓箭、石器、陶器和青铜器，社会生产力有了较大发展，人类社会也由新石器时期(公元前4000～公元前3000年)进入铜器时期，金属农具的使用引发了第一次生产力革命浪潮。剩余产品从无到有并逐步增加，以刻树、刻竹、刻骨和结绳记事为标志的原始计量活动开始产生。在原始社会末期，我国产生了"书契"，用文字来刻记有关经济事项。

(2) 簿记阶段。人类进入奴隶社会后开始了由单式簿记向复式簿记发展的簿记时期。

我国西周奴隶社会，青铜器的广泛使用使畜牧业、农业、手工业和商业，都有了较大发展，与这种社会经济发展相适应，人们对计算和记录有了新的认识，"会计"一词就出现了，表示合计和增加的意思。会计实务上已有了简单的会计报告文件，当时的"日成""月要"和"岁会"，分别相当于旬报、月报和年报。当时的账簿称为"籍"或"籍书"，至我国三国、两晋时期，账簿称为"簿"或"簿书"。但从书写工具来看，由于尚未发明纸张，仍以竹简和木版为载体，这时的会计仍处于单式簿记的低级阶段。

在公元前3世纪的秦汉时期，我国以农业为中心的科学技术在世界上处于领先地位，随着第一次生产力革命高潮，商品交换逐渐频繁，钱物的进出使人们在会计上开始以固定的一对行为动词"入，出"或"收，付"作为记账符号，向会计记录规范化迈出了重要的一步。到唐宋时期(7～12世纪)，四大发明中除造纸以外的三大发明已在我国出现并得到运用，使我国封建社会的经济迅猛发展。与此相适应，我国会计的发展也走在世界的前列，会计账簿和会计报表的设置已比较完善，在结算方法上创造了"四柱结算法"。四柱即"旧管""新收""开除"与"实在"四个要素，每届期末，则按"旧管＋新收－开除＝实在"的等式进行试算和平衡，以表示财产物资的增减变动和结余情况。明末清初，又出现了比四柱结算法更为完善的会计核算方法——"龙门账"和"四脚账"，已采用复式记账的思想。"龙门账"就是把全部账目划分为"进、缴、存、该"四大类，分别表示全部收入、全部支出、全部资产和全部负债，其对应关系为："进－缴＝存－该"。这实际上是双轨计算盈亏(即从等式两边分别计算)和核对账目的方法，若计算结果是等式两边的值相等，就叫"合龙门"。而后产生的"四脚账"也称"天地合"，它要求对日常发生的全部账项，包括现金收付、商品购销和内外往来等，都应用两笔账即"来账"和"去账"同时反映，借以达到反映经济事项的来龙去脉。尽管我国会计已产生在当时世界领先的复式记账思想与方法，但从奴隶社会到封建社会的几千年中，会计基本上处于簿记阶段，会计的进步较为缓慢。

(3) 财务会计阶段。财务会计阶段是指从借贷复式记账的确立开始直至20世纪40年代管理会计的形成为止这一时期。

13世纪起，我国的四大发明以及欧洲的文艺复兴运动成为产业革命的先导。13～16世纪，世界科技中心由东方转到以意大利为中心的欧洲。意大利的威尼斯、热亚那等城市成为商业贸易的集散地与经济最发达地区，资本借贷业务逐渐兴起，资本主义生产关系已经萌芽。传统的簿记方法已不能满足核算资本借贷这类经济业务的需要，已在民间流传200多年的借贷复式记账方法，终于在1494年由意大利数学家卢卡·帕乔利(Luca Pacioli)在所著的《算术、几何、比及比例概要》一书中总结问世，成了近代会计产生的标志，也被认为是会计发展史上的第一个里程碑。1581年威尼斯建立了世界上第一个会计学院，从此会计作为一门专门知识被传授。

第二次生产力革命高潮(17世纪～1830年)时期，世界科技中心逐渐由意大利转到英国。随着19世纪中叶产业革命的完成，人类进入了机器大生产时代，与迅速发展的生产力相适应，出现了股份公司这种财产所有权与经营管理权相分离的新经济组织形式。为评价和证实会计报表的可信性，审计职业得以发展，1854年英国苏格兰会计师协会的成立，被誉为会计发展史上的第二个里程碑。与此同时，会计循环实务和理论不断完善，账务处理程序日渐标准化、规范化。

20世纪初期前后，西方发达国家随着电力技术革命的兴起，带动了交通运输业、农业、轻纺业以及钢铁、汽车等行业的发展，一些国家实现了工业化，市场经济的发展也进一步加剧了企业间的竞争，为了取得竞争优势，预算管理、标准成本等成了企业会计研究的新领域，对外提供的资产负债表和利润表也逐渐规范化。

(4) 管理会计产生与发展阶段。第二次世界大战以后，科学技术的进一步发展，显示出科学管理对企业的兴亡具有举足轻重的作用。如何利用会计提供的信息为企业的管理服务，使之成为预测经济活动前景、进行经济决策、分析经营活动现状、考核经营成果的依据，成了会计研究的重要课题。管理会计就是在20世纪30年代在成本会计的基础上，运用现代管理科学理论而形成的。它的产生被誉为会计发展史上的第三个里程碑，从而结束了长期以来会计处于事后反映经济活动的被动局面，揭开了会计主动控制经济活动过程的序幕。尽管管理会计在理论与方法上尚未形成完整、稳定的体系，不够成熟，但其加强管理以控制经济活动的思想无疑使会计的职能得到了拓展，作用得到了更大的发挥，与财务会计并列成为会计的两大分支之一。

(5) 会计信息化阶段。20世纪40年代中期第一台电子计算机诞生后，人们就开始探求如何将它运用到会计工作中去。至50年代初开始利用电子计算机计算职工的薪酬，实现了电子技术与会计的初步结合，进而模拟手工会计的程序在计算机上进行会计数据处理；至60年代后期，电子计算机已在会计中得到广泛运用，并逐步形成了"会计电算化"；而后随着当代电子技术和信息技术全面应用到会计领域而成为"电算化会计"，会计成了对数据进行收集、存储、加工、传递、维护，为各类用户输出相关的会计信息，以辅助其进行管理和决策的电算化的会计信息系统。进入21世纪，随着互联网技术的广泛应用，会计信息的收集、存储、加工、传递、维护、输出与应用进一步趋于标准化，会计信息的作用被发挥到了极致，由此而成为“会计信息化”，即将会计信息作为管理信息资源，全面运用计算机、网络通信为主的信息技术对其进行获取、加工、传输、应用等处理，为企业经营管理、控制决策和经济运行提供充足、实时、全方位的信息。会计信息化是信息社会的产物，重整了传统会计模式，将提供业务处理高度自动化的、信息充分开放的并高度共享的、实时报告的会计信息，即会计智能化成了未来会计的发展方向。显然电子计算机的出现与会计信息化的产生，引发了已沿用数千年的传统手工会计模式的重大变革，成了会计发展史上的第四个里程碑。

也需指出，会计准则的国际趋同与人力资源会计、社会责任会计（或环境会计）的相继出世，是与全球经济一体化的趋势与人们对知识经济、低碳经济的认识与重视是密切相关的。

（三）“会计学原理”课程的教学

“会计学原理”课程是大学会计学专业学习的先导课程，也是将一名普通的大学学生领入会计知识殿堂的入门课程或启蒙课程。“会计学原理”课程的教学效果不仅对学生掌握本课程的知识具有重要的影响，而且对后续的会计学专业课程的学习，乃至对会计学专业学生的终身会计学习产生长远的影响。

大学会计学专业核心课程体系围绕会计学原理→中级财务会计学→高级财务会计学这一主线，配以其他的会计学分支课程构成。大学会计学专业课程体系的鲜明特点是，各门课程之间具有一定的层次结构关系、严谨的推进关系、一定的交叉关系。这种关系在大学经济学门类与管理学门类的其他专业核心课程之间就不是那么明显与清晰。由于大学会计学专业核心课程之间的这种关系的存在，目前在世界范围各大学会计学专业的核心课程是基本一致与相对稳定的。根据大学会计学专业核心课程体系的构成，“会计学原理”课程的教学应该注意如下四个问题：

（1）会计作为一种专门的职业，有其显著的职业特征，从事会计职业的人员需要有一种从事会计职业所需的思维方式与职业操守，这种会计职业思维与职业操守是在“会计学原理”课程的学习时就应开始建立起来。

（2）“会计学原理”课程作为学习会计学专业其他课程的先导课程，在内容的选取上需要进行仔细的考虑，为学习其他会计专业课程奠定基础。

（3）会计作为管理经济的一种专门手段或管理经济的一种专门方法，其课程教学的方法有别于其他经济管理专业的课程。为取得良好的教学效果，在“会计学原理”课程教学中就应体现会计学专业课程的特点，并能够形成对所有会计学专业课程都是适用的教学方法。

（4）会计学专业课程之间所存在的关系以及会计学专业课程的教学特点，学生对会计专业知识的学习、思考、理解、应用等习惯在进行“会计学原理”课程教学时逐步形成，“会计学原理”课程教学的实施影响着学生对所有会计学专业课程的学习。为此，应该鼓励学生采用符合会计专业学习特点的方法，包括思考问题导向的课前预习，发现问题导向的精读教材,巩固知识技能导向的练习,培养综合思考能力导向的案例分析以及拓宽视野导向的阅读相关文献。

通过"会计学原理"课程的教学,学生应该掌握两部分的知识为后续会计专业课程的学习奠定基础:一是会计学的基本原理、基本方法和基本技能;二是会计的基本规范。具体包括以下四个方面的内容:

(1) 会计学的基本概念方面,包括会计的概念,会计的产生与发展的背景,会计的职能与目标,会计的学科分支与大学会计学专业的专业课程体系;会计的基本假设,会计基础,会计信息质量要求,会计要素与会计等式,会计的基本程序、方法与工作循环等。通过这部分内容的教学,学生应该明确会计是怎样一种活动,其产生与发展的动因是什么;对会计学科分支以及大学会计学专业的专业课程体系有一个总体上的认识;对会计目标→会计基本假设→会计基础→会计信息质量要求→会计要素→会计等式→会计程序→会计方法这一会计理论结构建立起初步的概念。

(2) 会计簿记原理方面,包括账户设置与复式记账方法,会计凭证的填制、审核与传递,会计账簿的设置、登记以及对账和结账,账务处理程序等。通过这部分内容的教学,学生应该具备账户设置与复式记账方法的知识,熟练掌握从会计凭证填制到会计账簿对账和结账的整个会计簿记技能。其中,在账务处理程序内容中,在了解不同账务处理程序的基础上,应该了解电算化会计的账务处理程序,避免学生接触会计核算实务时与所学的不相同的感性认识,因为目前大多数企事业单位都已实现了会计工作的电算化。

(3) 财务会计报表方面,包括财务会计报表编制前的准备工作,资产负债表、利润表的编制原理,现金流量表与所有者权益变动表的内容结构,报表附注要求等。通过这部分内容的教学,使学生了解企业财务状况、经营成果与现金流量三类会计信息的生成机制,初步掌握资产负债表、利润表的编制方法与现金流量表、所有者权益变动表的内容结构。其中,关于财务会计报表编制前的准备工作内容中,需要论述财产清查的有关内容,使学生建立起任何会计信息是可验证的,即账实相符、账证相符与账账相符的会计核算基本要求。

(4) 会计基本规范方面,包括会计规范的作用与体系构成,会计法律规范,会计工作组织与管理规范,会计核算规范,内部控制规范以及会计职业道德规范。通过这部分内容的教学,使学生了解会计作为一个人造系统,受到多维度的会计规范制约;使学生具备作为会计核算依据与会计行为依据的初步的会计规范知识。按规范办事是每一位从事会计职业人员必须具备的观念,因此,在"会计学原理"课程内容中必须包括会计基本规范的内容。其中关于会计规范体系的构成,需要让学生了解不同的会计规范之间的相互关系;关于会计法律规范,需要让学生明确会计行为受到会计法律规范的强制约束;关于会计工作组织与管理规范,需要让学生了解会计机构与会计岗位设置、会计人员以及会计档案的管理规定;关于会计核算规范,需要让学生建立起会计核算的技术标准的概念;关于内部控制规范,需要让学生了解内部控制的理念与规避风险的基本方法及措施;关于会计职业道德规范,需要让学生从会计专业的入门课程开始就接受会计职业道德规范的熏陶,并逐渐形成良好的会计职业道德。

三、复习思考题与练习题

复习思考题

1. 会计应确立哪几种观念？其含义如何？
2. 我国现代会计伴随着社会经济环境的变化发生了哪些重大的变革？
3. 现代会计的职能在不断拓展，你认为会计除核算与控制这两项基本职能外，还有哪些职能？为什么？
4. 会计的职能与会计的目标之间存在着怎样一种关系？
5. 会计信息有哪些使用者？他们对会计信息存在何种需求？
6. 从组织形式看，企业有哪些类别？各类别的企业的特征如何？
7. 企业会计与非营利组织会计的主要区别表现在哪些方面？
8. 什么是财务会计？什么是管理会计？什么是成本会计？它们之间存在着什么区别与联系？
9. 会计学原理、中级财务会计学与高级财务会计学各包含哪些内容？存在着何种联系？
10. 我国的会计职业情况如何？

练　习　题

一、单项选择题(在每小题的备选答案中，选出一个最合适的答案)

1. 会计的主要特点之一是以(　　)为主要计量尺度。
   A. 劳动量度　　B. 实物量度
   C. 定额量度　　D. 货币量度
2. 会计的主要特点之一是以一套完整的(　　)为手段。
   A. 专门技术方法　　B. 理论
   C. 计量方法　　D. 分析方法
3. 会计的用户观念表明，提供的会计信息应能够满足(　　)。
   A. 政府财税部门或其他部门的管理需求
   B. 会计师事务所等中介机构的审计需求
   C. 所有用户群体的共同需求
   D. 企业或单位管理层的管理需求
4. 会计控制(　　)。
   A. 是事前控制　　B. 是事中控制
   C. 是事后控制　　D. 包括事前控制、事中控制与事后控制
5. 会计的受托责任观认为(　　)。
   A. 会计所提供的会计信息应受资源所有者以及经营者的影响
   B. 会计所提供的会计信息可以不受法定或公认会计规范的约束
   C. 会计的目标是反映资源受托者的受托责任及其履行情况
   D. 会计的目标是向会计信息使用者提供有助于其作出正确决策的信息
6. 企业根据其组织形式可分为(　　)。
   A. 集团企业与个别企业

B. 制造业企业、商品流通业企业与服务业企业
C. 独资企业、合伙企业与公司制企业
D. 国有企业与民营企业

7. ( )属于非营利组织会计。
A. 社会团体、基金会和慈善机构会计
B. 小餐馆、维修铺、小卖店会计
C. 公共交通公司会计
D. 商业银行会计

8. 财务会计( )。
A. 主要服务于企业的内部会计信息使用者
B. 不受公认或法定会计准则的约束
C. 以通用的财务报表为主要方式来传递与披露会计信息
D. 根据管理与决策的需要来确定会计程序与报告形式

9. 管理会计( )。
A. 以会计信息的外部使用者为主要服务对象
B. 以会计信息的内部使用者为主要服务对象
C. 以通用的财务报表为主要方式来传递与披露会计信息
D. 以复式簿记系统为信息生成基础

10. 注册会计师( ),为企业或组织提供审计业务与管理咨询业务。
A. 可以直接执业
B. 应在会计师事务所执业
C. 接受政府部门的指派
D. 可以在政府部门任职

二、多项选择题(在每小题的备选答案中,选出所有合适的答案)

1. 会计的主要特点包括( )。
A. 对经济活动的管理具有全面性、连续性和系统性
B. 以货币为主要计量尺度
C. 以凭证为基本依据
D. 向外部信息使用者提供可据以决策的会计信息
E. 以一套完整的专门技术方法为手段

2. 会计的基本职能包括( )。
A. 核算
B. 预测
C. 决策
D. 控制
E. 考核

3. 会计信息的外部使用者包括( )。
A. 政府的有关部门
B. 企业的有关部门
C. 企业的现实投资者与潜在投资者
D. 企业的物资供应商和产品经销商
E. 企业的债权人与债务人

4. 会计信息的内部使用者包括( )。
A. 企业的上级主管部门
B. 企业的有关部门
C. 企业的管理当局
D. 企业的工会组织
E. 企业的员工

5. 根据其组织形式分类,企业有( )。
A. 公司制企业
B. 民营企业

C. 独资企业　　D. 国有企业
E. 合伙企业

6. 根据其所经营业务性质分类，企业有(　　)。
A. 公司制企业　　B. 制造业企业
C. 商品流通业企业　　D. 国有企业
E. 服务业企业

7. 按会计管理的内容划分，会计的分支包括(　　)。
A. 工业会计　　B. 财务会计
C. 成本会计　　D. 管理会计
E. 农业会计

8. 财务会计的基本特征包括(　　)。
A. 以复式簿记系统为信息生成基础
B. 以企业内部各个责任单位为会计主体，对其日常经济活动进行控制、评价与考核
C. 以会计信息的外部使用者为主要服务对象
D. 以通用的财务报表为主要方式来传递与披露会计信息
E. 以公认或法定的会计准则为依据来进行会计确认、计量与报告

9. 现代成本会计的内容包括(　　)。
A. 生产经营过程中的成本控制以及事后的成本核算和分析
B. 生产经营利润的核算
C. 成本预测、成本决策、目标成本制定
D. 事先的成本控制、责任成本的制定
E. 责任成本的核算和考核

10. 在我国，目前会计人员从事的主要职业工作可概括为(　　)等几类工作。
A. 企业或者非营利组织会计　　B. 工商企业会计
C. 注册会计师　　D. 事业单位会计
E. 会计教学、会计研究

三、判断题(认为正确的在题目前面括号内打"√"，认为错误的在题目前面括号内打"×")

1. (　　)会计是一个服务于会计信息使用者据以作出决策的信息系统。
2. (　　)会计对经济活动的管理具有全面性、连续性和系统性。
3. (　　)会计信息是由一个企业或单位提供的，不属于公共产品。
4. (　　)对于会计核算，各个国家都制定有权威的或强制执行的会计准则，企业所提供的会计信息必然是公允的。
5. (　　)企业或单位对提供的会计信息负有法律责任，并应受到道德的约束。
6. (　　)会计提供会计信息的过程就是会计的核算过程，但不是会计的控制过程。
7. (　　)会计对经济活动的控制属于一种全过程控制，包括事前控制、事中控制与事后控制。
8. (　　)会计目标的受托责任观是决策有用观的基础，决策有用观是受托责任观的发展。
9. (　　)根据受托责任观的观点，会计的目标是以有效的方式反映资源受托者的受托责任及其履行情况。
10. (　　)根据决策有用观的观点，会计的目标是向会计信息使用者提供有助于其作出正确决策的信息。

11. (　　)公司制企业的主要特点是具有法人资格和实行有限责任制度,治理结构较为合理并可聚集资本、扩大经营规模与分散风险。
12. (　　)非营利组织会计是以未取得利润的企业为会计主体的会计。
13. (　　)财务会计以会计信息的外部使用者为主要服务对象,应以通用的财务报表为主要方式来传递与披露会计信息。
14. (　　)财务会计、成本会计是从管理会计中分离出来并成为现代会计的主要学科分支。
15. (　　)中级财务会计学与高级财务会计学是根据会计学原理,对企业的共性会计业务与特殊会计业务问题进行论述。
16. (　　)注册会计师是一种专业的自由职业,注册会计师可以直接为企业或组织提供审计业务与管理咨询业务。

四、案例分析题

安然神话的破灭

安然公司(Enron Corp.)成立于1985年,是由美国休斯敦天然气公司和北方内陆天然气公司合并而成,公司总部设在美国得克萨斯州的休斯敦,首任董事长兼首席执行官为肯尼斯·雷,他既是安然公司的主要创立者,也是安然公司创造神话并在后来导致危机的关键人物。安然公司在肯尼斯·雷的领导下,经历了四大步跨越,从名不见经传的一家普通天然气经销商,发展成为世界上最大的天然气采购商和出售商、世界最大的电力交易商、世界领先的能源批发做市商、世界最大的电子商务交易平台,一步一个高潮,步步走向辉煌。

从1985年到2000年短短的15年中,安然公司创造了一个接一个的神话,每一次行动都被媒体津津乐道,每一个战略都成为商学院MBA教学的经典案例。它的发展犹如坐上了火箭,才十几年的时间,就与通用、埃克森、美孚、壳牌等百年老店平起平坐,成为一代商业巨擘。从1990年到2000年的10年间,安然公司的销售收入从59亿美元上升到了1 008亿美元,净利润从2.02亿美元上升到9.79亿美元,其股票成为众多证券评级机构的推荐对象和众多投资者的追捧对象,2000年8月,安然股票攀升至历史最高值,每股高达90.56美元。与此同时,评级媒体对安然公司也宠爱有加,2000年,安然公司在美国《财富》杂志的"美国500强"中位列第7名,在世界500强中位列第16位,并在《财富》杂志的调查中连续6年荣获"最具创新精神的公司"称号。

安然公司的成功,即使是在美国这样敢于冒险、富有创新精神、奇迹频生的国家,也绝对称得上是个商业神话。它吸引了无数羡慕的眼光,也寄托了众多投资者发财的希望。然而,这一切是如此的短暂,当安然公司发表2001年第三季度亏损的财务报告后,安然帝国的崩塌就开始了。2001年10月16日,安然公司公布第三季度的财务状况,宣布公司亏损总计达到6.18亿美元,从安然公司走向毁灭的整个事件看,这次财务报告是整个事件的"导火索"。

2001年10月22日,The Street.com网站发表文章进一步披露出安然与另外两个关联企业Marlin2信托基金和Osprey信托基金的复杂交易,安然通过这两个基金举债34亿美元,但这些债务从未在安然季报和年报中披露。也就在这一天,美国证券交易委员会盯上了安然,要求安然公司主动提交某些交易的细节内容,并于10月31日开始对安然公司进行正式调查,至此,安然事件终于爆发。

在政府监管部门、媒体和市场的强大压力下,2001年11月8日,安然向美国证监会递交文件,承认做了假账:从1997年到2001年间共虚报利润5.86亿美元,并且未将巨额债务入账。

就在向美国证监会承认做假以后，安然又犯下了一次重大决策错误，同时遭受了一次收购失败的重大打击，最终导致崩塌。2001年11月8日，安然在承认做假之际，预期美联储降息已近尾声，进一步降息的可能性不大，随着利率的逐步上升，美国国债价格将持续下降，于是安然放量卖出其持有的将在2～3年内到期的欧洲美元期货，欲通过杀跌国债，获取投机利润。同时，由于2001年以来国际能源价格下跌，安然还想利用欧洲美元期货合同交易与下跌的石油价格对冲，达到套期保值的目的。但出乎意料的是，从11月12日开始的两周内，美国国债收益率大幅增长，与此同时，原油的价格一再下跌，安然在国债和原油市场上遭受双重损失。就在同一时间，安然找到一家大的能源公司，希望通过兼并来摆脱困境。这家能源公司叫迪诺基公司，总部也设在美国休斯顿，2000年在《财富》世界500强排名中位于第139位，是安然的主要竞争对手。2001年11月9日，安然与迪诺基公司达成协议，迪诺基公司以换股方式用90亿美元兼并安然公司，并承担130亿美元的债务。正在双方讨价还价时，由于市场传言和媒体压力，安然股价大跌，2001年11月19日，迪诺基公司以安然公司存在严重财务问题为由，向监管机构递交了停止收购的申请。迪诺基公司停止收购的决定给了安然公司最后一击，安然公司失去了最后的救命稻草。

就在安然公司奄奄一息之际，证券评级公司雪上加霜，大幅调低对安然的评级。2001年11月28日，标准普尔公司将安然的评级由BBB^-调低至B^-，即垃圾股，并将安然从标准普尔成分股指数中剔除。与此同时，穆迪投资服务公司也宣布将安然公司的评级由Baa3调低至B2。其他一些评级公司也纷纷调低了对安然公司的评级。在接二连三的不利消息中，2001年11月30日，安然股价跌至0.26美元，市值由峰值时的800亿美元跌至2亿美元。2001年12月2日，安然正式向破产法院申请破产保护，破产清单中所列资产价值高达498亿美元，成为当时美国历史上最大的破产企业。

2002年1月15日，纽约证券交易所正式宣布，由于安然公司股票交易价格在过去30个交易日中持续低于1美元，决定根据有关规定，将安然公司股票从道·琼斯工业平均指数成分股中除名，并停止安然股票的相关交易，至此，安然这个曾经辉煌一时的能源巨人已完全崩塌。

安然的成功显然是个泡沫，这个泡沫导致安然的股价从2000年的每股90美元跌至不到1美元，安然最终于2001年12月2日申请破产保护，成了美国历史上最大的破产案。

安然破产不仅使数百万持股人损失惨重，而且造成该公司大批员工投资在本公司股票上的退休金血本无归。

安然公司董事会特别委员会于2002年2月2日在纽约联邦破产法院公布一份长达218页的报告。报告揭露，多年来，安然公司一直虚报巨额利润。一些高级经理不但隐瞒上一个财政年度(2000年9月到2001年9月)安然公司高达10亿美元的亏损，并且出售了价值数百万美元的安然股票。报告还揭露，安然公司内部的高层经理们成立了许多复杂的机构，并和公司外部人员勾结，操纵安然的财务报表，从中赚取了数千万美元的本不该属于他们的黑心钱。

据报道为安然提供审计业务的安达信既全面负责安然的咨询工作，又承担安然的审计工作，如2001年，安然向安达信支付的费用达5 200万美元，其中2 500万美元是审计费用，2 700万美元是顾问费用。

分析要求：

(1) 会计信息具有经济后果，会计信息在安然事件中所起的作用。

(2) 安达信因安然事件而倒闭，从制度设计方面如何看待安达信对安然提供服务而导致其倒闭的内在缺陷。

(3) 通过安然事件论述确立会计观念的重要性。

第二章 会计核算基础

一、概要解析

(一) 会计基本假设

会计假设是进行会计核算的前提或先决条件。会计总是在变化发展着的社会经济环境中进行的,这种社会经济环境决定了会计核算中必然存在着许多不可确知的或变化不定的因素。为此在进行会计核算之前,需要设定一些先决条件,即建立会计假设。当然,会计假设不是凭空想象的,而是根据会计实务加以总结和归纳形成的。一经形成并明确后,就成了进行会计核算的一种惯例。目前在会计核算中主要确定了会计主体、持续经营、会计分期与货币计量四项会计基本假设。

会计主体假设所要明确的是会计核算的空间范围问题。在会计主体假设下,企业应当对其本身发生的交易或者事项,或者对影响其本身经济利益的各项交易或事项进行会计确认、计量和报告,反映企业本身所从事的各项生产经营活动。根据会计主体假设,才能将会计主体的交易或者事项与会计主体所有者的交易或者事项以及其他会计主体的交易或者事项区分开来。例如,企业所有者的经济交易或者事项,属于企业所有者主体所发生的,不应纳入企业会计处理的范围,但是企业所有者投入企业的资本或者企业向所有者分配的利润,则属于企业主体所发生的交易或者事项,应当纳入企业会计确认、计量和报告的范围。需要注意的是,会计主体与法律主体不完全一致,确定会计主体遵循的是实质重于形式的原则,即根据实质上对经济活动的权责,而不是单纯根据法律形式来界定的。一般而言,法律主体可以是会计主体,但会计主体不一定是法律主体。例如,独资和合伙企业不是法律主体,但是会计主体;公司内部的某些责任单位,不是法律主体,但可以作为会计主体;在公司集团内,母公司及其所属子公司都是独立法人,都是会计主体,而母公司在合并各子公司的会计报表时,又要把整个公司集团作为单一的会计主体。

持续经营假设所要明确的是会计主体在可以预见的未来不会发生破产或清算,将会长期地以现时的形式与既定的目标持续经营下去。在持续经营的情况下,企业将按原定的用途去使用现有的经济资源,同时也将按原先承诺的条件去清偿现有的债务。一些会计方法的确定就是以这一假设为依据的。需要注意的是,持续经营假设带有一定的主观假定性,存在于市场经济环境和会计主体经营过程中的不确定性,不会由于确定了这一假设而减少。在竞争激烈的市场经济环境中，每个企业都有合并、改组、破产的可能，但大部分企业仍能持续经营下去，破产、改组和清算的企业毕竟是少数。基于这一事实，假定企业将会持续经营下去，在企业能持续经营条件下组织会计核算。

会计分期假设所要明确的是将会计主体持续不断的生产经营活动划分为一个个连续的、长短相同的期间，分期结算账目和编制财务报表，从而及时地提供会计主体有关财务状况、经营成果和现金流量的会计信息。会计期间的划分是人为的，一般划分为年度、季度和月度。我国按公历制确定会计期间，也有国家允许另设起止时间确定会计期间，如按预算或营业期间形成预算年度或营业年度。会计分期假设是持续经营假设的必要延伸，并互为补充，使会计既能一贯地处理和揭示企业持续不断的经营活动，也能及时地反映企业持续经营活动的各期间的财务状况、经营成果和现金流量，便于会计信息的使用者了解、分析和判断企业的发展趋向。会计分期假设对于会计核算十分必要。没有这一假设，会计上也就没有收入实现、费用分配、待摊及预提等概念和相关的处理方法，编制的财务会计报告缺乏统一的时限规定而不具有可比性。需要注意的是，会计分期会对会计信息的质量产生一定的影响，因为在一个较短的期间内，各项资产和权益的变动与现金的收入和支出是不相吻合的，并且分期的财务报表中的数据有相当部分带有估计的性质，是会计人员判断的结果。

货币计量假设所要明确的是在会计确认、计量和报告时，以货币作为计量尺度，反映会计主体的生产经营活动。会计选择货币作为计量尺度是由货币的本身属性决定的。货币可以作为计量一切有价物的共同尺度与商品交换的媒介物，是债权和债务的清算手段与价值的贮藏物。货币计量假设隐含着两个前提条件：一是在诸多计量尺度中假设货币是计量生产经营活动及其结果相对合适的计量尺度；二是货币的单位价值是不变的。需要注意的是，虽然会计选择货币作为计量尺度是相对合适的计量尺度，但仍然存在着两个方面的局限性：一是会计只能记录并传递货币性信息，而不能记录和传递一些重要的非货币信息，如企业的研发能力、产品质量、竞争实力、市场占有率等，而此类信息对信息使用者的决策也是极其重要的；二是货币的单位价值体现为货币的购买力，而购买力不能像其他量度尺度，如长度、重量那样固定不变，货币的购买力是实时变化的，为此而使得不同时期特别是物价变动较大时期的会计信息不那么真实或者具有可比性。由于这两个原因，需要在财务报表附注中披露一些非货币的辅助信息，在具备条件的情况下采用公允价值计量模式。

（二）会计基础

会计基础所要明确的是会计确认应采用什么基准的问题，有收付实现制和权责发生制两种可供选择的基准。

收付实现制也称现金制或现收现付制，是以本期内是否实际收到或支付款项作为基准来确定本期的收入或费用。凡本期内未曾收到款项的收入或未曾付出款项的费用，即使收入或费用归属本期，也不作为本期的收入和费用进行确认。例如，已按合同发出产品而货款尚未收到的经济业务，由于本期没有收到货款，就不作为本期收入入账；而按合同对已预收货款但产品尚未发出的经济业务，由于已收到款项而应作为本期收入入账。又如，对本期应付未付的租金，由于尚未支付不作为本期费用入账；而对本期预付下期的租金，则由于已经支付应作为本期费用入账。

权责发生制也称应计制或应收应付制，是以本期内是否取得收款权力或承担付款责任为基准来确定本期的收入或费用。凡应属本期内已获得的收入或应负担的费用，不论款项是否已经实际收到或支付，均作为本期收入或费用进行确认；反之，凡不应归属本期的收入或费用，即使其款项已在本期内实际收到或付出，也不作为本期的收入或费用进行确认。如上述举例中，已按合同发出产品而货款本期尚未收到的经济业务，企业销售过程已完成并取得收取货款的权利，就应作为本期收入入账；而对货款已预收但产品本期尚未发出的经济业务，当期不具有收取货款的权利，则不能作为本期收入而只能作为本期的一项负债入账。对本期应付未付的租金，应作为本期费用入账；而对本期预付下期的租金，则应计入下期费用，不能作为本期费用入账。

权责发生制的核算相对复杂，需要运用递延、应计或摊销等账务处理手段，并通过相应的会计账户加以归类反映，但能够揭示收入与费用之间的因果联系，体现收入与费用的配比关系，更为准确地反映出一定期间财务成果的真实情况。为此，在会计核算中一般采用权责发生制作为会计基础。

（三）会计信息质量要求

会计信息质量要求表明的是财务报表所提供的会计信息应具备的一些质量特征，是会计信息生成系统为达到会计目标而对会计信息作出的应有约束。我国企业会计基本准则规定了可靠性、相关性、可理解性、可比性、实质重于形式、重要性、谨慎性和及时性等八项会计信息质量要求，其中可靠性、相关性、可理解性和可比性是会计信息的首要质量要求，体现了企业财务报表所提供会计信息应具备的基本质量特征；实质重于形式、重要性、谨慎性和及时性是会计信息的次级质量要求，是对可靠性、相关性、可理解性和可比性等首要质量要求的补充和完善。在对企业发生的交易或者事项进行处理时，需要根据这些质量要求来把握其会计处理原则。

（四）会计确认

会计确认是指对会计主体发生的交易或事项，依据确定的标准，辨认哪些信息能否输入、何时输入、以什么项目输入会计信息系统的过程。从对会计信息的处理过程来看，会计确认包括初始确认和再确认两个环节。在初始确认环节，会计主体在一项交易或事项发生之后，明确其所涉及的会计要素的具体项目，编制会计凭证，然后登记相关会计账簿，对其所涉及的会计要素具体项目的变动以文字和货币的形式反映出来。初始确认是对会计主体发生的交易或事项进行正式会计记录的行为，要解决的是会计主体发生的交易或事项应否被记录，应在何时、通过哪些会计要素具体项目、以多少金额在账簿中予以记录的问题。在再确认环节，对会计账簿的会计信息进行进一步的加工提炼，按规定列入财务报表。再确认要解决的是对会计主体发生的交易或事项如何进行列报的问题，即通过初始确认产生的账簿中的信息有哪些可以列入财务报表，应在何时、应以什么项目列入财务报表。

（五）会计计量

会计计量是在会计确认定性的前提下，对会计计量对象进行量化的过程。会计计量对象包括资产与收益两部分，对资产的计价可以应用于负债和所有者权益的计量，因为负债可以被视为是一种负资产，所有者权益是资产扣除负债后的余剩资产或净资产。会计计量的标准包括计量属性、计量单位与计量尺度三方面的要素，这三方面要素的变动就会引起所计量对象即资产与收益的差异。通常在进行会计计量时，所采用的货币是确定的，这样会计计量标准的确定也就是会计计量属性与计量单位的确定，会计计量属性与计量单位可以有不同的选择，对于不同会计计量属性与计量单位的选择组合被称为会计计量模式。例如，以历史成本为计量属性、名义货币为计量单位的历史成本/名义货币会计计量模式，以历史成本为计量属性、一般购买力为计量单位的历史成本/一般购买力会计计量模式，以现行成本为计量属性、名义货币为计量单位的现行成本/名义货币会计计量模式，以现行成本为计量属性，一般购买力为计量单位的现行成本/一般购买力会计计量模式，等等。在不同的会计计量模式下所得到的会计信息是不同的。为此，需要根据具体经济环境条件和信息使用者的实际需要来确定会计计量模式。在会计理论中，会计计量模式的选择与有关经营概念是相联系的。当对资本保全采用财务资本保全概念，对会计信息的目标偏向受托责任观时，会选择历史成本/名义货币或历史成本/一般购买力会计计量模式；对资本保全采用实物资本保全概念，对会计信息的目标偏向决策有用观时，则会选择现行成本/名义货币或现行成本/一般购买力会计计量模式。

在我国的企业会计准则中，明确了历史成本、重置成本、可变现净值、现值和公允价值五种会计计量属性，并对各种会计计量属性的使用进行了原则规定。

二、背景资料

（一）会计基本假设面临的挑战

现行会计的基本假设是与工业经济时代的会计环境基本相适应的。随着信息网络技术的发展，企业之间越来越多地通过网络来进行交易和各种经济信息的交换，企业内部也更多地依靠互联网来进行信息的沟通和管理。会计所需处理的数据及处理的过程，越来越多地以电子形式直接存在于网络之中，传统手工计算技术已不再适应，会计的理论与方法体系，特别是作为会计实务与理论基石的会计假设，随着会计所处环境的巨大变化而面临着巨大的挑战。

1. 对会计主体假设的挑战

随着信息网络技术的发展，出现了网络公司或虚拟公司（Virtual Firms）这种新型企业组织形式，把成千上万个个体通过网络联结在一起，共同完成向市场提供商品或服务，完成业务后就予以解散。这些个体在各自专业领域拥有独特的技术，利用信息网络形成网络公司，更有效地向市场提供商品或服务，进行交易活动，从而完成一般企业不能承担的市场功能。但这种网络公司是存在于信息网络之中的临时结盟体，它不同于传统意义上的企业组织。“实体”概念对网络公司而言显然失去意义，然而却是客观存在的。面对这一“虚”的主体，如何从会计角度来认识成了亟待解决的一个问题。组成网络公司的各独立企业借助信息网络，可随时根据市场情况增加或减少组合方。除此之外，在经济全球化、资本国际化趋势下，企业不断发生分立，企业间不断发生重组和兼并而形成企业集团乃至跨国公司；许多公司企业拥有多个子公司，而每一个子公司又有许多合资企业、关联企业和联营公司，合资企业之间或客户和供应商之间松散的联盟，既可以在很短的时间内仿效整合的公司形式，也可以在很短的时间内解除这种联盟。显然，这时的“主体”可能时而膨胀，时而收缩，还可能立即解散，其外延难以界定，使会计主体的界限越来越难以把握，会计核算空间范围的模糊性在增强。如何真实、公允地计量这些网络公司的资产、负债、所有者权益，财务报表如何在形式和内容上适应这种变化，是会计主体假设必须解决的问题。因此，有观点认为应该重新定义会计主体假设，也有观点认为应该用相对会计主体假设来代替传统会计主体假设，还有观点认为现实主体与虚拟主体同时并存将是信息网络环境下赋予会计主体假设的新含义。

2. 对持续经营假设的挑战

在工业经济时代，会计主体所处的经济环境相对稳定，风险较小。在这种环境下，只要企业能确定正确的发展战略，善于管理，经营目标一般能够实现，这是持续经营假设应该具备的外部环境条件。随着信息网络技术的发展以及经济全球化、资本国际化，会计主体所处的是一种竞争更趋激烈、风险更难预测的经济环境。例如，产品以及技术的生命周期越来越短；各种复杂的金融业务和金融创新工具大量涌现，使得金融市场更加变幻莫测；频频出现的企业兼并，增加了单个会计主体失去持续经营的可能性，等等。处在这种环境中的企业随时都有被清算、终止的可能。除此之外，现实经济生活中网络公司的出现与迅速发展，更对持续经营假设提出了最直接的挑战。因此，有观点认为必须对持续经营假设重新作出科学的解释，使建立在持续经营假设之上的会计方法更具有合理性；也有观点认为由于持续经营的不确定性，历史成本计量将趋向现时价值或公允价值计量。

3. 对会计分期假设的挑战

会计分期假设是对持续经营假设的补充。由于持续经营假设已把会计主体当作一个长期存在的经营实体看待，而各方面决策者都不能等到所有经营活动结束时才得到最终信息进行决策，会计分期存在着客观上的需要。但网络公司这种公司形式，是一种临时性的组织，持续经营假设对它已不适用，是否还有会计分期的必要？并且，由于会计分期，财务报表系统成了一种定期报告系统，在竞争加剧、风险增大的经济环境下，产品以及技术的生命周期缩短了，产品以及技术乃至整个公司比以前被淘汰得更快，各种创新的金融工具层出不穷，瞬间就可能让一个企业的财务状况和风险面目全非，使企业的权益资本陷入危机，可能在企业的定期财务报表尚未出来之前就已经破产了，会计分期假设已失去意义。再从技术上看，信息网路技术的快速发展已为编制与提供实时财务报表成了可能，为那些迫切要求依据实时会计信息作出决策的信息使用者在网上获得实时财务报表成了可能。因此，有观点认为不必对会计进行分期，而采用实时财务会计报告系统，及时给决策者提供可据以决策的实时信息，放弃定期报告制度。

4. 对货币计量假设的挑战

计量是现代会计的核心，货币计量假设也就成为现代会计实务与理论必须明确的前提条件。但也正因为会计货币计量这一假设，导致会计过分依赖货币计量，而把大量无法用货币计量的信息排斥在会计信息系统之外。虽然有表外说明，但大部分也只是对表内项目的补充说明而已。当今会计的现实情况也充分说明了这一点。例如，自创商誉、品牌、知识产权、人力资源等这些能为企业所拥有或控制、能给企业带来经济利益的重要资源无法或者难以用货币计量，不能出现在财务报表中，使企业的财务报表反映的财务状况与实际脱节；再如，随着网络经济的发展，网上银行的兴起，电子货币逐渐流行，这使得货币的形式和本质都发生了变化，货币的唯一性受到了挑战。因此，有观点认为应放弃价值方法（Value Approach），采用事项方法（Events Approach），提供更多的明细数据，可以少汇总或不汇总，甚至不要合计数。

货币计量假设的另一个局限是以货币价值不变，即币值稳定为条件的。只有在币值稳定或相对稳定的情况下，不同时点的资产的价值才具有可比性，不同期间的收入和费用才能进行比较，才能计算确定其经营成果，所提供的会计信息才能真实反映企业的经营状况。但现实的经济环境是，币值变动时有发生，甚至在一些国家的某些时期出现恶性通货膨胀，货币大幅贬值，对货币计量也提出了挑战。因此，有观点认为应该改变目前的会计计量模式，采用物价变动会计。

（二）权责发生制

权责发生制会计基础是以本期权利的获得和义务的发生为基准来确认本期的收入和费用。凡是当期已经实现的收入和已经发生或应当负担的费用，不论款项是否收付，都应当作为当期的收入和费用；凡是不属于当期的收入和费用，即使款项已在当期收付，也不应当作为当期的收入和费用。在会计分期核算的情况下，表明权利的获得和义务的发生的业务产生与款项收付是否发生在同一时期，归纳起来有三种情况：一是款项先收付而业务后发生，如款项在上期已收付但业务在本期发生；二是款项收付与业务同时发生，如款项在本期已收付，业务也在本期发生；三是业务先发生而款项后收付，如业务已在本期发生，款项在下期收付。款项收付与业务发生的时间情况，如表 2-1 所示。

表 2-1　　款项收付与业务发生的时间情况

会计期间	上期	本期	下期
情况一	款项收付	业务发生	
情况二		款项收付、业务发生	
情况三		业务发生	款项收付

对于情况二，权责发生制和收付实现制的核算结果是一致的；对于情况一与情况三，就需选择确认基础，选择款项收付为基础，就是收付实现制；选择业务发生为基础，就是权责发生制。在权责发生制下，假设把业务的发生定为本期，款项收付时间有上期与下期两种情况，即情况一与情况三，在收入核算上，无需单独设置账户进行反映，以符合收入确认标准来确认收入，与收到款项的账户一样。但对于费用就需设置账户单独进行核算。对于情况一，是款项支付在前，业务发生在后，成为待摊费用，摊销期限为1年以上的即为长期待摊费用；对于情况三，是业务发生在先，款项支付在后，成为预提费用。

美国著名会计学家A.C利特尔顿(A. C. Littleton)认为，权责发生制是财务会计的核心组成内容，是会计走向成熟、科学的标志之一；国际会计准则(IAS)将权责发生制与持续经营、一致性一起列为三个基本会计假设；我国企业会计的基本准则明确企业应当以权责发生制为基础进行会计确认、计量和报告。人们把货币计量作为会计的本质特征之一，在此基础上，按权责发生制进行会计确认，按历史成本进行会计计量和按复式簿记实行会计记录，被归纳为现代会计的三大基本支柱。尽管如此，权责发生制也有其不足之处，权责发生制下的待摊费用或长期待摊费用不会增值，因为它并不是一项真实存在的资产；预提费用可以赚得利息，因为它可以像资产一样现实地存在。通常认为，权责发生制存在着以下三个方面的缺陷：一是从赢利性来说，权责发生制对一些未收到的收入予以确定，造成销售成立，先行纳税，财政虚收，分配超前；二是从流动性来说，权责发生制将预付款项、应收账款、待摊费用列为流动资产，这些流动资产流动性可能较差，甚至根本无法流动，使企业流动性资产的虚假成分加大；三是权责发生制反映出的资金运动是理论上的，与资金的实际运动不尽相同。

会计主体的持续经营与社会信用的完备是采用权责发生制会计基础的前提条件。在会计主体持续经营与社会信用完备的条件下，会计主体的所有权利和义务都能得到与预期一致的实现或偿付，即应收款项体现为收回等量现金的权利，应付款项代表着未来等量现金的流出。如果会计主体的持续经营存在着疑问，社会信用的状况不佳，那么应用权责发生制就存在很大的风险。虽然一些实证研究结果显示，权责发生制在企业赢利预测及企业发展前景分析方面相比收付实现制并不存在明显的不足，但是权责发生制的运用的确为企业的盈余管理提供了依据和机会。

(三) 会计信息质量特征

会计信息质量要求的实质是明确会计信息应具备必要的质量特征。会计信息质量特征随着会计目标的确立而受到了越来越多的关注，但在会计信息质量特征的具体确定上却存在着差异。

1. 美国财务会计准则委员会提出的会计信息质量特征体系

美国会计学会(AAA)最早将会计信息质量与会计目标相联系，其1966年发布的《基本会计理论说明书》认为会计信息必须有助于会计目标的确定、决策和为实现目标而对资源进行管理和控制，并提出了相关性、可验证性、超然性、可定量性四个会计信息质量特征。

而后，美国会计原则委员会（APB）在 1970 年发布的 APB 第四号报告中认为会计目标是一般目标，而信息质量则是质的目标。构成质的目标的内容包括相关性、易懂性、可验证性、中立性、及时性、可比性和完整性等七项标准。美国财务会计准则委员会（FASB）在 1980 年发布的《论财务会计概念》第二辑关于会计信息的质量特征提出了如图 2-1 所示的比较完整的一个体系。

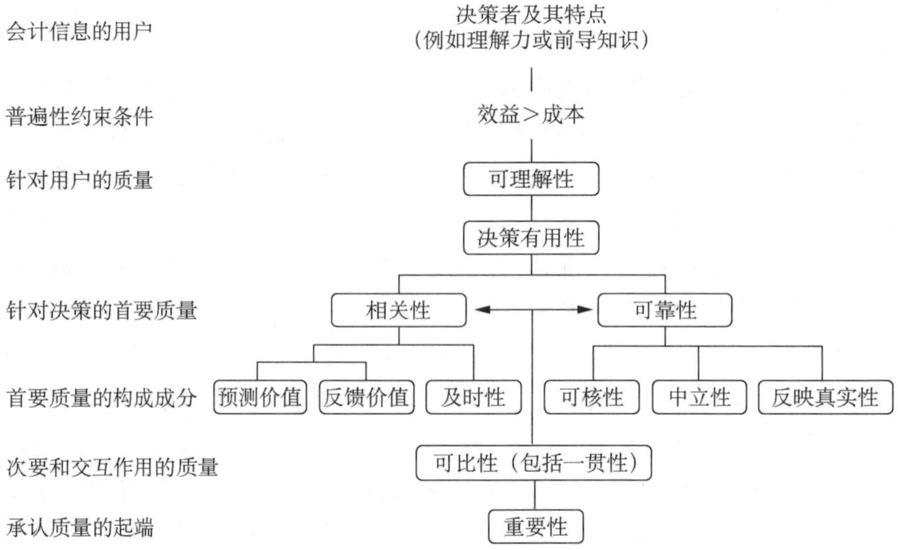

图 2-1 美国财务会计准则委员会的会计信息质量特征体系

从图 2-1 可以看出，美国财务会计准则委员会所提出的会计信息质量特征体系具有清晰的层次结构。认为效益＞成本是会计信息质量的普遍约束条件；可理解性是针对会计信息使用者的质量特征；相关性与可靠性是针对信息使用者据以决策的首要质量特征，其中相关性包括预测价值、反馈价值和及时性，可靠性包括可核性、中立性和反映真实性；可比性是会计信息的次要质量特征；所有的会计信息质量特征都要以重要性作为承认质量的起端。

2. 国际会计准则委员会提出的会计信息质量特征体系

与美国一样，许多国家与组织对于会计信息质量问题十分关注，在其制定的财务会计概念结构中作为一项不可或缺的内容体现出来。国际会计准则理事会（IASB）于 2001 年所采纳的《编报财务报表的框架》对会计信息的质量特征作出了规定，所明确的会计信息质量特征体系，如图 2-2 所示。

图 2-2 反映出国际会计准则理事会所明确的会计信息质量特征与美国并不完全相同，它同时强调会计信息必须是可理解的、相关的、可靠的和可比的，并且指出相关性下包括了重要性，可靠性下包括了如实反映、实质重于形式、中立性、谨慎性和完整性。在四项主要质量之外，国际会计准则理事会还明确了有关可靠和相关信息的约束条件：及时性，效益、成本及其权衡。

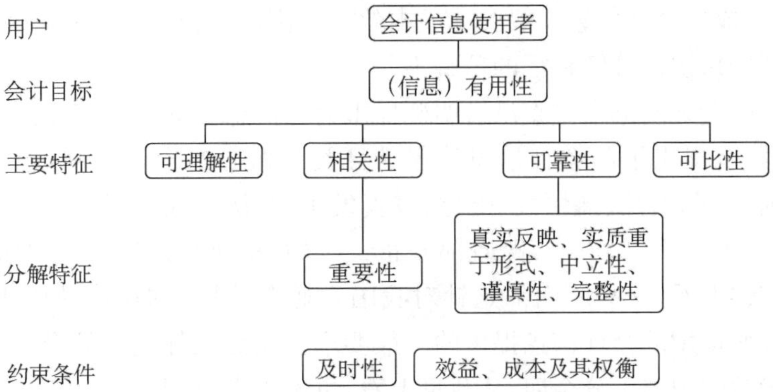

图 2-2　国际会计准则理事会的会计信息质量特征体系

3. 英国会计准则委员会提出的会计信息质量特征体系

英国会计准则委员会(ASB)在 1999 年颁布的《财务报告原则公告》中对会计信息质量也提出了要求,所提出的会计信息质量特征体系,如图 2-3 所示。

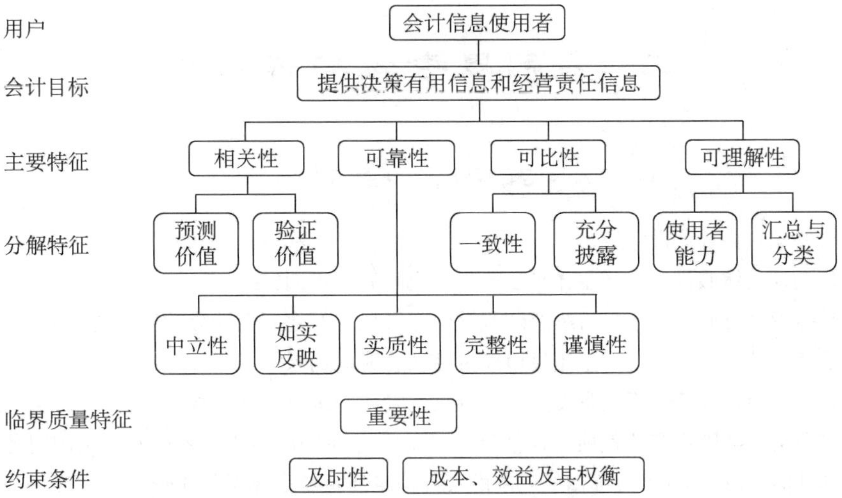

图 2-3　英国会计准则委员会的会计信息质量特征体系

从图 2-3 的框架来看,英国会计准则委员会提出的相关性、可靠性、可比性和可理解性等主要特征,与国际会计准则理事会完全相同,不同之处在于对主要特征的分解有所不同。英国会计准则委员会将相关性划分为预测价值和验证价值两个次级特征,将可靠性划分为中立性、如实反映、实质性、完整性和谨慎性五个次级特征,将可比性划分为一致性和充分披露两个次级特征,将可理解性划分为使用者能力、汇总与分类两个次级特征。除外以此,英国对于重要性的要求与美国一致。

4. 我国关于会计信息质量特征体系

可以认为,美国、英国以及国际会计准则理事会所提出或明确的会计信息质量特征尽管并不完全相同,但大同小异,如都把相关性、可靠性、可理解性和可比性作为会计信息的主要质量特征，生成的会计信息一般要受成本效益原则的约束等。存在的差别仅仅表现在对主要质量特征的认识及分解特征的理解不同而已。

在我国以往的会计规范中一直没有明确提出会计信息质量特征，直至1992年我国颁布的《企业会计准则》，提出了与会计信息质量特征类似概念的会计原则，包括客观性、可比性、一致性、及时性、明晰性、谨慎性、配比、权责发生制、历史成本、划分资本性支出和收益性支出、重要性等十二项。2001年财政部颁布统一的《企业会计制度》，增加了实质重于形式的原则。从表述上看，这些原则都是针对我国企业会计核算提出来的一般要求，但在实质上也是对企业所提供的会计信息提出的一般要求。相比国外流行的会计信息质量特征，我国会计原则涵盖的内容十分全面，从数量上看，也不少于美国、英国以及国际会计准则理事会提出或明确的会计信息质量特征体系。但从形式上看缺乏层次，分不清哪些是主要的质量特征，哪些是次要的质量特征。2006年2月，我国发布了新的《企业会计准则》，在基本准则中取消了会计原则的提法，明确提出了可靠性、相关性、可理解性、可比性、实质重于形式、重要性、谨慎性和及时性八项会计信息质量要求，并对这八项会计信息质量要求的各自地位及其相互之间的关系进行了明确。

三、复习思考题与练习题

复习思考题

1. 为什么要建立会计假设？
2. 什么是会计主体假设？会计主体与法律主体之间有何不同？
3. 什么是持续经营假设？建立持续经营假设的意义何在？建立会计分期假设的意义又何在？
4. 什么是货币计量假设？会计采用货币计量存在着哪些局限？
5. 为什么企业会计核算采用权责发生制？以权责发生制进行会计核算可能会带来哪些问题？
6. 我国企业会计准则规定的各项会计信息质量要求存在层次结构关系吗？与美国财务会计准则委员会、国际会计准则理事会提出或明确的会计信息质量特征体系相比较，存在着哪些异同点？
7. 什么是会计确认？会计确认所解决的是什么问题？
8. 会计采用历史成本计量存在哪些优点与缺点？会计采用公允价值计量又存在哪些优点与缺点？

练习题

一、单项选择题（在每小题的备选答案中，选出一个最合适的答案）

1. 蓝天公司的投资者用蓝天公司分配给其的利润购买了一幢自用房子，蓝天公司将其作为公司购买房子这一时期的固定资产记账，该做法不符合（　　）这一会计基本假设。

   A. 及时性　　　　B. 持续经营

   C. 会计主体　　　　D. 权责发生制

2. （　　）假设所明确的是会计核算的时间范围。

   A. 货币计量　　　　B. 持续经营

   C. 会计主体　　　　D. 会计分期

3. 会计以货币作为计量单位，附带了(　　)的假设。

A. 货币本身价值稳定　　B. 企业持续经营

C. 会计主体　　D. 企业分期核算

4. 确定会计人员的立场和核算范围的会计基本假设是(　　)。

A. 会计主体　　B. 持续经营

C. 会计分期　　D. 货币计量

5. (　　)是持续经营会计假设的必要补充。

A. 会计主体　　B. 会计分期

C. 货币计量　　D. 权责发生制

6. 货币计量假设所包括的含义是(　　)。

A. 会计以货币作为计量单位

B. 会计以实物作为计量尺度

C. 如果企业交易涉及多种货币，需要确立记账本位币

D. 必须考虑货币价值的波动

7. 企业为合理划分并确定各期经营成果，应采用(　　)作为会计核算基础。

A. 收付实现制　　B. 实质重于形式原则

C. 权责发生制　　D. 谨慎性原则

8. 企业采用的会计处理方法不能随意变更，这体现了会计信息的(　　)质量要求。

A. 重要性　　B. 可比性

C. 客观性　　D. 相关性

9. 根据会计信息的(　　)质量要求，企业应定期计提坏账准备。

A. 相关性　　B. 重要性

C. 谨慎性　　D. 实质重于形式

10. 如果企业所提供的会计信息含糊不清，就容易使会计信息的使用者产生歧义，从而降低会计信息的质量，这违背了会计信息的(　　)质量要求。

A. 可理解性　　B. 相关性

C. 及时性　　D. 可靠性

11. 企业进行会计确认、计量和报告，不应仅以交易或者事项的法律形式为依据，这体现了会计信息的(　　)质量要求。

A. 相关性　　B. 可靠性

C. 实质重于形式　　D. 可理解性

12. 会计信息的相关性质量要求是指企业提供的会计信息应与(　　)相关。

A. 企业的会计核算　　B. 企业的会计控制

C. 会计信息使用者的经济决策　　D. 企业的会计监督

13. 企业在提供会计信息时，对信息使用者的决策影响不大的次要会计信息可以作适当的简化，这体现了会计信息的(　　)质量要求。

A. 相关性　　B. 重要性

C. 谨慎性　　D. 实质重于形式

14. 企业对于已经发生的交易或者事项，不得提前或者延后进行确认、计量和报告，从而使会计信息的使用者可获得相关的信息并据以作出决策，这体现了会计信息的(　　)质量要求。

A. 重要性　　B. 可比性
C. 及时性　　D. 相关性

15. 资产按照现在购买相同或者相似资产所需支付的现金或者现金等价物的金额计量的会计计量属性是(　　)。
A. 现值　　B. 公允价值
C. 历史成本　　D. 重置成本

16. 资产按照购置时支付的现金或者现金等价物的金额,或者按照购置资产时所付出的对价的公允价值计量的会计计量属性是(　　)。
A. 现值　　B. 公允价值
C. 历史成本　　D. 重置成本

17. 资产按照其正常对外销售所能收到现金或者现金等价物的金额扣减该资产至完工时估计将要发生的成本、估计的销售费用以及相关税费后的金额计量的会计计量属性是(　　)。
A. 现值　　B. 公允价值
C. 可变现净值　　D. 重置成本

18. 资产按照预计从其持续使用和最终处置中所产生的未来净现金流入量的折现金额计量的会计计量属性是(　　)。
A. 现值　　B. 公允价值
C. 可变现净值　　D. 重置成本

19. 会计确认所要明确的是会计对发生的交易或事项可否作为会计要素进行核算的(　　)问题。
A. 定性　　B. 定量
C. 程序　　D. 方法

20. 会计核算的工作循环(　　)。
A. 不包括会计主体日常的会计核算工作内容
B. 包括会计主体日常的会计核算工作内容
C. 既包括会计主体日常的会计核算工作内容,又包括会计主体在会计期末的会计核算工作内容
D. 包括会计主体在会计期末的会计核算工作内容

二、多项选择题(在每小题的备选答案中,选出所有合适的答案)

1. 会计核算的基本假设包括(　　)。
A. 会计主体　　B. 实质重于形式
C. 持续经营　　D. 会计分期
E. 货币计量

2. 作为会计主体应具备的基本条件包括(　　)。
A. 法人资质　　B. 独立纳税
C. 具有一定的经济资源　　D. 有独立的生产经营活动
E. 进行独立核算

3. 货币计量假设所包括的基本含义有(　　)。
A. 以货币作为唯一的计量尺度　　B. 以货币作为主要的计量尺度
C. 假设币值是稳定的　　D. 必须考虑货币价值的波动
E. 如果企业交易涉及多种货币,需要确立记账本位币

4. 在会计核算中可以采用多种量度,如(　　)。

A. 货币量度 B. 实物量度
C. 劳动量度 D. 空间量度
E. 时间量度

5. 会计分期假设对于会计程序和方法的确定具有极大的影响。由于会计分期（ ）。
A. 产生了企业的收入和费用归属于哪个会计期间的问题
B. 企业应该以收付实现制为核算基础
C. 要求不同会计期间采用一致的会计方法
D. 企业可以不再考虑持续经营问题
E. 必然要确定费用和收入在各会计期间的归属问题

6. 采用权责发生制基础，就需要在会计期末对一些（ ）进行调整，正确划分归属期，以便准确计算各期的收入、费用以及利润或亏损。
A. 预收的收入项目 B. 预付的费用项目
C. 已收的收入项目或已付的费用项目 D. 应付的费用项目
E. 应收的收入项目

7. 在收付实现制会计基础下，在进行会计核算时不必考虑（ ）问题。
A. 预收收入 B. 预付费用或应付费用
C. 应收收入 D. 已付费用
E. 已收收入

8. 会计信息的质量特征包括（ ）。
A. 可比性 B. 相关性
C. 可靠性 D. 配比性
E. 可理解性

9. 在会计核算中，能够体现谨慎性要求的会计方法有（ ）。
A. 计提坏账准备 B. 对固定资产进行加速折旧
C. 成本与可变现净值孰低计价期末存货 D. 对固定资产按历史成本计价
E. 将已付费用进行跨期摊配

10. 下列各项中，体现实质重于形式质量要求的有（ ）。
A. 无形资产计提减值准备
B. 采用加速折旧法对固定资产计提折旧
C. 将企业持有的期限短、流动性强、易于转换为已知金额现金、价值变动风险很小的投资视为现金等价物
D. 将以融资租赁方式租入的资产视为企业资产，列入资产负债表
E. 确认金额能够可靠估计的很可能发生的未决诉讼损失

11. 一般认为会计确认需要遵循（ ）四项标准。
A. 可定义性 B. 相关性
C. 可计量性 D. 可比性
E. 可靠性

12. 在历史成本计量下，（ ）。
A. 资产按照购置时支付的现金或者现金等价物的金额计量
B. 负债按照因承担现时义务的合同金额计量

C. 负债按照因承担现时义务而实际收到的款项或者资产的金额计量

D. 资产按照购置资产时所付出的对价的公允价值计量

E. 负债按照日常活动中为偿还负债预期需要支付的现金或者现金等价物的金额计量

13. 在重置成本计量下，(　　)。

A. 资产按照购置时支付的现金或者现金等价物的金额计量

B. 负债按照因承担现时义务的合同金额计量

C. 资产按照现在购买相同或者相似资产所需支付的现金或者现金等价物的金额计量

D. 资产按照购置资产时所付出的对价的公允价值计量

E. 负债按照现在偿付该项债务所需支付的现金或者现金等价物的金额计量

14. 在现值计量下，(　　)。

A. 资产按照购置时支付的现金或者现金等价物的金额计量

B. 负债按照因承担现时义务的合同金额计量

C. 资产按照现在购买相同或者相似资产所需支付的现金或者现金等价物的金额计量

D. 资产按照预计从其持续使用和最终处置中所产生的未来净现金流入量的折现金额计量

E. 负债按照预计期限内需要偿还的未来净现金流出量的折现金额计量

15. 关于资产公允价值的确定，下列论述正确的有(　　)。

A. 按该资产的账面价值确定

B. 根据公平交易中资产的销售协议价格确定

C. 可按该资产的市场价格确定

D. 可参考同行业类似资产的最近交易价格确定

E. 运用估价技术，采用估价模型计算确定

三、判断题(认为正确的在题目前面括号内打“√”，认为错误的在题目前面括号内打“×”)

1. (　　)进行会计核算首先需要明确会计主体这一基本前提，一个企业只能有一个会计主体。

2. (　　)会计主体假设的意义在于规定了会计核算的空间范围。

3. (　　)当有足够的证据证明一个会计主体已无法履行其所承担的义务时，持续经营这一假设就不再成立。

4. (　　)会计分期假设对于会计程序和方法的确定不会产生影响。

5. (　　)会计核算中，企业只能用货币作为计量单位。

6. (　　)销售产品一批价款 50 万元，企业等收到款项时再作收入确认。这种做法违背了企业权责发生制会计核算基础。

7. (　　)企业会计核算以权责发生制为基础，就意味着对收付实现制的完全不采用。

8. (　　)根据可靠性要求，一切会计记录要有凭证来证明。

9. (　　)会计信息的使用者通过对所得到的会计信息进行加工后，即使能满足其需要，也不认为会计信息基本符合了相关性要求。

10. (　　)会计信息质量的可比性要求企业的会计程序和会计方法一经选定，不得变更。

11. (　　)根据会计信息的实质重于形式质量要求，企业应当按照交易或者事项的经济实质进行会计确认、计量和报告，不应仅以交易或者事项的法律形式为依据。

12. (　　)重要性在很大程度上取决于会计人员的职业判断。针对同一事项，在某一企业具有重要性，在另一企业则不一定具有重要性。

13. (　　)对于重要的交易或事项，应当单独、详细反映；对于不重要的交易或事项，在不影响信息使

用者决策的情况下，可以合并、粗略反映，以节省提供会计信息的成本。

14.（ ）如果会计信息的省略或者错报会影响投资者等财务报表使用者据此作出决策的，该信息就具有重要性。

15.（ ）在会计信息的谨慎性质量要求下，会计人员应充分估计未来的风险和损失，不多计负债或费用，不少计资产或收益，但不得设立秘密准备。

16.（ ）在会计信息的可理解性质量要求下，企业所提供的会计信息应当清晰明了，易于理解，否则会影响会计信息的有用性。

17.（ ）会计确认在审核原始凭证、编制记账凭证时进行，即对某项经济业务以原始凭证为依据，确认为某一会计要素后编制记账凭证。

18.（ ）在历史成本计量下，资产可以按照购置资产时所付出的对价的公允价值计量。

19.（ ）在重置成本计量下，负债按照因承担现时义务而实际收到的款项或者资产的金额，或者承担现时义务的合同金额计量。

20.（ ）只要是交易双方自愿进行资产交换或者债务清偿的金额计量的，属于公允价值计量。

四、业务题

目的：掌握收付实现制与权责发生制两种会计基础下的收入、费用确认及其盈亏计算。

资料：顺达公司 20×1 年 6 月发生以下经济业务：

(1) 支付上月发生的水电费 50 000 元。

(2) 收回上月销售产品客户所欠的账款 100 000 元。

(3) 收到本月销售产品的收入款 80 000 元。

(4) 支付本月职工工资 90 000 元。

(5) 支付下一年保险费 20 000 元。

(6) 销售产品收入 250 000 元，款项尚未收到。

(7) 预收客户货款 50 000 元。

(8) 摊销上年年末支付应由本月负担的报刊费 10 000 元。

要求：分别按收付实现制与权责发生制会计基础进行收入、费用确认并计算盈亏，填列在表 2-2 中。

表 2-2　按收付实现制与权责发生制进行收入、费用确认及盈亏计算　单位：元

业务序号	收付实现制		权责发生制	
	收入	费用	收入	费用
(1)				
(2)				
(3)				
(4)				
(5)				
(6)				
(7)				
(8)				
合计				
盈亏计算				

四、案例分析题

采用不同的会计准则，奔驰汽车公司由赢变亏

在20世纪九十年代初，赫赫有名的德国戴姆勒奔驰汽车公司欲到美国纽约证券交易所上市筹集资金。根据纽约证券交易所的规定，奔驰汽车公司必须将它按德国会计准则编制的财务报表按照美国会计准则作出调整，才能被美国的投资者所理解并据以作出投资的决策。调整的结果出乎人们的意料，这家按德国会计准则编制的财务报表显示的当年盈利6亿马克的公司，按美国会计准则作出调整后，竟然是巨亏18亿马克！当然其上市计划付诸东流了。

分析要求：

(1) 为什么同一家公司按不同国家会计准则编制的财务报表会产生较大差异？试分析奔驰汽车公司按德国会计准则核算当年盈利，而按美国会计准则核算当年巨亏的可能原因。

(2) 各国会计准则的不同会带来什么问题？

第三章　会计要素与会计等式

一、概要解析

(一) 会计对象

会计对象是指会计核算与控制的内容，即经济活动，包括融资、投资、分配(财务活动)和经营等涉及资金流转的活动。由于会计是从价值上对经济活动进行核算与控制，所以更具体地说，会计核算和控制的对象是资金运动过程。

(二) 会计要素

会计要素是财务会计学中最基本的概念，在会计理论和会计实务中都受到了广泛的关注。会计要素是指按照经济交易或事项的特征对会计对象所作的基本分类。当交易或事项发生以后，会计是按照“类别”进行记录和反映信息的，其中最基本的分类就是会计要素，要素之下还有报表项目、会计(总分类)科目、明细科目等更具体的分类。会计通过对会计对象的科学分类，提供决策所需的各类信息。

我国企业会计准则规定了六项会计要素，即资产、负债、所有者权益、收入、费用和利润。前三项会计要素构成了资产负债表的基本框架，被称为资产负债表要素。资产负债表反映了一个企业在某一特定会计时点的财务状况，即前三项要素的存量指标，这是企业资金运动的静态结果。后三项会计要素构成利润表的基本框架，被称为利润表要素。利润表反映了企业在某一会计期间的经营成果，即借助于收入、费用和利润三个要素反映资金在运动过程中增减变动情况，这是企业资金运动的动态表现。

(三) 资产

资产本质上是资金占用，是对筹集来的资金的使用结果。要理解资产这个要素，必须把握资产的三大特征：

(1) 资产的实质是未来经济利益，即单独地或与其他资产结合在一起时具有直接或间接地为未来的现金净流入作出贡献的能力。在确认资产时，首先要考虑两点：一是是否真正含有未来经济利益；二是未来经济利益的全部或任何部分是否可以继续保持。如果不含有未来经济利益或这种经济利益已经不能保持，就不能列作资产。

(2) 这种未来经济利益必须为特定主体所控制或拥有，即这种利益归集于特定主体而限制其他主体对该利益的取得。控制可以包括直接持有（如库存存货），也可包括某种形式的控制权利（如在其他企业的投资）。所有权不是资产的必备条件，只要企业可能用其他方式（如租赁）来取得所包含的未来经济利益，就可以作为企业的资产。

(3) 这种经济利益必须是过去交易或事项的结果，或者是导致企业能获得这项利益的交易或其他事项已经发生。如果经济利益只能产生于未来而不是现时存在或处于企业的控制之下，或促使企业能获得或控制这项未来利益的事项或情况尚未发生，就不能作为资产。

符合资产定义的资源属于企业的资产，但并不是所有资产都会出现在企业的账簿和资产负债表里，一项资产要进入企业的会计系统，除了要符合资产的定义外，还要满足资产确认的条件：①与该资源有关的经济利益很可能流入企业；②该资源的成本或者价值能够可靠地计量。

资产要素可以继续分类，最常见的分类是按其流动性（即变现能力）分类为流动资产和非流动资产，这也是在资产负债表中的分类。流动资产是指预计在资产负债表日起 1 年内（含 1 年）或者一个正常营业周期中变现、出售或耗用的资产。流动资产可以在短期内变现，通过对其进行变现，可以用来偿还到期债务，所以流动资产数量越多，其短期偿债能力越强，公司的财务风险越低，按流动资产和非流动资产进行分类的意义即体现于此。

(四) 负债

负债反映的是企业资金的一个来源或对资金的要求权（谁提供资金，谁就拥有对资金的要求权）。负债也称债权人权益，是债权人投入企业的资金，这部分资金将来是要偿还的，所以企业承担着一项偿还的义务，将来会有经济利益流出企业。与资产相对应，负债也具有三大特征：

(1) 负债是企业承担的现时义务，体现了企业现在对一个或更多的其他主体承担的责任，这种责任预定在未来的具体或可确定的日期，或在具体事项发生时，通过交付资产或提供劳务来履行。现时义务是指企业现在所承担的义务，包括法定义务和推定义务。法定义务是指法律法规所规定的义务，如按时交税；推定义务是根据特定情况和惯例推断的义务，如一家公司定期发放年终奖金，即便不存在法律协议要求支付该款项，但根据惯例这项支付构成企业承担的现实义务。

(2) 负债是由过去的交易或者事项形成的，意味着导致企业承担义务的交易或事项必须已经发生。该义务将来是否履行以及履行的金额是否确定，不影响对于负债的判断。例如，企业售出一批商品并对商品提供售后担保，承诺在商品发生质量问题时由企业无偿提供修理服务。销售商品并提供售后担保是企业过去发生的交易，由此形成的未来修理服务构成一项不确定事项，修理服务的费用是否会发生以及发生金额是多少将取决于未来是否发生修理请求以及修理工作量、费用等的大小。企业承担的保修义务随着商品的销售既已产生，而不是在商品实际发生质量问题之时才形成。

(3) 负债的清偿会导致经济利益流出企业，经济利益的流出一般体现为现金的流出，但也有一些负债是通过转移其他资产或提供劳务来偿付。在正常情况下，负债应有确定的收款人，或其债权人是已知的，或是可知的，但这并不意味着债权人在当时已经知道或提出权利要求。

与资产相同，一项负债要记到企业的账上和反映在资产负债表里，首先应当符合负债的定义，其次还应当同时满足两个确认条件：①与该义务有关的经济利益很可能流出企业；②未来流出经济利益的金额能够可靠地计量。

负债按其偿付期限的长短，通常可划分为流动负债和非流动负债两大类。流动负债是指预计在一个正常营业周期中清偿或自资产负债表日起 1 年(含 1 年)内到期应予以清偿的负债。流动负债由于在短期内要进行偿还，所以企业的偿债压力比较大，往往需要通过流动资产或再次借债进行偿还，所以流动资产和流动负债保持适当的比例(即流动比率)非常重要。

(五) 所有者权益

所有者权益也称净资产，是指企业资产扣除负债后由企业所有者享有的剩余权益。股份有限公司的所有者权益也称为股东权益。所有者权益是企业资金的另一个来源，包括股东原始投入的资本和这些资本经过一段时间的经营所形成的增减变动的累积额。所有者权益的确认和计量，主要依赖于资产、负债等会计要素的确认和计量。在特定会计日期(期初或期末)，企业的资产减去其负债后的差额就是该日期的所有者权益。

所有者权益按其来源可分为所有者投入资本、直接计入所有者权益的利得和损失以及留存收益。所有者投入资本是指所有者投入企业的所有资本，既包括构成企业注册资本或者股本部分的金额，也包括投入资本超过注册资本或股本部分的金额(资本溢价或股本溢价)。直接计入所有者权益的利得和损失和留存收益是企业在经营过程中形成的资本增(减)值。前者是指不应计入当期损益、会导致所有者权益发生增减变动的、与企业投入资本或者向所有者分配利润无关的利得和损失。留存收益是企业历年实现的净利润留存于企业的部分，主要包括累计计提的盈余公积和未分配利润。

(六) 收入

收入是指企业在日常活动中形成的、会导致所有者权益增加的、与所有者投入资本无关的经济利益的总流入。收入的本质是资源的流入，收入的确认是利润计算的开始。根据收入的定义，收入应当具有四方面的特征：

(1) 收入是从企业的日常活动中产生的经济利益的总流入，非日常活动中产生的经济利益流入不应当确认为收入，而是应当作为利得。

(2) 收入最终会导致企业所有者权益的增加，因为收入的取得会影响利润，利润最终属于所有者权益。

(3) 收入是与所有者投入资本无关的经济利益的总流入，因为企业与股东之间的交易非日常活动。

(4) 收入只包括本企业经济利益的流入，凡本企业为第三方或客户代收的款项，均不能确认为收入，而是应当将其确认为负债。

一般而言，收入只有在经济利益很可能流入企业从而导致企业资产增加或者负债减少，且经济利益的流入额能够可靠计量时才能予以确认。按西方会计理论的观点，收入的确认需要同时满足两个条件：一是收入已赚取，即企业已完成为获取收入所产生利益所需的全部活动，或者至少已完成整个盈利过程中的关键活动；二是收入必须是"已实现"和"可实现"的，即企业已经取得现金或具有现金要求权，且与该交易相关的经济利益很可能流入企业。

(七) 费用

费用是指企业在日常活动中形成的、会导致所有者权益减少的、与向所有者分配利润无关的经济利益的总流出。费用的本质是资源的消耗，费用应该在收入确认之后与之相配比，计量利润。根据费用的定义，费用应当具有三方面的特征：

(1) 费用是企业在日常活动中发生的经济利益的总流出，非日常活动所形成的经济利益的流出不属于费用，应当作为损失。

(2) 费用会减少利润，从而最终会减少所有者权益。

(3) 费用导致的经济利益总流出与向企业所有者分配利润无关。

费用的确认除了应当符合其定义外，还应当满足严格的确认条件。通常，费用的确认至少应当同时符合三个条件：①与费用相关的经济利益很可能流出企业；②经济利益流出企业的结果会导致资产的减少或者负债的增加；③经济利益的流出额能够可靠计量。

费用通常可划分为营业成本和期间费用两大类。营业成本是指可以与具体的收入相联系的费用，即可以直接配比的费用，如销售成本。期间费用是指与特定收入不相关，但与经营期间相关，应当在其发生时直接计入当期损益的费用，如管理费用、销售费用和财务费用。另外，还需要注意费用和生产费用之间的区别。同为资源的消耗，费用的发生导致经济利益流出企业，而与生产费用有关的经济利益没有流出企业，而是计入产品的生产成本，转化为另一项资产。

(八) 利润

利润是指企业在一定会计期间的经营成果。利润包括收入减去费用后的净额以及直接计入当期利润的利得和损失。利润的本质是所有者权益，是对投资的回报。比较两个时点的净资产，就会产生一个净利润数(更确切地说是综合收益，由于净利润是综合收益的主要组成部分，这里忽略掉了利得和损失)，但这一做法无法披露有关利润具体构成的详细信息。为了提供这一详细信息，所以采用了配比原则来计量利润，这一原则强调用收入减去费用来计算利润。只要采用相同的计量方法，通过配比原则计算的利润和根据净资产的变化计算的利润应该是相等的。

利得和损失是指由企业非日常活动所形成的、会导致所有者权益增加的、与所有者投入资本无关的经济利益的流入。在我国的会计准则中，利得和损失可以分为两类：一类是直接计入当期损益的利得和损失，它是利润的组成部分；另一类是直接计入所有者权益的利得和损失，它没有计入当期的利润，而是直接作为所有者权益（被称为其他综合收益）的一部分。当期利润和当期其他综合收益之和被称为综合收益，在不考虑企业与股东之间交易的情况下，综合收益等于当期所有者权益的变动。与净利润相比，综合收益更接近于经济利润，它没有被作为一个会计要素，但被要求在利润表中列报。

利润和现金流量都提供了一种衡量业绩的方法，但有研究表明，利润更加有助于解释和预测企业的未来的利润和现金流量，所以与现金流量相比，利润是衡量企业业绩更好的指标。利润按其来源及确定程序，可以分为营业利润、利润总额与净利润等不同层次，这些不同层次的利润都是由“利润＝收入－费用＋利得－损失”计算得到，只是包括的利得和损失的内容不同而已。利润的构成信息非常重要，不同的收入和费用的持续性不同，对于预测未来的利润和现金流量的意义也不同。

（九）会计等式

会计等式反映了会计要素之间的数量关系，其本质在于揭示经济活动及其资金运动的规律，为复式记账、试算平衡和编制财务报表提供理论依据。会计等式可以从静态、动态、综合等三个方面予以认识和理解。

企业的静态会计等式也称会计基本等式、资产负债表会计等式，反映的是资产、负债和所有者权益三者之间的关系。资产表明企业拥有多少经济资源，是企业使用所获取的资金的结果；负债和所有者权益合称权益，表明谁为企业提供的资金，反映的是资金的来源。使用资金的数量必然等于获取资金的数量，所以“资产＝负债＋所有者权益”在任何一个时点上都成立。这一恒等关系是复式记账法的理论基础，也是企业会计中设置账户、试算平衡和编制资产负债表的理论依据。

企业的动态会计等式也称利润表会计等式，旨在揭示企业在某一时期取得的收入和发生的费用与实现的利润之间的数量关系。企业的动态会计等式是其利润表的主要理论依据。“收入－费用＝利润”中的收入和费用，可以理解为广义的收入和广义的费用，即包含利得的收入和包含损失的费用，与会计准则界定的收入和费用的概念（通常称为狭义的收入和费用）有所不同，这点需要注意。

企业的综合会计等式也称动静结合的会计等式，将收入和费用两要素列入会计基本等式，可以将资产负债表和利润表联系起来，从而揭示了资产负债表要素和利润表要素各自内部及相互之间的内在联系和数量关系。该等式旨在说明企业的资金运动从会计期初的静止状态，到会计期内企业因经济交易或事项的发生而取得收入与发生费用之后，相关各要素之间存在的数量关系。

会计基本等式在任意两个时点上均是成立的，那么两个时点之间所形成的会计期间中，收入的产生会导致资产增加或负债减少，最终体现为所有者权益的增加；费用的产生会导致资产的减少或负债的增加，最终导致所有者权益的减少；收入减去费用即是本期间的利润，利润反映的是所有者权益的变动额，也是收入和费用对资产和负债影响的净额。正是利润的加入，导致期初时点的会计基本等式转变为期末时点的会计基本等式。

(十) 会计事项及其种类

会计事项是指企业在从事的经济活动中所发生的、能够引起会计要素增减变动的交易或事项，即在会计上需要进行确认、计量和报告的事项。

企业会计事项通常可具体划分为如下九类：

(1) 引起资产内部此增彼减的会计事项。

(2) 引起负债内部此增彼减的会计事项。

(3) 引起所有者权益内部此增彼减的会计事项。

(4) 引起负债增所有者权益减的会计事项。

(5) 引起负债减所有者权益增的会计事项。

(6) 引起资产和负债同增的会计事项。

(7) 引起资产和所有者权益同增的会计事项。

(8) 引起资产和负债同减的会计事项。

(9) 引起资产和所有者权益同减的会计事项。

企业任何会计事项的发生都不会破坏会计等式的平衡关系，即会计等式具有恒等性，但有些会计事项的发生会引起企业资金总额发生变化或导致企业权益结构发生改变。

二、背景资料

(一) 中外会计要素的比较

由于各国会计所处的具体环境不同，相应的准则制定机构在制定准则时考量的侧重点也有所不同，所以，即使在会计准则国际趋同的今天，各套会计准则设置的会计要素也不尽相同。下面简要介绍一下目前国际上影响比较大的两个会计机构——美国财务会计准则委员会(FASB)和国际会计准则理事会(IASB)对会计要素所作的分类。

1. FASB 划分的会计要素

早在 1970 年，APB(会计程序委员会，FASB 之前的会计准则制订机构，后被 FASB 取代)首次开始专门系统地研究会计要素。它在第 4 号报告中专门用一章的内容来论述财务会计基本要素的定义及其相互关系，并初步提到它们的计量将影响企业的财务状况和经营成果。根据 APB 的理解，财务会计有 6 个基本要素，即资产、负债、业主权益(净资产)、收入、费用和净收益，而且它们可以分为两类：一类是反映企业的财务状况，一类是反映企业的经营成果。前三个属于第一类反映财务状况的要素，后三个属于第二类反映经营成果的要素。在财务状况和经营成果的要素之间还存在着勾稽关系，即一个会计期间的净收益

(净损失)、前期收益的调整以及在该期间内的业主投资(增资)和提款(减资和分配),这三者的综合影响应构成该期间的"业主权益"(所有者权益或者说净资产)的变化。

从 20 世纪 70 年代中期开始,FASB 的概念框架(制订会计准则的理论依据)研究的一个项目开始考虑重新概括财务报表的要素,在其发布的第 3 号公告中提出了 10 项要素:①资产,指某一特定主体由于过去的交易或事项获得或控制的可预期的未来经济利益;②负债,指某一特定主体由于过去的交易或事项而在现在承担的在未来向其他主体交付资产或提供服务的责任,这种责任将引起可预期的经济利益的未来牺牲;③业主权益,指在扣除某一主体的负债后,留存的资产(净资产)之中体现的剩余权益;④业主投资,指由于其他主体为取得或增加在某一特定企业中的产权即业主权益,而把某些有价值的东西交付给企业,从而形成某一特定企业的资产的增加;⑤分派业主款,指由于企业对业主拨付资产,提供服务或承担负债而形成的某一特定企业的净资产的减少;⑥综合收益,指一个主体在某一期间与非业主方面进行交易或发生其他事项和情况所引起的产权(净资产)的变动;⑦收入,指一个主体在某一期间通过销售或生产货物、提供服务或来自构成该主体不断进行的主要经营活动的其他业务所形成的现金流入或其他资产的增加,或负债的减少(或两者兼有之);⑧费用,指一个主体在某一期间由于生产和销售产品、提供服务,或由于从事其他经济业务(构成该主体不断进行的主要经济活动)而发生的现金流出或其他资产的耗用,或负债的承担(或两者兼而有之);⑨利得,指一个主体由于在其主要经营活动以外的或偶然发生的交易以及在某一期间除了由于收入和由于业主投资所引起的影响该主体的所有其他交易和事项导致的产权(净资产)的增加;⑩损失,指一个主体由于主要经营活动以外的或偶然发生的交易以及在某一期间除了由于费用和分派业主款所引起的影响该主体的所有其他交易和事项导致的产权(净资产)的减少。

以上前三项属于一类,用以描述某一时点的资源和对资源的要求权,其余七个为一类,用以描述在一定期间内影响企业资产、负债和权益变动的交易和其他事项及情况,具体而言,又可以再分成两类,收入、费用、利得和损失针对利润表,用来描述企业经营成果,业主投资、分派业主款、综合收益针对所有者权益变动表,用来描述所有者权益变动。

2. IASB 划分的会计要素

国际会计准则委员会(IASC,为 IASB 的前身)在 1989 年公布的《关于编制和提供财务报表的框架》中将会计要素划分为资产、负债、产权、收益和费用五项。其中资产、负债、权益的定义与我国一致,但收益与费用的定义涵盖内容更为广泛。收益包括日常活动产生的收入与非日常活动形成的利得;费用包括日常活动产生的费用以及非日常活动形成的损失。因此,与我国企业会计准则相比,国际会计准则拓宽了收益和费用概念,涵盖了利得和损失。此外,国际会计准则中并没有把利润作为一项会计要素,但提出了资本及资本保全的概念。

通过以上对比,可以发现我国会计准则和 IASB、FASB 对于会计要素的确认一致认为至少需要两类会计信息,即静态的财务状况要素和动态的经营成果要素。虽然在要素的类别和定义上还存在差异,但从本质上来看,三大准则在认识上并无实质性差异。

在要素类别方面，三者的差异主要体现在利润表要素上。FASB 单独设置了利得和损失两个要素；我国会计准则没有单独设置这两个要素，而是将利得和损失一部分包含在利润要素里（直接计入净利润的利得和损失），另一部分放在所有者权益要素里（直接计入所有者权益的利得和损失，即其他综合收益）；IASB 也没有设置利得和损失这两个要素，而是将利得包含在收入里，损失包括在费用里，这样收入和费用均为广义的收入和费用概念。与利得和损失要素的设置相对应，三套准则体系对于利润要素的界定也有差异。FASB 强调包括全部利得和损失的综合收益，所以将综合收益作为会计要素，而没有单独设置利润这一要素；IASB 认为收入、费用的确认和计量也就是利润确认和计量的过程，没有必要单独设立利润要素；我国会计准则设置了利润这一要素，但我国利润的口径要小于 FASB 的综合收益的口径，因为我们有一部分利得和损失没有计入利润，而是作为其他综合收益直接计入了所有者权益。

（二）有关会计等式的讨论

近年来，对于会计等式的质疑经常被提出。这种质疑主要集中于动态会计等式和综合会计等式。

对于动态会计等式，主要的问题是它没有考虑由企业非日常活动形成的利得和损失对利润的影响。按照我国的基本准则中的定义：利润＝收入－费用＋利得－损失，忽略了利得和损失，利润的计算肯定不完整。对于该质疑，不难解释。如上文所述，“利润＝收入－费用”中的收入可以理解为包括利得的广义收入，费用理解为包括损失的广义费用，动态等式仍然成立。只是利润这一指标无法反映所有者权益的变动，无法把资产负债表和利润表联系起来，因为利得和损失有一部分没有计入利润，而是直接计入所有者权益（其他综合收益），而能将两张表联系起来的指标是综合收益，所以像 IASB 那样设置要素和动态等式或许更合理，即“综合收益＝（广义）收入－（广义）费用”。

有关综合会计等式的争议可能更多一些。这一等式一直被国内众多的教科书所引用，但无论是从经济涵义还是数学形式上，该等式都很难理解。首先，收入和费用是期间指标，而资产和负债是时点指标，期间指标应该反映的是两个时点之间的变化，把期间指标和时点指标简单加到一起，经济上难以解释。其次，“资产＝负债＋所有者权益”是恒等式，那么在等式两边加上收入、费用，则必然会得出“收入＝费用”或者“利润＝0”这样的结果，因此，该等式在数学逻辑上也很难理解。最后，和动态会计等式一样，没有考虑非日常活动所形成的利得和损失对资产、负债和所有者权益的影响。在考虑了其他综合收益科目后，结合资产负债表静态和利润表动态要素后的综合会计等式应该表述如下：

$资产_{期末数}=负债_{期末数}+(所有者权益_{期初数}+\Delta 投资者投入-当期向投资者分配股利+\Delta 其他综合收益+净利润)$

Δ投资者投入——本期股东投入资本的变动额；

Δ其他综合收益——本期资产负债表所有者权益中其他综合收益的变动额或本期形成的其他综合收益。

三、复习思考题与练习题

复习思考题

1. 企业的资金运动过程具体会涉及哪些经济活动？
2. 企业拥有的能在未来给企业带来经济利益的资源是否都反映在资产负债表里？为什么？
3. 资产负债表和利润表之间的勾稽关系是如何建立的？
4. 经济事项是否都是会计事项？会计事项大致有哪些类别？
5. 什么是配比原则？费用与收入为何应当进行配比？
6. 我国会计准则中的收入和费用有哪些特点？与利得和损失有何不同？
7. 我国会计要素的设置是否合理？有哪些方面可以改进？

练　习　题

一、单项选择题(在每小题的备选答案中，选出一个最合适的答案)

1. 下列各项中，关于企业会计对象的正确表述为(　　)。
   A. 是企业的会计职能　　B. 是企业的会计目标
   C. 是企业的经济活动及其资金运动　　D. 是企业所要反映的财务状况和经营成果
2. 企业的资金运动既包括资金进入企业，又包括资金退出企业。下列各项中，属于资金进入企业的是(　　)。
   A. 向股东分配现金股利　　B. 按规定缴纳税费及附加
   C. 从投资人取得其货币资金投资　　D. 以工资转存形式发放职工薪酬
3. 下列各项中，不属于收入的是(　　)。
   A. 商品销售收入　　B. 劳务收入
   C. 代收款项　　D. 租赁收入
4. 下列各项中，属于反映企业财务状况的会计要素是(　　)。
   A. 收入　　B. 所有者权益
   C. 费用　　D. 利润
5. 下列说法中，不正确的是(　　)。
   A. 所有者权益是指企业资产扣除负债后由所有者享有的剩余权益
   B. 所有者权益的金额等于资产减去负债后的余额
   C. 所有者权益也称为净资产
   D. 所有者权益包括实收资本(或股本)、资本公积、盈余公积和留存收益等
6. 下列各项中，应确认为资产的是(　　)。
   A. 长期闲置且不再使用和转让的没有经济价值的厂房
   B. 已超过保质期的食品
   C. 自然使用寿命已满但仍在使用的设备
   D. 已签订合同拟于下月购进的材料
7. 下列各项中，符合收入会计要素定义的是(　　)。
   A. 出售材料收入　　B. 出售长期股权投资的投资收益

C. 出售固定资产净收益
D. 向购买方收取的增值税销项税额

8. 下列各项中,不属于企业资产的是(　　)。
A. 替其他企业保管的原材料
B. 经营性租入的机器
C. 融资性租入的房屋
D. 出租的设备

9. 下列各项中,不属于期间费用的是(　　)。
A. 管理费用
B. 制造费用
C. 销售费用
D. 财务费用

10. 下列各项中,属于企业流动负债的是(　　)。
A. 应收及预付款项
B. 应付及预收款项
C. 应收及预收款项
D. 应付及预付款项

11. 下列各项中,经济业务会导致资产和负债同时增加的是(　　)。
A. 以银行存款偿还欠款
B. 实际支付职工工资
C. 从银行取得借款
D. 将现金存入银行

12. 企业对外销售商品,以银行存款收取款项(不考虑增值税),该项业务会引起(　　)。
A. 资产和负债同时增加
B. 资产和所有者权益同时增加
C. 负债和所有者权益同时增加
D. 以上都不对

13. 某项经济业务的发生引起资产减少,则可能同时引起(　　)。
A. 负债增加
B. 所有者权益增加
C. 收入增加
D. 费用增加

14. 下列各项中,能够引起会计等式左右两边同时增加的经济业务是(　　)。
A. 以银行存款偿还银行借款
B. 收回应收账款存入银行
C. 购进材料一批货款未付
D. 将资本公积转增资本

15. 某公司期初资产总额为 25 万元,所有者权益总额为 20 万元。本月购买原材料一批,入账金额 3 万,款项尚未支付。以银行存款 2 万元购买设备(不考虑增值税)。则上述业务入账后该公司的负债总额为(　　)万元。
A. 23
B. 1
C. 13
D. 8

二、多项选择题(在每小题的备选答案中,选出所有合适的答案)

1. 下列各项中,不属于企业流动资产的有(　　)。
A. 自建的办公用房
B. 取得的库存现金
C. 买方拖欠的货款
D. 购入的原材料
E. 向投资者取得的专利权

2. 下列各项中,属于企业财务状况的会计要素有(　　)。
A. 资产
B. 收入
C. 负债
D. 费用
E. 所有者权益

3. 下列各项中,能够导致企业发生费用的有(　　)。
A. 支付合同违约金
B. 支付当月消耗的水电费
C. 为灾区人民捐赠款物
D. 支付当月发生的借款利息
E. 保险公司理赔款

4. 下列各项中,能够导致资产和权益同增或同减的会计事项有(　　)。
A. 购买材料货款暂欠
B. 取得借款并存入银行
C. 以银行存款发放现金股利
D. 接受投资人投入的货币资金
E. 以银行存款归还前欠购货款
5. 下列各种关于会计要素和会计等式的说法中,正确的说法有(　　)。
A. 会计要素客观存在且永久不变
B. 会计要素是复式记账的理论基础
C. 会计等式是明确会计要素的前提
D. 会计等式能够反映会计要素之间的等量关系
E. 会计等式是试算平衡和编制会计报表的理论基础
6. 下列各项中,属于企业所有者权益组成部分的有(　　)。
A. 应付股利
B. 股本
C. 盈余公积
D. 未分配利润
E. 资本公积
7. 下列各种关于资产特征的说法中,正确的说法有(　　)。
A. 必须是有形的
B. 由过去的交易或事项形成
C. 是一项经济资源
D. 企业拥有或者控制的
E. 预期能够给企业带来经济利益
8. 下列各项中,能够引起权益内部此增彼减的会计事项有(　　)。
A. 将应付票据转为应付账款
B. 将资本公积转增资本
C. 将专项应付款转为资本公积
D. 以银行存款归还前欠货款
E. 投资人追加投资
9. 企业的负债按偿还期限不同,可以分为(　　)。
A. 短期借款
B. 流动负债
C. 长期借款
D. 非流动负债
E. 长期待摊费用
10. 下列等式中,正确的会计等式有(　　)。
A. 资产＝负债＋所有者权益
B. 收入－费用＝利润
C. 资产＝权益
D. 资产＝负债＋所有者权益＋(收入－费用)
E. 资产＋负债－费用＝所有者权益＋收入

三、判断题(认为正确的在题目前面括号内打“√”,认为错误的在题目前面括号内打“×”)

1. (　　)所有的经济事项都要进行会计处理。
2. (　　)会计要素中既有反映经营成果的要素,也有反映现金流量的要素。
3. (　　)如果企业在一定时期发生了亏损,必将导致企业所有者权益的减少。
4. (　　)只有企业对某项资产拥有所有权时,才能作为企业的资产核算。
5. (　　)企业所承担的现时义务均应反映在企业的资产负债表中。

6.（　　）企业的所有的利得和损失都包括在企业的综合收益里。

7.（　　）当采购人员预借差旅费时，会使企业的资产减少。

8.（　　）资产是资源，但并非所有的资源都能确认为资产并列入资产负债表。

9.（　　）利得的产生会导致收入的增加，损失的发生会导致费用的增加。

10.（　　）资本公积的主要来源是由投资者投入。

11.（　　）企业的一批原材料因暴雨而全部腐烂，企业应将其作为本期的费用。

12.（　　）资产会随着负债和所有者权益的增减变动而发生相反的变化。

13.（　　）生产费用和销售费用都是企业的费用，都会导致所有者权益的减少。

14.（　　）会计恒等式实质上反映了企业资金的两个不同侧面。

15.（　　）当企业用未分配利润转增资本时，会导致企业资产增加。

16.（　　）"所有者权益＝资产－负债"和"负债＝资产－所有者权益"所反映的经济意义相同。

17.（　　）净利润应该等于当期所有者权益的变动额。

18.（　　）利润＝收入－费用＋利得－损失，利润专指净利润。

19.（　　）负债是企业所承担的现时义务，即法律所规定的义务。

20.（　　）如果一项资源无法给企业带来经济利益，就不应作为资产确认。

四、业务题

【业务题一】

目的：掌握会计要素的划分并熟悉经济业务对会计等式的影响。

资料：东方公司 20×1 年 10 月 30 日的资产、负债和所有者权益分别为 280 000 元、50 000 元和 230 000元。该公司 20×1 年 11 月份发生如下经济业务：

(1) 投资者追加投资 20 000 元，存入银行。

(2) 用银行存款偿还应付账款 23 000 元。

(3) 控股股东江南公司免除东方公司所欠债务 100 000 元。

(4) 收到顾客所欠货款 45 200 元，存入银行。

(5) 购买原材料，价款共计 21 300 元，尚未支付。

(6) 东方公司经批准向银行取得为期 6 个月的借款 80 000 元，并直接支付给投资者，以减少其投资额。

(7) 购买设备，价值 7 600 元，以银行存款支付 5 000 元，余款尚欠。

(8) 股东会决议用资本公积转增资本 50 000 元。

(9) 股东会决议分配现金股利 40 000 元，已宣告但尚未发放。

(10) 实际支付股利 40 000 元。

要求：根据上述经济业务，分别确定每项经济业务对资产和权益的影响，并将影响的要素类别和金额填在表 3-1 中。

表 3-1　　经济业务对资产和权益的影响　　单位：元

业务	资产			负债			所有者权益		
	类别	增加	减少	类别	增加	减少	类别	增加	减少
(1)									
(2)									

（续表）

业务	资产			负债			所有者权益		
	类别	增加	减少	类别	增加	减少	类别	增加	减少
(3)									
(4)									
(5)									
(6)									
(7)									
(8)									
(9)									
(10)									

【业务题二】

目的：掌握会计要素的划分并熟悉经济业务对会计等式的影响。

资料：东方公司20×1年10月30日的资产、负债和所有者权益与上题相同。该公司20×1年12月份发生如下经济业务：

(1) 销售商品取得现金收入120 000元。

(2) 违反有关环保条件，被环保部门罚款20 000元，以现金支付。

(3) 本月管理部门人员工资25 000元，尚未支付给职工。

(4) 因科技创新被政府奖励20 000元。

(5) 期末结转销售成本90 000元。

要求：

(1) 根据上述经济业务，分别将每项经济业务影响的要素和金额填在表3-2中。

表3-2　　经济业务影响的会计要素和金额　　单位：元

业务	资产		负债		所有者权益		收入		费用	
	增加	减少	增加	减少	增加	减少	增加	减少	增加	减少
(1)										
(2)										
(3)										
(4)										
(5)										

(2) 计算东方公司11月份实现的利润。

(3) 结合业务题一的资料，计算东方公司3月末的资产、负债和所有者权益。

【业务题三】

目的：掌握会计事项的类型及其对会计等式的影响。

资料：深海公司是一家小型吸尘器制造企业，该公司20×1年3月1日的资产和负债分别为900 000

元和 150 000 元。该公司 3 月份发生了如下几种情况的经济业务：

（1）收入发生且资产增加，金额为 330 000 元。

（2）收入发生且负债减少，金额为 270 000 元。

（3）费用发生且负债增加，金额为 150 000 元。

（4）费用发生且资产减少，金额为 410 000 元。

要求：

（1）举例说明属于上述各种情况下经济业务的具体内容。

（2）计算深海公司 3 月末的所有者权益。

（3）计算深海公司 3 月份实现的利润。

【业务题四】

目的：掌握会计事项对会计等式的影响。

资料：甲、乙、丙是同一行业的三个独立的中小型企业，各企业 20×1 年有关财务状况信息，如表 3-3 所示。

表 3-3　　甲、乙、丙三公司 20×1 有关财务状况信息表　　单位：元

	甲企业	乙企业	丙企业
年初：			
资产	760 000	360 000	796 000
负债	160 000	C	186 200
年内：			
追加资本	20 000	75 600	38 600
退出资本（或分配利润）	A	100 000	46 400
取得收入	480 000	11 400	E
发生费用	B	115 000	240 400
实现利润	120 000	D	F
年末：			
资产	880 000	324 000	892 400
负债	140 000	132 000	166 200

要求：运用会计等式，试计算上述列表中 A～F 的金额。

【业务题五】

目的：熟悉会计要素各项具体内容的变化及经济业务发生对会计等式的影响。

资料：禾元公司 20×1 年 9 月 1～10 日每日仅发生一项经济业务。9 月 1 日，记录了各要素的期初金额；每日营业终了，各项资产、负债和所有者权益的金额变化，如表 3-4 所示。

表 3-4　　禾元公司 20×1 年 9 月 1～10 日会计要素具体内容变动表　　单位：元

日期	库存现金	银行存款	应收账款	原材料	固定资产	短期借款	应付账款	应付票据	实收资本	资本公积
9/1	2 000	60 000	7 000	25 000	45 000	30 000	9 000		100 000	
9/2		−20 000				−20 000				
9/3		+5 000	−5 000							

（续表）

日期	库存现金	银行存款	应收账款	原材料	固定资产	短期借款	应付账款	应付票据	实收资本	资本公积
9/4							−3 600	+3 600		
9/5					+40 000				+25 000	+15 000
9/6	+6 300	−6 300								
9/7		−12 000		+21 000			+9 000			
9/8									+8 000	−8 000
9/9	−3 200	+3 200								
9/10		+55 000				+55 000				

要求：

(1) 根据上表所列会计要素各项具体内容的金额变化，描述9月2～10日期间，禾元公司每日发生的经济业务内容并指出其所属类型。

(2) 计算9月10日的资产、负债和所有者权益。

四、案例分析题

2000年年初，世通公司（现在是Verizon公司）承认了110亿美元的会计舞弊，其中一部分是通过把租赁资产的支出资本化（确认为资产）而没有费用化（作为本期费用）。从1999年开始至2002年5月，为掩盖不断恶化的财务状况，在公司财务总监苏利文、审计官迈耶斯和会计部主任耶特斯策划下，公司采用该种方法虚增资产38.52亿美元。在2002年6月的一次例行的资本支出检查中，公司内部审计部门发现了这一财务造假，随即通知了外部审计毕马威事务所（毕马威当时新近接替安达信成为公司的外部审计）。丑闻迅即被揭开，苏利文被解职，迈耶斯主动辞职，安达信收回了2001年的审计意见。美国证券管理委员会(SEC)于2002年6月26日发起对此事的调查，还发现在1999年到2001年的2年间，世通公司虚构的营业收入达到90多亿美元。

2002年7月21日，公司申请破产保护，成为美国历史上最大的破产保护案。根据破产重组计划，公司向SEC支付总额75亿美金的现金和新公司股票，用以偿付受欺骗的投资者。2003年4月14日，公司更名为MCI。2005年2月14日，Verizon通信公司宣布以76亿美金收购MCI。2005年3月15日，原首席执行官埃伯斯因犯有欺诈、共谋、伪造罪，被判处25年监禁，2006年9月开始服刑，时年64岁。

要求：

1. 分析支出资产化和费用化分别会影响哪些要素。世通公司为何会选择资本化？

2. 思考资产和费用之间的关系。

第四章　会计记账方法——原理

一、概要解析

（一）会计科目

会计科目简称科目，是指对会计要素进行分类核算与控制的具体项目，也就是按照经济内容对各项会计要素的内容所作的进一步分类。合理确定会计科目是正确组织会计核算的一个重要条件。通过确定会计科目，就可以分门别类地反映各项会计要素的具体内容，进而为设置账户、填制凭证和登记账簿提供依据。

确定会计科目应当遵循一定的原则，包括完整性与互斥性相结合；统一性与灵活性相结合；稳定性与适时性相结合；能够体现企业的生产经营业务特点。

会计科目可以按照不同的标准进行分类。例如，按照科目所属的会计要素来划分，可分为资产类、负债类、所有者权益类、收入类、费用类和利润类等六类；按照科目所反映的经济内容及性质来划分，可分为资产类、负债类、共同类、所有者权益类、成本类和损益类等六类；按照科目提供会计信息的详细程度来划分，可分为总分类科目（也称总账科目或一级科目）和明细分类科目（也称明细账科目）两大类，明细分类科目又可进一步划分为子科目（也称二级科目或子目）和细科目（也称三级科目或细目）两小类。

总分类科目能够控制所属的各个明细分类科目，明细分类科目能够对总分类科目起具体说明作用，两者之间具有统驭和被统驭的关系。目前，在我国会计实务中，企业总分类科目的名称与内容通常由财政部发布的企业会计准则统一确定，明细分类科目则主要由企业根据自身特点与管理需要而自行确定。

学习会计学原理课程时主要使用的企业总分类会计科目有50多个，具体名称及所属类别，如表4-1所示。

表4-1　企业常用会计科目表

类别	会计科目
资产类	库存现金、银行存款、应收票据、应收账款、预付账款、其他应收款、坏账准备、材料采购、原材料、库存商品、存货跌价准备、长期股权投资、固定资产、累计折旧、无形资产、累计摊销、待处理财产损溢等
负债类	短期借款、应付票据、应付账款、预收账款、应付职工薪酬、应交税费、应付利息、应付股利、其他应付款、长期借款、应付债券等

（续表）

类别	会计科目
所有者权益类	实收资本（股本）、资本公积、其他综合收益、盈余公积、本年利润、利润分配等
成本类	生产成本、制造费用等
损益类	主营业务收入、其他业务收入、其他收益、投资收益、公允价值变动损益、营业外收入、主营业务成本、其他业务成本、税金及附加、销售费用、管理费用、财务费用、信用减值损失、资产减值损失、营业外支出、所得税费用、以前年度损益调整等

（二）账户

账户是指根据会计科目在会计账簿中设置的具有一定结构并用来系统、连续地记载各项经济业务的账页户头。设置账户是会计核算的一种专门方法。有了账户，就可以使会计科目落到实处，进而有利于运用复式记账原理记录各项会计要素具体内容的增减变动情况及其结果，最终有利于将各种分散的原始数据转化为较为集中而系统的会计信息。

账户根据会计科目而设置，每确定一个会计科目，就必然要在账簿中据以设置一个与之名称相同的账户。账户与会计科目之间具有许多相同点，两者的名称、数量以及所反映的经济内容均完全相同，其分类也基本一致。正因如此，人们才在会计实务中将两者作为同义词对待，相互通用，并不严加区别。但是，就理论而言，账户和会计科目之间除了相同点以外，还有一定的联系与区别。其联系主要在于，先有科目后有账户，没有科目也就无法据以开设账户。也即会计科目是设置账户的依据，账户是会计科目在账簿中的具体运用。其区别主要在于会计科目只是对会计要素具体内容所作的分类项目，充其量只是对会计要素的每类具体内容起了个名称，其本身并无结构，而账户作为在账簿中开设的户头，其本身具有一定的结构，能够以账簿为载体专门用以记录经济业务所发生的日期、凭证、内容摘要和金额增减变动及其结果等情况。简言之，会计科目没有结构而账户具有结构。

账户的基本结构通常可划分为左、右两方，一方用来登记经济业务发生引起的某项会计要素具体内容的增加额，另一方用来登记其减少额。但哪方登记增加额，哪方登记减少额，应当取决于采用的记账方法和账户反映的经济内容。即所有账户的基本结构均相同，但具体结构则因记账方法和经济内容的不同而不同。

通过账户的基本结构，可以清晰地反映任意一个账户的四项金额指标及其相互关系。这种关系可用如下公式表示：

$$期末余额 = 期初余额 + 本期增加发生额 - 本期减少发生额$$

资产、负债和所有者权益类账户通常有余额，而且无论期初余额还是期末余额，均与其增加额在同一方向。收入、费用和利润类账户通常无余额。

（三）复式记账法

目前，世界各国普遍采用的记账方法是复式记账法。复式记账法是以会计等式为理论依据，对所有经济业务设置完整的账户体系，对发生的每一项经济业务都要在两个或两个以上相互关联的账户中以相等的金额进行记录的记账方法。

与单式记账法相比，复式记账法主要具有如下特征：

(1) 对于任何一项经济业务，都要在两个或两个以上相互关联的账户中以相等的金额进行记录，从而可以全面、清晰地反映每项经济业务的来龙去脉。

(2) 对于所有的经济业务，需要设置完整的账户体系，从而能够连续、系统地反映各项会计要素的增减变动及其结果。

(3) 以会计等式为理论依据，强调资产与权益之间的平衡性，能够充分揭示经济活动以及资金运动的内在规律，便于对一定时期所作的全部会计记录进行试算平衡，以便根据试算平衡结果检查账户记录是否正确。

复式记账法按其记账符号的不同，可划分为收付记账法、增减记账法和借贷记账法等多种具体的记账方法。其中，最为科学、应用范围最为广泛的就是借贷记账法。

(四) 借贷记账法

借贷记账法是以"借""贷"两字作为记账符号，对任何一笔经济业务都必须以借贷相等的金额在相互联系的两个或两个以上的账户中进行登记的一种复式记账法。该方法大约在 13 世纪时产生于意大利的一些沿海城市。1494 年，意大利数学家卢卡·帕乔利(Luca Paciolo)在其所著的《算术、几何、比及比例概要》一书中对借贷记账法作了比较系统的论述和概括。随后，借贷记账法便很快从意大利传遍欧洲及世界各国，现已成为一种举世公认且国际通用的记账方法。该方法于 19 世纪末 20 世纪初由日本传入我国。目前，根据我国企业会计准则以及其他会计法规的规定，我国所有企业、行政机关、事业单位以及民间非营利组织均应当采用借贷记账法进行会计核算。

借贷记账法的记账规则是"有借必有贷、借贷必相等"。在借贷记账法下，账户的基本结构分为借、贷两方，即账户的左方固定为"借方"，右方则固定为"贷方"，但账户的具体结构则取决于账户所反映的经济内容及其性质，其各类账户的具体结构，如表 4-2 所示。

表 4-2　　借贷记账法下各类账户的结构

账户类别	借方	贷方	余额及方向
资产类	增加	减少	一般有余额且在借方
负债类	减少	增加	一般有余额且在贷方
所有者权益类	减少	增加	一般有余额且在贷方
成本类	增加	减少及结转	若有余额应当在借方
收入类*	减少及结转	增加	一般无余额
费用类*	增加	减少及结转	一般无余额

(注：收入类账户和费用类账户统称为损益类账户)

在借贷记账法下，资产类和成本类账户通常有借方余额且计算方法相同，负债类和所有者权益类账户通常有贷方余额且计算方法相同，具体应分别采用如下公式进行计算：

资产类或成本类账户的期末余额 = 期初余额 + 本期借方发生额 − 本期贷方发生额

负债类或所有者权益类账户的期末余额 = 期初余额 + 本期贷方发生额 − 本期借方发生额

借贷记账法下可以设置和运用双重账户以简化会计核算手续，这是借贷记账法区别于其他复式记账法的一个重要特征。所谓双重账户，是指既可以用来反映资产或费用，又可以用来反映负债、所有者权益或收入的账户。企业最常使用的双重账户主要有“预收账款”“预付账款”“应收账款”和“应付账款”账户等。

采用借贷记账法进行会计核算时，应根据经济业务编制会计分录。会计分录简称分录，是指对每项经济业务指出其应当登记的账户以及记账方向与金额的一种记录。会计分录按其反映经济业务的复杂程度，可分为简单分录和复合分录两类。凡“一借一贷”的分录就是简单分录；其余的分录则均属于复合分录，具体可包括“一借多贷”“多借一贷”和“多借多贷”三种类型。无论简单分录还是复合分录，其任何一笔分录均应当由如下三项内容构成：

(1) 账户名称(总账会计科目及所属明细科目)。

(2) 记账方向(借方和贷方)。

(3) 发生的金额。

根据经济业务编制会计分录是会计核算工作的起点，也是学习和理解会计学原理的重要一环。在会计实务中，会计人员通常是以记账凭证为载体而对经济业务编制会计分录。在学习过程中，则仅需按照一定的格式予以整齐书写即可。无论工作还是学习，正确编制会计分录均需经过如下四个步骤：

(1) 根据某项经济业务的内容或性质，分析其对会计要素及其增减变动的影响情况。

(2) 判断该项经济业务所涉及的账户名称及其所属的类别。

(3) 根据各类账户的结构，将有关金额登记在相应账户的借方或贷方。

(4) 运用“有借必有贷、借贷必相等”的记账规则，检查编制的会计分录借贷金额是否相等。

运用借贷记账法编制会计分录，必然会使每笔分录中所涉及的两个或两个以上的账户之间形成一种相互对应的关系，这种关系就是账户对应关系，而存在对应关系的账户则称之为对应账户。通过账户对应关系及其对应账户，既可以了解企业经济业务的内容及其来龙去脉，又可以检查企业发生的经济业务是否合法合规。

(五) 账户的平行登记

总分类账户，也称“总账账户”或“一级账户”，是指根据总分类科目设置的用来提供总括核算信息的账户。明细分类账户，也称“明细账账户”或“二、三级账户”，是指根据明细分类科目设置的用来提供详细核算信息的账户。总分类账户仅需以货币计量单位进行登记，即只记金额而不记数量。明细分类账户除了以货币计量单位进行登记外，还可以在必要时以实物计量单位进行补充登记，即除了登记金额还可在必要时登记数量。总分类账户与所属明细分类账户之间具有统驭与被统驭的关系，两者在会计核算中相互联系，共同发挥作用。总分类账户是所属明细分类账户的统驭账户，对所属明细分类账户起着控制作用；明细分类账户是特定总分类账户的从属账户，对其总分类账户起补充说明的作用。

企业应当按需设置总分类账户及其所属的明细分类账户，总分类账户及其所属明细分类账户的数量和级次并非越多越好。即使需要对多个总分类账户设置其所属明细分类账户，也应当根据各总分类账户的特点而采用不同的方法来设置其所属的明细分类账户。例如，按照材料的种类设置“原材料”账户的所属明细分类账户，按照债权人的名称设置“应付账款”账户的所属明细分类账户等。

在会计核算中，应当对总分类账户与所属明细分类账户进行平行登记。平行登记主要包括如下四方面的内容：

（1）依据相同。这是要求对同一项经济业务应当根据相同的会计凭证分别登记总分类账户和明细分类账户，以便做到总分类账户与所属明细分类账户相互核对、共同控制。

（2）期间相同。这是要求对同一项经济业务应当在相同的会计期间既登记总分类账户，又登记所属的明细分类账户。在会计实务中，通常是按照经济业务发生的先后日期随时登记明细分类账户，但对于总分类账户则可以定期汇总登记，如每隔 5 天或 10 天汇总登记一次。

（3）方向相同。这是要求对同一项经济业务应当在总分类账户与所属明细分类账户相同的方向进行登记。要在借方登记，都在借方登记；或者要在贷方登记，都在贷方登记。

（4）金额相等。这是要求对同一项经济业务登记在总分类账户中的金额，应当与其登记在所属各明细分类账户中的金额之和保持相等。

在一定会计时期内对总分类账户与其所属明细分类账户进行平行登记，其结果是特定总分类账户的期初、期末余额和本期借方、贷方发生额，均应当分别与其所属各个明细分类账户的期初、期末余额和本期借方、贷方发生额的合计数相等。在会计实务中，这种平行登记的结果将有利于检查总分类账户与其所属明细分类账户的登记是否正确和完整，以便为试算平衡和编制财务报表奠定基础。平行登记的结果可以用如下四个公式予以表示：

总分类账户期初余额 = 所属明细分类账户期初余额之和

总分类账户本期借方发生额 = 所属明细分类账户本期借方发生额之和

总分类账户本期贷方发生额 = 所属明细分类账户本期贷方发生额之和

总分类账户期末余额 = 所属明细分类账户期末余额之和

（六）账户按用途和结构的分类

在会计核算工作中，为了满足企业经营管理和对外提供会计信息的需要，应当结合特定的记账方法在对账户按经济内容分类的基础上，进一步按其用途和结构进行分类。

账户的用途是指通过账户记录能够提供什么核算指标，设置和运用账户的目的是什么。账户的结构是指在账户中如何记录经济业务，怎样提供核算指标，也就是账户的借方登记什么，贷方登记什么，余额是在借方还是贷方，表示的含义是什么。

借贷记账法下，账户按其用途和结构通常可划分为十类，其各类的名称与举例，如表 4-3 所示。

表 4-3　　账户按用途和结构分类及举例一览表

序号	账户类别		账户举例
1	盘存账户		库存现金、银行存款、原材料、库存商品、固定资产
2	资本账户		实收资本、资本公积、盈余公积
3	结算账户	债权结算账户	应收账款、应收票据、预付账款、其他应收款
		债务结算账户	短期借款、应付票据、应付账款、预收账款、应付职工薪酬、应交税费、应付利息、应付股利、其他应付款、长期借款、应付债券
		债权债务结算账户	不设置预收账款的应收账款，不设置预付账款的应付账款
4	备抵调整账户		坏账准备、存货跌价准备、累计折旧、累计摊销、利润分配
5	集合分配账户		制造费用
6	成本计算账户		生产成本、在建工程
7	跨期摊销账户		长期待摊费用
8	汇转账户	收入汇转账户	主营业务收入、其他业务收入、其他收益、投资收益、公允价值变动损益、营业外收入
		费用汇转账户	主营业务成本、其他业务成本、税金及附加、销售费用、管理费用、财务费用、信用减值损失、资产减值损失、营业外支出、所得税费用
9	财务成果账户		本年利润
10	暂记账户		待处理财产损溢

二、背景资料

(一) 账户与财务报表的关系

1. 账户信息是编制财务报表的基础

按照会计核算程序，企业发生经济业务以后，首先应当确认相应的会计要素以及具体涉及的账户，并运用某种具体的复式记账方法（如借贷记账法）编制会计分录，然后将会计分录逐笔记入各个相应的账户，并在会计期末计算出各个账户的本期借方发生额、贷方发生额和期末余额。由此可见，在一定会计时期内，通过进行账户记录，就可以使该期全部经济业务所涉及的分散而无序的原始数据转化为系统而全面的账户信息。

账户信息是编制财务报表的基础，或者也可以将其视为会计工作的“半成品”。账户是一整套相互关联的处于加工中的会计信息体系，财务报表则是一套基于账户记录已加工完成的会计信息体系。账户信息主要表现为各个账户的余额或发生额，只有通过账户记录，才可以将原始数据初步加工成账户信息。会计信息主要表现为财务报表的各个项目及其金额，只有通过财务报表编制，才能对账户信息予以合并、分化并进一步将其浓缩加工成会计信息，从而使会计工作的"半成品"转化为"产成品"。如果没有账户记录，也就无从谈起账户的余额或发生额等信息，当然也就难以根据账户信息编制财务报表，最终导致会计主体无法对外提供会计信息，整个会计工作的目标终究难以实现。

2. 按照账户与财务报表的关系可将账户划分为实账户和虚账户

实账户是指根据资产、负债和所有者权益等要素设置的用来反映企业在一定会计日期财务状况的账户。之所以称其为实账户，主要是因为资产反映了企业拥有或控制的经济资源，负债和所有者权益反映了这些经济资源的主权，而任何企业的经济资源及其主权都会实实在在地存在于其经济活动之中。会计期末，实账户通常会留有余额，这些余额正是编制资产负债表的基础。因此，实账户也被称之为资产负债表账户。

虚账户是指根据收入、费用和利润等要素并考虑利得与损失而设置的用来反映企业在一定会计时期经营成果的账户。会计期末，企业应当根据虚账户的发生额而编制利润表。因此，虚账户也被称之为利润表账户。与实账户相比，虚账户最大的特点是期末通常无余额。这是因为，按照会计核算的要求，会计期末特别是年度终了，损益类账户的发生额应当全部结转至"本年利润"账户，结转之后损益类账户一律结平。

"本年利润"账户是一个较难理解的账户。首先，在会计期末，该账户借、贷两方相比以后会得到一个余额，这个余额表示企业的经营成果，若为贷方余额表示经营成果为利润；若为借方余额则表示经营成果为亏损。企业本年利润在未分配以前，应当将这个余额纳入资产负债表的所有者权益部分并单独列入"未分配利润"项目之中。其次，年度终了时，必须将"本年利润"账户的余额转入"利润分配"账户，最终使"本年利润"账户结平而不留任何余额。由此可见，"本年利润"账户既是一个实账户，也是一个虚账户。或者说，该账户是"实账户与虚账户相互联结的桥梁，是资产负债表与利润表相互勾稽的链条"。

应当指出，"利润分配"账户是一个实账户，该账户通常在年度终了时使用一次，其年末余额若在贷方，表示企业历年未分配的利润，应当增加资产负债表中的所有者权益；其年末余额若在借方，则表示企业历年未弥补的亏损，它会减少资产负债表中的所有者权益。

(二) 卢卡·帕乔利及其成名作

卢卡·帕乔利(Luca Pacioli, 1445～1517)系意大利数学家，其生卒地均为托斯卡尼的桑塞普尔克罗。帕乔利的父亲为巴尔托洛梅奥(Bartolomeo Pacioli)，有关他的早年生平史料极少且说法不一。有说他是受教于圣塞普尔克罗的贝福尔奇(Befolci)家族；也有说他是在其同胞、著名画家、数学家 P.della 弗兰切斯卡(Francesca)的画室中接受早期教育，因此被认为是弗兰切斯卡的学生。

帕乔利约 20 岁时曾受雇于一位威尼斯富商 A.龙皮安西(Rompiansi)，为他的三个儿子当家庭教师，同时在 D.布拉加迪诺(Bragadino)指导下研习数学。龙皮安西的商务经验与布拉加迪诺的文化知识成为他研究数学并撰写算术论著的基础。不久，他成为天主教方济各会修道士，完成神学学习后，便在意大利各地漫游并成功讲授数学。约 1470 年，他撰写完成了第一部算术手稿，题词为“谨以本书献给龙皮安西兄弟们”。1477 年，他为佩鲁贾大学开设算术课，1481 年到札拉[Zara，现为拉达尔(Zadar)，属南斯拉夫]教书，后辗转于那不勒斯、罗马等地，不仅教学取得很大成功，还写了一批有关算术的论著。约 1487 年，他回乡潜心写作数学著作。

1494 年，帕乔利所写的《算术、几何、比与比例概要》一书予以出版。1497 年，帕乔利应邀到米兰公爵 L.斯福尔扎(Sforza)府上讲授数学，在那里他遇到了意大利文艺复兴时期的著名画家、科学家 L.达・芬奇(da Vinci)。从达・芬奇留下的笔记中得知，达・芬奇曾就在科学研究中遇到的数学问题请教过帕乔利，而帕乔利此时完成的《神圣比例》第 1 卷是请达・芬奇画的插图。1499 年，法军入侵米兰，斯福尔扎被俘，帕乔利与达・芬奇结伴离开米兰，途经曼图亚(Mantua)和威尼斯，抵达佛罗伦萨。1500 年，帕乔利被指派到比萨大学讲授欧几里得《几何原本》，第二年兼任波伦亚大学数学讲座。1504 年，他当选为罗马涅(Romagna)地区行政署官员，次年又成为佛罗伦萨修道院成员。作为圣职人员，他曾在许多地方布道施教。1514 年，帕乔利去罗马，后来又被任命为阿西西(Assisi)省教长，于 1517 年因病去世。

《算术、几何、比与比例概要》是帕乔利的成名之作。该书 1494 年出版于威尼斯，共 600 多页，用意大利文写成，其开篇题词为“献给年轻的乌尔比诺(Urbino)公爵，G.da 蒙泰费尔特罗(Montefeltro，1472～1508)”。蒙泰费尔特罗被认为是帕乔利的学生，这一题词体现出帕乔利与乌尔比诺公爵间的密切关系。弗兰切斯卡曾为乌尔比诺圣贝尔纳迪诺(San Bernardino)教堂(现在米兰)祭坛作了一幅画，其中将帕乔利描绘成殉道者圣彼得的化身。另外一幅由巴尔巴里(Barbari)所作之画展示了帕乔利向蒙泰费尔特罗讲解几何证明问题的情形，该画现藏于那不勒斯博物馆，是帕乔利形象的主要依据。

《算术、几何、比与比例概要》是一部综合性的数学百科全书，分上、下两篇。其内容包括：理论算术和实用算术，代数基础，意大利各地使用的币值、重量和度量表，复式簿记法以及欧几里得几何学的概述，几乎包括了当时算术、代数和三角学中的所有知识，被认为是继 13 世纪初 L.斐波那契(Fibonacci)之后第一部内容全面的数学书。据有关文献记载，该书材料主要取自古希腊数学家欧几里得、罗马数学家 A.M.S.博伊西斯(Boethius)、英国数学家 J.de 萨克罗博斯科(Sacrobosco)、意大利数学家斐波那契和 P.de 德贝尔达曼迪(Beldamandi)等人的著作，其内容虽缺乏帕乔利本人创见，但因其印刷后广泛流传，成为后继数学家学习和研究数学的经典。有人认为，16 世纪意大利的代数学之所以有长足发展，与帕乔利的这一著作所起的教育和启示作用直接相关。《算术、几何、比与比例概要》的成就主要体现在以下几方面：

(1) 采用了较规范的印度——阿拉伯数码记数和计算，其中的数码形式与现代记法非常相像，对印度——阿拉伯数码在欧洲的流传普及起了一定作用。

(2) 第一次以印刷形式给出手指记数的图示。手指记数古已有之，古埃及、罗马等地都有手指记数的文物残存，8 世纪初的英国学者 V.比德(Beda)曾专门阐述过手指记数计算的方法，帕乔利在书中不仅对比德的记数方法有所改进，而且绘制的手指记数图清晰简明，广泛流传，后来许多算术书和数学史专著都采用或借鉴了他的这幅插图。

(3) 使用了大量数学符号（多为词语的缩写形式或词首字母），如归并符号、等号、幂符号、根号、未知量符号等，从而推进了代数学的发展。

(4) 提出了高次方程求解问题，如 $x^3+px=q$，$x^3+q=px$，$x^4+px^3=q$（p，q 为正数）等。帕乔利将这些问题列在书末，说它们像化圆为方问题一样难以解决。由于该书的权威性，这些问题引起了数学家们的极大兴趣，时隔不久，$x^3+px=q$（p，q 为正数）一类的三次方程就由波伦亚大学的数学家 S.费罗（Ferro）解出，由此开了高次方程公式求解的先河。

(5) 详尽论述了复式簿记。复式簿记 1340 年已在热那亚兴起，是会计记录的重要方法，但帕乔利将其写入此书，对当时流行的簿记知识进行了系统整理，并列举出簿记的四大特点，被认为是关于复式簿记的最早文献，也使复式记账法极大地促进了当时商业经营管理的简单化和精确化，为西欧商业国家发展成为世界强国起了一定的作用。

(三) 中国流复式簿记方案

复式记账不仅是商业史上的重大发明，也是人类智慧的绝妙结晶。借贷记账法作为复式簿记的杰出代表，迄今已有 500 多年的历史，而且该方法早已成为国际通用的商业语言。我国自 1907 年由当时的两位留日学生谢霖和孟森首次将其由日本引入以来，经过百年来的学习与实践，也早已被广大财会人员熟悉和掌握。但是，对初学会计的人而言，总是感到该方法以借、贷两字作为记账符号，其含义似乎云山雾罩，甚至令人百思不得其解。即便是资深会计人才，其扪心自问也会感到该方法的确有些"好用而不好讲"。这也难怪，在中国汉语里，借、贷两字本应是同义词，而在账户中为何却变成了意义完全相反的记账符号呢。看来，对中国人而言，借贷记账法或许并不简单易懂，中国会计界应当，也有必要对复式簿记进行深入研究并勇于进行记账方法的改革与创新。

1964 年，增减记账法在我国推出。该方法是在时任国务院副总理李先念和商业部长姚依林的领导下，由我国商业系统的会计人员研究设计并在商业企业中率先试行。因其以"增""减"两字作为记账符号，使国人感到非常通俗易懂。于是，增减记账法很快就在商业企业得以广泛采用，并在工业、交通等各业积极推行起来。然而，随之而来的"文革"十年，使整个中国经济几乎完全陷于瘫痪状态，会计工作得不到应有的重视，增减记账法也随之而衰。改革开放以后，随着经济的振兴和外资的引入，增减记账法与国际上通行的借贷记账法之间的差异日益显现，我国企业按该方法编制的财务报表难以让外商看懂，中外企业之间的会计信息难以进行相互对接，如果坚持采用势必会影响我国经济的快速发展。因此，从 1993 年 7 月 1 日起，我国商业企业及其他所有企业按照《企业会计准则》的规定一律采用借贷记账法记账。增减记账法作为我国会计界的一种"原创性成果"，虽有其通俗易懂的优点但终究因其不具备"国际标准"而被停止使用。此后的 30 多年里，我国会计界似乎完全认可了借贷记账法，对复式记账的研究似乎也基本无人问津。但是，科学无国界、理论无高峰，直到 2009 年年初，这一沉寂了数十年的记账方法问题又一次引起了我国会计学者的注意。这就是“中国流复式簿记方案”的提出。

2009年2月，我国独立研究学者汪致正撰文指出“借/贷”应当改为“左/右”，同年10月，厦门大学会计学副教授汪一凡综合百年来中国学人的研究成果，提出“中国流复式簿记方案”。该方案的特点是以“左/右”作为记账符号，因此，该方法亦可简称为“左右记账法”。左右记账法以我国原有的增减思想作为复式簿记之魂，在编制记账凭证时，运用“助记口诀”或“左手定则”，使会计人员能够下意识地快速确定记账方向，即轻松判断经济业务所涉及账户金额的增减。汪一凡副教授将左右记账法应用于会计教学实践，其“结果是教学效率奇高(满打满算10个课时就够了。想要一般性地了解会计的，2个小时就能听懂)，教学效果奇好(想出错都难)”。2010年全国“两会”期间，担任全国政协委员的王光远教授提出在“全国推行中国流复式簿记，大力弘扬这一中国会计界的自主知识产权”的提案，引起舆论关注和热议，汪一凡对此作出积极回应，并因此而获得财会信报社、中华财会网和东奥会计在线联合主办的“2010中国十大财会人物”的殊荣。

目前，已有人认为，中国流复式簿记方案是与现行国际标准差异最小的方案，只要将记账符号“debit/credit”更换为“left/right”，启用新思维，立刻就会见效果，完美实现与借贷记账方法的无缝过渡，是中国立即可以推向全世界的原创性成果。或许，一场复式簿记的变革就要从中国开始了，在此，祝愿中国流复式簿记方案能够日臻完善并在不久的将来传遍全球。

为便于了解与学习，现根据汪一凡2010年8月所著《原来会计可以这么学》一书，将中国流复式簿记方案的要点简述如下：

(1)“左/右”是该方案的记账符号。

(2)中国传统的增减思想是该方案的灵魂。运用这种方法首先应将会计等式写成“资产＋费用＝负债＋所有者权益＋收入”，然后将等式左边视为资源的“占用”，将等式右边视为资源的“来源”，从而可以得到“占用大类＝来源大类”平衡等式。

(3)“助记口诀”是该方案编制记账凭证的主要技巧。即在编制会计分录时要用到“主要口诀和辅助口诀”，具体内容及运用说明，如表4-4所示。

表4-4　中国流复式簿记助记口诀及运用说明

助记口诀		运用说明
主要口诀	两类同增，占左来右	两类科目金额都增加时，占用大类记在账户左方，来源大类记在账户右方，即占左来右
	两类同减，来左占右	两类科目金额都减少时，来源大类记在账户左方，占用大类记在账户右方，即来左占右
	占用互换，增左减右	同为占用类科目，金额增加的账户记在左方，金额减少的账户记在右方，即增左减右
	来源互换，减左增右	同为来源类科目，金额减少的账户记在左方，金额增加的账户记在右方，即减左增右

（续表）

助记口诀		运用说明
辅助口诀	备抵账户，当成另类	当一个账户是备抵账户时，属于和主体账户相反的大类
	左余则右，右余则左	这是平衡性账户的用法，但会计分录左方金额大时，将平衡性账户放在右方，金额是左右轧差数；反之，亦反
	金额负数，左右实反	记在账户左方的负数金额，视同账户右方的正数金额；反之，亦反

（4）“左手定则”是该方案编制记账凭证的绝招。汪一凡认为，为了更直观地理解和建立“方向感”，编制会计分录时还可以应用万仁章先生提出的“左手定则”。即张开自己的左手，想象大拇指代表“＋”（增加金额），小指代表“－”（减少金额）。编制会计分录时，对于占用大类科目，手心向里（对自己），则应“增左减右”；对于来源大类科目，手心向外（对前方），则应“减左增右”。从而，在处理“异类账户同增同减”业务时，要手心向里、向外各一次；处理“同类账户有增有减”业务时，如果都是占用大类，手心一直向里；如果都是来源大类，手心一直向外，然后根据拇指和小指方向编制会计分录即可。

如某企业接受投资者投入的货币资本 600 000 元。这项业务涉及的“银行存款”账户属于占用大类增加，“实收资本”账户属于来源大类增加。因此，运用主要口诀中的“两类同增，占左来右”，即可编制如下会计分录：

左：银行存款　　600 000
　　右：实收资本　　600 000

或者，也可运用“左手定则”中的“异类账户同增同减”业务时，要手心向里、向外各一次，也可编制出上述会计分录。

这种方法果然很快，而且与借贷记账法相比，其记账符号容易理解和记忆。

三、复习思考题与练习题

复习思考题

1. 确定企业会计科目应当遵循哪些原则？如何理解会计科目的相对稳定性？
2. 在我国现行的企业会计科目表中，能够体现制造企业经济活动及其资金运动特点的科目有哪些？其各自的性质和结构如何？
3. 会计科目的分类标准有哪些？各自的分类情况如何？其成本类和损益类会计科目分别有哪些？
4. 反映期间费用的会计科目有哪些？各自核算的主要内容是什么？
5. 为什么说设置账户是会计核算的重要方法之一？企业设置账户的前提条件是什么？
6. 为什么说账户的名称是会计科目？账户与会计科目有何联系与区别？
7. 为什么说账户有结构而科目没有结构？影响账户结构的因素有哪些？
8. 借贷记账法下资产类账户的结构是什么？依据什么原理能够推理得出负债类账户和所有者权益类账户的结构？

9. 借贷记账法下损益类账户的结构是什么？其余额如何能够结平？
10. 借贷记账法是怎样产生和发展的？其“借”“贷”两字现有的经济含义是什么？
11. 借贷记账法下如何根据账户余额的方向判断账户所反映的经济内容与性质？“预收账款”账户和“预付账款”账户的借方余额和贷方余额分别表示什么含义？
12. 除借贷记账法外，复式记账法的具体种类还有哪几种？你对其有何认识？
13. 什么情况下能够将若干笔简单分录合并为一笔复合分录？复合分录在什么情况下能够拆分为若干笔简单分录？
14. 在会计实务中，企业是否应当尽可能地编制多借多贷的会计分录？为什么？
15. 账户按其用途和结构如何进行分类？其中的盘存类账户、调整类账户、集合分配类账户各有何特点并举例说明。

练　习　题

一、单项选择题（在每小题的备选答案中，选出一个最合适的答案）

1. 下列各项关于会计科目的说法中，不正确的说法是（　　）。
   A. 可以为确立会计等式提供前提条件
   B. 是对会计要素进行分类核算与控制的具体项目
   C. 可以为设置账户、填制会计凭证、登记会计账簿提供依据
   D. 可以为编制财务报告奠定基础
2. 企业为了核算与控制各种验收入库材料的增减变动及其结存情况，应当确定的会计科目是（　　）。
   A. “存货”　　B. “流动资产”
   C. “材料采购”　　D. “原材料”
3. 企业为了核算与控制自身从银行或其他金融机构取得的时间在 1 年（含 1 年）以内的各种借款，应当使用的会计科目是（　　）。
   A. “银行存款”　　B. “银行借款”
   C. “短期借款”　　D. “长期借款”
4. 如果某企业并不经常发生预收款业务，则该企业可以不开设“预收账款”科目，而是将偶尔发生的预收款纳入一个相应的会计科目进行核算，即（　　）科目。
   A. “应付账款”　　B. “应收账款”
   C. “其他应付款”　　D. “其他应收款”
5. 设置账户是会计核算的专门方法之一，其前提条件是确定（　　）。
   A. 会计职能　　B. 会计对象
   C. 会计要素　　D. 会计科目
6. 账户与会计科目有很多共同之处，但其最主要的区别在于（　　）。
   A. 科目有名称而账户无名称　　B. 科目有结构而账户无结构
   C. 账户有名称而科目无名称　　D. 账户有结构而科目无结构
7. 下列关于借贷记账法下账户发生额的说法中，不正确的说法是（　　）。
   A. 资产类账户借方发生额反映相应资产的增加额
   B. 负债类账户贷方发生额反映相应负债的减少额
   C. 收入类账户贷方发生额反映相应收入的增加额
   D. 费用类账户贷方发生额反映相应费用的减少额

8. 在借贷记账法下，账户的借方反映的经济内容可能是（　　）。

A. 负债的增加　　B. 收入的增加
C. 费用的增加　　D. 所有者权益的增加

9. 下列各类账户中，通常在会计期末没有余额的账户类别是（　　）类账户。

A. 资产　　B. 收入
C. 负债　　D. 成本

10. 下列账户中，属于资产类账户但余额总在贷方的是（　　）。

A. “材料采购”　　B. “固定资产”
C. “累计折旧”　　D. “预付账款”

11. 按照账户反映的用途和结构分类，“累计折旧”账户应当归属的类别为（　　）类账户。

A. 费用　　B. 资产
C. 负债　　D. 备抵调整

12. 下列关于固定资产及其折旧的表述中，正确的表述是（　　）。

A. 计提折旧应贷记“累计折旧”账户
B. “固定资产”账户余额越大，说明其净值越高
C. “累计折旧”账户反映了固定资产的原价和折余价值
D. “累计折旧”账户余额越小，说明固定资产净值越少

13. 某企业开设了“预付账款”账户，该账户本月的借方发生额为 5 000 元，贷方发生额为 6 000 元，则关于该账户期末余额的正确表述是（　　）。

A. 一定不会出现期末余额
B. 一定出现期末借方余额 1 000 元
C. 一定出现期末贷方余额 1 000 元
D. 若有期末余额，既可能在借方也可能在贷方，且金额不一定为 1 000 元

14. 企业对下列各项内容进行会计核算时，涉及负债类账户的是（　　）。

A. 已购入但处于运输途中的材料　　B. 已实现尚未分配的利润
C. 已宣告尚未支付的现金股利　　D. 已销售但代为保管的货物

15. “预收账款”明细账户的借方余额表示的含义是（　　）。

A. 应收款项　　B. 预收款项
C. 应付款项　　D. 预付款项

16. 下列账户中，属于所有者权益类的账户是（　　）。

A. “应付股利”　　B. “预收账款”
C. “应交税费”　　D. “利润分配”

17. 某企业“实收资本”账户的期初余额为 500 000 元，本期接受投资者投入的货币资金 10 000 元、固定资产 40 000 元、无形资产 30 000 元。假定不考虑其他因素，“实收资本”账户的本期发生额应当是（　　）元。

A. 借方 70 000　　B. 贷方 80 000
C. 借方 420 000　　D. 贷方 580 000

18. 收入类账户的登记方法通常是（　　）。

A. 发生收入时记借方　　B. 结转收入时记贷方
C. 先记借方后记贷方　　D. 先记贷方后记借方

19. 某企业“预付账款”总分类账户本月末的借方余额 50 000 元，其所属三个明细分类账户的余额分别为借方 60 000 元、借方 20 000 元和贷方 30 000 元。不考其他因素，该企业月末债权债务的正确表述为（　　）元。

A. 只有债权 50 000　　B. 只有债务 50 000

C. 债权 80 000 及债务 30 000　　D. 债权 30 000 及债务 80 000

20. 下列账户中，在年末结账后一定没有余额的是（　　）。

A. “利润分配”　　B. “本年利润”

C. “盈余公积”　　D. “应交税费”

21. 下列有关总分类账与明细分类账相同点的表述中，错误的表述是（　　）。

A. 账户的记账方向相同　　B. 据以登记的原始凭证相同

C. 反映的经济业务内容相同　　D. 提供指标的详细程度相同

22. 下列各项中，属于暂记类账户的是（　　）账户。

A. “资本公积”　　B. “制造费用”

C. “税金及附加”　　D. “待处理财产损溢”

23. 下列账户中，不属于盘存类账户的是（　　）。

A. “库存现金”　　B. “其他应收款”

C. “库存商品”　　D. “固定资产”

24. 下列关于账户按用途和结构分类的表述中，正确的表述是（　　）。

A. “原材料”属于盘类存账户

B. “制造费用”账户属于跨期摊配类账户

C. “本年利润”账户属于集合分配类账户

D. “待处理财产损溢”账户属于备抵调整类账户

25. 某公司原材料采用计划成本核算。20×1 年 12 月 31 日，该公司“原材料”账户所属甲、乙两种材料的明细余额均为 800 000 元，“材料成本差异”账户所属甲、乙两种材料的明细余额分别为借方 20 000 元和贷方 30 000 元。则甲、乙两种材料的实际成本分别应当为下列各项中的（　　）。

A. 甲 820 000 元、乙 830 000 元　　B. 甲 780 000 元、乙 770 000 元

C. 甲 820 000 元、乙 770 000 元　　D. 甲 780 000 元、乙 830 000 元

二、多项选择题（在每小题的备选答案中，选出所有合适的答案）

1. 为了能够全面、连续、系统地反映一般性企业和金融、保险、房地产等各类企业各项会计要素的具体内容，我国现行企业会计准则确定的会计科目，除了包括资产类科目、负债类科目和所有者权益类科目以外，还包括的会计科目类别有（　　）科目。

A. 利润类　　B. 损益类

C. 共同类　　D. 成本类

E. 费用类

2. 下列账户中，属于资产类账户的有（　　）。

A. “实收资本”　　B. “预付账款”

C. “制造费用”　　D. “库存商品”

E. “其他应收款”

3. 下列各会计科目中，属于成本类科目的有（　　）。

A. “制造费用”　　B. “销售费用”

C. “生产成本”　　D. “主营业务成本”

E. “其他业务成本”

4. 下列关于成本类账户的表述中，正确的表述有（　　）。

A. 借方表示产品成本的增加额

B. 贷方表示产品成本的增加额

C. 该类账户中的“制造费用”账户通常无期末余额

D. 该类账户中的“生产成本”账户有时会留有期末借方余额

E. 反映企业发生的应当直接或间接地计入产品成本的材料费、人工费等各种耗费

5. 下列各项中，属于损益类科目的有（　　）。

A. “管理费用”　　B. “制造费用”

C. “所得税费用”　　D. “营业外支出”

E. “其他业务成本”

6. 下列关于总分类账户和明细分类账户的表述中，不正确表述有（　　）。

A. 不必根据总分类账户登记明细分类账户

B. 不必根据明细分类账户登记总分类账户

C. 总分类账户和明细分类账户的登记方向应当相同或相反

D. 总分类账户的余额与所属各明细分类账户的余额之和保持相等

E. 总分类账户的余额有时会大于或小于所属各明细分类账户的余额

7. 下列各项中，能够根据实物品名开设明细分类账户的有（　　）。

A. “原材料”　　B. “材料采购”

C. “生产成本”　　D. “库存商品”

E. “固定资产”

8. 在借贷记账法下，账户期末余额的计算方法有（　　）。

A. 期末借方余额＝期初借方余额＋本期借方发生额－本期贷方发生额

B. 期末贷方余额＝期初贷方余额＋本期贷方发生额－本期借方发生额

C. 期末借方余额＝期初贷方余额＋本期借方发生额－本期贷方发生额

D. 期末贷方余额＝期初借方余额＋本期借方发生额－本期贷方发生额

E. 期末借方余额＝期初贷方余额＋本期贷方发生额－本期借方发生额

9. 账户按用途和结构分类时，下列账户中属于费用汇转账户的有（　　）。

A. “制造费用”　　B. “管理费用”

C. “销售费用”　　D. “财务费用”

E. “主营业务成本”

10. 账户按用途和结构分类时，期末一般没有余额的账户有（　　）。

A. 结算　　B. 跨期摊配

C. 收入汇转　　D. 费用汇转

E. 集合分配

11. 与单式记账法相比，复式记账法具备的优点有（　　）。

A. 以会计等式为理论依据

B. 对所有经济业务设置完整的账户体系

C. 可以全面清晰地反映每项经济业务的来龙去脉

D. 便于根据试算平衡的结果检查账户记录是否正确
E. 对每项经济业务都要在两个或两个以上相互关联的账户中以相等的金额进行记录

12. 不同经济业务需要编制不同的会计分录，但任何会计分录的基本构成因素均应相同，即应当包括下列各项中的(　　)。
A. 记账基础　　B. 记账方向
C. 账户名称　　D. 发生金额
E. 发生数量

13. 下列各项中，属于复合会计分录表现形式的有(　　)。
A. 一借多贷　　B. 多借不贷
C. 多借多贷　　D. 多借一贷
E. 多贷不借

14. 下列各项关于过账的说法中，正确的说法有(　　)。
A. 应随时或定期地过账
B. 应根据审核无误的记账凭证而过账
C. 应对每笔会计分录中的每一个会计科目进行过账
D. 凡有期初余额的，应先过期初余额再过本期发生额
E. 过账完毕应予期末结账

15. 下列各项关于试算平衡的说法中，不正确的说法有(　　)。
A. 每一账户本期借方发生额应等于其贷方发生额
B. 所有账户期初余额合计应等于其期末余额合计
C. 所有账户本期借方发生额合计应等于其本期贷方发生额合计
D. 所有账户期初借方余额合计应等于其期初贷方余额合计
E. 所有账户期末借方余额合计应等于其期末贷方余额合计

三、判断题(认为正确的在题目前面括号内打"√"，认为错误的在题目前面括号内打"×")

1. (　　)会计科目是对会计核算与控制内容所作的基本分类，会计要素则是对其所作的具体分类，两者结合才能序时、完整、连续地反映企业的资金运动。
2. (　　)通过确定会计科目，可以为设置账户、填制会计凭证和登记账簿提供依据。
3. (　　)会计科目作为对经济交易或者事项分类核算的项目，应当能够全面、连续、系统地反映各种会计基础的内容，不得有所遗漏。
4. (　　)企业应当根据自身经营规模的大小和经济业务的繁简以及经营管理的要求而确定会计科目的数量及其所反映内容的详细程度。通常，确定的会计科目越多、越细，企业的会计核算成本就越能降低。
5. (　　)企业应根据账户开设会计科目，科目的名称就是账户。
6. (　　)企业应根据每一个账户建立一个会计账簿。
7. (　　)在会计实务中，必须将账户与会计科目严加区别。
8. (　　)借贷记账法是一种复式记账法，但复式记账法并不仅仅只有借贷记账法。
9. (　　)无论采用哪种具体的复式记账方法，账户的基本结构都相同。
10. (　　)借贷记账法将账户分为借、贷两方，以"借"表示增加，以"贷"表示减少。
11. (　　)借贷记账法下可以根据账户发生额的方向来判断账户的性质。
12. (　　)任何一个企业都必须开设"预收账款"和"预付账款"账户。

13. (　　)资本账户在经济内容及性质上属于利润类账户，具体包括“盈余公积”和“未分配利润”等账户。
14. (　　)债权债务结算账户也称汇转账户，其在经济内容及性质上具有双重性。
15. (　　)债权债务结算账户的贷方余额，表示债权款项大于债务款项的数额。
16. (　　)“制造费用”账户期末通常无余额，“生产成本”账户期末有时有余额。
17. (　　)“预收账款”账户和“预付账款”账户并不是任何企业必须开设的账户。
18. (　　)为了简化核算，凡开设了“应收账款”和“应付账款”账户的企业，就完全不必开设“预收账款”和“预付账款”账户。
19. (　　)集合分配账户用以汇集和分配生产经营过程中发生的某些间接费用，期末一般无余额。
20. (　　)“长期待摊费用”账户是在权责发生制下特有的跨期摊配账户。该账户主要用以核算与控制企业以经营租赁方式租入固定资产发生的改良支出等，其摊销期限一般在1年以上。

四、业务题

【业务题一】

目的：掌握资产类会计科目的确定。

资料：方华公司系一汽车制造企业，其经营范围主要包括产品开发、制造和销售轿车、旅行车。其资产要素中经常包括的具体内容，如表4-5所示。

表4-5　　方华公司资产要素的具体内容及相应的会计科目列表

序号	经济内容	会计科目
(1)	出纳人员经管的现金	
(2)	轿车客户拖欠的购货款	
(3)	购买并验收入库的汽车配件	
(4)	存放在开户银行中的款项	
(5)	预付给汽车配件供货商的购货款	
(6)	融资租入的存车库	
(7)	生产工人使用的车间用房	
(8)	为旅行车客户代垫的购车运费	
(9)	专门用于运输材料的大卡车	
(10)	生产完工并验收合格的轿车	
(11)	高管人员使用的公用轿车	
(12)	自行研制并获得的车灯安装专利权	

要求：试为上述各项内容确定适当的总账会计科目并填入表4-5内。

【业务题二】

目的：掌握权益类会计科目的确定。

资料：丰润公司系一食品制造有限责任公司，其经营范围主要是生产、销售各式面包和蛋糕。其权益中经常包括的具体内容，如表4-6所示。

表 4-6 丰润公司权益项目的具体内容及相应的会计科目列表

序号	经济内容	会计科目
(1)	投资者投入的资本	
(2)	预收蛋糕客户的货款	
(3)	对到期一次还本付息的短期借款计提的利息	
(4)	取得的为期 10 个月的银行借款	
(5)	根据净利润一定比例计提的盈余公积	
(6)	拖欠面粉供应商的货款	
(7)	因增资而形成的资本溢价	
(8)	已计算但尚未缴纳的所得税	
(9)	已结算但尚未发放的职工薪酬	
(10)	已实现但尚未结转与分配的年度利润	

要求:试为上述各项内容确定适当的总账会计科目并填入表 4-6 内。

【业务题三】

目的:掌握成本类与损益类会计科目的确定。

资料:锦尚公司系一服装制造有限责任公司,其经营范围主要是生产、销售各种男装与女装。其经营活动中经常涉及的成本类与损益类的具体内容,如表 4-7 所示。

表 4-7 锦尚公司成本与损益项目的具体内容及相应的会计科目列表

序号	经济内容	会计科目
(1)	举办股东会议的花费	
(2)	公司高管出差开会的花费	
(3)	为拓宽女装销路而承担的广告费	
(4)	因违反供货合同而支付的罚款	
(5)	已销男女服装的成本	
(6)	车间发生的水电费	
(7)	本期应承担的短期借款利息	
(8)	为地震灾区支付的捐款	
(9)	男装生产工人的薪酬	
(10)	生产女装耗用的主料和辅料	
(11)	以略高于成本的价格销售多余的女装面料	
(12)	计提车间机器设备的折旧	

（续表）

序号	经济内容	会计科目
(13)	因同行企业侵权而收到的赔偿款	
(14)	一批男装已发出并已按售价办妥销售手续	
(15)	已销多余女装面料的进价	

要求：试为上述各项内容确定适当的总账会计科目并填入表 4-7 内，若系成本类科目应以“ * ”注明。

【业务题四】

目的：掌握借贷记账法下各类账户的结构及相关信息的计算。

资料：青龙公司 20×1 年 12 月 31 日部分账户的资料，如表 4-8 所示。

表 4-8　　青龙公司 20×1 年 12 月 31 日部分账户信息表　　单位：元

账户名称	期初余额	本期借方发生额	本期贷方发生额	期末余额
预收账款	5 000(贷方)	(1)	52 000	9 000(借方)
应付账款	4 000(贷方)	18 000	(2)	65 000(贷方)
累计折旧	3 000	0	8 000	(3)
生产成本	20 000	80 000	(4)	5 000
制造费用	(5)	70 000	70 000	0
主营业务收入	0	(6)	300 000	0
其他业务成本	0	240 000	240 000	(7)
应交税费	6 000(借方)	(8)	15 000	3 000(贷方)
本年利润	10 000(贷方)	(9)	160 000	0
利润分配	20 000(借方)	100 000	(10)	50 000(贷方)

要求：按性质说出各账户的类别并计算表 4-8 中(1)～(10)的金额。

【业务题五】

目的：熟悉借贷记账法下会计分录的编制。

资料：利比公司 20×1 年 3 月份发生的部分经济业务如下：

(1) 从开户银行提取现金 8 000 元。

(2) 用银行存款 90 000 元购买不需安装的设备一套，设备已交付使用。

(3) 用银行存款 30 000 元购买一项专利权。

(4) 经协商，数名职工同意将企业拖欠他们的工资共计 300 000 元转作其对企业的投资。

(5) 投资者投入资本 800 000 元，其中原材料一批价值 100 000 元，其余为银行存款。

(6) 销售产品一批，价值 480 000 元，当月通过银行收到货款 400 000 元，其余款项上月已收存银行。

(7) 承担当月应负担的车间财产保险费 3 500 元，该保险费已于上年支付给保险公司。

(8) 预付下年度固定资产租金 12 000 元。

(9) 从供货方收到材料一批并验收入库，价款为 76 000 元，全部款项均于上月支付。

(10) 将现金 20 000 元存入银行。

(11) 销售产品 900 000 元,货款尚未收到。

(12) 结转当月已销产品成本 860 000 元。

(13) 经批准将应付某公司账款 50 000 元转作资本。

(14) 经批准将资本公积 2 000 000 元转增资本。

(15) 向投资人支付现金股利 1 000 000 元。

(16) 以银行存款 50 000 元向地震灾区捐款。

(17) 计算当月应缴的消费税及教育费附加 20 000 元。

(18) 计提固定资产折旧 40 000 元,其中车间 25 000 元,行政管理部门 15 000 元。

(19) 销售经理报销差旅费 8 500 元,其出差前预借现金 5 000 元,现补付其现金 3 500 元。

(20) 以银行存款 1 060 000 元归还到期短期借款的本金和利息,其中利息总额为 60 000 元,但应由当月承担的利息仅为 5 000 元。

要求:根据上述经济业务编制会计分录。

【业务题六】

目的:掌握总分类账户与明细分类账户的平行登记。

资料:日臻公司 20×1 年 6 月 1 日有关账户余额如下:

"应收账款"账户借方余额为 20 000 元,该余额系南方公司所欠货款;

"预收账款"账户贷方余额为 30 000 元,该余额系北方公司预付的货款。

"库存商品"账户余额为 380 000 元,其中甲商品 220 000 元,乙商品 160 000 元。

当年 6 月份,日臻公司会计人员编制的部分会计分录如下:

(1) 借:应收账款——东方公司	60 000	
——南方公司	50 000	
——西方公司	40 000	
贷:主营业务收入——甲商品收入		80 000
——乙商品收入		70 000
(2) 借:银行存款	88 000	
贷:应收账款——南方公司		70 000
——西方公司		18 000
(3) 借:预收账款——北方公司	20 000	
——中方公司	9 000	
贷:主营业务收入——甲产品收入		15 000
——乙产品收入		14 000
(4) 借:主营业务成本——甲商品成本	75 500	
——乙商品成本	81 000	
贷:库存商品——甲商品		75 500
——乙商品		81 000

要求:

(1) 分别对"应收账款""预收账款"和"库存商品"三个总分类账户及其所属明细分类账户进行平行登记,并计算其总分类账户余额和所属各明细分类账户 6 月 30 日的余额(必要时注明方向)。

(2) 假定不考虑其他因素,分别计算甲商品和乙商品的销售毛利。

【业务题七】

目的：熟悉账户信息所反映经济业务的内容。

资料：海明公司系一小型制造业企业，其经营范围是生产和销售某种单一产品。该公司于20×1年4月21日开业，截至4月30日共发生了八项经济业务。会计人员根据这些经济业务编制会计分录并登记入账后，有关账户4月30日的余额，如表4-9所示。

表4-9　　海明公司20×1年4月30日账户余额表　　单位：元

账户	余额	账户	余额
库存现金	2 000	实收资本	500 000
银行存款	481 000	短期借款	120 000
原材料	40 000	预收账款	3 000
固定资产	80 000	应付利息	200
生产成本	20 000	应付职工薪酬	10 000

要求：写出光明公司所发生八项经济业务的内容，并使其登记入账后的结果与上述账户的余额保持相等。

【业务题八】

目的：熟悉账户按不同标准的分类。

资料：利华公司设置的部分账户，如表4-10所示。

表4-10　　利华公司账户分类表

账户名称	按经济内容分类	按用途和结构分类	按与财务报表的关系分类
银行存款			
应收账款			
预收账款			
原材料			
固定资产			
累计折旧			
生产成本			
制造费用			
财务费用			
主营业务收入			
主营业务成本			
所得税费用			
营业外支出			
实收资本			
利润分配			

要求：将上述账户逐个按不同标准分类，并将分类所属的结果填入表4-10的相应栏内。

【业务题九】

目的：练习账户的分类。

资料：某制造企业开设的有关账户名称如下：库存现金、银行存款、原材料、生产成本、制造费用、应收账款、固定资产、累计折旧、短期借款、应付利息、应付职工薪酬、实收资本、本年利润、利润分配、主营业务收入、主营业务成本、管理费用、财务费用、长期待摊费用。

要求：将上述各账户分别既按用途和结构分类，又按经济内容进行分类，并将分类结果填入表4-11的相应栏内。

表4-11　　**账户分类表**

账户类别	资产类账户	负债类账户	所有者权益类账户	成本类账户	损益类账户
盘存账户					
资本账户					
结算账户					
跨期摊销账户					
备抵调整账户					
集合分配账户					
成本计算账户					
汇转账户					
财务成果账户					

【业务题十】

目的：分析结算类账户所属明细账户余额的经济含义。

资料：普庆公司系一小型制造企业，该企业为简化核算没有单独开设“预收账款”和“预付账款”账户。20×1年3月31日，该企业部分结算类总分类账户及所属明细分类账户的余额，如表4-12所示。

表4-12　　**普庆公司部分结算类总分类账户及所属明细分类账户余额表**　　单位：元

账户	借方	贷方	含义	账户	借方	贷方	含义
应收账款	600 000		—	应付账款		50 000	—
其中：甲公司	700 000			其中：子公司		80 000	
乙公司		300 000		丑公司		10 000	
丙公司	200 000			寅公司	40 000		

要求：

(1) 判断各明细账户余额的经济含义并填入表4-12的相应栏内。

(2) 分别确定普庆公司20×1年12月31日的债权和债务项目并计算其金额。

【业务题十一】

目的：掌握双重性账户的余额方向及其经济含义。

资料：博时公司系一大型制造企业，该企业不仅设有“应收账款”和“应付账款”账户，而且设有“预收账款"和"预付账款"账户。20×1 年 6 月 30 日，该企业有关结算类总分类账户及所属明细分类账户的余额，如表 4-13 所示。

表 4-13　博时公司有关结算类总分类账户及所属明细分类账户余额表　单位：元

账户	借方	贷方	账户	借方	贷方
应收账款	740 000		应付账款		40 000
其中：A 公司	500 000		其中：X 公司		26 000
B 公司	240 000		Y 公司		14 000
预收账款		100 000	预付账款	70 000	
其中：壬公司		30 000	其中：申公司	86 000	
辛公司		90 000	未公司	12 000	
庚公司	20 000		午公司		28 000

要求：计算博时公司 20×1 年 6 月 30 日各项债权与债务的金额。

四、案例分析题

（一）家乐公司的会计核算制度

家乐公司系一家以生产中低档儿童服装为主的小型民营企业。该企业自今年年初成立以来，凭借着该公司所处地理位置的优越以及周边儿童服装市场较大的好环境，其发生的经济业务仍比较多，经济效益还算不错。但是，该公司一直未设立专门的会计机构和会计岗位，也未聘请专门的会计人员，而是由经理一人统管一切经济业务及其资金往来。对于涉及银行提现、存款往来、款项划拨以及申报和交纳税金的事项，均由出纳员小张根据经理的旨意来操作（小张系经理的堂妹），其会计核算制度非常不健全，甚至连库存现金账簿和银行存款账簿都没有设置，充其量只有一本"流水账"或"备忘簿"。

最近一段时间，由于小张生病无法上班，家乐公司的会计工作基本处于瘫痪状态，所有各项经济业务的原始单据只能静"躺"在经理办公室的抽屉里。然而，有关部门已了解到该公司存在拖欠职工工资、隐瞒销售收入、少缴税款等问题，于是责令该公司限期健全会计核算制度，尽快理清库存现金、银行存款和往来款项等会计事项，及时上报第一季度的财务报表。否则，需要停业整顿。家乐公司经理为了能够持续经营下去并谋求扩大规模，立即从人才市场高薪聘请了已退休且具有高级职称的老杨担任公司的会计，同时也以优厚待遇聘请了大学刚毕业的小孙担任公司的出纳。

今年 4 月初，老杨和小孙雷厉风行，同时走马上任。他们首先在 2 日之内理顺了经理保存的所有单据，并为公司设置了相应的会计科目和账户，建立了库存现金、银行存款总账和日记账，以及应收账款和应付账款等账簿。其次，老杨根据今年第一季度发生的全部经济业务编制了相应了会计分录，小孙也逐日逐笔地补登了相应的日记账。最后，经过对总分类账和明细分类账的仔细核对，于 4 月 6 日编制完成并向有关部门报送了家乐公司第一季度的财务报表。

分析要求：

(1) 家乐公司原来所记"流水账"或"备忘簿"的缺点。

(2) 如果你是老杨，你认为家乐公司的生产经营特点和管理要求有哪些？至少应当设置哪些会计科目和账户？按照经济内容如何对所设置的账户进行分类？

(3) 试想，家乐公司第一季度至少会发生哪些经济业务？如何编制结算和发放职工薪酬、取得借款、赊购原材料以及确认商品销售收入的会计分录？

(4) 如果你是小孙，你认为出纳人员的职责有哪些？在借贷记账法下，“库存现金”账户和“银行存款”账户的用途和结构分别是什么？

(5) 家乐公司哪几个账户可能需要设置明细分类账户？举例说明其总分类账户与所属明细分类账户的平行登记方法。

(二) 非会计专业大学生创业经营商店的账务

张三和李四是大学同班同学，他俩今年刚从某综合性大学的心理学专业毕业。考虑到目前大学生就业困难的状况，俩人决定放弃寻找工作而去自主创业。于是，他俩于今年7月初各自出资100 000元在某大学城合伙开立了一家学习用品商店，其商店经营用房系经营性租入，每年租金需20 000元，租期3年。

开业当月该小商店发生的经济业务共有如下6项：

(1) 以存款购买柜台、货架等有关经营用家具2 400元，预计能够使用3年。

(2) 以存款40 000元支付商店2年的房租。

(3) 某高校欲向该商店购买一批价值为8 000元的办公用品并已预付3 000元作为购货定金，合同约定下月中旬发货。

(4) 以存款5 000元向某厂家订购一批价值为6 500元的文具，其中1 500元暂欠待下月初收到文具时付清。

(5) 以存款支付本月宣传推介费2 000元。

(6) 本月销售商品的售价为15 000元，但有4 000元货款尚未收回。已销商品的进价为10 000元。

月末，张三和李四认为开业初期业务不多，尚无必要聘请专门的会计人员。但是，为了了解商店的财务状况和经营成果，商店也应当记账。于是，他俩协商决定由李四兼任会计。事实上，李四并没有经过会计学专业的正规培训，他只是从学会计出身的母亲那里粗略地听说过一些会计知识，诸如会计记录应当设置必要的账户并采用复式记账法，月末只要做到“资产＝负债＋所有者权益”或“资产＝负债＋所有者权益＋(收入－费用)”或“资产＝负债＋所有者权益＋利润”，会计记录一般就不会发生大错误。于是，他根据母亲的说教以及自己对会计知识的理解，设计了一套自认为清晰而合理的记账方法。针对开业当月的经济业务，李四的记账方法及其结果如下：

月初投入本金	现金	200 000	收入	200 000
(1) 购买货架	现金	－2 400	费用	－2 400
(2) 支付租金	现金	－40 000	费用	－40 000
(3) 销售商品	现金	3 000	收入	3 000
(4) 支付货款	现金	－5 000	费用	－5 000
(5) 支付税费	现金	－2 000	费用	－2 000
(6) 销售商品	现金	11 000	收入	11 000
月末合计		164 600		164 600

分析要求：

(1) 判断李四所做的记录是否正确并说明理由。

(2) 假定张三和李四的出资均是银行存款，本月经济业务涉及的款项收付均以银行存款而收付，请你根据复式记账原理并运用借贷记账法编制相关会计分录。

(三) 格力电器为何遭"野蛮人"敲门?

格力电器是珠海格力电器股份有限公司的简称，其前身为珠海市海利冷气工程股份有限公司，1989年，经珠海市工业委员会、中国人民银行珠海分行批准设立，1994年，经珠海市体改委批准更名为现名，1996年11月18日，经中国证券监督管理委员会批准于深圳证券交易所上市，证券代码为000651。目前，格力电器的第一大股东是珠海格力集团有限公司(以下简称"格力集团")，该集团是隶属于珠海市国资委的地方国企，其持格力电器的股份比例为18.22%。

格力电器作为一家制造企业，其经营范围包括货物、技术的进出口以及泵、阀门、压缩机及类似机械制造；风机、包装设备等通用设备制造；电机制造；输配电及控制设备制造；电线、电缆、光缆及电工器材制造；家用电力器具制造；机械设备、五金交电及电子产品批发；家用电器及电子产品零售等。该公司主营业务为家电电器研发、生产、销售和服务。

格力电器自成立特别是股票上市以来，一直崇尚"简单化"的经营哲学——目标简单、管理简单、营销简单和宣传简单，依托有效的管理方法和先进的技术，长期保持发展势头良好，经营业绩不断上升。目前，该公司已成为我国家电行业的龙头企业，且连续多年上榜美国《财富》杂志"中国上市公司100强"。旗下的"格力"品牌空调，已成为中国空调业唯一的"世界名牌"产品，业务遍及全球100多个国家和地区。2005年至今，格力空调连续多年全球销量领先。在国内空调市场上，热战也不断，格力、美的、海尔三分天下，但格力冠压群雄，最受瞩目。不过，在当今中国资本市场近3 000家上市公司中，格力电器就算经营业绩再好，也不会经常被市场所关注。

然而，2016年下半年发生的如下几件事，着实又让格力电器及其董事长兼总裁和法定代表人董明珠女士大大地"红"了一把。

一是11月初流传的一份珠海国资委《关于董明珠同志免职的通知》，通知显示格力集团进行人事调整，董明珠正式卸任格力集团董事长一职，仅担任格力集团的子公司，也是其主力业务之一"格力电器"的董事长、总裁及法人代表。由于该决定距离格力收购银隆方案遭到股东会否决不久，因此在业内引发了大量猜测。对此，董明珠在11月19日公开亮相"2016外滩国际金融峰会"，并以格力电器董事长兼总裁的公开身份说，消息传出后，自己俨然成了一个"网红"，受到了很多人的关注。她说，自己非常高兴大家这样关注这件事。通过这件事，她看到的不仅是大家对她一个人的关注，而是每一个中国人、中国企业家对中国制造的关注，"每一个有爱国之心的人都在关注中国制造的发展，这一点我觉得非常高兴。"

二是11月30日格力电器发布公告称，前海人寿保险有限公司(以下简称"前海人寿")自2016年11月17日公司股票复牌至11月28日期间大量购入公司股票，持股比例由2016年三季度末的0.99%上升至4.13%，持股排名由公司第六大股东上升至第三大股东，目前其尚未达到持股5%的披露标准。如此迅猛的增持，不仅有业内人士表示，近年来我国保费增长迅速，三季末险资资产规模已达14.6万亿，权益资产配置比例仅为14%，远低于上限的30%，权益类资产配置需求越来越高。由此针对前海人寿增持格力电器一事，很快就引来了市场的诸多遐想和疑问：该增持是否已达到或超过举牌线？前期买入、卖出公司股票的原因是什么？近期是否有意参与格力电器的公司治理及经营管理？未来12个月内是否有进一步增持或减持格力电器股份的计划？而且也引起了深交所的关注，并很快于12月2日向前海人寿发出了《关于对前海人寿保险股份有限公司的关注函》〔2016〕第208号。

三是12月3日，中国证券投资基金业协会举行的第二届第一次会员代表大会。会上证监会主席刘士余的一番讲话，让四座皆惊。演讲中，刘士余向"野蛮人"喊话："希望资产管理人，不当奢淫无度的土豪、不做兴风作浪的妖精、不做坑民害民的害人精……你用来路不当的钱从事杠杆收购，行为上从门口的陌生人变成野蛮人，最后变成行业的强盗，这是不可以的”。

四是12月3日晚间，不知是否巧合，此前大笔买入格力电器至持股4.13%的前海人寿就深交所《关于对前海人寿保险股份有限公司的关注函》进行了回复。回复函称截至12月2日收盘，公司与一致行动人合计持有格力电器股份未达到或超过5%；买入及卖出系基于不同时间点的投资决策；目前无参与格力日常经营管理的计划，未来12个月内将综合市场整体状况、企业业务及股票价格决定是否增持或减持；资金来源合规。对于市场最关心的“近期是否有意参与格力电器的公司治理及经营管理”这一问题，前海人寿回复表示：公司认可并看好格力电器未来发展前景及投资价值，希望通过投资格力电器股份获取投资收益，实现保险资金的保值增值，并表示“本公司近期增持与前期投资格力电器股份的目的没有发生实质性变化”，而且“目前本公司没有参与格力电器日常经营管理的计划”。

尽管如此，前海人寿也似乎在瞬间成了“野蛮人”的代名词，其快速大幅增持格力电器股份的行为也被一些网民看成是“野蛮人”在向格力电器敲门。对此，董明珠认为，“格力电器作为一家制造企业，不会因为别人的资本变化而影响到自己，未来将持续专注在打造创造性企业的方向上。”她对中国经济周刊——经济网表达了自己的看法，她表示，格力不会对举牌进行应对，“如果成为中国制造的破坏者，他们会成为罪人。”但是，格力电器的未来究竟如何？前海人寿会否控股格力电器？舆论仍是一片哗然。

分析要求：

(1) 格力集团与格力电器是什么关系？格力电器目前的股本结构如何？

(2) 格力电器与前海人寿的经济活动及资金运动是否相同？为什么？

(3) 试以上述案例为契机，上网查阅格力电器2014～2016年的资产负债表并对其资产、负债和所有者权益要素的构成项目及总体财务状况进行分析。

(4) 试以上述案例为契机，上网查阅格力电器2014～2016年的利润表并对其收入、费用和利润要素的构成项目及总体经营成果进行分析。

(5) 前海人寿可能基于格力电器的哪些会计信息而在不同时间点作出了买入及卖出该公司股份的投资决策。

(6) 你认为格力电器至少应开设哪些资产类、负债类、所有者权益类、成本类、损益类的账户？

(7) 你认为格力电器的“库存商品”账户应至少应开设哪些明细分类账户？

(8) 查阅格力电器最近一期的资产负债表和利润表，试记录并分析其应收账款和预收账款的金额并分析该金额与其主营业务收入和其他业务收入的关系。

(9) 上述案例，能够引起你对格力电器和前海人寿哪些会计问题的思考？

第五章　会计记账方法——应用

一、概要解析

(一) 材料采购成本

材料采购成本是指企业从外部购入原材料等物资过程中实际发生的全部必要的合理的支出，包括购入材料支付的买价和采购费用(如采购过程中的包装费、运输费、仓储费、装卸费、保险费，运输途中的合理损耗，入库前的整理挑选费，购入材料负担的税金等)。

会计核算过程中设置“材料采购”账户来归集计算材料采购成本。材料采购过程中所有必要的合理的支出都记录在相关“材料采购”明细账户的借方，当材料验收入库后，将账户借方归集的支出汇总，即相关材料的采购成本。原材料采用计划成本核算的情况下，设置“材料采购”账户；原材料采用实际成本核算的情况下，设置“在途物资”账户，在这种情况下，“在途物资”或“原材料”账户的借方起到归集计算材料采购成本的作用。

(二) 生产费用与产品成本

生产费用和产品成本中包含的内容都是制造企业在生产产品过程中所发生的各项消耗，如原材料、人工费用、机器设备折旧费等。但是两者的侧重点不同，生产费用与一定的时期相联系，通常是按会计期间归集。产品成本与一定种类、一定数量的产品相联系，是对象化的生产费用。在很多情况下，一定种类、一定数量的产品从投产到完工都要跨越会计期间，比如当月投产下月才能完工，因此产品成本通常包含不同期间发生的生产费用。

(三) 生产成本与制造费用

生产成本即产品成本，是对象化的生产费用。“生产成本”账户核算产品生产过程中发生的各种耗费。由于生产耗费的种类繁多，为了便于核算，通常将生产耗费分为与产品生产直接相关的直接生产耗费，与产品生产间接相关的间接生产费用。直接生产费用一般包括构成产品实体的主要原材料消耗和生产人员薪酬，这类生产费用比较容易判断是哪些产品生产过程中消耗，在发生之后通常直接记入相关产品的“生产成本”账户。间接生产费用一般包括机器设备的折旧费、车间管理人员薪酬和车间发生的机物料消耗等，它们与产品生产相关，应该归入产品生产成本，但是由于耗费种类繁多且多种产品生产过程中都受益，不方便直接记入"生产成本"账户,需要先记入"制造费用"账户,在期末采用一定的标准分配记入不同产品的"生产成本"账户。

(四) 存货发出计价方法

在计算材料成本、产品成本和产品销售成本的过程中都涉及存货发出计价和存货数量盘存的问题。存货发出计价方法主要用于确定存货的单位成本,存货数量盘存方法主要是为了确定存货的发出和结存数量。在确定单位成本和数量的基础上,就可以计算发出存货的成本和期末结存存货的成本。存货数量和存货成本存在以下等式:

$$期初结存存货数量 + 本期取得存货数量 = 本期发出存货数量 + 期末结存存货数量$$
$$期初结存存货成本 + 本期取得存货成本 = 本期发出存货成本 + 期末结存存货成本$$

存货包括企业在日常活动中持有以备出售的产成品或商品、处在生产过程中的在产品、在生产过程或提供劳务过程中耗用的原材料等。相同的存货可能是不同时间、不同批次购进或生产,其单位成本不尽相同。存货发出计价方法是判断每次耗用或出售存货的单位成本的方法。在实务中,一般根据不同的存货流转假设来确定发出存货的成本。存货流转假设主要有先取得的存货先发出,存货均匀发出、后取得的存货先发出等。在不同的存货流转假设基础上,产生了不同的存货发出计价方法,如先进先出法、加权平均法、后进先出法等。也可以依据详细的记录,查出每次发出存货的真实单位成本,这种方法称为个别计价法。

先进先出法是以先取得的存货先发出这样一种存货实物流转假设为前提,对发出存货进行计价的方法。采用这种方法,先取得的存货成本在后取得的存货成本之前转出,据此确定发出存货和期末存货的成本。

加权平均法是指用取得存货的平均单位成本作为存货的单位成本,据以计算存货结存成本和发出存货成本。在平均成本的计算过程中,应考虑各批存货的数量,即批量越大的进价对平均单位成本的影响越大。数量在这种方法下起到了权衡轻重的作用,因此这种方法称之为加权平均法。支持这种方法的观点认为,一定期间全部存货的平均单位成本反映了该期间可供发出的存货成本(期初存货结存成本和本期取得存货的成本之和),因此发出存货成本和期末结存存货成本都要按这一平均单位成本计算。加权平均单位成本的计算公式如下:

$$加权平均单位成本 = \frac{期初存货结存成本 + 本期取得存货成本}{期初存货结存数量 + 本期取得存货数量}$$

个别计价法假设存货的成本流转与实物流转一致,在取得存货时详细记录每个或每批存货的单位成本,发出存货时逐一辨认各批发出存货和结存存货所属的批别,分别按其取得时所确定的单位成本作为计算各批发出存货和期末存货成本的方法。

(五) 实地盘存制与永续盘存制

实地盘存制和永续盘存制是确定存货发出和结存数量的方法。

实地盘存制也称定期盘存法,是指会计期末通过对各项存货进行实地盘点,以实际盘存的数量作为期末存货账面结存数量,并据以倒轧本期存货发出数量的一种方法。

永续盘存制又称账面盘存法，是指在日常核算中对各项存货的收入和发出作连续性的记录，并随时结出存货账面结存数量的一种方法。

和永续盘存制相比，实地盘存制平时记录的工作量不大，但是期末盘存的工作量大，并且会发生把不正常原因损失的存货也列入正常发出存货的情况。而永续盘存制下，由于有连续的记录，所以不需要期末盘点就可以得出结存存货和发出存货的数量。在永续盘存制下，期末账面记录的结存存货的数量可以和期末实地盘点的存货数量进行比较，判断存货盘盈或盘亏。

（六）固定资产与累计折旧

固定资产是指为生产商品、提供劳务、出租或经营管理而持有的，使用寿命超过一个会计年度的有形资产。固定资产是企业的劳动工具或手段，而不是用于出售的产品，企业需要在日常的生产经营活动中使用固定资产，或以经营性租赁方式出租给其他单位使用。固定资产的使用寿命较长，超过一个会计年度，可以在较长的时期供企业使用，给企业带来价值。

固定资产在使用过程中会发生磨损、消耗，其价值会逐渐减少，这种价值的减少就是固定资产折旧。实质上，价值并没有消失，而是逐渐转移。比如用固定资产生产产品，在生产过程中，固定资产价值减少，而产品价值增加，相当于固定资产价值转移至产品成本。固定资产价值发生转移，就应该把这种价值的转移通过会计语言体现出来（即计提折旧）。累计折旧反映的就是固定资产在使用过程中累计发生的价值转移。比如固定资产价值转移至产品成本，通过借记“制造费用”账户，贷记“累计折旧”账户，在“累计折旧”账户的贷方记录固定资产的价值减少或转移的金额。因此“累计折旧”账户就是“固定资产”账户的备抵账户，它是为了记录固定资产的价值减少而专门设置的账户。“固定资产”账户的借方反映固定资产的原值，其余额减去“累计折旧”账户的贷方余额，即固定资产的净值。

（七）期间费用

期间费用是指企业日常活动发生的不能计入特定核算对象的成本，而应计入生当期损益的费用。期间费用是企业日常活动中所发生的经济利益的流出，之所以不计入特定的成本核算对象，是因为期间费用是企业为组织和管理整个经营活动所发生的费用，与可以确定特定成本核算对象的材料采购、产品生产等没有直接关系，因而期间费用不计入有关核算对象的成本，而是直接计入当期损益。正确区分期间费用与产品成本，关系到正确计算各期损益和如实反映期末财务状况。期间费用包括销售费用、管理费用和财务费用。

销售费用是指企业销售商品和材料、提供劳务的过程中发生的各种费用，包括企业在销售商品过程中发生的保险费、包装费、展览费和广告费、商品维修费、预计产品质量保证损失、运输费、装卸费等以及为销售本企业商品而专设的销售机构（含销售网点、售后服务网点等）的职工薪酬、业务费、折旧费等经营费用。

管理费用是指企业为组织和管理生产经营发生的各种费用，包括企业在筹建期间内发生的开办费、董事会和行政管理部门在企业的经营管理中发生的或者应由企业统一负担的公司经费(包括行政管理部门职工薪酬、物料消耗、低值易耗品摊销、办公费和差旅费等)、行政管理部门负担的工会经费、董事会费(包括董事会成员津贴、会议费和差旅费等)、聘请中介机构费、咨询费(含顾问费)、诉讼费、业务招待费、技术转让费、研究费用、排污费等。需要注意的是,目前我国规定通过“管理费用”科目核算的“研究费用”与“无形资产摊销”归为“研发费用”项目与管理费用并列为期间费用项目。

财务费用是指企业为筹集生产经营所需资金等而发生的筹资费用,包括利息支出(减利息收入)、汇兑损益以及相关的手续费、企业发生的现金折扣等。

(八) 应计费用与预付费用

应计费用又称应付费用、预提费用,是指在企业生产经营过程中已经发生,或已经受益,但尚未支付的费用。如职工按照合同已经完成相关工作应获得相应的报酬,但企业尚未支付的职工薪酬。

预付费用又称递延费用或待摊费用,是指企业已经支付,但生产经营过程尚未受益的费用。例如,企业在前一年年末支付的第二年的报刊订阅费,在支付的时候企业并没有受益,需要到第二年实际收到报刊的时候才受益。因此又称为递延费用或待摊费用,需要递延到以后的受益期间摊销计入费用。

应计费用是受益在前,款项支付在后的费用;预付费用是款项支付在前,受益在后的费用。

(九) 应计收入与预收收入

应计收入又称应收收入,是指本期已经实现但尚未实际收到款项的收入。在会计期末,企业已经按照合同提供了产品或劳务,享有收到款项的权利,但尚未收到款项。如在赊销的情况下,完成销售时,一方面应该确认已实现的收入,另一方面应将应该收取而尚未收到的款项作为债权确认,即应计收入。

预收收入又称为递延收入,是指本期已经收到款项,但产品或劳务尚未提供,企业尚未实现的收入。预收收入实质上是一种需要在未来交付产品或提供劳务的义务,代表一种负债。例如,企业预先收到款项,约定一段时间之后再发出产品,在这种情况下,提前收到的款项不能作为收入确认,只能作为一种负债,到合同约定日期,需要按照合同规定交付产品。完成产品交付后,收入才得以实现。

二、背景资料

(一) 存货发出计价方法的变化

企业应当以实际发生的交易或者事项为依据进行会计确认、计量和报告,具体到存货发出这一事项,就是要求存货的成本流转应当与存货的实物流转相一致。从理论上来讲,企业的实物流转和成本流转也应当一致。虽然在实际工作中，由于企业的存货进出量很大，品种繁多，成本多变，保证各种存货的成本流转与实物流转完全一致是难以做到的，但先进先出法、加权平均法和个别计价法都能比较好地体现成本流转与实物流转的一致性。个别计价法能完全保证成本流转与实物流转的一致性。由于同一种存货，尽管单位成本不同，但均能满足销售或生产需要，在存货减少时，毋需辨别是哪一批实物被发出，因此，加权平均法也基本上满足成本流转与实物流转的一致性的要求。至于先进先出法，大多企业的实物发出顺序都是先进先出，成本流转按照先进先出法来计量，也是符合成本流转与实物流转的一致性要求的。

2006 年企业会计准则一个重要变化是取消存货发出计价的后进先出法。后进先出法假定最后取得的存货最先发出，期末保留的存货是最先取得的存货，在实际生活中很难找到存货后进先出的例子。存货一般存在陈旧贬值的趋势，特别受高新技术影响的存货，如果后进先出的话，可能导致存货的积压，影响存货的质量。另外，存货计价方法会影响利润金额以及资产负债表中的存货项目金额。后进先出法下，资产负债表中的存货项目是依据较早期间购进存货的单位成本来反映的，导致存货这一资产项目的金额不符合现实情况，影响财务状况的真实反映。期末存货项目的金额是按照较早期取得的存货的单位成本确定，因此不能准确地反映期末存货的现时价值，在持续通货膨胀或通货紧缩的情况下尤为严重。

（二）成本计算

成本计算是会计核算的一项重要内容，随着生产技术的发展成本计算的方法也在不断改进。为了准确提供有关财务状况和经营成果的信息，需要准确计算企业购买或取得的原材料、固定资产等资产的成本，以及企业自己生产的产品或提供的劳务成本。成本计算的原则是将取得、购买或生产原材料、固定资产或产品等资产过程中发生的所有合理、必要的支出合计归入相关资产的成本。如果一笔支出是由多种资产共同受益，则需要按照一定的标准将其分配计入每一种资产的成本当中。

成本计算首先要明确成本计算对象，对于制造企业来说，其最基本的成本计算对象是不同种类的产品。企业在生产这些产品过程中发生的各种耗费即为生产费用，以这些产品为目标归集的生产费用就是产品成本。如果一个企业只生产一种产品，那么成本计算就不再是一个难题，因为此时不存在费用分配问题。只需要把生产过程中发生的生产费用加总，即为这种产品的成本。如果生产的产品不止一种，那么有一些生产费用的受益对象是两种或两种以上的产品。比如说领用的某批原材料用于生产多种产品，一台机器生产多种产品，在这些情况下，耗用原材料的成本和机器的折旧费的受益对象不止一种，就需要采用一定的方法将这些费用分配计入受益的不同种类的产品。成本计算的核心问题就是将生产过程中一种产品耗用的费用直接计入该产品成本，而两种或两种以上产品耗费的费用采用恰当的方法分配计入不同种类的产品成本。如果逐一辨别每项耗费，为每项耗费都采用一定标准进行分配的话，工作量较大。目前我国大部分企业采用的方法是以生产车间为单位，将生产车间内除直接用于产品生产的原材料费用和直接生产人员工资之外的其他耗费，统统归集为制造费用，如机器设备的折旧费、车间管理人员工资、车间水电费等，然后将一定期间的制造费用统一采用一定的分配标准分配计入该期间生产的产品成本。

因为产品成本中包含的内容较多，不方便一步到位计算产品成本。在实务中，设置"制造费用"和"生产成本"两个账户来核算产品成本。与产品生产直接相关的生产费用，如原材料、生产工人薪酬等在发生时直接或者分配记入相关产品的"生产成本"账户。与产品生产间接相关的生产费用，如车间机器设备的折旧费、车间管理人员薪酬等，由于涉及较多的产品，不方便在发生的时候直接记入相关产品的"生产成本"账户，因此需要先在"制造费用"账户中归集汇总后，在期末再统一采用一定的标准分配记入相关产品的"生产成本"账户。

除了计算产品生产成本之外，在采购业务中存在计算材料成本的问题。计算材料采购成本同样存在分配问题，需要将采购过程中多种材料受益的采购费用按照恰当的比例分配计入材料采购成本。另外"材料采购"账户与"生产成本"账户类似，都起到了归集和计算成本的作用。

（三）预提费用与待摊费用

待摊费用是指企业已经发生但应由本期和以后各期负担的受益期限在 1 年以内（包括 1 年）的各项费用，包括企业预付保险费、经营租赁的预付租金、预付的报刊订阅费以及其他应由本期和以后各期负担的其他费用。

预提费用是指企业按照规定预先计入成本费用但尚未实际支付的费用，如企业预提的租金、保险费、短期借款利息等。

资产负债观要求，不符合资产或负债定义及其确认条件的资产、负债项目不能够在资产负债表中反映。"待摊费用"和"预提费用"不符合资产、负债的定义，因此 2006 年企业会计准则取消"待摊费用"及"预提费用"两个科目，规定"待摊费用"和"预提费用"不再在资产负债表中体现。

待摊费用和预提费用两个科目实际上起到了反映结算关系的作用。原通过"待摊费用"科目核算的一些事项可以通过"预付账款""其他应收款"科目核算，原通过"预提费用"科目核算的一些事项可以通过"应付利息""其他应付款"等科目核算。例如，企业短期借款利息的预提，可以通过"应付利息"科目核算。

（四）利润表的变更

企业的利润总额由营业利润、营业外收入和营业外支出构成。利润总额减去所得税为企业的净利润。营业利润主要由经营利润、公允价值变动损益和投资收益构成。在 2006 年企业会计准则之前，我国对利润计算的规定如下：

主营业务利润 = 主营业务收入 − 主营业务成本 − 主营业务税金及附加

营业利润 = 主营业务利润 + 其他业务利润 − 营业费用 − 管理费用 − 财务费用

（其中：其他业务利润 = 其他业务收入 − 其他业务成本）

利润总额 = 营业利润 + 投资损益 + 营业外收支净额

（其中：投资损益 = 投资收益 − 投资损失，营业外收支净额 = 营业外收入 − 营业外支出）

净利润 = 利润总额 − 所得税费用

2006 年企业会计准则的主要变化为把投资损益计入营业利润，营业利润中增加公允价值变动损益和资产减值损失。2006 年之前，由于没有采用公允价值计量，所以不存在公允价值变动损益，另外计提的坏账准备、存货跌价准备和固定资产减值准备等分散计入管理费用、营业外支出等项目。2006 年企业会计准则凸显了资产负债表观，强调对资产的计量，由此增加了两个重要的会计账户“公允价值变动损益”和“资产减值损失”。由于引入公允价值计量模式，所以变更后的利润表中，把公允价值变动损益作为一项单独内容列入营业利润。因为把坏账损失、固定资产减值损失、存货跌价损失等统一计入资产减值损失，所以营业利润中增加一项资产减值损失。另外变更后的利润表，不区分主营业务和其他业务，所有业务的收入和成本统一在营业收入和营业成本中反映。由于公允价值变动损益、资产减值损失以及投资损益等项目都是企业经营管理者可以在一定程度上控制的内容，因此将其全部计入营业利润是较为合理的做法。营业利润可以较好地反映管理者经营管理的成果，依据营业利润，可以恰当评价管理者的业绩。

2019 年修订的企业财务报表格式中营业利润的构成又发生了变化。其中配合营业税改增值税的变化，“营业税金及附加”项目改为“税金及附加”；“研发费用”从“管理费用”中移出单列；“财务费用”将“利息费用”和“利息收入”区分列示；按新金融工具确认与计量准则的要求计提的各项金融工具信用减值准备（如坏账准备）所确认的信用损失作为“信用减值损失”从“资产减值损失”中移出单列；“资产处置收益”也进行单独列示。

需要特别说明的是，2006 年企业会计准则偏向于资产负债表观。资产负债表观是指会计准则的制定者在制定规范某类交易或事项的会计准则时，应首先定义并规范由此类交易产生的资产或负债的计量；然后，再根据所定义的资产和负债的变化确认损益。在资产负债表观下，利润表中利润的度量主要取决于资产和负债的计量，利润表可以被看作反映企业一定期间净资产的变动情况表。

三、复习思考题与练习题

复习思考题

1. 生产费用与生产成本的含义是否完全相同？若不同，请分析两者的区别与联系。
2. 制造企业经济活动主要有哪些？其中的资金运动表现为何种形态？
3. 企业对外筹资主要有哪些方式？不同方式之间的主要差别是什么？
4. 简述生产费用与期间费用的区别与联系。
5. “材料采购”与“原材料”账户的区别和联系是什么？
6. 核算企业与供应商之间的款项结算需要哪些账户？每个账户的性质和用途是什么？
7. 计算产品制造成本的基本原则是什么？
8. 在核算产品成本的过程中，为什么要分别设置“生产成本”和“制造费用”两个账户？
9. 简述实地盘存制与永续盘存制之间的区别和联系。

10. 销售业务核算包含哪三方面的内容？每一个方面下可能会编制哪些会计分录？
11. 核算企业与客户之间的款项结算需要哪些账户？每个账户的性质和用途是什么？
12. 在哪些业务核算过程中需要用到存货发出计价方法？
13. 简述“本年利润”和“利润分配”账户的性质、结构和用途。
14. 试分析进行期末账项调整的原因及作用。
15. 试概括期末账项调整的内容，并分析不同调整事项对资产、负债、利润以及所有者权益的影响。

练　习　题

一、单项选择题（在每小题的备选答案中，选出一个最合适的答案）

1. 下列各项中，以生产资金形态存在的项目是（　　）。
   A. 原材料　　B. 固定资产
   C. 在产品　　D. 产成品
2. 下列各项中，属于营业外支出的是（　　）。
   A. 公益性捐赠支出　　B. 现金盘亏损失
   C. 固定资产修理费　　D. 生产人员工资
3. 下列各项支出中，不属于原材料采购成本的是（　　）。
   A. 材料的价款　　B. 采购过程中发生的运输费
   C. 采购人员出差的差旅费　　D. 为采购材料支付的保险费
4. 甲企业向乙企业购入A、B两种材料，重量分别为100千克和200千克，单位买价分别为500元和300元，发生的运杂费共计6 000元。该企业按照材料重量分配运杂费，不考虑其他因素。A材料的采购成本应当是（　　）元。
   A. 50 000　　B. 52 000
   C. 40 000　　D. 64 000
5. 下列支出中，应当计入产品生产成本的是（　　）。
   A. 车间机器设备折旧费　　B. 广告宣传费
   C. 财务部门人员薪酬　　D. 业务招待费
6. “预收账款”明细账户的借方余额表示（　　）。
   A. 应收账款　　B. 预收账款
   C. 应付账款　　D. 预付账款
7. 制造费用分配后应转入（　　）账户。
   A. “生产成本”　　B. “管理费用”
   C. “主营业务成本”　　D. “制造费用”
8. 下列项目中，应确认为管理费用的是（　　）。
   A. 银行借款的利息费用　　B. 行政管理部门的人员薪酬
   C. 生产部门的管理人员薪酬　　D. 产品的广告费用
9. 本月共购入甲材料5 000元，各车间部门共领用甲材料3 400元，月末结存为2 000元，则甲材料本月初结存（　　）元。
   A. 800　　B. 600
   C. 400　　D. 200
10. 下列项目中，不属于甲产品生产成本的项目是（　　）。

A. 甲产品生产工人的工资
B. 生产甲产品车间的机器折旧费
C. 生产甲产品车间的管理人员工资
D. 公司销售人员工资

11. 下列关于计提固定资产折旧的叙述不正确的是(　　)。
A. 固定资产报废后应继续计提折旧
B. 折旧费用增加的同时当期产品的生产成本或期间费用也增加
C. 折旧费用反映的是固定资产损耗的那部分价值
D. 计提的折旧应记入“累计折旧”账户的贷方

12. 企业存货发出计价方法确定后,一般不能随意变更,这体现了会计信息质量(　　)的要求。
A. 可靠性
B. 可比性
C. 相关性
D. 重要性

13. 下列各项费用中,属于期间费用的是(　　)。
A. 行政管理部门人员薪酬
B. 生产工人薪酬
C. 生产车间管理人员薪酬
D. 生产车间水电费

14. 下列各项中,通常需要用产品或者劳务偿还的债务是(　　)。
A. 短期借款
B. 预付账款
C. 应付账款
D. 预收账款

15. 下列账户中,在年末结账后一定没有余额的是(　　)。
A. “利润分配”
B. “本年利润”
C. “盈余公积”
D. “应交税费”

16. 材料采购成本不应该包括的项目是(　　)。
A. 材料的买价
B. 购买材料发生的运杂费
C. 增值税进项税额
D. 材料验收时的挑选整理费

17. 年终结转后,“利润分配”的贷方余额表示(　　)。
A. 本年度实现的利润
B. 未分配的利润
C. 本年度发生的亏损
D. 未弥补的亏损

18. 下列项目中,属于销售费用的是(　　)。
A. 为销售产品而发生的广告费
B. 已销售产品的生产成本
C. 因销售产品而支付的增值税
D. 未弥补的亏损

19. 下列项目中,不可能增加所有者权益的是(　　)。
A. 营业外支出
B. 营业外收入
C. 投资收益
D. 公允价值变动损益

20. 某公司某年 6 月 30 日“本年利润”账户有贷方余额 50 000 元,表示(　　)。
A. 6 月份实现利润 50 000 元
B. 6 月 30 日实现利润 50 000 元
C. 全年实现利润 50 000 元
D. 1 至 6 月累计实现净利润 50 000 元

21. 贷记“实收资本”科目表示企业(　　)的资本。
A. 收回
B. 接受捐赠
C. 借贷
D. 实际收到

22. “本年利润”账户的贷方不可能同(　　)账户发生对应关系。
A. “主营业务收入”
B. “投资收益”
C. “公允价值变动损益”
D. “税金及附加”

23. 下列各项中，属于预付费用的是（　　）。
A. 本月确认本月应付的职工薪酬
B. 本月支付下一个季度房租
C. 本月支付上个月职工薪酬
D. 本月支付本月的广告费

24. 下列各项中，属于本月应计收入的是（　　）。
A. 本月销售产品但未收到货款
B. 本月收到客户偿还的销货款
C. 本月收到本月销售产品的货款
D. 本月收到下月销售产品的货款

25. 期末账项调整的基础是（　　）。
A. 货币计量
B. 权责发生制
C. 配比原则
D. 收付实现制

26. 同时对资产和利润产生影响的期末账项调整事项是（　　）。
A. 收到销货款
B. 摊销预付保险费
C. 预付房屋租金
D. 确认预收收入

27. 同时对负债和利润产生影响的期末账项调整事项是（　　）。
A. 摊销预付房屋租金
B. 确认应计收入
C. 计提资产减值准备
D. 确认预收收入

28. 在物价上涨的情况下，采用（　　）对存货计价，会导致当期利润和期末资产被低估。
A. 后进先出法
B. 先进先出法
C. 加权平均法
D. 个别计价法

29. 在物价上涨的情况下，采用（　　）对存货计价，会导致当期利润和期末资产被高估。
A. 后进先出法
B. 先进先出法
C. 加权平均法
D. 个别计价法

30. 某企业购入原材料 1 000 吨，收到增值税专用发票上注明的售价为每吨 500 元，增值税税额为 65 000元，另发生运输费 5 000 元，装卸费 2 000 元，途中保险费 1 000 元，该原材料的入账价值为（　　）元。
A. 573 000
B. 508 000
C. 73 000
D. 500 000

二、多项选择题（在每小题的备选答案中，选出所有合适的答案）

1. 一项资产的消耗，可能导致（　　）。
A. 一项费用的增加
B. 另一项资产的增加
C. 一项负债的增加
D. 一项所有者权益的增加
E. 一项收入的增加

2. 以下账户对应关系不符合经济业务实际的有（　　）。
A. 固定资产与银行存款
B. 生产成本与原材料
C. 生产成本与主营业务成本
D. 库存商品与主营业务收入
E. 管理费用与本年利润

3. 下列支出中，应当计入产品生产成本的有（　　）。
A. 车间机器设备折旧费
B. 短期借款的利息费用
C. 车间技术人员的薪酬
D. 采购员差旅费
E. 捐赠支出

4. 计提固定资产折旧时，一般不可能与“累计折旧”账户发生对应关系的账户是（　　）。

A. “管理费用”
B. “生产成本”
C. “制造费用”
D. “销售费用”
E. “财务费用”

5. 在实地盘存制下，期初存货多计，会导致（　　）。
A. 期末存货多计
B. 本期增加存货多计
C. 本期发出存货多计
D. 可供发出存货少计
E. 可供发出存货多计

6. 下列项目中，属于营业外收入的有（　　）。
A. 销售产品的收入
B. 收到违约方的赔款收入
C. 对外提供劳务收入
D. 接受捐赠收入
E. 库存现金盘盈收入

7. 根据《企业会计准则》的规定，营业利润不包括的项目有（　　）。
A. 投资收益
B. 营业外支出
C. 营业外收入
D. 公允价值变动损益
E. 所得税费用

8. 产品生产成本的组成部分有（　　）。
A. 管理费用
B. 直接材料
C. 制造费用
D. 直接人工
E. 财务费用

9. 反映企业接受投资业务的会计处理中，“实收资本”账户可能与（　　）账户发生对应关系。
A. “银行存款”
B. “资本公积”
C. “固定资产”
D. “无形资产”
E. “长期借款”

10. 产品生产成本计算的程序主要包括（　　）。
A. 确定成本计算对象
B. 按成本项目归集生产费用
C. 计算并分配制造费用
D. 计算完工产品和在产品的生产成本
E. 结转产品销售成本

11. “库存商品”账户可以反映（　　）。
A. 在产品的成本
B. 完工产品的生产成本
C. 库存产品的结存情况
D. 库存产品的增减变动
E. 产品的销售成本

12. “生产成本”明细账可以反映（　　）。
A. 期末在产品的成本
B. 完工产品生产成本的构成
C. 期初在产品的成本
D. 本期发生的生产费用
E. 产品的销售成本

13. 可以用来作为分配材料采购费用标准的有（　　）。
A. 材料的买价
B. 材料的重量
C. 材料的种类
D. 材料的体积
E. 以上各项均可以

14. 可能和“利润分配”账户发生对应关系的账户有（　　）。

A. “银行存款”
B. “本年利润”
C. “盈余公积”
D. “应付股利”
E. “应收股利”

15. 下列属于备抵账户的有(　　)。
A. “坏账准备”
B. “累计折旧”
C. “盈余公积”
D. “应付股利”
E. “资本公积”

16. 影响本期完工产品成本的因素有(　　)。
A. 期初在产品成本
B. 本期发生的生产费用
C. 本期销售产品成本
D. 期末在产品成本
E. 期末在产品数量

17. “利润分配”账户可以反映(　　)。
A. 本年度实现的净利润
B. 累计的未分配利润
C. 本年度计提的盈余公积
D. 本年度分配的利润
E. 本年度实现的营业利润

18. 核算职工预借差旅费业务需要使用的账户有(　　)。
A. “其他应收款”
B. “其他应付款”
C. “管理费用”
D. “制造费用”
E. “库存现金”

19. 在权责发生制下,应计入本期收入的有(　　)。
A. 收回购货单位上月所欠货款
B. 本月销售产品,货款尚未收到
C. 本月销售产品,货款当即收讫
D. 预收销售产品货款
E. 收回职工本月所欠借款

20. “管理费用”账户核算的内容有(　　)。
A. 固定资产的修理费用
B. 财务部门人员薪酬
C. 业务招待费
D. 采购人员差旅费
E. 管理部门固定资产的折旧费

21. 下列属于期末账项调整事项的内容有(　　)。
A. 计提固定资产折旧
B. 摊销预付保险费
C. 计提利息费用
D. 预付房屋租金
E. 计提应收账款坏账准备

22. 下列不属于期末账项调整事项的内容有(　　)。
A. 预付保险费
B. 摊销预付保险费
C. 计提利息费用
D. 预收销售收入
E. 确认实现的预收收入

23. 下列不属于期末账项调整事项的内容有(　　)。
A. 收到销货款
B. 确认应计收入
C. 支付利息费用
D. 收到预收货款
E. 提前支付房屋租金

24. 下列项目中,属于存货发出计价方法的有(　　)。

A. 先进先出法
B. 后进先出法
C. 个别计价法
D. 加权平均法
E. 永续盘存制

25. 和实地盘存制相比，永续盘存制具有(　　)特点。
A. 不需要期末盘点就可以得出结存存货和发出存货的数量
B. 可以判断存货盘盈或盘亏
C. 平时记账工作量较大
D. 会发生把不正常原因损失的存货也列入正常发出存货的情况
E. 可以随时结出存货账面结存数量

26. 同时对资产和利润产生影响的期末账项调整事项有(　　)。
A. 收到销货款
B. 摊销预付保险费
C. 计提坏账准备
D. 确认预收收入
E. 确认应收收入

27. 同时对负债和利润产生影响的期末账项调整事项有(　　)。
A. 摊销预付房屋租金
B. 确认应计收入
C. 计提资产减值准备
D. 确认预收收入
E. 预提利息费用

28. 下列(　　)账户核算制造企业的生产费用。
A. "生产成本"
B. "制造费用"
C. "管理费用"
D. "财务费用"
E. "销售费用"

29. 制造企业的存货主要有(　　)。
A. 原材料
B. 在产品
C. 产成品
D. 半成品
E. 包装物

30. (　　)等事项一定会影响发生当期的利润。
A. 确认行政管理人员薪酬
B. 确认车间管理人员薪酬
C. 销售产成品
D. 计提固定资产减值准备
E. 购买原材料

三、判断题(认为正确的在题目前面括号内打"√"，认为错误的在题目前面括号内打"×")

1. (　　)生产费用与生产成本是两个完全等同的概念。
2. (　　)营业外收入与营业外支出之间存在因果配比关系。
3. (　　)"库存商品"与"主营业务收入"账户之间不可能存在对应关系。
4. (　　)在销售业务中，"库存商品"与"银行存款"账户之间存在对应关系。
5. (　　)购买材料时所缴纳的任意税金都应计入材料的采购成本。
6. (　　)购买固定资产时所缴纳的任意税金都应计入固定资产的成本。
7. (　　)材料采购成本的计算主要是依据"材料采购"明细分类账进行。
8. (　　)"生产成本"账户的期末借方余额为期末在产品，属于企业存货。
9. (　　)"生产成本"账户贷方用来记录结转的是完工产品的制造成本。
10. (　　)"生产成本"和"材料采购"账户的借方都起到了归集和计算成本的作用。

11. (　　)“制造费用”账户期末通常无余额，“生产成本”账户期末通常有余额。
12. (　　)在生产过程中，企业资金内部循环从生产资金形态逐步转化为储备资金和固定资金形态。
13. (　　)生产成本是对象化的生产费用。
14. (　　)生产费用和期间相关，因此生产费用就是期间费用。
15. (　　)从理论上讲，采购人员在采购材料过程中发生的差旅费应计入材料采购成本。但是依据重要性原则，为了简化处理，我国会计制度规定将采购人员的差旅费直接计入管理费用。
16. (　　)企业驻外材料采购机构发生的各项费用应计入材料采购成本。
17. (　　)企业采购时已经支付货款而取得所有权的材料，若尚未运达企业则不属于企业的存货。
18. (　　)实地盘存制对存货的每一笔增加和减少都予以记录。
19. (　　)制造费用与管理费用的会计处理不同，本期发生的管理费用直接影响本期损益，而本期发生的制造费用不一定影响本期的损益。
20. (　　)制造企业生产部门为了组织和管理生产而发生的耗费应计入管理费用。
21. (　　)利得和损失构成利润总额，但不属于营业利润。
22. (　　)企业提取盈余公积时，会引起所有者权益的减少。
23. (　　)在提取盈余公积之前，企业不得向投资者分配利润。
24. (　　)摊销保险费属于期末账项调整中的递延项目。
25. (　　)确认预收收入属于期末账项调整中的应计项目。
26. (　　)因为期末账项调整的目的是正确确认一定会计期间内应取得的各项收入和应负担的各项费用，所以进行期末账项调整一般都会影响调整期间的利润。
27. (　　)待摊费用的期末账项调整属于递延项目调整。
28. (　　)预提费用的期末账项调整属于应计项目调整。
29. (　　)应计项目产生时并不会对利润产生影响，后期收到或支付时才会影响利润。
30. (　　)递延项目产生时并不会对利润产生影响，后期调整时才会影响利润。

四、业务题

【业务题一】

目的：练习筹资和采购业务的核算。

资料：联合公司201×年7至12月发生的部分经济业务如下：

(1) 7月1日，从银行借入期限为4个月的短期借款500 000元，年利率为6%，按月计提利息，到期一次还本付息。

(2) 7至10月，按月计提7月1日借入的500 000元短期借款的利息。

(3) 11月1日，以银行存款偿还7月1日取得的短期借款本金及利息。

(4) 9月1日，从B公司购入甲材料300吨和乙材料200吨，甲材料每吨单价400元，乙材料每吨单价200元。两种材料共发生运杂费8 000元，所有款项均已用银行存款付清，增值税专用发票上显示甲乙材料的增值税税额共为20 800元，运杂费的增值税税额为720元。材料尚未验收入库(按照材料重量分配运杂费)。

(5) 10月1日，接受某投资者投入设备一台，各方确认价值为500 000元(假设不考虑增值税)。

(6) 10月31日，从B公司购买的材料验收入库。

(7) 11月2日，向C公司预付100吨乙材料的货款60 000元。

(8) 11月28日，收到从C公司购入乙材料并验收入库，增值税专用发票上显示该批材料的实际成本为65 000元，增值税税额为8 450元。

(9) 12 月 10 日，以银行存款与 C 公司结清该批材料的款项。

要求：根据上述资料，编制联合公司的相关会计分录。

【业务题二】

目的：练习制造业务的核算。

资料：明星公司生产甲、乙两种产品，201×年 5 月初甲、乙产品的生产成本明细账月初余额分别为 10 000元、5 000 元，5 月发生以下经济业务：

(1) 本月发料记录显示用于生产甲产品的材料为 60 000 元，用于生产乙产品的材料为 50 000 元，生产车间一般耗用材料 6 000 元，行政管理部门耗用 5 000 元。

(2) 结算本月应付职工薪酬 75 000 元，其中，生产甲产品人员薪酬 20 000 元，生产乙产品人员薪酬 30 000元，车间管理人员薪酬 10 000 元，行政管理部门人员薪酬 15 000 元。

(3) 计提本月固定资产折旧 79 000 元，其中，生产用固定资产折旧费为 59 000 元，行政管理部门固定资产折旧费为 20 000 元。

(4) 按照甲、乙产品生产人员薪酬分配并结转本月发生的制造费用。

(5) 月末甲产品全部完工，月末没有在产品，结转完工甲产品的成本；乙产品未完工。

要求：

(1) 根据上述经济业务编制明星公司会计分录。

(2) 设置甲产品生产成本明细账，并登记。

【业务题三】

目的：练习销售业务、利润形成和分配业务的核算。

资料：东方公司 201×年 12 月初本年利润账户贷方余额为 100 000 元，12 月发生以下经济业务(增值税税率为 13%)：

(1) 销售丙产品 300 件，每件售价 200 元，货款共计 60 000 元，增值税专用发票上显示增值税税额为 7 800元，产品已经发出，款项已通过银行收讫。

(2) 销售丁产品 200 件，每件售价 450 元，货款共计 90 000 元，增值税专用发票上显示增值税税额为 11 700元，产品已发出，款项尚未收到。

(3) 月末，计算本月应交消费税、城市维护建设税、教育费附加等税费为 6 000 元。

(4) 结转本月已售丙产品和丁产品的成本，丙产品每件成本 100 元，丁产品每件成本 200 元。

(5) 收到客户 A 公司交来的违约罚款 9 000 元，已存入银行。

(6) 用银行存款支付本月产品广告费用 8 000 元。

(7) 将本月各损益类账户结转至本年利润。

(8) 按照本月利润的 25%，确认并结转所得税费用。

(9) 将本年净利润结转至“利润分配”。

(10) 按本年净利润的 10%计算提取盈余公积。

要求：根据上述经济业务编制东方公司会计分录。

【业务题四】

目的：练习存货盘存方法和存货发出计价方法。

资料：某公司 201×年 1 月月初甲产品结存 500 件，单位成本 11 元。本月实际发生下列产品收发业务：

(1) 5 日，完工甲产品 1 000 件验收入库，单位成本 12 元。

(2) 18 日，发出甲产品 800 件。

(3) 25 日，完工甲产品 900 件验收入库，单位成本 15 元。

(4) 30 日，经实地盘点确认甲产品库存 1 500 件。

要求：

(1) 假设该公司采用永续盘存制和先进先出法，计算本期发出甲产品的数量和成本，甲产品的期末账面结存数量和成本，盘亏或盘盈数量和金额。

(2) 假设该公司采用实地盘存制和加权平均法，计算本期发出甲产品的数量和成本，甲产品的期末账面结存数量和成本。

【业务题五】

目的：练习完工产品成本和产品销售成本的计算。

资料：某公司生产甲乙丙三种产品，存货数量确定采用永续盘存制，发出存货计价采用加权平均法。假定 201×年 12 月份月末没有在产品，其他资料如表 5-1 所示。

表 5-1　甲乙丙三种产品相关成本表

项目	甲产品	乙产品	丙产品
月初在产品成本(元)		24 000	10 000
本月生产费用(元)	125 000		35 000
本月完工产品成本(元)	160 000	84 000	
本月完工验收数量		2 100	3 000
完工产品单位成本(元)	20		
月初库存商品数量(件)	2 000		5 000
月初库存商品成本(元)		110 200	90 000
库存商品平均单位成本(元)	19.8		
本月销售数量(件)	6 000	1 000	
本月销售成本(元)			
月末库存商品数量(件)		4 000	6 000
月末库存商品成本(元)			

要求：根据资料计算并填列表格的空余项目。

【业务题六】

目的：练习制造企业日常经济业务的会计处理。

资料：天天公司 201×年 1 月部分业务如下：

(1) 1 月 3 日，赊购材料一批，已验收入库，价款及运杂费共计 450 000 元，增值税专用发票上显示与材料买价相关的增值税税额为 52 000 元，与运杂费相关的增值税税额为 4 500。相关价款及运杂费均未支付。

(2) 1 月 8 日，用银行存款支付上月应交所得税 780 000 元。

(3) 1 月 12 日，采购员小李预借差旅费现金 8 000 元。

(4) 1 月 15 日，开出支票，支付 1 月 3 日购入材料的价款、增值税税额及运杂费 506 500 元。

(5) 1 月 16 日，开出支票，支付本月广告费 160 000 元。

(6) 1 月 20 日，支付 2～3 月办公用房屋租金 900 000 元。

(7) 1月25日，小李报销差旅费8 200元，超出部分以现金付讫。

(8) 1月31日，摊销本月应负担的办公用房屋租金400 000元。

要求：根据以上资料编制会计分录。

【业务题七】

目的：练习销售成本的计算。

资料：诚信公司是一家制造企业，201×年度产品销售收入为6 780 000元，毛利率为30%。年初库存商品成本为230 000元，年末库存商品成本为560 000元。

要求：计算诚信公司201×年度产品销售成本和该年度完工入库产品成本。

【业务题八】

目的：练习利润的计算。

资料：快乐公司201×年度有关收支项目及其金额的情况，如表5-2所示。

表5-2　快乐公司201×年度有关收支表　单位：元

项目	金额	项目	金额
主营业务收入	8 000 000	税金及附加	500 000
其他业务收入	2 000 000	管理费用	160 000
营业外收入	100 000	财务费用	200 000
主营业务成本	4 000 000	销售费用	600 000
其他业务成本	1 500 000	营业外支出	80 000
公允价值变动损益	−700 000	投资收益	2 500 000

要求：

(1) 计算该公司201×年度的营业利润。

(2) 计算该公司201×年度的利润总额。

(3) 按该公司201×年度净利润的25%计算其应负担的所得税费用，并计算其净利润。

【业务题九】

目的：练习期末账项调整的会计处理。

资料：北方公司201×年发生的部分经济业务摘要如下：

(1) 2月1日，从银行取得短期借款300 000元，期限为4个月，年利率为5%，5月31日到期一次还本付息。

(2) 4月份按照合同规定向南方公司发出商品20 000元，增值税税额为2 600元，相关款项已于3月份提前收到。

(3) 6月底用银行存款支付下一季度保险费共计180 000元。

(4) 9月份预付第四季度房屋租金240 000元。

(5) 12月底根据应收账款的余额判断应计提50 000元坏账准备。

要求：分析以上经济业务及相关事项，判断是否需要在相关期末进行账项调整，若需要，请说明需要在哪些月末进行账项调整，并编制调整分录。

【业务题十】

目的：练习期末账项调整。

资料:东南公司 201×年 12 月 31 日涉及期末账项调整的账户调整前后的余额,如表 5-3 所示。

表 5-3 东南公司涉及期末账项调整的账户调整前后余额

201×年 12 月 31 日 单位:元

账户	调整前	调整后
预付账款	28 000	2 0000
应收账款	30 000	36 000
应付利息	15 000	20 000
预收账款	50 000	40 000
坏账准备	40 000	45 000

要求:计算期末账项调整对东南公司 201×年利润总额的影响额。

【业务题十一】

目的:制造企业经济业务综合练习。

资料:201×年 12 月初北方公司“库存商品”账户余额 250 000 元,其中 A 产品 1 000 件,每件 200 元,B 产品 500 件,每件 100 元。12 月北方公司发生下列经济业务:

(1) 收到南方公司发来的材料 40 000 元,增值税税额为 5 200 元,款项已于上月预付给南方公司。材料入库前用银行存款支付运输费 5 000 元,支付运输费增值税税额 450 元。材料已验收入库。

(2) 车间领用材料 80 000 元,其中 60 000 元用于生产 A 产品,20 000 元用于生产 B 产品。

(3) 收到东方公司所欠的货款 100 000 元,已存入银行。

(4) 从银行提取现金 80 000 元。

(5) 以现金支付职工薪酬 80 000 元。

(6) 从西北公司购入材料 50 000 元,增值税税额为 6 500 元,款项尚未支付,材料已到达并验收入库。

(7) 以银行存款支付上月应交税费 15 000 元。

(8) 计提本月固定资产折旧 10 000 元,其中生产车间使用固定资产折旧 8 000 元,管理部门使用固定资产折旧 2 000 元。

(9) 月末结算职工薪酬,A 产品生产工人薪酬 40 000 元,B 产品生产工人薪酬 30 000 元,车间管理人员薪酬 10 000 元,管理部门职工薪酬 20 000 元。

(10) 用银行存款支付本月水电费 5 000 元,其中车间耗用 3 000 元,管理部门耗用 2 000 元。

(11) 月末将本月制造费用按生产工人薪酬比例摊销到 A、B 两种产品成本中。

(12) 假定月初没有在产品,本月投产的 A、B 两种产品全部完成并验收入库,入库的 A 产品和 B 产品各 500 件。

(13) 本月取得违约金罚款收入 50 000 元,已存入银行。

(14) 计提应由本月负担的借款利息 5 000 元。

(15) 偿还已到期的短期借款本金 100 000 元,以及已经计提的借款利息 20 000 元,以银行存款支付。

(16) 向西南公司出售 B 产品 1 000 件,每件售价 180 元,增值税税额为 23 400 元,款项已于上月提前收到。

(17) 向联合公司出售 A 产品 1 000 件,每件售价 250 元,增值税税额为 32 500 元,货款尚未收到。

(18) 本月应缴纳的除增值税和所得税之外的城市维护建设税等税费共计 43 000 元。

(19) 按照先进先出法结转本月销售产品的成本。

(20) 结转12月份各损益账户余额。

(21) 计提12月份的所得税,并结转所得税费用。

(22) 假设北方公司12月初本年利润账户有贷方余额683 250元,结转本年净利润。

(23) 按本年净利润的10%提取盈余公积。

要求:分析每一项经济业务,并编制会计分录。

四、案例分析题

值得深思的房地产企业的存货与利润

2016年5月9日《证券日报》刊登一篇有关上市房地产公司存货的报道,主要内容如下。

《证券日报》记者根据Wind资讯统计数据发现,按照申银万国行业分类,剔除数据不全的上市房企,137家上市房企存货总计超过3万亿元,以绿地为首的A股5大房企存货占比超过42%。由于绿地控股这家巨型房企2015年8月份登陆A股资本市场,所以剔除其3 970.6亿元存货之后,去年同期上述136家上市房企的存货总计为2.64万亿元,攀升了3 281亿元,同比涨幅为14.21%。

易居研究院智库中心研究总监严跃进接受《证券日报》记者采访表示,除了三四线城市库存难以消化外,近年来,房企新增项目土地成本较高,开发商被迫做高端产品线,这类产品销售周期较长;此外,商业类项目由于存货量过高,市场饱和,消化速度较慢;而部分企业资产周转速度减慢,存货转为现金和应收账款的能力变差,需要将库存管理纳入重要管理指标,因为这关乎企业资金链的运作……

严跃进表示,房企财务报表中的存货指标包括了住房库存、土地储备、开工建设项目等指标,所以整个存货规模会比实际上的待售住宅面积或金额要高。不过,严跃进认为,从占比来看,住房库存规模是其中较大的一项。

严跃进表示,部分房企积极拿地试图进入大房企的行列,也会使得土地储备规模占比相对上升,尤其是一些中型房企,依然有积极拿地的动作,这在存货值上也会得到快速反映。

当然,增加土地储备是存货增加较快的重要原因,但这其实是房地产企业项目开发周期决定的,有合理性,一般企业现有土地储备会满足企业未来3年发展需求。

不过,《证券日报》记者注意到,与2014年度相比,尽管2015年楼市回暖现象明显,但仍有不少企业存货周转次数减少,存货周转天数变长,可见其运营能力和存货管理水平变弱,项目适销不对路,进而导致资金链承压,对企业快速扩张造成阻力。

值得注意的是,库存难以快速消化的背后,一方面加重了房企资金链的压力;另一方面也侵蚀了开发商的利润空间。更重要的是,企业对存货管理能力较弱。

据Wind资讯数据显示,在A股5大存货超过1 000亿元的房企中,除了绿地控股因缺少2014年同期数据将其剔除之外,万科与华夏幸福存货周转次数增加,保利地产与去年持平,招商蛇口则减少。

以万科为例,截至2015年12月31日,在存货同比增加超过500亿元的情况下,万科去年3 681亿元的存货周转天数为893天,即2年多,比上年同期的1 138天缩短了大半年;其存货周转率也提升了0.08次。

反观招商蛇口、首开股份和金地集团这几个存货排名靠前的大型房企,其存货周转天数都在增加,存货周转率在减少,项目周转期拉长。

以首开股份为例,截至2015年12月31日,首开股份存货达956.7亿元,同比增加40.5%;存货周转天数达2100天,即5年多时间……

不过，拉长销售周期，并不一定是企业的被动行为，也可能是其为了提升土地红利，捂盘惜售，借此拉升利润；尤其是有能力获得大量低成本融资的房企，对此可能更为“执着”。

万科A2015年年报中对其存货的分类和内容阐述如下：

存货按房地产开发产品、非开发产品分类。房地产开发产品包括已完工开发产品、在建开发产品和拟开发产品。非房地产开发产品为库存商品及其他。

已完工开发产品是指已建成、待出售的物业；在建开发产品是指尚未建成、以出售为目的的物业；拟开发产品是指所购入的、已决定将之发展为已完工开发产品的土地。项目整体开发时，拟开发产品全部转入在建开发产品；项目分期开发时，将分期开发用地部分转入在建开发产品，后期未开发土地仍保留在拟开发产品。

存货按成本进行初始计量，房地产开发产品成本包括土地成本、施工成本和其他成本。符合资本化条件的借款费用，亦计入房地产开发产品成本。非房地产开发产品成本包括采购成本、加工成本和使存货达到目前场所和状态所发生的其他支出。非房地产开发产品在取得时按实际成本入账。

万科A2015年年报中对销售商品收入确认条件表述如下：

当同时满足上述收入的一般确认条件以及下述条件时，本集团确认销售商品收入：

——本集团将商品所有权上的主要风险和报酬已转移给购货方；

——本集团既没有保留通常与所有权相联系的继续管理权，也没有对已售出的商品实施有效控制。

本集团按已收或应收的合同或协议价款的公允价值确定销售商品收入金额。

房地产销售在房产完工并验收合格，达到了销售合同约定的交付条件，取得了买方按销售合同约定交付房产的付款证明时(通常收到销售合同首期款及已确认余下房款的付款安排)确认销售收入的实现。

本集团将已收到但未达到收入确认条件的房款计入预收款项科目，待符合上述收入确认条件后转入营业收入科目。

分析要求：

(1) 万科A披露的房地产开发产品包括已完工开发产品、在建开发产品和拟开发产品，试用制造企业核算存货的账户设置来分析，这三类开发产品相当于制造企业的何种存货。

(2) 试分析房地产上市公司存货增长的原因。

(3) 试分析房地产上市公司库存难以消化如何加重了房企资金链的压力，为何会侵蚀了开发商的利润空间。

分析提示：

(1) 已完工开发产品、在建开发产品、拟开发产品分别相当于库存商品、在产品、原材料。

(2) 存货增长的原因：新增项目土地成本高；部分企业为了发展拿地规模扩大、土地储备增加；高端产品开发销售周期长；部分城市市场饱和，库存难以消化；个别企业为了赚取更多利润、捂盘惜售，主动拉长开发销售周期。

(3) 通过原材料到在产品到库存商品再到销售结转成本这一流转过程，解释库存难以消化给房地产企业带来的压力，以及对利润的侵蚀。

第六章　会 计 凭 证

一、概要解析

（一）原始凭证

在企业的经济活动中会涉及大量的凭证单据，如各种票据、借款单、订货单、经济合同、银行对账单等。这些凭证单据是否构成会计中的原始凭证应从原始凭证的定义加以判断。凡是在经济业务发生时直接取得或填制的，能够证明某类经济业务的发生或者完成且具有法律效力的凭证单据，可以作为会计核算的原始凭证，而那些只是反映预期、尚未实际执行经济业务的书面单据，就不属于原始凭证，不能作为会计记账的原始依据。

原始凭证是具有法律效力的证明文件，各种原始凭证都应该具备原始凭证的名称，填制原始凭证的日期，填制单位名称或个人姓名，接受凭证单位的名称，经济业务的内容摘要、数量、单价和金额，经办人员的签名或盖章等基本要素。

在会计实务中原始凭证常见的问题主要反映在以下八个方面：

（1）内容记载含糊不清或故意掩盖事情真相。例如，凭证字迹不清；“开票人”仅填写姓氏；计量单位不按国家法定的计量单位，随意以“车”“桶”等来度量；购货发票只有办公用品、劳保用品等笼统的类别，而没有具体商品的名称。

（2）发票上的单位抬头与本单位名称不符，或是有添加、涂改现象。

（3）凭证上的数量、单价与金额不符。

（4）凭证上加盖的印章不符合要求，如无收款单位印章、印章模糊不清，专用章采用不符合规定的印章。

（5）开具阴阳发票，即不按规定同时全联次地复写开具发票，在发票联上多开数量和金额，而在存根联上开实际发生额，俗称大头小尾“阴阳票”。

（6）以“白条”作为支出凭证，即由单位或个人开具的没有固定格式、不具备规定内容的非正式单据，如没有说明用途、没有加盖公章的借条等。

（7）费用发生不合理或超出费用开支标准，如单位发生的招待费、差旅费、会务费、修理费等费用超过费用预算或开支标准。

（8）发票的编号与日期倒置，如某单位 20×1 年 5 月 10 日开具发票编号为 966 号，而 965 号发票开具的时间则为 20×1 年 6 月 5 日，说明未能如实反映经济业务发生的时间或发票内容虚假。

为了确保原始凭证能够真实、完整、合法地记录经济业务，在填制时要做到记录真实、内容完整、手续完备、书写规范、填制及时。对从外部取得的和内部自行填制的原始凭证要从形式上和实质上进行审核。形式上的审核主要是审核原始凭证的完整性和准确性。完整性审核是审查原始凭证的要素是否齐全，手续是否完备。准确性审核主要是审核凭证上的数字是否清晰、书写是否规范、凭证联次是否正确、有无刮擦、挖补和涂改等。实质上的审核主要是审核原始凭证的真实性、合法性和合理性。真实性审核是审查原始凭证反映的经济业务是否同实际情况相符合。合法性审核是审查原始凭证反映的经济业务是否符合现行财政、税收、经济、金融等有关的法令规定，是否符合《会计法》等相关法律法规，依据合同发生的原始凭证是否符合相关合同规定，是否符合单位的有关规章制度和内部控制要求等。合理性审核是审查原始凭证所记录经济业务是否符合企业生产经营活动的需要，是否符合有关的计划和预算等。

对于违反财经纪律的一切开支，会计人员有权拒绝支付和报销；对于不符合法律法规规定的经济业务，有权拒绝执行并及时向有关部门和领导汇报。对于审核中发现的填写不齐全、手续不齐备的原始凭证，如发票没有相关人员签字、抬头空白等，会计人员有权退回给填制单位或经办人员，要求其限期补办手续，否则不予受理；对于审核中发现的填写、计算金额有错误，或是书写不规范的原始凭证，要退回给有关部门或人员，以补齐手续或更正错误。对于原始凭证记载的内容有错误的，应当由开具单位重开或更正，并在更正处加盖出具单位印章。原始凭证金额出现错误的不得更正，只能由原始凭证开具单位重新开具。

(二) 记账凭证

记账凭证是会计人员根据审核无误的原始凭证，依据复式记账的基本原理，将原始凭证中的一般数据转化为会计语言而编制的，是介于原始凭证与账簿之间的中间环节。记账凭证将原始凭证提供的大量分散而繁杂的经济信息进行整理、分类与汇总，作为账簿记录的依据，所有记账凭证都必须具备凭证的名称、填制日期、凭证编号、经济业务的内容摘要、会计分录、所附原始凭证的张数以及编制、审核、记账、会计主管等有关人员的签名或盖章等基本内容。

在会计实务中记账凭证常见的问题主要反映在以下六个方面：

(1) 记账凭证摘要填写不规范。有的摘要过于简单，不能说明经济业务活动发生的情况；有的用词不准确，词不达意，与实际情况相去甚远；有的文字冗长，失去了摘要的意义；有的甚至不写摘要，留下作假的可乘之机。

(2) 会计科目运用错误。没有正确运用企业会计准则规定的会计科目，不能正确反映经济业务的来龙去脉。例如，将应收与应付业务混淆、将制造费用列入管理费用、科目对应关系错误等。

(3) 凭证格式选用错误。在采用专用记账凭证的企业，收款凭证、付款凭证与转账凭证互相串用，用途不清，特别是对于库存现金和银行存款相互划转的业务，未按规定编制付款凭证，而错误地编制了收款凭证或重复制证。

（4）附件和金额错误。记账凭证与所附原始凭证内容不符、张冠李戴，不附原始凭证或与所附原始凭证张数不符；原始凭证所记金额合计数与记账凭证记录金额不符。

（5）记账凭证无编号或编号错误。例如，对于一笔经济业务需要编制两张及两张以上记账凭证的，未正确采用分数编号法；或虽有编号，但顺序混乱。

（6）印鉴错误。记账凭证中没有记账、审核、会计主管等人员的签名和盖章，责任不清，内部控制程序难以落实。

为了防范记账凭证出现的错误，应把好记账凭证编制和审核两道关口。记账凭证填制时要做到依据真实可靠、摘要简明扼要、日期填写正确、分录编制正确、附件数量完整、编号连续科学、错误更正规范。记账凭证审核时要做到：

（1）审核记账凭证是否附有原始凭证，记账凭证与所附原始凭证的张数、经济内容、金额合计等是否一致。

（2）审核记账凭证应借、应贷的会计科目名称和金额是否正确，二级或明细科目是否齐全，账户对应关系是否清楚，内容摘要的填写是否清楚，是否正确归纳了经济业务的实际内容。

（3）审核记账凭证中的有关项目是否填列齐全，有关人员是否都已签名或盖章。

在记账凭证审核中，若发现记账凭证有错误，应查明原因，依据不同的错误情况，按规定方法及时处理和更正。对于因原始凭证错误而引起的记账凭证错误，凡是尚未登记账簿的，应责成经办人员退回原填制单位或填制人更正或补填，记账凭证填制人员根据更正或补填的原始凭证重新填制记账凭证；凡是已经登记入账的，不得抽出原来错误的原始凭证，应责成经办人员另外补填原始凭证，按照补填正确的原始凭证，选用正确的错账更正方法进行更正。对于记账凭证本身填制错误，凡是尚未登记账簿的，应责成制证人员重新填制；凡是已经登记入账的，应按规定的错账更正方法进行更正。

二、背景资料

（一）应用计算机处理的会计凭证

随着计算机技术的不断发展，计算机在会计中的运用得到了快速的普及，将计算机用于会计凭证的处理，能够提高会计凭证的填制、审核、传递和保管等工作的效率。

1. 应用计算机处理会计凭证的特点

相对于手工处理方式，应用计算机处理会计凭证具有以下六个特点：

（1）会计凭证的输入方式。会计凭证输入的方式有键盘输入、扫描、从其他数据源导入以及远程网络或无线网络输入等，其中键盘输入是最常用的方式。

（2）会计凭证的输入控制。应用计算机处理方式，能够有效控制会计凭证中的有关数据项。例如，编制记账凭证时所使用的会计科目代码必须限定在事先设置的会计科目表的范围内，必须写到最底层的明细科目，对于记账凭证上的金额，只有符合借贷记账法的记账规则，借贷相等之后才准予保存。

（3）会计凭证的编号和日期。会计凭证的编号可以自动连续，凭证日期可以限制顺序。

（4）会计凭证的审核。为了确保会计凭证的正确性，计算机处理的会计凭证也必须经过审核，该项工作一般在计算机上直接完成。

（5）会计凭证的修改。相比手工操作上的笔误，键盘操作更容易导致操作错误，为了确保凭证填制的正确性，填制凭证的操作功能需要设置“填制”“修改”“删除”等操作步骤，在凭证填制完成之前，一般可以进行修改。而填制完成并经审核确认保存的会计凭证，修改时会受到修改权限的限制。

（6）会计凭证的传递和保管。计算机处理会计凭证的传递是在系统内直接完成的；会计凭证上的信息除部分必要的原始凭证外，通常都存放在计算机的磁性介质中（如硬盘、软盘等），为了确保安全保存，还应将磁盘信息复制备份保存，同时也可以将信息打印到纸质的介质上。

2. 应用计算机填制会计凭证的方法

会计凭证包括原始凭证和记账凭证，对这两类凭证的处理方法，在各个会计核算软件中有所不同。应用计算机填制会计凭证主要有三种方法：

（1）先由会计人员手工填制好记账凭证，再由操作人员输入会计核算系统。这种方式依赖手工操作，自动化程度较低，且难以保证手工凭证与机内凭证的一致性。

（2）由会计人员根据原始凭证直接在会计核算系统中填制记账凭证。相比第一种方法，这种方式能大大提高系统效率，确保输出凭证与机内凭证的一致性。

（3）对于自制原始凭证直接在经济业务发生时根据会计核算软件有关要求填制，对于外来原始凭证则在收到时将其信息输入会计核算软件中进行处理，在这种方式下，除了月末需要编制账项调整的记账凭证外，其他记账凭证都是由计算机根据输入的原始凭证数据自动生成的。

3. 应用计算机处理会计凭证应注意的问题

相比手工方式填制会计凭证，应用计算机处理会计凭证可以提高会计信息处理效率，系统中的自动平衡设置也可以大大降低凭证填制的差错。但由于会计人员工作习惯的改变以及会计凭证处理方式的改变，在应用计算机进行会计凭证处理时还应注意以下五个方面的问题：

（1）会计核算软件系统一般都采用复式记账凭证，而且对于一张记账凭证中记录经济业务的笔数没有限制，因此会计人员在填制记账凭证应根据相关规范，一张记账凭证只能记录一笔完整的经济业务，不可以将几笔不同的经济业务合并填制在一张记账凭证上。

（2）会计凭证格式的相对稳定性。会计核算软件系统中一般具有重新定义凭证格式的功能，企业可以随意更改凭证格式。但为了保证会计凭证要素的一致性，在一个会计期间内，凭证格式不应变动。

（3）会计凭证输入时，如果需要应同时输入与辅助核算有关的内容，如“原材料”科目除需输入金额,还应输入原材料的单价和数量等内容,以便进行明细核算。为了提高会计凭证输入的速度,可以预先在各类凭证中设置好摘要、会计科目等,并将其保存在系统中,以便需要时随时调用。

(4) 严格会计凭证输入的控制。会计凭证填制完成后,系统会自动将进入系统时注册的操作人员姓名填入有关盖章位置,要求点击确认或保存按键,以确定会计凭证填制完成。对于自制凭证必须经过会计主管签章才能有效,严禁操作人员自制凭证或将未经审批的凭证输入,输入的数据应经过必要的授权,填制完成的会计凭证必须经过审核才能被记录到数据库中。发现不符合要求的凭证,系统自动警告操作人员进行检查和修改。

(5) 会计凭证传递和保管控制。会计凭证传递要严密签收手续,防止凭证失落或出现非法数据,保证输入的完整性。对于存储在计算机硬盘中的会计数据企业应指定专人负责管理,做好防消磁、防火、防潮和防尘等工作。对于采用磁性介质保存的会计档案,应当定期检查,定期备份,防止由于磁性介质损坏而使会计档案丢失。

(二) 虚假会计凭证的识别与法律责任

1. 伪造、变造会计凭证常用手段

伪造会计凭证是指以虚假的经济业务或资金往来为前提,编制虚假会计凭证的行为。常用的造假手段主要有三种:一是伪造根本不存在经济事项的原始凭证,如虚造销售合同,并填制销售业务会计凭证,以虚报利润;二是以存在的经济事项为基础,用夸大、缩小或隐匿事实的手法伪造原始凭证,如制作假发票、假收据、假工资表等虚假的原始凭证;三是由于会计人员审核不严或玩忽职守、丧失原则,以伪造的原始凭证为基础,填制记账凭证,如根据假发票凭空编制记账凭证的行为等。

变造会计凭证是指利用涂改、拼接、挖补或其他方法改变会计凭证真实内容的行为。常用的造假手段有三种:一是涂改原始凭证中的日期、数量、单价、金额等内容;二是利用计算机、复印机等工具,对原始凭证进行二次处理;三是由于会计人员审核不严或玩忽职守、丧失原则,以变造的原始凭证为基础,填制记账凭证,如根据涂改后的发票编制记账凭证的行为等。

2. 伪造、变造会计凭证的识别方法

伪造的原始凭证是依照真实凭证自行制作的假凭证,其特征比较明显,如印文不是严格的几何图形、字形不标准、笔划宽度不均、字距不等、引线不平,图案走样等。对于伪造的原始凭证,可采用比较分析、计算推导、调查核对和技术鉴定等方法加以识别。比较分析是在审核原始凭证过程中,通过与真实凭证做样本进行比较,仔细比对凭证的格式、印刷字体、文字排列、大写金额书写、颜色、线条、纸张质量等,以判断真伪。计算推导是根据会计各个数据之间存在的内在联系的比例关系,利用有关数据计算对比来验证凭证的真伪。调查核对是针对有疑点的原始凭证采取重点调查的方法,弄清真相。技术鉴定是针对有涂改痕迹的原始凭证,采用印鉴切块拼对、笔记核对等方法进行技术鉴定,证实凭证的真伪。

变造的会计凭证是在真实凭证上进行刮擦、消褪原字迹后改写、添加、冒充签字的凭证。对于刮、擦或用胶带拉扯过的原始凭证，其表面总会有毛糙的感觉，可用手摸，或背光目视的方法检查出来；对于用“消字灵”等化学试剂消退字迹而后写上的原始凭证，其纸张上会显示出表面光泽消失，纸质变脆，有淡黄色污斑和隐约可见的文字笔画残留，纸张格子线和保护花纹受到破坏，新写的字迹由于药剂作用而渗散变淡等特征中的一条或几条；对于添加改写的凭证，其文字分布位置不正常，字体大小和比例不一致，有时出现不必要的重描和交叉笔画；对于冒充签字的凭证，其冒充签字常常在笔迹熟练程度、字形、字的斜度、字体的方向和形态、字与字的间隔、行与行的间隔、字的大小、压力轻重、字的基本结构等方面存在差异，有时可以通过肉眼观察发现。有必要的话，可请公安部门运用特定的技术进行鉴别。

3. 伪造、变造会计凭证的法律责任

对于伪造、变造会计凭证的行为，依据情节轻重，承担相应的刑事责任或行政责任。《中华人民共和国刑法》并未明确将伪造、变造会计凭证的行为，作为单独犯罪加以规定，而是在其已经造成严重后果后，按照犯罪情节、手段，以偷税罪、公司提供虚假会计报告罪及其他犯罪追究刑事责任。如果情节较轻，社会危害不大，尚不构成犯罪的，应当按照《中华人民共和国会计法》的规定，承担相应的行政责任，具体包括：

(1) 通报。由县级以上人民政府财政部门采取通报的方式对违法行为人予以批评、公告，并通过一定的媒介在一定的范围内公布。

(2) 罚款。县级以上人民政府财政部门视违法行为情节轻重，在予以通报的同时，可以对单位并处 5 000 元以上 1 000 000 元以下的罚款，对其直接负责的主管人员和其他直接责任人员，可以处 3 000 元以上 50 000 元以下的罚款。

(3) 行政处分。对上述所列违法行为直接负责的主管人员和其他直接责任人员中的国家工作人员，应当由其所在单位或者有关单位依法给予撤职直至开除的行政处分。对其中的会计人员，5 年内不得从事会计工作。

4. 隐匿、故意销毁会计凭证

隐匿会计凭证是指采取各种手段将真实的会计凭证予以隐藏、隐瞒，以使其不被发现的行为。销毁会计凭证是指运用各种方式使会计凭证所记载的内容及会计资料不复存在的行为。例如，有些企业及不法分子为逃避纳税、掩盖其违法经营事实，阻碍有关机关检查，故意将会计凭证及有关会计资料销毁。

我国《会计法》第 23 条明确规定：“各单位对会计凭证、会计账簿、财务会计报告和其他会计资料，应当按照国家有关规定建立档案，妥善保管。”隐匿、故意销毁会计凭证罪，是 1999 年 12 月 25 日第九届全国人民代表大会常务委员会第十三次会议通过的《刑法修正案》规定的新罪名，是指隐匿或者故意销毁依法应当保存的会计凭证，情节严重的行为。构成该罪必须具备以下要件：第一，犯罪主体是特殊主体，即有义务保存会计凭证的自然人和单位。第二，主观方面是故意，即未经有关部门批准、不按会计档案的保管期限和销毁办法擅自毁掉应当保留的会计凭证。而由于工作上的疏忽造成会计凭证毁损的过失行为，不构成本罪。第三，本罪侵犯的客体是国家的财务管理制度。第四，情节要件。行为人犯罪情节是否严重是构成本罪的法定要件。所谓“情节严重”，按照最高人民检察院和公安部《关于经济犯罪案件追诉标准的规定》包括两种情形：一是故意销毁的会计凭证涉及金额在50万元以上的；二是为逃避依法查处而销毁会计凭证的。

根据《刑法修正案》第1条的规定，隐匿或者故意销毁依法应当保存的会计凭证，情节严重的，处5年以下有期徒刑或者拘役，并处或者单处2万元以上20万元以下罚金。单位犯本罪的，实行双罚制，即对单位判处罚金，并对其直接负责的主管人员和其他直接责任人员，处5年以下有期徒刑或者拘役。

根据我国《会计法》，因隐匿或者故意销毁会计凭证的违法行为被依法追究刑事责任的人员，不得再从事会计工作。

（三）我国最早的会计凭证

西周时代，官厅会计核算中使用的“法”或“式法”是我国最早的会计凭证——原始凭证。《周礼正义》中记载了“法”和“式法”的基本内容，“凡税敛，掌事者受法焉”，赋税收入必须以“法”为依据；“凡颁财，以式法授之”，财物支出必须依据“式法”。“法”和“式法”指的是经济凭证，基本内容包括财物的名称、数量、经济性质、说明事项等。西周时代贡赋收入时，“凡财物入库，由掌管库官员制作‘法’，一式二简，一简送职内，作为处理收入事项的依据，一简留存。凡属财物支出的‘法’，由职岁统一颁发，每次亦一式两简，一简留存，一简给财用者凭‘式法’到仓库领取财物。”由此可知，上述的“法”或“式法”已是财物出入的书面证明和依据，已经初步具备了原始凭证的内容，并且完全起到了原始凭证的作用，因此，它是我国会计凭证的开端。

我国在中古以前还没有“凭证”这一名称，凭证这一名词到宋代才产生。宋王说《唐语林·文学》：“且李氏未详处，将欲下笔，宜明有凭证，细而观之，无非率尔。”不过这时的“凭证”还是一般的证据，在内容和形式上也没有统一规范，它和我们现在所讲的会计凭证有所不同，它还不是会计的专业术语，它属广义的凭证。由“凭证”发展到“会计凭证”，成为会计学中的专业术语，并且有特定的内容和格式要求则是近代的事了。

现代的会计凭证分为原始凭证和记账凭证。记账凭证产生于20世纪20年代民国初期，最初将记账凭证称为“传票”，这是因为它主要是在会计各个岗位中间辗转传递使用而得名。后来才称为“记账凭证”，这是因为它是登记账簿的唯一依据，是从它的作用出发来命名的。当时的记账凭证分为单式记账凭证和复式记账凭证，按所反映的经济内容分为收款凭证、付款凭证和转账凭证，颜色各异，便于分类使用，其格式和内容与今天的记账凭证大体相同。

三、复习思考题与练习题

复习思考题

1. 什么是原始凭证？原始凭证如何分类？
2. 为什么经济业务的发生和完成必须要取得或填制原始凭证？原始凭证的作用是什么？
3. 能否根据审核无误的原始凭证直接登记会计账簿？

4. 什么是记账凭证？记账凭证如何分类？
5. 记账凭证是否都必须附有原始凭证？
6. 为什么要编制汇总原始凭证？举例说明如何编制汇总原始凭证？
7. 现金支票与转账支票如何填制？
8. 应当如何处理原始凭证审核中发现的问题？

练　习　题

一、单项选择题(在每小题的备选答案中,选出一个最合适的答案)

1. 下列凭证中,属于累计凭证的是(　　)。
A. 借款单　　B. 限额领料单
C. 差旅费报销单　　D. 发料凭证汇总表
2. 在填制会计凭证时,1 816.54 的大写金额数字应写为(　　)。
A. 人民币壹仟捌佰壹拾陆元伍角肆分
B. 人民币壹仟捌佰壹拾陆元伍角肆分整
C. 人民币壹仟捌佰拾陆元伍角肆分整
D. 人民币壹仟捌佰拾陆元伍角肆分
3. 下列各项中,属于原始凭证的是(　　)。
A. 银行对账单　　B. 银行存款余额调节表
C. 客户订单　　D. 实存账存对比表
4. 下列各项中,不能作为原始凭证的是(　　)。
A. 经济合同　　B. 销售发票
C. 收料单　　D. 领料单
5. 会计实务中采用的收款凭证、付款凭证和转账凭证都属于(　　)。
A. 通用记账凭证　　B. 专用记账凭证
C. 单式记账凭证　　D. 单科目记账凭证
6. 记账凭证是(　　)根据审核无误的原始凭证或原始凭证汇总表填制的。
A. 主管人员　　B. 经办人员
C. 会计人员　　D. 复核人员
7. 将记账凭证分为收款凭证、付款凭证和转账凭证的依据是(　　)。
A. 按凭证填制的程序　　B. 按凭证在经济管理中的用途
C. 按凭证取得的来源　　D. 按凭证所记录的经济业务内容
8. 限额领料单是一种(　　)。
A. 原始凭证汇总表　　B. 自制一次凭证
C. 外来一次凭证　　D. 累计凭证
9. 某企业从本地购入一批材料,材料已验收入库,款项当即通过银行支付。该项经济业务所涉及的原始凭证并不包括(　　)。
A. 收料单　　B. 供货方开具的发票
C. 本企业开具的发票　　D. 本企业开具的支票存根
10. 下列各项中,属于外来原始凭证的是(　　)。
A. 购货发票　　B. 入库单

C. 出库单　　D. 领料汇总表

11. 外来原始凭证一般都是(　　)。

A. 一次凭证　　B. 累计凭证

C. 原始凭证汇总表　　D. 记账编制凭证

12. 在交易或事项发生时取得或填制的、用来证明经济业务发生、明确经济责任、并作为记账最初书面证明的会计凭证是(　　)。

A. 原始凭证　　B. 记账凭证

C. 转账凭证　　D. 汇总记账凭证

13. 原始凭证上的文字、数字的填写应遵循《会计基础工作规范》的要求，规范书写。例如大写金额"叁仟零壹元贰角整"，其小写金额应为(　　)。

A. 3 001.20 元　　B. ￥3 001.20

C. ￥3 001.20 元　　D. ￥3 001.2

14. 对于将现金存入银行的经济业务，应填制(　　)。

A. 一张转账凭证　　B. 一张收款凭证

C. 一张付款凭证　　D. 一张收款凭证和一张付款凭证

15. 下列科目中，可能是收款凭证借方科目的是(　　)。

A. "应收账款"　　B. "预收账款"

C. "主营业务收入"　　D. "银行存款"

16. 下列各项中，属于记账凭证应具备的要素是(　　)。

A. 实物数量、单价及金额　　B. 汉字大写金额

C. 出具凭证单位的财务专用章　　D. 应记会计科目、方向及金额

17. 下列经济业务中，需要编制银行存款收款凭证的是(　　)。

A. 开出转账支票购买设备　　B. 将资本公积转增资本

C. 从银行取得 3 个月的借款　　D. 发出上月已预收货款的商品

18. 下列各项中，属于汇总原始凭证的是(　　)。

A. 限额领料单　　B. 薪酬结算汇总表

C. 科目汇总表　　D. 汇总付款凭证

19. 根据同一原始凭证编制的几张记账凭证，应(　　)。

A. 编制原始凭证分割单

B. 采用分数编号法

C. 在未附原始凭证的记账凭证上注明附有原始凭证的记账凭证的编号

D. 不必作任何说明

20. 审核原始凭证发现金额有错误，应由(　　)更正。

A. 原填制单位　　B. 经办人员

C. 审核人员　　D. 会计主管

二、多项选择题(在每小题的备选答案中，选出所有合适的答案)

1. 收款凭证的借方科目可能有(　　)。

A. "应收账款"　　B. "银行存款"

C. "应付账款"　　D. "库存现金"

E. "预收账款"

2. 下列关于原始凭证和记账凭证的说法中，正确的有（　　）。
   A. 原始凭证是记账凭证的基础，记账凭证是根据原始凭证编制的
   B. 原始凭证作为附件附在记账凭证后面
   C. 原始凭证是对经济业务是否发生或完成起到证明作用，记账凭证是为了履行记账手续而编制的分录凭证
   D. 按照会计凭证填制的程序和用途的不同，分为原始凭证和记账凭证
   E. 记账凭证是登记账簿的直接依据
3. 涉及库存现金与银行存款之间的划款业务时，可以编制的记账凭证有（　　）。
   A. 银行存款收款凭证　　B. 银行存款付款凭证
   C. 库存现金收款凭证　　D. 库存现金付款凭证
   E. 转账凭证
4. 下列各项中，属于外来原始凭证的有（　　）。
   A. 供货单位开具的增值税专用发票　　B. 职工出差取得的飞机票和住宿费发票
   C. 职工出差填写的借款单　　D. 工资发放明细表
   E. 银行进账单
5. 根据《会计档案管理办法》，下列说法中，错误的有（　　）。
   A. 原始凭证、记账凭证的最低保管期限为 30 年
   B. 原始凭证、记账凭证的最低保管期限为 15 年
   C. 原始凭证、记账凭证的最低保管期限为 10 年
   D. 银行对账单的保管期限为 5 年
   E. 保管期满但结清债权债务的会计凭证可以经单位负责人同意后销毁
6. 关于会计凭证的保管，以下说法正确的有（　　）。
   A. 应确保会计凭证的安全与完整　　B. 装订成册并由专人负责保管
   C. 定期归档以便查阅　　D. 原始凭证不得外借，也不得复制
   E. 期满由会计部门自行销毁
7. 企业的借款单、领料单属于（　　）。
   A. 原始凭证　　B. 一次凭证
   C. 累计凭证　　D. 外来原始凭证
   E. 自制原始凭证
8. 付款凭证左上角的贷方科目可能是（　　）科目。
   A. “应付账款”　　B. “材料采购”
   C. “库存现金”　　D. “银行存款”
   E. “管理费用”
9. 记账凭证可以根据（　　）填制。
   A. 每一张原始凭证　　B. 若干张同类原始凭证汇总
   C. 原始凭证汇总表　　D. 日记账
   E. 账簿记录结果
10. 下列凭证中，属于复式记账凭证的有（　　）。
   A. 单科目凭证　　B. 收款凭证
   C. 付款凭证　　D. 转账凭证

E. 通用记账凭证

11. 下列各项中,属于原始凭证填制要求的有(　　)。

A. 记录真实　　B. 手续完备

C. 书写规范　　D. 填制及时

E. 分录正确

12. 下列经济业务中,应当填制银行存款收款凭证的业务有(　　)。

A. 将现金存入银行　　B. 收到投资人投入的机器设备

C. 预收客户购买产品的货款　　D. 收到投资人投资存入银行

E. 收到材料并支付材料货款

13. 下列各项中,属于汇总记账凭证的有(　　)。

A. 汇总收款凭证　　B. 汇总付款凭证

C. 汇总转款凭证　　D. 科目汇总表

E. 累计凭证

14. 除(　　)的记账凭证可以不附原始凭证外,其他记账凭证必须附有原始凭证。

A. 收款　　B. 付款

C. 转账　　D. 期末结账

E. 更正错误

15. 下列各项中,说法正确的有(　　)。

A. 会计凭证是记账、查账的重要依据　　B. 会计凭证是编制会计报表的重要依据

C. 会计凭证是具有法律效力的书面证明　　D. 会计凭证是记录经济业务的书面证明

E. 会计凭证是明确经济责任的书面证明

16. 下列关于原始凭证填制的说法中,正确的有(　　)。

A. 阿拉伯数字应当一个一个地写,不得连笔写

B. 所有以元为单位的阿拉伯数字,除表示单价等情况外,一律填写到角分

C. 凭证填写发生错误,不得随意涂改、刮擦、挖补

D. 经有关部门批准的业务,批准文件不能作为原始凭证的附件

E. 购买实物的原始凭证,视具体情况附验收证明

17. 下列经济业务中,应当填制付款凭证的有(　　)。

A. 从银行提取现金　　B. 将现金存入银行

C. 用银行存款交纳消费税　　D. 生产产品领用原料

E. 用现金支付材料运费

18. 下列关于原始凭证的说法中,正确的有(　　)。

A. 原始凭证必须记录真实,内容完整

B. 购买实物的原始凭证,必须有验收证明

C. 一式几联的原始凭证应注明各联用途,只能将其中一联作为报销凭证

D. 有关库存现金和银行存款的收支凭证,若填写错误,可按规定方法更正

E. 职工公出的借款收据,在报销后可予以退回

19. 企业编制的会计分录体现在(　　)上。

A. 原始凭证　　B. 记账编制凭证

C. 收款凭证　　D. 付款凭证

E. 转账凭证

20. 其他单位因特殊原因使用本单位的原始凭证，正确的做法有(　　)。

A. 可以外借

B. 将外借的会计凭证拆封抽出

C. 不得外借，但经本单位会计机构负责人、会计主管人员批准，可以复制

D. 向外单位提供的凭证复印件应在专设的登记簿上登记

E. 由凭证提供人员和收取人员共同签名或盖章

三、判断题(认为正确的在题目前面括号内打"√"，认为错误的在题目前面括号内打"×")

1. (　　)原始凭证的基本要素中应当包括日期、编号、内容摘要、实物数量、金额及相关的会计科目。
2. (　　)自制原始凭证是由本单位会计部门或人员，在经济业务发生或完成时自行填制的原始凭证。
3. (　　)按反映经济业务的内容不同，会计凭证分为原始凭证和记账凭证。
4. (　　)单式记账凭证便于按科目汇总，有利于分工记账。
5. (　　)通用记账凭证的格式及填制方法，与转账凭证相同。
6. (　　)转账凭证只登记与货币资金收付无关的业务。
7. (　　)收款凭证只有在现金增加时才填制。
8. (　　)从银行提取现金，既可以编制银行存款付款凭证，也可以编制库存现金收款凭证。
9. (　　)因为各企业的业务量多少不同，会计凭证数量也不一致，所以企业可以自行决定销毁会计凭证的时间。
10. (　　)从外单位取得的原始凭证如有遗失，应取得原签发单位盖有财务章的证明，并注明原来凭证的号码、金额和内容等，经单位负责人批准后，可代作原始凭证。
11. (　　)所有记账凭证都必须附有原始凭证并如实填写所附原始凭证的张数。
12. (　　)收付款记账凭证既可作为出纳人员办理收付款项的依据，又可作为登记库存现金和银行存款日记账、相关的总账及明细账的依据。
13. (　　)由于记账凭证是根据审核无误的原始凭证填制的，因此，记账凭证填制完成后，无需再进行审核，即可据以登记账簿。
14. (　　)填制和审核会计凭证是会计工作的起点和基础，对会计信息质量具有至关重要的影响和作用。
15. (　　)会计人员根据账簿记录的结果、重新归类整理而编制的原始凭证是记账编制凭证。
16. (　　)企业使用累计凭证，如限额领料单，既可以起到控制材料消耗的作用，又能简化凭证的填制手续。
17. (　　)科目汇总表既可作为登记总账的依据，又可以作为登记明细分类账的依据。
18. (　　)对于数量过多的原始凭证，可以单独装订保管，但应在记账凭证上注明"附件另订"和原始凭证名称及编号。
19. (　　)会计凭证中，所有以元为单位的阿拉伯数字，除表示单价等情况外，一律填写到角分；有角无分的，分位应当写"0"或用符号"一"代替。
20. (　　)记账凭证按其填制手续和方法的不同，可分为一次凭证、累计凭证和记账编制凭证。

四、业务题

【业务题一】

目的：练习通用记账凭证的编制。

资料：长城公司20×1年9月份发生的部分经济业务如下：

(1) 1日，收到某投资者投入的全新机器设备一台，投资各方确认的价值为300 000元。

(2) 3日，购入不需要安装的设备一台，设备价款为20 000元，收到增值税专用发票上注明增值税税额2 600元，另支付包装费和运杂费等共计2 000元，上述款项均已通过银行转账支付。

(3) 5日，生产车间以经营租赁方式租入一台生产设备，用银行存款支付3个月的租金15 000元。

(4) 9日，采购甲材料50吨，增值税专用发票列示：甲材料单价200元，增值税税额1 300元。材料运输过程中发生运输费600元，上述款项均未支付。材料已验收入库。

(5) 10日，销售给联华公司A产品2 000件，增值税专用发票上注明单价100元，价款200 000元，增值税税额为26 000元，产品已发出，用银行存款代垫运杂费1 200元，上述款项尚未收到。

(6) 12日，出售企业多余的丙材料100千克，增值税专用发票上列明：丙材料单价130元，增值税税额为1 690元。材料已发出，款项已通过银行收讫。结转销售丙材料的实际成本，丙材料的单位成本为100元。

(7) 18日，用银行存款支付应由本企业负担的产品运杂费3 000元。

(8) 21日，用银行存款支付第三季度短期借款利息4 000元，前2月已预提2 600元。

(9) 30日，摊销应由本月生产车间负担的生产设备租金5 000元。

(10) 30日，月末，结转本月已销A产品的生产成本，A产品单位生产成本为60元。

要求：根据上述资料编制通用记账凭证。

【业务题二】

目的：练习收付款凭证的填制。

资料：顺丰公司20×1年5月发生下列经济业务：

(1) 2日，开出转账支票一张，支付前欠飞达公司货款50 000元。

(2) 5日，开出现金支票一张，从开户银行提取6 000元备用。

(3) 10日，销售M产品，价款30 000元，增值税税额3 900元，收到购买方开具的一张转账支票已交存开户银行。

(4) 16日，公司行政办公室用现金500元支付业务招待费。

(5) 25日，设计师杨吕出差回来报销差旅费3 850元，原借款4 000元，杨吕退回多余现金150元。

要求：根据上述资料编制相应的收款凭证和付款凭证。

【业务题三】

目的：练习会计凭证的填制。

资料：东方公司设一个基本生产车间，生产甲、乙两种产品，甲产品的生产成本明细账月初余额为5 500元，其中直接材料2 500元，直接人工2 000元，制造费用1 000元。乙产品无月初余额。20×1年7月发生下列经济业务：

(1) 本月仓库发出材料，其中：用于生产甲产品40 000元，用于生产乙产品20 000元，生产车间一般耗用4 000元，行政管理部门耗用2 000元。

(2) 结算本月应付职工薪酬，生产甲产品职工薪酬18 000元，生产乙产品职工薪酬12 000元，车间管理人员职工薪酬5 000元，行政管理部门职工薪酬4 000元。

(3) 计提本月固定资产折旧，其中生产车间3 500元，行政管理部门2 500元。

(4) 摊销以前月份已支付，应由本月负担的房屋租金：生产车间和行政管理部门分别为500和1 500元。

(5) 用银行存款支付生产车间水电费2 000元。

(6) 月末,按甲、乙产品生产工人薪酬比例分配并结转本月发生的制造费用。

(7) 月末,车间所生产的500件甲产品全部完工,验收入成品仓库。乙产品尚未完工。

要求:

(1) 根据上述资料编制制造费用分配表、产品成本计算单及产品入库单。

(2) 依据编制的制造费用分配表、产品成本计算单及产品入库单编制记账凭证。

【业务题四】

目的:练习会计凭证的审核。

资料:华茂公司采购员张宏20×1年5月5日去杭州出差采购材料,5月7日出差返回上海,5月8日回公司报销差旅费。该公司财务管理制度规定,因公出差住宿标准每人每日上限300元,伙食补助标准每人每日100元,市内交通费标准每日80元。张宏根据有关原始单据填写差旅费报销单(附单据12张,略),如表6-1所示。经采购部负责人林澄批准后去财务部报销。

表6-1　　差旅费报销单

单位:采购部　　20×1年5月8日

出发				到达				公出补助				住宿费	市内交通	伙食补助	其他	合计金额
月	日	时	地点	月	日	时	地点	飞机	火车	轮船	长途汽车					
5	5		上海	5	5		杭州		65							65
5	7		杭州	5	7		上海		65			640	240	300	1 800	3 045
合　计									130			640	240	300	1 800	3 110
人民币(大写): 叁仟壹佰壹拾元																
原借差旅费 2 000 元,报销 3 110 元,结余(或超支) 1 110 元。																
出差事由								张宏去杭州采购材料								

审批:林澄　　会计主管:　　报账人:张宏　　审核人:杨扬

在差旅费报销单中的"其他"项目包括出租车费180元、电话卡500元、餐费550元、购买礼品570元,会计杨扬审核后,编制的会计凭证,如表6-2所示。

表6-2　　转账凭证

20×1年5月8日　　转字第86号

摘　要	一级科目	二级或明细科目	借方金额	记账	贷方金额	记账
张宏报销差旅费	材料采购		3 110			
	库存现金		390			
	其他应收款				3 500	
合　计			3 500		3 500	

附件1张

会计主管:　　记账:肖敏　　审核:　　制单:杨扬

要求：

(1) 根据会计凭证填制与审核要求，对上述会计凭证进行审核，并将审核意见予以说明。

(2) 请重新编制正确的会计凭证。

四、案例分析题

(一) 申江公司在内部审计中发现问题

申江公司 20×1 年在内部审计中发现以下三张会计凭证：

(1) 11 月编制的银收字 23 号凭证填制日期为 20×1 年 11 月 9 日，摘要填写的是收到兴业公司所欠销货款，该凭证后附有一张中国建设银行的进账单，进账单填写的日期为 20×1 年 1 月 9 日。

(2) 12 月 31 日编制的转字 386 号凭证上的会计分录为：

借：应收账款——华夏公司　　282 500
　贷：主营业务收入——N 产品　　250 000
　　应交税费——应交增值税(销项税额)　　32 500

该转账凭证后未附任何原始凭证，经进一步检查，截至年底也没有结转该批产品的销售成本。

(3) 12 月 31 日编制的现付字 89 号凭证上的会计分录为：

借：管理费用——招待费　　2 500
　贷：库存现金　　2 500

摘要栏填写的是业务招待费，该凭证后附有经理办公室主任老李的一份情况说明，该项支出是招待上级部门业务检查的费用，总经理签字同意并加盖了公章。

分析要求：

(1) 请你具体指出三张会计凭证存在的问题。

(2) 如果你是该公司的会计人员，应如何对上述经济业务进行会计处理？

(3) 你认为审计人员应提出怎样的处理意见？

(二) 绿大地会计造假案

云南绿大地生物科技股份有限公司(下称“绿大地”)，成立于 1996 年，于 2001 年完成股份制改造，2007 年 12 月 21 日在深圳证券交易所的中小板挂牌上市，发行价每股 16.49 元，以绿化工程和苗木销售为主营业务，成为 A 股园林行业内首家上市公司，也是云南省第一家上市的民营企业，其股价曾一路飙升到每股 81.05 元。

绿大地从 2009 年 10 月 30 日至 2010 年 4 月 30 日期间，五度变更 2009 年年报的业绩公告，由之前的预增过亿，变更为最后的巨亏 1.5 亿元。绿大地公司业绩变更之快、之频繁为两市少见。正是它“恶搞”般的财务报告，引发了监管部门的注意，由此逐步揭开了绿大地的会计造假术。

中国证监会于 2010 年 3 月 17 日对绿大地涉嫌信息披露违规立案调查，调查发现绿大地在招股说明书中虚增资产、虚增业务收入、虚增利润等多项违法违规行为。2011 年 3 月 17 日绿大地发布公告称，公司控股股东、董事长何学葵因涉嫌欺诈发行股票罪被公安机关逮捕。自此股价一路下跌，半年多跌幅超过 75%。2013 年 5 月中国证监会公布了行政处罚决定书，绿大地原高管何学葵、蒋凯西最终被市场禁入。

云南省昆明市中级人民法院审理查明绿大地存在以下涉嫌犯罪行为：

(1) 涉嫌欺诈发行股票，伪造、编造金融票证。2004 年至 2007 年 6 月，绿大地在不具备首次公开发行股票并上市的情况下，为达到发行股票并上市的目的，虚增资产、虚列采购、虚增收入。2004 年至 2007 年 6 月，在董事长何学葵、财务总监蒋凯西、财务顾问庞明星共同策划下，由出纳主管赵海丽、大客户中心负责人赵海艳登记注册了一批由绿大地实际控制或者掌握银行账户的关联公司，并利用相关银行账户操控资金流转，采用阴阳合同等方式虚增资产；以虚构银行回款的方式虚增收入；以虚增资产、虚假采购的方式将资金流出，再通过其控制公司将资金转回的方式虚增销售收入。绿大地采用伪造合同、发票、工商登记资料等手段，少付多列，将款项支付给其控制的公司，虚构交易业务、虚增资产 7 011.4 万元、虚增收入 29 610 万余元。2004 年，绿大地与五家供应商进行了数千万元的采购和支付交易，但在其提供的会计凭证中，通过支票付款的只附有支票存根，无银行转账回单，且其中有一半的支票存根上填写的收款方与银行实际资金去向并不一致。绿大地招股说明书中包含了上述虚假内容，2007 年 12 月绿大地股票发行并上市，募集资金达 3.46 亿元。2005 年至 2009 年期间，绿大地为达到虚增销售收入和规避现金交易、客户过于集中的目的，在何学葵、蒋凯西、庞明星的安排下，出纳主管赵海丽利用银行空白进账单，填写虚假资金支付信息后，私刻银行印章加盖于单据上，伪造了各类银行票证共计 74 张。2009 年，绿大地与数十家供应商发生过上亿元的采购业务，但其中数千万元资金的去向与支票收款方不一致，一部分资金流向绿大地账外银行账户。

(2) 涉嫌伪造国家机关公文、公司印章。首发上市之前，绿大地伪造了云南省工商局关于绿大地前十大销售客户、供应商的工商信息证明；伪造了云南生态技术有限公司、昆明汇丰花卉园艺有限公司、云南万子红园林花卉有限公司等公司公章，用于虚构销售合同、虚增收入。云南生态技术有限公司与绿大地销售合同中使用的公章与其年检资料中的公章不一致，该公司负责人称不认识销售合同中的绿大地公司代表，也没有使用过合同中的公章。

(3) 涉嫌隐匿、销毁会计资料。2010 年 3 月，在证监会立案调查绿大地期间，为掩盖公司财务造假的事实，在公司实际控制人何学葵的指示下，出纳主管赵海丽将伪造的应当向行政机关提供的 66 份会计凭证替换并销毁，涉及金额上亿元。2013 年 2 月，云南省昆明市中级人民法院对绿大地欺诈发行股票案作出一审判决，认定绿大地犯欺诈发行股票罪、伪造金融票证罪、故意销毁会计凭证罪，判处罚金 1 040 万元；公司原实际控制人何学葵被判处有期徒刑 10 年，蒋凯西、庞明星、赵海丽、赵海艳等人分别被判处 6 年至 2 年 3 个月不等的有期徒刑并处相应罚金。

分析要求：

(1) 请分析绿大地提供虚假会计凭证的手段与动机。

(2) 结合绿大地会计造假案例，谈谈真实合法的会计凭证对确保会计信息质量的作用。

第七章　会计账簿

一、概要解析

（一）会计账簿

会计账簿是由具有一定格式且又相互联系的账页组成，以审核无误的会计凭证为依据，用来连续、系统、全面地记录和反映各项经济业务的簿籍。设置和登记账簿是会计核算程序的重要环节，也是会计核算方法的组成部分，会计账簿是连接会计凭证和财务报表的中间环节，也是编制财务报表的基础和依据。

会计账簿作为一本“簿籍”，通常由封面、扉页、账页和封底构成。账页是会计账簿构成的主体，账页有一定的格式，其格式因记录的经济业务内容不同而有所不同；封面和封底分别放置在账页的最前和最后，起到保护账页的作用；扉页位于账页之前封面之后，扉页上主要载明“账簿启用及接交表”和“账户目录”。

在企业会计核算中，之所以在会计凭证与财务报表的中间要有会计账簿，是由于会计凭证所提供的核算资料是零星分散的，缺乏系统性，不能提供连续、系统、全面的核算资料以满足企业管理的需要，也不便于直接据以编制财务报表。

在企业会计核算中，设置的账簿种类多种多样，以满足不同经济业务和经营管理的需要。会计账簿可按不同的标准进行适当的分类，其中会计账簿按不同用途，一般可分为序时账簿（日记账）、分类账簿和备查账簿；按外表形式不同，一般可分为订本式账簿、活页式账簿和卡片式账簿；按账页格式不同可分为三栏式账簿、多栏式账簿、数量金额式账簿和平行登记式账簿。登记账簿应按规定的方法进行，账簿登记的依据是审核无误的会计凭证。为保证会计核算工作的质量，年度开始启用账簿与年度中登记账簿时，必须遵守启用规则与登记规则。会计年度终了时，企业应按更换账簿的规范更新账簿。

（二）序时账簿

序时账簿也称日记账，是按照经济业务发生或完成时间的先后顺序，逐日逐笔连续登记的账簿。序时账簿按记录的经济业务内容不同，又可分为普通序时账簿和特种序时账簿。普通序时账簿是用来逐日逐笔登记全部经济业务的账簿，在会计实际工作中，设置普通序时账簿的企业不是很普遍。特种序时账簿是用来逐日逐笔记录某一类比较重要的经济业务的账簿。在会计实务中，要求每个企业都设置库存现金日记账和银行存款日记账，这是为了加强货币资金的管理，通过设置日记账提供库存现金和银行存款收付情况的详细资料。

库存现金日记账格式主要有三栏式和多栏式两种，库存现金日记账通常由出纳人员根据审核无误的收款凭证（库存现金收款凭证）与付款凭证（库存现金付款凭证和银行存款付款凭证）逐日逐笔按顺序登记。银行存款日记账格式也有三栏式和多栏式两种，只是为了监督银行结算凭证的严格使用，需增设“结算凭证种类和号数”栏目。银行存款日记账通常也是由出纳人员根据审核无误的收款凭证（银行存款收款凭证）与付款凭证（银行存款付款凭证和库存现金付款凭证）逐日逐笔按顺序登记的。库存现金日记账和银行存款日记账的外表形式均采用订本式。

（三）分类账簿

分类账簿按其反映内容的详细程度，可分为总分类账簿（总分类账）和明细分类账簿（明细分类账）两种。总分类账是按照一级会计科目开设并登记全部经济业务的账簿。总分类账的格式通常采用三栏式，但也可根据企业实际需要采用多栏式，其中三栏式又可分为不反映对应科目的三栏式和反映对方科目的三栏式两种。总分类账的登记依据和方法主要取决于企业所采用的账务处理程序。明细分类账是按照二级或明细科目设置，详细登记某一具体经济业务的账簿。明细分类账的格式主要有三栏式、数量金额式、多栏式和平行登记式。之所以明细分类账格式设有多种，这与所要进行明细分类核算的经济业务具体内容有关，因为有的经济业务发生后，只需要反映其价值变动情况；而有的经济业务发生后既要反映其价值变动情况，又要反映其实物量的变动情况；还有的经济业务构成内容较为复杂，需要根据具体内容反映其变动情况；此外，有的经济业务需要详细反映从发生到结束前后密切相关的全部事项。这就需要根据所记录经济业务的不同要求对明细分类账户设多种格式，并根据核算要求选择适用的格式。三栏式明细分类账适用于只需要进行金额核算，不需要进行数量核算的账户，如债权、债务结算账户（应收账款、应付账款、短期借款等）的明细账；数量金额式明细分类账适用于既需进行金额核算，又需进行数量核算的财产物资明细账户，如“原材料”明细分类账、“库存商品”明细分类账等；多栏式明细分类账主要适用于成本、费用、收入等需要详细核算分析其构成内容情况账户的明细分类账，如“生产成本”“制造费用”“管理费用”“主营业务收入”明细分类账等；平行登记式明细分类账也称横线登记式明细分类账，其特点是在账页的同一行内登记某一项经济业务从发生到结束的全部事项。

（四）错账更正方法

登记账簿就像做题或答卷一样难免会发生差错。但登记账簿发生错误，却不能像做题或答卷出错时用涂改液或胶带纸将错处消除或粘掉那么处理，而应当按照规定的错账更正方法进行更正。常用的错账更正方法有划线更正法、红字更正法和补充登记法，到底采取哪种方法进行更正，这要根据具体的错账情况选择合适的更正方法。

划线更正法是指用红线划销账簿中错误记录，并在红线上方填写正确记录的方法。这种方法适用于期末结账前发现账簿记录错误，而记账凭证正确，纯粹由于过账不慎导致文字或数字记录错误的情况。

红字更正法是指用红字（红字金额）冲销原有的错误记录，以更正或调整账簿记录的方法。这种方法适用于两种情况：一是记账后，发现记账凭证中会计科目错误，致使账簿记录错误的情况；二是记账后，发现记账凭证中会计科目正确，只是所记金额大于应记金额，致使账簿记录错误的情况。

补充登记法是将原记账凭证和账簿记录中少记的金额用蓝字或黑字再填制一张记账凭证，以此来调整账簿记录的方法。这种方法适用于记账后发现记账凭证中应记科目、借贷方向无误但所记金额小于应记金额致使账簿记录错误，即由于记账凭证错误（金额少记）引起账簿记录错误（金额少记）的情况。

（五）对账和结账

在每个会计期末，为了保证账簿记录的真实可靠和准确性，及时总结企业的经营成果和反映企业的财务状况，企业要进行对账和结账。对账即账目核对，是指企业将发生的经济业务根据审核无误的会计凭证完整地登记入会计账簿后，为保证账证相符、账账相符、账实相符，将账簿记录的有关数据与有关会计凭证之间、相关账簿之间以及各种财产物资和结算款项的账存与实存之间进行的核对工作。对账的内容，如图 7-1 所示。

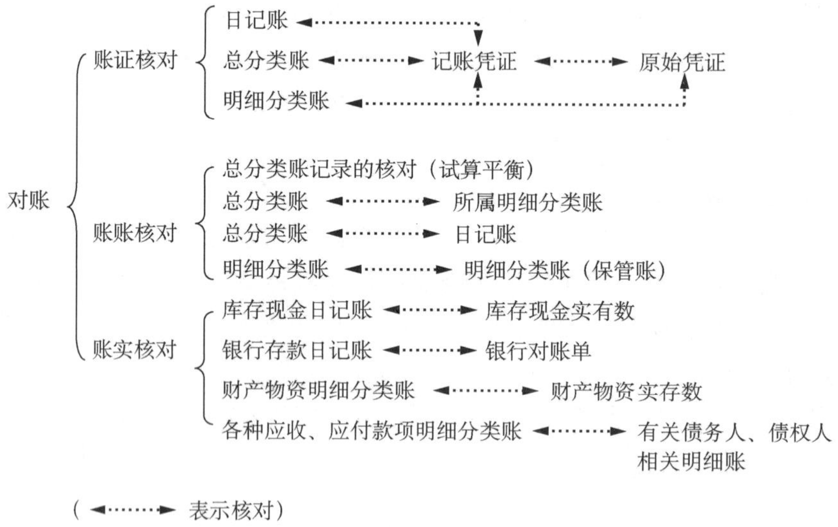

图 7-1　对账内容示意图

进行账目核对可以及时地发现存在的问题，并采取相应的措施予以解决，使账簿记录始终保持账证相符、账账相符、账实相符，以如实反映企业的经济活动情况及结果并为编制财务报表提供真实可靠的数据资料。结账是指在将一定时期发生的经济业务全部登记入账的基础上，于会计期末对账簿记录进行总结，计算出各个账户的本期发生额和期末余额并做相应的结转工作。结账工作的内容包括：

（1）将本期发生的经济业务全部登记入账。

（2）按权责发生制基础进行账项调整，包括对应计收入的调整、对预收收入的调整、对应计费用的调整与对预付费用的调整。

（3）期末账项结转，包括成本的结转（制造费用的结转、完工产品成本的结转、已销产品成本的结转）、收入和费用的结转以及本年利润的结转。

（4）结出所有账户的本期发生额和期末余额并将余额转入下期。

结账一般采用划线的方法进行，平时（月末、季末）结账划通栏单红线，年末结账划通栏双红线。

（六）账务处理程序

交易或事项发生后，通过运用会计核算的各种方法（设置账户、复式记账、填制与审核会计凭证、登记账簿、成本计算、财产清查、编制财务报表）向会计信息的使用者提供决策或管理有用的会计信息。从交易或事项的发生到提供满足会计信息使用者决策与管理有用的会计信息，主要是通过填制与审核会计凭证、登记会计账簿、编制财务报表来完成的。

账务处理程序也称会计核算程序，是指会计凭证和账簿组织与记账程序和方法有机结合的方式。会计凭证和账簿组织，是指会计核算所运用的会计凭证和会计账簿的种类、格式，以及各种凭证之间、凭证与账簿之间、各种账簿之间的关系。记账程序和方法，是指会计凭证的填制和审核、会计账簿的登记直至编制财务报表的程序和方法。具体地说，账务处理程序是指从取得、填制和审核原始凭证开始，到填制记账凭证，登记账簿，最后编制财务报表，提供会计信息的一系列工作步骤和方法。

不同的企业，由于经营规模的大小、交易或事项的内容、企业管理的要求各不相同，账务处理程序的选择也不一样。账务处理程序主要有记账凭证账务处理程序、汇总记账凭账务处理程序、科目汇总表账务处理程序、多栏式日记账账务处理程序等。

各种账务处理程序之间既各有特点，又具有共性。它们的共同的工作步骤是：

（1）根据原始凭证或原始凭证汇总表填制记账凭证。

（2）根据收款凭证和付款凭证，序时逐笔登记库存现金日记账和银行存款日记账。

（3）根据收款凭证、付款凭证和转账凭证及其所附的原始凭证或原始凭证汇总表登记各种明细分类账。

（4）根据登记总账的“依据”登记总分类账。

（5）按照对账要求，定期将总分类账与日记账、明细分类账相核对。

（6）根据总分类账和有关明细分类账编制财务报表。

登记总账的“依据”包括记账凭证、汇总记账凭证、科目汇总表、多栏式日记账等，根据登记总账的依据和方法不同，就形成了上述几种账务处理程序。账务处理程序的一般流程，如图 7-2 所示。

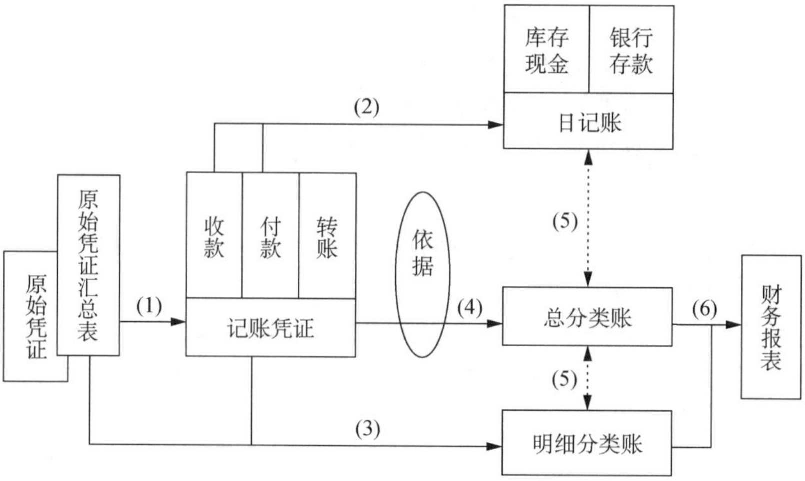

图 7-2 账务处理程序的一般流程图

企业无论采用哪种账务处理程序，都必须确定以下几方面的工作内容：

（1）所采用的记账凭证的种类，是通用记账凭证，还是专用记账凭证(收款凭证、付款凭证、转账凭证)。

（2）所设置的账簿(日记账、分类账等)的种类与格式，是三栏式、多栏式、数量金额式，还是平行登记式。

（3）登记总账的依据，是根据记账凭证直接登记总账，还是对记账凭证定期汇总后，据以登记总账。

（4）记账凭证、汇总记账凭证与总账的关系，汇总记账凭证的编制方法，总账的登记方法。

（5）总账与日记账、总账与明细账之间的核对方法。

（6）编制财务报表的资料来源，财务报表项目与总账、明细账的关系。

(七) 记账凭证账务处理程序

记账凭证账务处理程序是指对发生的交易或事项，都要根据原始凭证或原始凭证汇总表填制记账凭证，然后根据记账凭证直接登记总分类账的一种账务处理程序。它是一种最基本的账务处理程序，是其他各种账务处理程序产生和演变的基础。

记账凭证账务处理程序的特点是直接根据记账凭证逐笔登记总分类账。

在记账凭证账务处理程序下，记账凭证可采用通用式，也可采用专用式的收款凭证、付款凭证和转账凭证。在账簿方面，账簿一般设置库存现金日记账、银行存款日记账、总分类账和明细分类账。库存现金日记账、银行存款日记账采用“三栏式”，分别作为库存现金、银行存款收、付业务的序时记录。总分类账根据规定的一级科目设置，采用“三栏式”。明细分类账可根据经济管理的要求，分别采用“三栏式”“多栏式”“数量金额式”和“平行登记式”。

（八）汇总记账凭证账务处理程序

汇总记账凭证账务处理程序，是根据记账凭证定期编制汇总记账凭证，然后根据汇总记账凭证登记总账的一种账务处理程序。这种账务处理程序是在记账凭证账务处理程序的基础上简化和发展而形成的。

汇总记账凭证账务处理程序的特点是，首先定期根据记账凭证编制汇总记账凭证，然后根据汇总记账凭证登记总账。

汇总记账凭证账务处理程序下的账簿组织与记账凭证账务处理程序相类似。记账凭证方面，除设置收款凭证、付款凭证和转账凭证外，还应增设“汇总收款凭证”“汇总付款凭证”“汇总转账凭证”。在账簿登记方面，与记账凭证账务处理程序一致。

“汇总收款凭证”“汇总付款凭证”“汇总转账凭证”是分别根据收款凭证、付款凭证、转账凭证汇总编制，主要作用是作为记账凭证与总分类账的中间环节，以减少登记总分类账的工作量。

汇总收款凭证根据库存现金或银行存款收款凭证，分别按“库存现金”“银行存款”账户的借方设置，定期按其贷方科目加以归类、汇总，5 天或 10 天定期填列一次，每月编制一张。汇总付款凭证根据库存现金或银行存款付款凭证，分别按“库存现金”“银行存款”账户的贷方设置，定期按借方科目加以归类、汇总。汇总转账凭证根据转账凭证按每一贷方科目分别设置，按对应的借方科目归类、汇总编制，月终结出合计数并据以登记总账。由于是按贷方科目设置，为便于汇总，所有转账凭证可以是“一借一贷”的会计分录或“一贷多借”的会计分录。若有“一借多贷”的会计分录，需拆分为简单分录。

（九）科目汇总表账务处理程序

科目汇总表账务处理程序，是根据记账凭证定期编制科目汇总表，然后根据科目汇总表登记总账的一种账务处理程序。这种账务处理程序也是在记账凭证账务处理程序的基础上简化和发展而形成的。

科目汇总表账务处理程序的特点是，首先根据记账凭证定期编制科目汇总表，然后根据科目汇总表登记总账。

科目汇总表账务处理程序与汇总记账凭证账务处理程序一样，先将记账凭证定期进行汇总，然后登记总账，只是汇总方式不同，汇总记账凭证是按照会计科目之间的对应关系汇总，科目汇总表是按照相同的会计科目汇总。其目的都是为简化登记总账的工作量。

科目汇总表账务处理程序，账簿组织与记账凭证账务处理程序相类似。记账凭证方面，除设置收款凭证、付款凭证和转账凭证外，还应增设“科目汇总表”。在账簿登记方面，与记账凭证账务处理程序一致。

科目汇总表是指根据记账凭证汇总编制，列示有关总分类账户的本期借方发生额、贷方发生额的一种记账凭证汇总表。它的主要作用是作为记账凭证与总分类账的中间环节，以减少登记总分类账的工作量。

科目汇总表的编制方法是，将一定时期内的全部记账凭证，按相同的会计科目进行归类，定期(5天、10天)汇总编制而成。首先，将“汇总期”内各项交易或事项所涉及的会计科目填在科目汇总表的“会计科目”栏内，为了便于登记总分类账，会计科目的顺序按总分类账上会计科目的先后顺序填写。其次，根据“汇总期”内所有记账凭证，按会计科目分别加计借方发生额和贷方发生额，将其汇总数填在相应会计科目的“借方”栏和“贷方”栏。最后，分别合计发生额“借方”栏、“贷方”栏，进行发生额的试算平衡。科目汇总表的编制时间，应根据各企业、单位业务量而定。

二、背景资料

(一) 我国账簿的起源

我国原始社会末期，随着社会的进步和生活水平的提高，人类在长期的生产和生活实践中逐渐形成了数量观念，并不断地尝试以各种不同的载体、采取不同的手段和方法，再现出所需要反映的各种客观内容。人类曾采用过多种多样粗劣的计量方法，如实物记事(数)、绘画记事(数)、结绳记事(数)、刻契记事(数)等，这些都展现了较为原始的计量和记录行为，蕴含着原始的会计行为，可称为原始计量和记录行为。到了奴隶制社会的商代(约公元前17世纪至约公元前11世纪)，据甲骨文披露的商代会计行为的进展，商代已建立了十进制的数字运用系统，人类已广泛地运用这一系统进行日常各种活动的记录和计算。在此同时，已形成掌握文字和书契技术的阶层。另外，在甲骨文中还出现了大量广泛涉及田猎收获、取得战俘、贡品收纳和祭祀用牲畜、偿赠贝币(即以贝壳充当的货币)等经济活动的记录。在这些记录中，反映出被记录经济活动过程中的会计行为及其职能，实际上已经成为较固定的文字或数字的叙述格式，并能够比较完整地反映出被记录经济活动的发生时间、地点，收入或付出的经济业务性质，收或支对象的种类、数量，收入的来源以及支出的对象，收、支活动中运用的具体方法等方面。在此基础上，极有可能产生了用于专门记录经济活动事项的简册，其作用等同于后来的会计账簿。

“账”字本与会计行为无关联。社会进化发展到奴隶制社会的商代，人类把记录会计行为的账簿称为“册”。随着社会的发展，从西周开始把它更名为“籍”。社会发展进化到了战国时代(公元前770年至公元前256年)就出现了“簿书”这种称号。西汉时期(公元前206年至公元25年)，人类把记录会计行为事项的账册称为“簿”。其实，确切地说，“账”字引申到会计行为方面的名称起源于南北朝时期(公元420年至公元589年)。当时，皇帝和一些高官习惯于经常到外地巡游作乐，以显示其高贵。他们每次出游前，沿线都分段搭好“帏帐”，帐内备有各种各样的高雅装饰品和生活必需品，物品价值都相当昂贵，耗费数额都相当巨大。为了确保帐内各种物品的安全与完整，便委派专门官吏掌管并实行专门核算。在具体核算过程中，掌管帐内各种物品的专门官吏逐渐地就把登记那些帐内各种物品的“簿书”简称为“簿帐”。以后，随着社会的发展和会计行为的不断完善，簿帐或帐之称又逐渐地扩展到整个会计行为领域。后来的各级财政官员便把登记日用款目的“簿书”通称作“帐簿”或“帐”。从此帐与帐簿取代了一切传统的各种名称，这就是我国账簿的起源。以后由于社会发展和用词的需要，又由“帐”字延伸出一个新字，“帐”字改从贝，写作“账”，专门用来表示与财富有关的词条，运用于会计领域中，写成专门的“账簿”或“账”。（于国山，2000）

（二）棋盘式总账

棋盘式总账产生于20世纪50年代中期，由于会计人员几十年来习惯于采用“三栏式总账”，棋盘式总账未得到普及和应用。棋盘式总账是在一张账页上反映企业某月全部的经济业务，即将所有总账科目设在一张表内，并按照总账科目的对应关系反映本期发生额。它是利用矩阵原理，以横栏、竖栏分别表示借方科目、贷方科目，以借贷交叉点反映账户的对应关系。格式上一般是纵向设“应借科目名称”，横向依次设“期初余额（分借、贷两栏）”“应贷科目名称”“期末余额（分借、贷两栏）”等。棋盘式总账的格式，如表7-1所示。

表7-1　　总分类账（棋盘式）

20×1年×月

应贷科目 / 应借科目	期初余额		库存现金	银行存款	……	借方发生额合计	期末余额	
	借方	贷方					借方	贷方
库存现金								
银行存款								
……								
贷方发生额合计								

登记棋盘式总账时，先定期将记账凭证进行汇总，然后根据记账凭证汇总表登记棋盘式总账。棋盘式总账中应借、应贷科目可先填资产类科目，后填负债及所有者权益类科目，也可以按经济业务发生的先后顺序填写。

计算期末余额时，资产类科目计算余额时，先从横栏找到它的期初余额和本期发生额，进行相加后，再减去该科目竖栏的贷方本期发生额，即为该科目的借方余额；负债及所有者权益类科目计算余额时，先从竖栏找到它的期初余额和本期发生额，进行相加后，再减去该科目横栏的借方本期发生额，即为该科目的贷方余额。

采用棋盘式总账，可清晰地反映一定时期内总账账户的对应关系，直观地反映企业资金结构的变化，还可在结账过程中同时进行试算平衡。但由于账簿涉及的科目多，账页过于庞大，记账易发生串栏、串行错误，实际工作中一般很少使用。

随着电子计算机广泛应用到会计领域，棋盘式总账也被会计工作者所重视。在使用电子计算机时，棋盘式总账中每一空格，皆占用电子计算机存储器中的一个位置。当经济业务发生后，可指令电子计算机在适当空格内显示其金额，表明经济业务的借贷关系。电子计算机处理下，棋盘式总账不仅保留了便于编制总账本期发生额对照表和资产负债表的优点，还可避免发生记账串栏、串行错误。

(三) 会计账簿常见造假形式

会计造假是指会计信息处理和报告过程中,故意歪曲事实,为了单位或个人的利益,向外界提供虚假、不真实的会计信息的行为。会计账簿中常见的造假形式有:

(1) 无据记账,凭空记账。即无记账凭证记账或者有凭证不记账,账簿中所列的业务不是根据经审核无误的原始凭证填制的记账凭证逐笔登记,而是虚列业务,据自身造据和舞弊的需要,将不存在的业务登记入账(或假造记账凭证入账)或将真实合法的原始凭证置于一旁,用虚假的业务和凭证(或在原有凭证基础上加入一些不合法的业务内容),使登记入账的业务的原有内容面目全非。

(2) 虚假作账。虚账包括进行空头核算,私下转移资金;巧立名目,合法"包装",填制凭证公开入账,假账真做;账户之间金额互相转移,搅乱账户对应关系等。其特点是在账簿中有关业务存在虚假因素,而虚假因素往往与真实的东西混同一处,真中有假,假中有真。

(3) 涂改、销毁、遗失、损坏账簿造假。对已有账簿记录进行破坏,或使原有记录消失,或使其不能正常反映原有经济业务的全貌,或使其发生变异。账簿改动的方法很多,类似凭证的涂写、篡改,将有关账簿烧毁、撕拼、拆换、化学褪色等,有的则制造事故,伪造现场,造成账簿不慎被毁的假象。

(4) 设置账外账和小金库。账外账和小金库的实质是违反财经法纪,进行隐性核算,设置两套、三套账,一套用于内部管理(对外不公开),一套用于应付外来检查,逃避财政、银行的监督。小金库则以公款私分、滥发奖金、请客送礼、乱开乱支等手段为小集体或个别人谋利,侵占、截留国家和单位的收入。其来源有:截留各种生产经营收入,以私人名义存入银行,非法侵占出售国家和集体其他资产的收入,虚列支出、虚报冒领、套取现金,转移投资、联营所得,隐藏回扣、佣金、好处费,截留应上缴国家财政的各种罚款和物资等。

(5) 登账、挂账、改账、结账作假。登账作假是指在登记账簿过程中,不按记账凭证的内容和要求记账,而是随意改动业务内容,或故意使用错误账户,使借贷科目弄错,混淆业务应有对应关系,以掩饰其违法乱纪意图;挂账作假即利用往来科目和结算科目对资金不结清到位而是挂在账上,或将有关资金款项挂在往来上,等待时机成熟再回到账上;改账作假是指对账簿记录中发生的错误不按规定的改错方法,而是用非规范的改错方法进行改错,或用红字改错,随意对账户记录中的记录进行处理,如用红字改变库存数,冲销材料成本差异等;结账作假是指在结账和编制财务报表过程中,通过提前或推迟结账,结果增列或减列和结账空转等手法故意多加或减少数据,虚列账面金额,或者为了人为地把账做平,而故意调节账面数据,以达到其掩饰或舞弊的目的。

(6) 计算机记账造假。随着计算机会计系统的普及,计算机舞弊正被日益关注。其主要的作案手法是在实现计算机会计核算的单位,利用计算机的知识和经验,在系统程序中设置陷阱,篡改程序,或者篡改输入、篡改文件和非法操作等。其作假有技术含量,且较隐蔽,不留线索,较难发现和查处。(赵宇红,2005)

(四) 手工会计下账务处理程序的局限性

在手工条件下,为了减轻财会人员的工作量,不同规模、不同业务量和不同业务性质的企业采用不同的账务处理程序。手工会计环境下账务处理程序具有一定的局限性,主要体现在以下方面:

(1) 数据大量重复。记账凭证是账务处理程序的起点,从某种意义上讲,它所包含的信息等于日记账、明细账、总账以及财务报表所包含的信息量之和。从信息量的角度看,日记账、明细账、总账和财务报表没有比会计凭证增加什么,考虑到不同的对象需要不同的信息,因此,手工会计环境下账务处理程序设置了登记日记账、明细账、总账等环节,使得记账凭证上的数据被多次转抄。例如,当一笔反映现金付出业务的记账凭证填制完毕后,需要由不同财会人员在库存现金日记账、相关明细账、总账上转抄记账凭证上的日期、凭证编号、摘要、金额等数据。同一数据的大量重复,不仅造成浪费,还极易导致数据差错。

(2) 信息提供不及时。财务报表是账务处理程序的终端,是向财务报表使用者(包括投资者、债权人、政府及其有关部门和社会公众等)提供与企业财务状况、经营成果和现金流量等有关的会计信息的重要资料,以反映企业管理层受托责任履行情况,有助于财务报表使用者作出经济决策。但由于账务处理程序的工作量很大,再加上手工处理速度缓慢,往往需要相当长的时间才能编制出各种财务报表,严重影响了财务报表作用的发挥。

(3) 准确性差。虽然人们在长期的会计核算实践中,总结出了一套特有的方法来避免和发现错误,如记账凭证过账之后,通过加注"√"以防止重复记账或漏记;明细账和总账采用平行登记的方法,以便相互核对,从而发现明细账或总账中的过账或计算错误;通过编制试算平衡表来检查总账记录的正确性。但无论财会人员的素质多高,在从填制记账凭证到编制财务报表的每一个环节中,转抄错误和计算错误都难以避免。

(4) 工作强度大,效率低。在手工会计下,同一数据的重复转抄,容易产生账证、账账、账实、账表不符的情况,而会计账目不允许有差错,为此,常常为了几分钱的差错而多次进行手工汇总与核对,既费时又费力,质量还难以保证。为了保证会计信息的及时性和准确性,在其他条件不变的情况下,只有通过加重财会人员的劳动强度来实现,这是手工会计账务处理的必然结果。

(五) 手工账务处理程序与会计电算化账务处理子系统的比较

1. 数据处理的起点与终点的比较

手工账务处理程序与会计电算化账务处理子系统数据处理的起点与终点不同。在手工方式下,交易或事项的起点是原始凭证;而账务处理子系统可以原始凭证、记账凭证、机制凭证为起点;在手工方式下,以会计人员编制财务报表为终点;而账务处理子系统中,则以计算机自动输出账簿和输出指定财务报表为终点,将各种格式变动的内部及外部报表的编制与输出工作,交由单独的财务报表子系统来完成。

2. 数据处理方式的比较

手工账务处理程序与会计电算化账务处理子系统数据处理方式不同。在手工方式下，会计数据是通过将记账凭证由不同的财会人员分别登记到不同的账簿中完成数据处理；在计算机方式下，账务处理子系统进行数据处理时，记账只是一个加注记账标志的过程，不需要每个人执行一遍账簿登记工作，数据的运算与归集由计算机自动完成，大大减轻了财会人员的记账工作量。

3. 数据存储方式的比较

手工账务处理程序与会计电算化账务处理子系统数据存储方式不同。在手工方式下，会计数据存储在会计凭证、会计账簿、财务报表等纸张中；在计算机方式下，账务处理子系统中的数据存储在各数据库文件中，在需要时，通过打印机输出。

4. 对账的方式的比较

手工账务处理程序与会计电算化账务处理子系统对账的方式不同。在手工方式下，按照复式记账原则，总账、日记账、明细账必须采用平行登记的方法，根据每张记账凭证登记日记账、明细账，利用汇总数据登记总分类账，然后，财会人员定期将总分类账与日记账、明细账中数据核对，当数据不相符时，说明账簿记录有错误。从一定意义上说，这是手工方式下一种行之有效的查错方法。在计算机方式下，由于账务处理子系统采用预先编好的记账程序，自动、准确、高效地完成记账过程，明细与汇总数据同时产生。只要预先编好的记账程序正确，计算机的计算错误概率就会非常小，这样就没有必要进行总分类账、日记账、明细账的核对了。

5. 会计资料的查询统计方式的比较

手工账务处理程序与会计电算化账务处理子系统会计资料的查询统计方式不同。在手工方式下财会人员为编制一张急需的数据统计表，或查找急需的会计数据，要付出很多时间和精力；在账务处理子系统中，由于计算机具有高速数据处理能力，财会人员只需通过选择各种查询功能，就可以用最快的速度完成数据的查询统计工作。

（六）多栏式日记账账务处理程序

多栏式日记账账务处理程序是通过登记多栏式日记账对收、付款记账凭证进行汇总，然后根据多栏式日记账、转账凭证或转账凭证汇总表登记总账的一种账务处理程序。

多栏式日记账账务处理程序的特点是，根据收款凭证和付款凭证逐笔登记多栏式库存现金、银行存款日记账，再根据多栏式日记账登记总账。根据转账凭证直接或汇总后登记总分类账。

多栏式日记账账务处理程序下，记账凭证、总分类账、明细分类账的格式及设置与记账凭证账务处理程序基本相同，只是将日记账由“三栏式”改为“多栏式”，设置“多栏式”库存现金日记账、银行存款日记账，或多栏式库存现金（银行存款）收入日记账、库存现金（银行存款）付出日记账。

多栏式日记账账务处理程序的工作步骤如下：

(1) 根据原始凭证或汇总原始凭证编制记账凭证。

(2) 根据收款凭证、付款凭证序时逐笔登记多栏式库存现金、银行存款日记账。

(3) 根据各种记账凭证及所附原始凭证或原始凭证汇总表,逐笔登记各种明细分类账。

(4) 月终,根据多栏式库存现金、银行存款日记账和转账凭证(或转账凭证汇总表),登记总分类账。

(5) 按照对账要求将各明细分类账与总分类账核对相符。

(6) 根据总分类账及有关明细分类账,编制财务报表。

多栏式日记账账务处理程序的工作步骤,如图 7-3 所示。

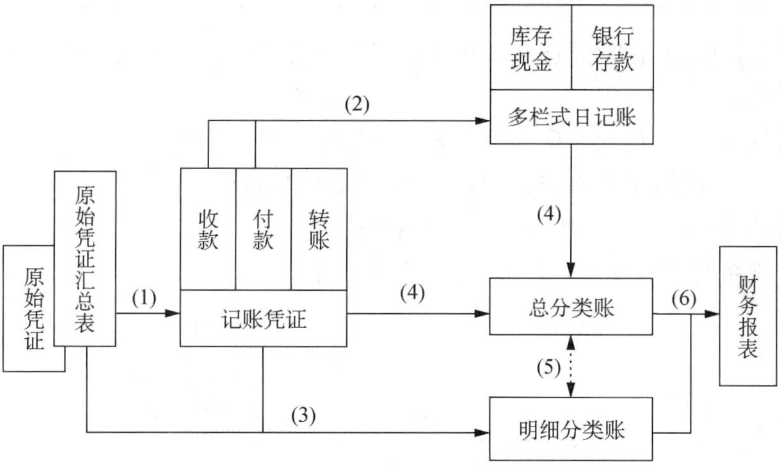

图 7-3 多栏式日记账账务处理程序流程图

多栏式日记账账务处理程序的优点是:通过多栏式日记账将收款凭证、付款凭证进行汇总,再据以登记总分类账,简化了总账的登记工作量;其缺点是:多栏式日记账的专栏较多,账页较大,不利于登账和查账。所以,这种账务处理程序一般只适用于规模较小,收、付业务较多的单位。

(七) 日记总账账务处理程序

日记总账账务处理程序的主要特点是:首先,设置将日记账和总分账相结合的联合账簿——日记总账;然后,根据记账凭证直接登记日记总账。

日记总账账务处理程序的凭证与账簿组织与记账凭证账务处理程序基本一致。记账凭证、明细账的设置情况与记账凭证账务处理程序一致,日记账可根据情况选择三栏式或多栏式,设置日记总账,不再设置总账。日记总账的格式,如表 7-2 所示。

日记总账账务处理程序的工作步骤如下:

(1) 根据原始凭证或原始凭证汇总表填制记账凭证。

(2) 根据收款凭证和付款凭证,序时逐笔登记库存现金日记账和银行存款日记账。

表 7-2 日记总账

年 月

年		凭证		摘要	发生额									
月	日	种类	号数			借方	贷方	借方	贷方	借方	贷方		借方	贷方

(3) 根据收款凭证、付款凭证和转账凭证及其所附的原始凭证或原始凭证汇总表登记各种明细分类账。

(4) 根据收款凭证、付款凭证和转账凭证逐笔登记日记总账。

(5) 按照对账要求,定期将与日记账、明细分类账与日记总账核对。

(6) 根据日记总账与有关明细分类账编制财务报表。

日记总账账务处理程序工作步骤,如图 7-4 所示。

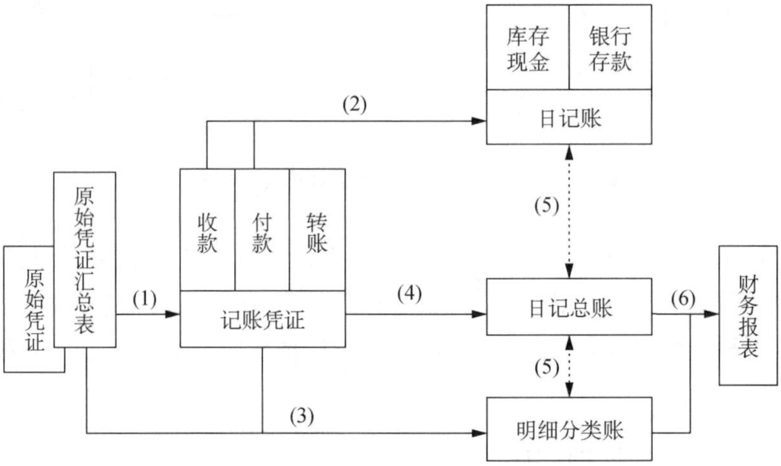

图 7-4 日记总账账务处理程序流程图

日记总账的登记方法:日记总账的"发生额"栏属于序时性质记录,按总账科目名称分设的"借方"栏、"贷方"栏属于分类性质记录。对于每一笔交易或事项根据记账凭证在日记总账同一行对应账户的借方栏或贷方栏中登记,同时将发生额记入"发生额"栏。对于转账业务根据转账凭证,逐日逐笔登记。对于收、付款业务,根据收款凭证、付款凭证逐日汇总登记,也可以在月终时,根据多栏式库存现金、银行存款日记账汇总登记,月终结算各栏合计数,计算各账户的期末余额。

日记总账账务处理程序的优点是:全部总账账户放在一张账页上,可以全面反映各个账户间的对应关系，便于了解交易或事项的来龙去脉。日记总账账务处理程序的缺点是：全部总账账户放在一张账页上，账页过大，不便于登记和分工协作。这种账务处理程序只适用于交易或事项简单，涉及账户少的单位。

三、复习思考题与练习题

复习思考题

1. 账簿和账户的关系如何？
2. 何谓特种日记账？一般企业应设置哪些特种日记账？企业设置这些特种日记账的目的是什么？
3. 企业为什么要设置备查账簿？备查账簿和分类账簿主要有哪些不同之处？
4. 订本账与活页账各有哪些利弊？其适用性如何？
5. 为什么企业的生产成本明细账更适宜采用多栏式？生产成本明细账是否可以不设置贷方栏目？如果生产成本明细账不设置贷方栏目，则完工产品成本的结转在该明细账中如何登记？
6. 会计账簿的构成如何？账页一般包括哪些基本要素？
7. 实际工作中对各种账簿的登记频率是否有统一的规定？登记账簿时间的一般原则是什么？
8. 登记账簿时用的笔与墨水有何要求？对文字和数字的书写又有什么要求？登记账簿一旦发生跳行、隔页时又该如何处理？
9. 简述划线更正法、红字更正法和补充登记法三种错账更正方法的具体更正步骤。
10. 账账核对与账实核对分别包括哪些主要内容？
11. 一般情况下，企业何时要对会计账簿进行更换？其更换账簿时哪些账簿要换新账？
12. 各种账务处理程序工作步骤的主要区别及共同点是什么？
13. 各种账务处理程序会计凭证与账簿组织的主要区别是什么？
14. 简述记账凭证账务处理程序的主要工作步骤。
15. 简述汇总记账凭证账务处理程序的主要工作步骤。
16. 简述科目汇总表账务处理程序的主要工作步骤。

练　习　题

一、单项选择题（在每小题的备选答案中，选出一个最合适的答案）

1. 下列各项中，属于按用途分类的会计账簿是（　　）。

A. 序时账簿　　B. 订本式账簿
C. 活页式账簿　　D. 卡片式账簿

2. 原材料明细分类账簿的外表形式可采用（　　）。

A. 三栏式账簿　　B. 数量金额式账簿
C. 订本式账簿　　D. 活页式账簿

3. 下列各项中，不能直接作为登记总分类账依据的是（　　）。

A. 原始凭证　　B. 记账凭证
C. 科目汇总表　　D. 汇总记账凭证

4. 按照经济业务发生的先后顺序逐日逐笔登记经济业务的会计账簿是（　　）。

A. 序时账簿　　B. 总分类账簿
C. 明细分类账簿　　D. 备查账簿

5. 一般情况下，总分类账簿应采用(　　)。
A. 订本式账簿　　B. 活页式账簿
C. 卡片式账簿　　D. 任何形式的账簿

6. 下列各明细分类账簿中，其账页格式应采用数量金额式的是(　　)。
A. 制造费用明细分类账　　B. 管理费用明细分类账
C. 库存商品明细分类账　　D. 应付账款明细分类账

7. 登记账簿时文字与数字的书写，一般为格距的(　　)。
A. 1/3　　B. 1/2
C. 2/3　　D. 满格

8. 在根据审核无误的付款凭证登记银行存款日记账时，将"借记 2 000 元"错记为"贷记 2 000 元"，则应采用的错账更正方法是(　　)。
A. 红字更正法　　B. 划线更正法
C. 补充登记法　　D. 注销登记法

9. 库存现金与银行存款日记账应采用的账簿形式是(　　)。
A. 订本式　　B. 活页式
C. 卡片式　　D. 任何形式

10. 下列会计账簿中，没有固定的账页格式，记载的内容不是按照会计科目开设的账户进行记录的是(　　)。
A. 序时账簿　　B. 总分类账簿
C. 明细分类账簿　　D. 备查账簿

11. 下列经济业务事项中，应登记入备查账簿的是(　　)。
A. 经营租入固定资产　　B. 融资租入固定资产
C. 支付固定资产租金　　D. 收取固定资产租金

12. 登记账簿的依据必须是(　　)。
A. 经济活动　　B. 经济合同
C. 会计凭证　　D. 财务报表

13. 如果在登记账簿时发生跳行，正确的处理方法是(　　)。
A. 用蓝色墨水笔划线注销
B. 用红色墨水笔划线注销
C. 用红色墨水笔划斜线注销，同时注明"此行空白"
D. 用红色墨水笔划斜线注销，同时注明"此行空白"，并由记账人员盖章

14. 下列明细分类账账页格式中，适宜采用贷方多栏式的是(　　)。
A. 生产成本　　B. 销售费用
C. 营业外收入　　D. 营业外支出

15. 下列各项对账的内容中，属于账实核对的是(　　)。
A. 银行存款日记账余额与银行对账单余额的核对
B. 库存现金日记账余额与库存现金总账余额的核对
C. 总账账户借方发生额合计数与其所属明细账户借方发生额合计数的核对

D. 总账账户贷方发生额合计数与其所属明细账户贷方发生额合计数的核对

16. 结账时应结出每个账户的余额，有些账户还需结出发生额。对于企业来说，进行结账的具体时间是(　　)。

A. 每笔经济业务事项完成时　　B. 每日营业终了时

C. 一定时期终了时　　D. 财务报表编制完成时

17. 负责登记账簿的会计人员根据记账凭证登记完账簿后，除了要在记账凭证下方记账处签上自己的名字或加盖印章以示负责外，还要在记账凭证设定的位置处注明已经登账的符号"√"，是为了(　　)。

A. 防止凭证散失　　B. 防止错行或隔页

C. 明确记账责任　　D. 防止重记或漏记

18. 登记库存现金日记账和银行存款日记账时，当每一账页登记完毕结转下页时，结计"过次页"的本页合计数是(　　)。

A. 本页的发生额合计数　　B. 自本月初起至本页末止的发生额合计数

C. 本月的发生额合计数　　D. 自本年初起至本页末止的发生额合计数

19. 年度结账时，在结出本期借、贷方发生额和期末余额后，应在该行(　　)。

A. 上面划通栏双红线　　B. 下面划通栏双红线

C. 上、下划通栏双红线　　D. 上、下金额栏划双红线

20. 下列账簿中，可跨年度连续使用，不必每年更换新账的是(　　)。

A. 总分类账　　B. 银行存款日记账

C. 固定资产明细账　　D. 财务费用明细账

21. 下列账务处理程序中，最基本的账务处理程序是(　　)账务处理程序。

A. 记账凭证　　B. 汇总记账凭证

C. 科目汇总表　　D. 多栏式日记账

22. (　　)账务处理程序，总账账户之间不能体现账户的对应关系。

A. 记账凭证　　B. 科目汇总表

C. 汇总记账凭证　　D. 多栏式日记账

23. 下列账务处理程序中，不能减轻登记总账工作量的账务处理程序是(　　)。

A. 记账凭证账务处理程序　　B. 科目汇总表账务处理程序

C. 汇总记账凭证账务处理程序　　D. 多栏式日记账账务处理程序

24. 科目汇总表账务处理程序就会计凭证和账簿组织而言，需要专门设(　　)。

A. 收款凭证　　B. 付款凭证

C. 转账凭证　　D. 科目汇总表

25. 汇总记账凭证账务处理程序，为了便于转账凭证的汇总，要求转账凭证会计科目间的对应关系为(　　)。

A. 一借一贷、一借多贷　　B. 多借多贷

C. 一借一贷、一贷多借　　D. 一借一贷、一贷多借、一借多贷

二、多项选择题(在每小题的备选答案中，选出所有合适的答案)

1. 下列关于会计账簿作用的说法中，正确的有(　　)。

A. 可以提供连续、系统、全面的核算资料

B. 为编制财务报表提供依据

C. 确保财产物资的安全完整

D. 为考核经营绩效提供依据

E. 为建立经济档案提供重要资料

2. 会计账簿可按不同的标准进行分类,按其用途可分为(　　)。

A. 订本式账簿　　B. 活页式账簿

C. 序时账簿　　D. 分类账簿

E. 备查账簿

3. 下列各种会计账簿中,应采用订本式账簿的有(　　)。

A. 总分类账　　B. 原材料明细账

C. 库存现金日记账　　D. 银行存款日记账

E. 短期借款明细账

4. 明细分类账的账页格式可以采用(　　)。

A. 三栏式　　B. 数量金额式

C. 多栏式　　D. 平行式

E. 活页式

5. 下列会计账簿中,属于备查账簿的有(　　)。

A. 租入固定资产登记簿　　B. 受托加工材料登记簿

C. 代管商品物资登记簿　　D. 固定资产卡片账

E. 其他应收款明细账

6. 采用活页式账簿相对于订本式账簿来说,其优点在于(　　)。

A. 可以根据实际需要随时添加或减少账页　　B. 可以避免账页的浪费

C. 可以防止账页散失　　D. 可以防止记账错误

E. 便于多人分工记账

7. 下列各项处理中,正确的有(　　)。

A. 库存现金日记账采用三栏式账簿　　B. 原材料明细账采用数量金额式账簿

C. 应收账款明细账采用三栏式账簿　　D. 财务费用明细账采用多栏式账簿

E. 实收资本明细账采用三栏式账簿

8. 库存现金日记账与银行存款日记账均属于(　　)。

A. 序时账簿　　B. 总分类账簿

C. 订本式账簿　　D. 活页式账簿

E. 明细分类账簿

9. 库存现金日记账借方的登记依据包括(　　)。

A. 库存现金收款凭证　　B. 库存现金付款凭证

C. 银行存款收款凭证　　D. 银行存款付款凭证

E. 转账凭证

10. 下列关于银行存款日记账的表述中,正确的有(　　)。

A. 必须采用订本式　　B. 由出纳人员逐日逐笔登记

C. 每日结出余额并与银行进行核对　　D. 收入栏只能依据银行存款收款凭证登记

E. 收入栏可以依据银行存款收款凭证或库存现金付款凭证登记

11. 下列有关总分类账登记的说法中,不正确的有(　　)。

A. 总分类账的登记依据和方法取决于账务处理程序
B. 总分类账不能根据记账凭证直接登记
C. 总分类账可以根据原始凭证直接登记
D. 总分类账可以根据汇总记账凭证登记
E. 总分类账可以根据科目汇总表登记

12. 下列各项目中,属于账账核对的有(　　)。
A. 银行存款总分类账余额与银行存款日记账余额的核对
B. 总分类账户余额与其所属明细账户余额之和的核对
C. 本企业应收账款明细账余额与债务企业应付账款明细账余额的核对
D. 会计部门财产物资明细账余额与保管部门财产物资明细账余额的核对
E. 各种财产物资明细账账面余额与该种财产物资实存数的核对

13. 下列各项中,符合会计账簿登记规则的有(　　)。
A. 登记账簿必须以审核无误的会计凭证为依据
B. 登记账簿时书写的文字和数字应占格距的3/4,不可顶格
C. 登记账簿时不得使用圆珠笔和铅笔书写
D. 登记账簿时应按页次顺序登记,不得跳行、隔页
E. 没有余额的账户,余额栏空置不填

14. 下列各项中,属于错账更正方法的有(　　)。
A. 划线更正法
B. 补充登记法
C. 蓝字冲销法
D. 平行登记法
E. 红字更正法

15. 在会计账簿扉页上"账簿启用及接交表"中填列的内容不应包括(　　)。
A. 单位名称
B. 账簿名称
C. 账户名称
D. 账户编号
E. 记账人员

16. 下列各项说法中,正确的有(　　)。
A. 总分类账提供总括核算资料
B. 总分类账应根据明细账的资料进行登记
C. 总分类账应采用订本式账簿
D. 明细账提供详细核算资料
E. 明细账都应根据原始凭证进行登记

17. 结账前发现账簿记录错误,进行错账更正时,不能采用划线更正法的有(　　)。
A. 记账凭证上会计科目错误,导致账簿记录错误
B. 记账凭证正确,在登账时借贷方向记错,导致账簿记录错误
C. 记账凭证正确,在登账时发生金额错位,导致账簿记录错误
D. 记账凭证上会计科目正确,但所记金额大于应记金额,导致账簿记录错误
E. 记账凭证上会计科目正确,但所记金额小于应记金额,导致账簿记录错误

18. 下列错账更正方法中,适用于结账前发现因记账凭证错误而导致账簿记录错误的有(　　)。
A. 划线更正法
B. 红字更正法
C. 补充登记法
D. 平行登记法
E. 差额核对法

19. 错账更正方法中,红字更正法适用于(　　)。

A. 记账凭证中应记科目、借贷方向错误，金额正确
B. 记账凭证中应记科目、借贷方向正确，金额多记
C. 登记账簿后发现的记账凭证中应记科目、借贷方向错误，而所记金额正确
D. 登记账簿后发现的记账凭证中应记科目、借贷方向正确，但所记金额大于应记金额
E. 登记账簿后发现的记账凭证中应记科目、借贷方向正确，但所记金额小于应记金额

20. 关于记账凭证账务处理程序，下列说法正确的有（　　）。
A. 直接根据记账凭证逐笔登记总账
B. 账务处理程序简单明了，易于理解
C. 总账登记详细，便于对账和查账
D. 登记总账的工作量较大
E. 适用于规模小、业务量少的单位

21. 关于汇总记账凭证账务处理程序，下列说法正确的有（　　）。
A. 根据汇总记账凭证登记总账，减轻了登记总账的工作量
B. 汇总记账凭证是按照会计科目的对应关系编制的，总账能够反映交易或事项的来龙去脉
C. 汇总记账凭证的编制较复杂
D. 转账凭证中的会计分录只能是“一借一贷”“多借一贷”的对应关系
E. 适用于规模大、业务量多，特别是收付款业务多、转账业务少的单位

22. 各种账务处理程序下，明细账登记的依据可能有（　　）。
A. 原始凭证
B. 原始凭证汇总表
C. 记账凭证
D. 科目汇总表
E. 汇总记账凭证

23. 在编制的汇总记账凭证中，按贷方科目设置，按其对应的借方科目归类、汇总的有（　　）。
A. 汇总收款凭证
B. 汇总付款凭证
C. 汇总转账凭证
D. 科目汇总表
E. 原始凭证汇总表

24. 汇总收款凭证的借方科目可能有（　　）。
A. 库存现金
B. 银行存款
C. 应收账款
D. 原材料
E. 固定资产

25. 科目汇总表账务处理程序的特点包括（　　）。
A. 根据记账凭证定期编制科目汇总表
B. 根据记账凭证定期编制汇总记账凭证
C. 根据科目汇总表登记总账
D. 根据汇总记账凭证登记总账
E. 根据收款凭证、付款凭证及所附的原始凭证或原始凭证汇总表登记日记账

三、判断题（认为正确的在题目前面括号内打“√”，认为错误的在题目前面括号内打“×”）

1.（　　）分类账簿包括总分类账簿和明细分类账簿，它不仅是会计账簿的主体，也是编制财务报表主要依据。

2.（　　）企业在分设多栏式库存现金收入日记账和多栏式库存现金付出日记账的情况下，每日终了，出纳人员应在多栏式库存现金付出日记账中计算出本日付出合计并将其转记到多栏式库存现金收入日记账的“付出合计”栏内。

3.（　　）备查账簿是对某些在序时账簿和分类账簿中未能记载或记载不全的事项进行补充登记的账簿，因此，任何企业都必须设置备查账簿。

4.（　　）企业任一会计人员发生调动或离职时，都应办理账簿交接手续并填列“账簿启用及接交表”。

5.（ ）银行存款收付业务较少的企业，可以不设置银行存款日记账而以银行对账单代替银行存款日记账，以简化会计核算。

6.（ ）银行存款日记账可以采用三栏式，也可以采用多栏式；但多栏式银行存款日记账一般适用于银行存款收、付业务较多而与“银行存款”科目对应的科目不多和比较固定的企业。

7.（ ）由于经济业务发生的频率事前较难准确估计，为方便随时添加账页起见，企业所有的明细账都应采用活页式。

8.（ ）企业进行会计核算时，并非对所有的总分类账户都需要开设明细分类账户。

9.（ ）多栏式明细分类账主要适用于成本、费用、收入等需要详细核算分析其构成内容情况的账户。

10.（ ）对于前后密切相关的经济业务的记录采用平行登记式明细分类账在同一横线(行)内进行登记，这样可以检查每笔经济业务的完成和变动情况。

11.（ ）无论是三栏式明细账还是多栏式明细账都是由会计人员根据审核无误的原始凭证或原始凭证汇总表，按经济业务发生的先后顺序逐日逐笔登记的。

12.（ ）登记账簿时要用蓝黑墨水或者碳素墨水笔书写，但有些情况下也可以用红色墨水笔记账，如根据红字冲账的记账凭证，冲销错误记录时用红墨水笔。

13.（ ）如果制造费用明细账账页格式采用不设置贷方栏的多栏式，则月末结转制造费用的金额可用红墨水笔在借方有关明细项目的专栏内登记。

14.（ ）划线更正法适用于结账前发现账簿记录中的文字或数字有误，而其所依据的记账凭证无误的情况。

15.（ ）记账后发现记账凭证中借记“管理费用”5 000元错记为借记“管理费用”50 000元，则可以采用红字更正法更正错账。

16.（ ）对账，是指对账簿记录进行核对，它是会计核算工作的一项重要内容。实际工作中，对账工作只能在每月月末进行。

17.（ ）账实核对是指将各财产物资的账面余额与实有数额进行核对。因此，银行存款日记账的账面余额与开户银行对账单余额的核对不属于账实核对。

18.（ ）结账就是计算出每个账户期末余额，并进行试算平衡的工作；结账按其时间不同，可分为日结、月结、季结和年结。

19.（ ）会计年度终了进行年度结账后，必须按规定更换新账。更换新账时，应将各账户的年末余额直接转记入新账余额栏内而不需要编制记账凭证。

20.（ ）备查账簿没有固定的账页格式，记载的内容也不是按照会计科目开设的账户进行记录。

21.（ ）记账凭证账务处理程序，由于总账是直接根据记账凭证逐笔登记的，因此期末编制财务报表前，不需要进行总账与明细账的核对。

22.（ ）汇总记账凭证是按照每一贷方科目设置，按其对应的借方科目归类、汇总。

23.（ ）汇总记账凭证和根据其登记的总账能够反映总账账户间的对应关系。

24.（ ）科目汇总表的编制简化了登记总账的工作量，并且能够进行日常试算平衡。

25.（ ）科目汇总表和根据其登记的总账不能够反映总账账户间的对应关系。

四、业务题

【业务题一】

目的：练习库存现金日记账的登记。

资料：正业公司20×1年6月初库存现金余额为2 500元。6月份发生下列与现金收付有关的经济业务：

(1) 6 月 2 日，从银行提取现金 2 000 元，以备零星开支之用。

(2) 6 月 4 日，收到客户所欠上月销货款差额 850 元现金。

(3) 6 月 5 日，将昨日收到的 850 元现金存入银行。

(4) 6 月 10 日，采购员王强出差预借差旅费 1 500 元，以现金支付。

(5) 6 月 15 日，以现金支付公司办公用品费 500 元。

(6) 6 月 18 日，采购员王强回公司报销差旅费 1 300 元，并交回多余的 200 元现金。

(7) 6 月 20 日，从银行提取现金 120 000 元，备发工资。

(8) 6 月 20 日，以现金发放本月工资 120 000 元。

(9) 6 月 25 日，以现金支付业务招待费 800 元。

(10) 6 月 30 日，收到购货方付来租借包装物的押金 900 元现金。

要求：

(1) 根据上述经济业务编制专用记账凭证(以会计分录代替)。

(2) 根据专用记账凭证登记如表 7-3 所示的库存现金日记账。

(3) 月末结出库存现金日记账的本月发生额和月末余额。

表 7-3 库存现金日记账

20×1 年		凭证		摘要	对应科目	收入	付出	结余
月	日	种类	号数					

【业务题二】

目的：练习总分类账和明细分类账的登记。

资料：友利公司设有一个基本生产车间，生产甲、乙两种产品。20×1 年 7 月份该基本生产车间发生如下经济业务：

(1) 7 月 5 日，生产甲、乙产品分别领用材料 40 000 元、30 000 元，车间一般性消耗领用材料 5 000 元。

(2) 7 月 15 日，车间管理发生零星支出 1 800 元，款项通过银行付讫。

(3) 7 月 25 日，以银行存款支付当月水电费 7 000 元(不考虑增值税)，其中由车间负担 4 500 元，行政管理部门负担 2 500 元。

(4) 7 月 31 日，结算本月职工薪酬，其中甲产品生产工人薪酬 200 000 元，乙产品生产工人薪酬

100 000元,车间管理人员薪酬 20 000 元,行政管理部门人员薪酬 40 000 元。

(5) 7 月 31 日,计提本月车间用固定资产折旧 6 000 元。

(6) 7 月 31 日,摊销本月负担的车间财产保险费 1 000 元。

(7) 7 月 31 日,计提本月负担的因临时租入生产设备应付租金 2 000 元。

(8) 7 月 31 日,结转本月制造费用,其中甲产品应负担 60%,乙产品应负担 40%。

要求:

(1) 根据上述经济业务编制专用记账凭证(以会计分录代替)。

(2) 根据专用记账凭证逐笔登记如表 7-4 和表 7-5 所示的制造费用总分类账和明细分类账并进行月末结账。

表 7-4　　**总分类账**

会计科目:制造费用

20×1 年		凭证		摘要	对应科目	借方	贷方	借或贷	余额
月	日	种类	号数						

表 7-5　　**制造费用明细分类账**

明细科目:基本生产车间

20×1 年		凭证		摘　要	借方						贷方	余额
月	日	种类	号数		机物料	薪酬	折旧	水电费	保险费	其他		

【业务题三】

目的:练习明细分类账的登记。

资料:华新公司单独设立“预付账款”账户核算预付货款。20×1 年 8 月 1 日甲材料结存 500 千克,单价 20 元/千克。8 月份发生的有关经济业务如下:

(1) 8 月 2 日,从 A 公司购入甲材料 400 千克,单价 20 元/千克,取得的增值税专用发票上列明价款 8 000元和增值税税额 1 040 元,款项暂欠,材料已验收入库。

(2) 8 月 5 日,接受 B 公司投资转入甲材料 900 千克,投资合同约定 20 元/千克(不考虑增值税),双方确认 B 公司出资额为 18 000 元,材料已验收入库。

(3) 8 月 10 日,生产产品领用甲材料 1 200 千克。

(4) 8 月 15 日,与 C 公司签订采购合同,合同规定从 C 公司采购甲材料 1 000 千克,单价 20 元/千克,货款 20 000 元。按照合同规定,当即以银行存款向 C 公司预付货款额的 40%。

(5) 8 月 20 日,从 A 公司购入甲材料 600 千克,单价 20 元/千克,取得的增值税专用发票上列明价款 12 000 元和增值税税额 1 560 元,款项已通过银行支付,材料尚未到达。

(6) 8 月 25 日,向 C 公司采购的甲材料 1 000 千克收到增值税专用发票,发票上列明价款 20 000 元和增值税税额 2 600 元,同时材料验收入库,并当即用银行存款补付差额。

(7) 8 月 28 日,行政管理部门领用甲材料 800 千克,车间一般消耗领用甲材料 500 千克。

(8) 8 月 30 日,本月 20 日从 A 公司购入的甲材料今验收入库。

要求:

(1) 根据上述经济业务编制专用记账凭证(以会计分录代替)。

(2) 登记如表 7-6 所示的甲材料明细分类账并进行月末结账。

表 7-6　　原材料明细分类账

品名:________　　　　实物计量单位__________

20×1 年		凭证		摘要	收入			发出			结存		
月	日	种类	号数		数量	单价	金额	数量	单价	金额	数量	单价	金额

【业务题四】

目的:练习错账更正方法。

资料:利达公司于 20×1 年 8 月 31 日月末结账前,经对账发现本月有以下几笔经济业务的记录有错误:

(1) 8 月 5 日,以库存现金支付行政管理部门购买办公用纸张文具 765 元。编制的记账凭证审核无误，会计人员在登记管理费用明细分类账时，将765元误记为675元。

(2) 8月10日，生产车间生产A产品领用甲材料4 500元，会计人员在编制记账凭证时，将应借记“生产成本”账户误记为借记“制造费用”账户，并已登记入账。

(3) 8月20日，以银行存款支付本月短期借款利息80 000元，会计人员在编制记账凭证时，将80 000元误记为800 000元，并已登记入账。

(4) 8月31日，结转本月已销A产品生产成本32 000元，会计人员在编制记账凭证时，将32 000元误记为23 000元，并已登记入账。

要求：指出以上各笔错误记录应采用的错账更正方法，并进行错账更正。对于需要编制错账更正分录的，请编制错账更正分录；不需要编制错账更正分录的，请用文字说明更正的方法。

【业务题五】

目的：练习错账更正方法。

资料：万丰公司于20×1年9月30日月末结账前，经对账发现如表7-7所示的管理费用总账记录中有两处错误：

(1) 9月30日，行政管理部门领用材料5 300元，在管理费用总账中登记为3 500元，经查系记账凭证错记为3 500元所致。

(2) 9月30日，行政管理部门计提折旧2 000元，会计人员在登记管理费用总账时，将对应账户“累计折旧”写成了“累积折旧”。

表7-7　　　　**总分类账**

会计科目：管理费用

20×1年		凭证		摘要	对应科目	借方	贷方	借或贷	余额
月	日	种类	号数						
9	2	现付	1	购买办公用品	库存现金	800		借	800
	10	银付	3	支付业务招待费	银行存款	1 200		借	2 000
	20	银付	7	支付本月水电费	银行存款	4 000		借	6 000
	30	转	15	领用材料	原材料	3 500		借	9 500
	30	转	16	分配职工薪酬	应付职工薪酬	80 000		借	89 500
	30	转	17	计提折旧	累积折旧	2 000		借	91 500

要求：

(1) 采用适当的错账更正方法更正上述记账错误。

(2) 编制月末结转管理费用账户的会计分录，并登记管理费用总账及进行月末结账。

【业务题六】

目的：练习错账更正方法。

资料：东信公司20×1年8月月末结账前各损益类账户的发生额，如表7-8所示。

表 7-8　　20×1 年 8 月各损益类账户发生额

账户名称	借方发生额	账户名称	贷方发生额
主营业务成本	1 300 000	主营业务收入	2 500 000
其他业务成本	120 000	其他业务收入	300 000
税金及附加	50 000	营业外收入	20 000
销售费用	25 000		
管理费用	80 000		
财务费用	40 000		
营业外支出	5 000		

月末，经会计人员核对账目后发现账簿记录中有如下错误：

(1) 8 月 15 日，公司以银行存款支付公益性捐赠支出 50 000 元，会计将其记入 8 月份的“管理费用”账户。

(2) 月末预收购货方货款 67 800 元存入银行，会计即将其确认为本月收入 60 000 与增值税税额 7 800 元。

(3) 月末计提行政管理部门固定资产折旧 2 540 元，会计在过账时，借记“管理费用”账户 2 450 元。

(4) 月末摊销公司行政管理部门负担的房屋租金 4 200 元，会计在编制记账凭证时误记为 2 400 元，并已登账。

要求：

(1) 采用适当的错账更正方法更正上述记账错误。

(2) 计算上述记账错误影响公司 8 月份营业利润的数额。

(3) 计算错账更正后该公司 8 月份的营业利润与利润总额。

(4) 编制月末结转损益类账户的会计分录。

【业务题七】

目的：掌握各种账务处理程序。

资料：东方公司 20×1 年 7 月份发生的交易或事项如下：

(1) 1 日，收回八一公司前欠货款 22 000 元，存入银行。

(2) 3 日，以银行存款 40 000 元归还银行短期借款。

(3) 5 日，长城公司投入货币资金 30 000 元，存入银行。

(4) 6 日，以银行存款 50 000 元，发放职工薪酬。

(5) 8 日，以银行存款支付产品广告费 5 900 元。

(6) 10 日，出售产品给八一公司，其中 A 产品 300 件，单价 200 元；B 产品 200 件，单价 100 元。增值税专用发票注明：金额为 80 000 元，增值税税额为 10 400 元。货款收到存入银行。

(7) 12 日，向银行借入短期借款 20 000 元，存入银行。

(8) 14 日，以银行存款支付 2 000 元购买办公用品。其中：车间领用 900 元，行政管理部门领用 1 100 元。

(9) 15 日，以银行存款归还前欠红星公司货款 15 000 元。

(10) 15 日，出售产品给八一公司，其中：A 产品 300 件，单价 200 元；B 产品 400 件，单价 100 元。增值税专用发票注明：金额为 100 000 元，增值税税额为 13 000 元。货款尚未收到。

(11) 16 日，基本生产车间加工产品领用甲材料 100 吨，计 30 000 元，A 产品耗用 60 吨；B 产品耗用 40 吨；领用乙材料 20 吨，计 4 000 元，A 产品耗用 10 吨；B 产品耗用 10 吨。

(12) 18 日，向东风公司购进甲材料 100 吨，单价 300 元，增值税专用发票注明：金额为 30 000 元，增值税税额为 3 900 元。货款尚未支付，材料已验收入库。

(13) 20 日，向红星公司购进乙材料 150 吨，单价 200 元。增值税专用发票注明：金额为 30 000 元，增值税税额为 3 900 元。货款尚未支付，材料已验收入库。

(14) 22 日，以银行存款归还前欠东风公司货款 12 000 元。

(15) 25 日，基本生产车间加工产品领用甲材料 50 吨，计 15 000 元，A 产品耗用 9 000 元；B 产品耗用 6 000 元，车间一般性耗用乙材料 10 吨，计 2 000 元，公司管理一般性耗用乙材料 10 吨，计 2 000 元。

(16) 28 日，以银行存款归还欠红星公司货款 30 000 元。

(17) 31 日，计提固定资产折旧 10 000 元，其中：车间计提 5 800 元，行政管理部门计提 4 200 元。

(18) 31 日，分配职工薪酬 67 500 元，其中：生产 A 产品工人工资 27 000 元，生产 B 产品工人工资 13 500元，车间管理人员工资 10 800 元，行政管理人员工资 16 200 元。

(19) 31 日，长城公司投资转入全新机器设备一台，计 28 000 元。

(20) 31 日，按生产工人薪酬比例分配结转制造费用 19 500 元。

(21) 31 日，A 产品、B 产品各 1 000 件全部完工，结转已完工入库产品的生产成本 121 000 元(A 产品期初在产品成本为 7 000 元；B 产品期初在产品成本为 5 000 元)。

(22) 31 日，结转本月已销售产品的生产成本 72 600 元。

(23) 31 日，结转主营业务收入 180 000 元。

(24) 31 日，结转主营业务成本 72 600 元，管理费用 23 500 元，销售费用 5 900 元。

要求：

将上述交易或事项分为 2 组，第一组业务(1)～(10)，第二组业务(11)～(24)。第一组，收、付款业务较多，转账业务较少；第二组，转账业务较多，收、付款业务较少。比较两组交易或事项编制科目汇总表、汇总记账凭证的方法和工作量。具体包括：

(1) 根据第一组记账凭证，编制科目汇总表和汇总记账凭证。

(2) 根据第二组记账凭证，编制科目汇总表和汇总记账凭证。

(3) 比较这两组科目汇总表、汇总记账凭证的工作量。

(4) 说明科目汇总表账务处理程序、汇总记账凭证账务处理程序的优缺点、适用范围。

四、案例分析题

(一) 会计专业毕业生专业知识的小检验

某财经大学会计专业毕业的李鑫，被录取到宏达股份公司财务部担任出纳工作，由于工作表现出色，3 个月后调离出纳岗位，接任材料核算工作，1 年后又调任成本核算工作。对公司安排的每项工作，李鑫都能认认真真并出色完成。在先后接任材料核算与成本核算会计工作两年后，李鑫又被调任了会计稽核工作，工作的专业知识掌握程度与责任等在逐渐增加，这对李鑫来说，既是锻炼的机会也是挑战与检验。调任会计稽核工作不久，李鑫在对公司 20×1 年 6 月份的有关凭证进行审核时，对以下四笔业务的记录存在疑义：

(1) 20×1 年 6 月 5 日，以现金支票支付业务招待费 4 000 元。记账凭证和账簿记录为：

借：销售费用　　4 000

　　贷：库存现金　　4 000

(2) 20×1 年 6 月 10 日，公司在新产品展览会上与 M 公司签订了供货合同，供货金额 600 000 元，M 公司当即支付了 271 200 元货款，余款在下月交货后付清。记账凭证和账簿记录为：

借：银行存款　　271 200

　　贷：主营业务收入　　240 000

　　　　应交税费——应交增值税(销项税额)　　31 200

(3) 20×1 年 6 月 30 日，产品生产车间一般消耗领用材料 2 000 元。记账凭证和账簿记录为：

借：生产成本　　2 000

　　贷：原材料　　2 000

(4) 20×1 年 6 月 30 日，摊销上月预付本月新产品展览会的展览费 50 000 元。记账凭证和账簿记录为：

借：管理费用　　50 000

　　贷：预付账款　　50 000

李鑫认为上述记录存在问题，在与有关人员进行交流时得到如下陈述理由：

对业务(1)处理的理由是：发生业务招待费是为了争取客户销售本公司的产品，因而作为销售费用是合理的。

对业务(2)处理的理由是：收到的 271 200 元究其最终是因销售产品所得，按增值税税率 13%计算(271 200÷1.13=240 000，240 000×13%=31 200)，将 240 000 元作为营业收入和 31 200 元作为增值税税额处理有理有利，利在公司可因此盈利而国家还可据以征税。

对业务(3)处理的理由是：产品生产车间耗料最终是为了生产产品，理应由产品成本负担，因此应借记“生产成本”账户。

对业务(4)处理的理由是：展览费发生是因公司组织参展发生的，属于由公司统一负担的费用，应该作为管理费用处理。

李鑫听了有关人员的陈述后，认为上述处理不符合相关会计规定并作了解释，要求进行更正。

分析要求：

(1) 你是否认可宏达股份公司有关人员对上述业务的处理及其理由？不认可的请说明理由。

(2) 请为宏达股份公司编制更正错账的会计分录。

(二) 企业应采用何种账务处理程序

某公司下属两个分公司，分别独立核算，且业务量较大。A 分公司收付款业务较多，B 分公司转账业务较多，其财务科均采用了记账凭证账务处理程序。理由是简便、易于操作，容易进行总账与明细账之间的核对。最近李翔新应聘该公司财务科科长后，提议 A 分公司采用汇总记账凭证账务处理程序，B 分公司采用科目汇总表账务处理程序。

分析要求：

(1) 李翔提议改变账务处理程序的依据是什么？

(2) 汇总记账凭证账务处理程序、科目汇总表账务处理程序的主要区别是什么？

(3) 为什么 A、B 分公司分别采用了不同的账务处理程序？

(4) 你认为李翔的建议合理吗？你有其他建议吗？

第八章　财　产　清　查

一、概要解析

(一) 财产清查

财产清查就是通过对各项财产物资、货币资金及债权债务进行盘点和核对，以查明各项财产物资、货币资金及债权债务的实存数，并与账面数进行核对，从而检查账实是否相符的一种专门的会计核算方法。财产清查不仅是会计核算的专门方法，也是内部控制制度中针对财产物资管理的一项重要控制制度，通过财产清查可以发现账面结存数和实际结存数是否存在差异，进而采用相应的会计方法进行调整，以保证账实相符，从一定程度上保证会计信息的真实性和可靠性。

(二) 全面清查

全面清查是指对所有财产和资金进行全面盘点与核对。其清查对象主要包括原材料、在产品、自制半成品、库存商品、库存现金、短期借款、有价证券及外币、在途物资、委托加工物资、往来款项和固定资产等。

全面清查的内容全、范围广，需要彻底清查单位的所有物资，因此，投入的人力多、费用高、时间长，一般在年终决算或单位破产、撤销、合并或改变隶属关系时进行，目的是保证会计核算资料的真实性。此外，企业在进行清产核资时也应进行一次全面清查，以便如实反映企业情况。

(三) 局部清查

局部清查也称重点清查，是指对一个单位的部分财产进行的清查。例如，流动资金中变化较为频繁的原材料、在产品、库存商品等，除每年进行全面清查外，还应根据需要随时轮流盘点或重点抽查，对于各种贵重物资至少每月盘点一次，对于库存现金要天天核对，对于银行存款和银行借款至少每月同银行核对一次。局部清查相对于全面清查而言，需要的人力少、费用低。

(四) 银行存款清查的步骤

银行存款清查按以下四个步骤进行：

(1) 将本单位银行存款日记账与银行对账单,以结算凭证的种类、号码和金额为依据,逐日逐笔核对。凡双方都有记录的,用铅笔在金额旁打上记号"√"。

(2) 找出未达账项(即银行存款日记账和银行对账单中没有打"√"的款项)。

(3) 将日记账和对账单的月末余额及找出的未达账项填入"银行存款余额调节表",并计算出调整后的余额。

(4) 将调整平衡的"银行存款余额调节表",经主管会计签章后,呈报开户银行。

凡有几个银行户头以及开设有外币存款户头的单位,应分别按照存款户头开设"银行存款余额调节表"。每月月底,应分别将各户头的"银行存款余额调节表"与各户头的"银行对账单"核对,并分别编制各户头的"银行存款余额调节表"。

需要注意的是编制银行余额调节表的目的是为了检查账簿记录的正确性,而不是要变更账簿记录,所以在各项未达账项未收到银行转来的有关收、付结算凭证时,不能进行账务处理。对于银行已经划账,而企业尚未入账的未达账项,必须待银行结算凭证达到后,才能据以入账,不能以银行存款余额调节表作为记账依据。

(五) 财产清查结果处理的步骤和方法

对于财产清查结果的处理可分为以下两种情况:

(1) 审批之前的处理。根据"清查结果报告表""盘点报告表"等已经查实的数据资料,填制记账凭证,记入有关账簿,使得账簿记录与实际盘存数相符,同时根据权限,将处理建议报股东大会或董事会,或经理(厂长)会议或类似机构批准。

(2) 审批之后的处理。企业清查的各种财产的损溢,应于期末前查明原因,并根据企业的管理权限,经股东大会或董事会,或经理(厂长)会议或类似机构批准后,在期末结账前处理完毕。企业应严格按照有关部门对财产清查结果提出的处理意见进行账务处理,填制有关记账凭证,登记有关账簿,并追回由于责任者原因造成的财产损失。

企业清查的各种财产的损溢,如果在期末结账前尚未经批准,在对外提供财务报表时,先按上述规定进行处理,并在附注中作出说明;其后批准处理的金额与已处理金额不一致的,调整财务报表相关项目的年初数。

二、背景资料

(一) 财产清查的理论基础:产权理论

财产所有权简称产权,是经济学中的概念。它有两种权利:一是财产的所有权,这是产权的基础,指的是资产的终极归属;二是在财产所有权的基础上,对财产的占有、使用、处置和收益等,这些权利也一并算入产权。

从产权的角度界定,企业资产的一般范围应该是企业产权涉及的全部资产。为了在资产清查中按照国家有关法律、法规和政策逐步理顺企业的产权关系,明确资产所有权归属,促进建立现代企业制度，在实践工作中需要明确资产清查中有关产权界定工作事项，这就需要产权理论作为理论依据。

产权理论是研究在资源配置中，如何通过产权界定来进行正常交易、协调利益主体之间冲突、减少交易费用。明晰的产权有利于降低交易费用支出，优化资源配置；反之，在交易中成本费用会大幅提高，也导致运作效率低下。

(二) 财产清查的理论基础:资产评估理论

资产评估是伴随着社会主义市场经济体制的确立和发展而逐步成长的。作为一项随市场化社会经济活动而运行的动态化活动，这是市场经济正常运营的必要因素。资产评估的社会性及其公证性，在资产清查与处置、产权计价等方面，发挥了重要作用，为活跃市场经济起到了重要作用。资产评估是具有评估资质的评估机构及其人员，根据不同的需要，依据国家规定和有关资料，遵循法定或公允的标准和程序，运用科学的方法，以货币作为计算权益的统一尺度，对在一定时点上的资产进行评定估算的行为。主体、客体、目的、标准、程序、方法、基准日以及评估的价值类型是资产评估的八要素。

同样的资产，因为资产评估采用的手段、导向目标不同，同一资产的评估价值会有不同。在我们国家，资产评估在国有企业改革中占据了相当重要的地位，当国有企业发生企业间的重组改制或者资产转让等一系列行为时，在产权发生变更时，资产评估的重要性就得以体现。随着社会主义市场经济的进一步发展，国有企业改革的深化，不少市场主体在正常运营、企业的联营或者清算中，虽然目的不同，但是都需要进行资产评估来进行有针对性的评价等活动，对于承包租赁、联营、资产拍卖、经济贷款以及纳税评估，资产评估都是一个重要环节。

进行资产评估，我们要选择合适的资产评估准则，这是开展评估工作的首要步骤。按我国的管理要求，资产评估有四种常用的准则：重置成本、现行市价、收益现值以及清算价格，评估方法上，则有收益现值法、重置成本法、现行市价法及清算价格法。

(三) 财产清查、资产评估的区别

1. 概念的界定

财产清查是财务会计工作中的常规工作。它是通过实地盘点企业财产物资及货币资金、核对往来等方法，查明企业所拥有或所控制的资产实有数，并与账存余额相核对，发现差异，找出原因，调整账面数额，使得账实相符。这项工作对于保证企业会计核算的真实性，加强企业的资产管理，提高资产利用效率都有重要作用。

资产评估是在企业进行产权转让、资产交易或兼并合股时，运用科学的估价方法对企业特定资产的现在价值作出正确的评定和估量，使得资产交易建立在公平市场交易价的基础上。

2. 两者的若干区别

(1) 两者工作目的不同。财产清查工作是为了查清企业资产的实有数，并与账存数相

核对，发现差异，找出原因，调整账目，保证会计资料真实可靠。这是贯彻会计核算真实性原则所要求的。资产评估工作的目的是为了评定企业某特定资产的现在价值，保证资产的公平交易，从而维护企业的权益。

(2) 两者评价标准不同。财产清查评价账实是否相符，完全依据会计账户记载的历史成本，不论现行市价上涨或下跌，资产现在的市场公平交易价。资产的交易行为、产权转让、合资合股，都是发生在当前的事。为保证交易双方的权益，必须公平合理地估价双方资产的现在价值。

(3) 两者采用的主要方法不同。财产清查采用的主要方法是常规的实地盘点清查、核对往来和对账的方法。资产评估则应视不同的情况分别采用不同的方法。固定资产评估方法有收益现值法、重置成本法和现行市价法和清算价格法；流动资产评估方法有历史成本法和现值成本法；无形资产评估方法有绝对值计价法、相对值计价法和混合估价法。以上方法对不同的企业可根据实际需要采用。

(4) 两者的工作执行机构不同。财产清查由企业财务会计工作人员进行，月终盘点、年终清查都是企业财会工作者的工作内容。除特殊情况需派其他专门人员进行财产清查外，企业的财产清查主要由企业财会人员承担完成。资产评估工作应由政府国有资产管理行政主管部门授权的有资格进行资产评估的专门机构进行，该机构持有政府有关部门正式颁发的资产评估资格证书。目前，在我国持有资格证书的资产评估公司、会计师事务所、审计事务所、财务咨询公司、临时评估机构等都可以从事资产评估工作。政府部门、企业或不持有资产评估资格证书的学术团体或个人，资产评估的结论是无效的。

(四) 财产清查与内部控制

1. 财产清查与内部控制在理论上的关系

内部控制是指各单位为了实现组织目标，保证自身的运作效率和效果，保护本单位的财产安全、完整，确保会计及其他数据的正确可靠，保证国家财经纪律和本单位规章制度的贯彻执行，利用单位内部分工而产生的相互制约、相互联系，而形成的一系列具有控制职能的方法、措施、程序，并予以规范化、系统化，使之组成一个有效的控制机制。

一般认为，内部控制可以划分为“内部牵制→内部控制制度→内部控制结构→内部控制整体框架→企业风险管理架构”五个发展阶段。从控制理论的发展进程看，内部控制与会计有着“天然”的联系。早期的内部控制思想是以账簿之间的核对、账簿记录与财产的一致性以及会计报表数据可靠性为其核心内容。内部控制在现金业务、银行存款业务、存货、固定资产等方面都有运用。

从会计循环程序看，当企业将所有经济业务处理完毕并登记到相关账户中去后，到会计期末就可准备编制财务报表。为保证财务报表信息的完整、准确、可靠，除日常的会计循环过程中严格执行各项程序外，还需要定期进行财产清查，做到账实相符。

2. 内部控制下组织好资产清查的前期准备工作

(1) 根据公司资产清查的现状，通过细致的工作调研结合专业的实践事项，首先编制如

图 8-1 所示的流程图，并进行流程梳理，阐述关键节点，规范公司资产清查方面的工作流程。

流程图	流程说明	关键节点	财务部	资产使用部门	采购与设备管理部	总经理
清点汇总	1. 清点盘查固定资产、存货并汇总数额	1. 按时清点，形成制度	提出	实施	实施	
↓ 账实对照	2. 根据清点结果，账实对照	2. 用清点小票与实物核对，检查清点的准确性 3. 用实物账与清点结果核对，两点分离	实施	实施	实施	
↓ 账账对照	3. 核查账账是否相符	4. 用实物账和财务账核对	实施		实施	
↓ 清点汇总	4. 呈报盘点报告，分析产生差异的原因	5. 分析原因，查找漏洞		实施	实施	批准

图 8-1 资产清查流程

（2）根据所编制的流程图，深入了解企业工作实际情况，在编制流程图与风险矩阵期间内应不断与相关部门进行沟通，逐层分析关键风险点，跟进实际状况采取内控策略。

（五）三种特殊存货的盘点技巧

一般企业的存货盘点较为容易，但特殊企业存货的盘点由于接触少，对其盘点方法和技术缺乏了解，这里简述一些特殊存货的盘点方法。

1. 渔业水产养殖的盘点方法

根据工作经验，在此简单介绍鲟鱼的盘点方法，其他渔业的盘点可作参照。在盘点鲟鱼及其他鱼种时，应多关注它们的生活习性和生长特征，以便在盘点时，不致对其造成伤害。现对盘点鲟鱼经常使用的几种方法介绍如下：

方法一，通常采用的盘点方法是拉网式盘点，即在每年鱼种生长能力最强的时期通过拉网翻池的方法，将商品鱼由渔网驱赶到养殖水域一端，再由人工用小捕捞网把商品鱼由密集水域向另一侧无鱼水域翻池，同时记录已翻池的商品鱼鱼种及数量。

方法二，在实际工作中所遇到的渔业水产养殖企业通常能够具备相对完善的生产内控制度，可以根据企业生产部门的生产作业记录结合抽样盘点的方法对其进行盘点。生产内控制度健全的企业必须建立完备的生产作业记录，具体包括亲鱼产卵数量记录、鱼苗投放数量记录和每日出鱼死鱼数量记录。审计过程中可以通过查阅生产作业记录来计算商品鱼存栏量，通过抽样盘点的方式确认商品鱼的存栏量。公式为：本月存栏量＝上月存栏量＋本月投放数量－本月出鱼死鱼数量。抽样盘点应根据鱼种的生活习性选择标准面积水域存量盘点的方法进行抽样。操作时应注意下网后停留一段时间，待目标水域恢复水产分布后收网；将存网商品鱼数量进行详细清点，以此数据作为估算整体水域商品鱼存栏量的标准基数。

方法三，对于养殖中特殊的鱼卵、鱼苗、幼鱼，通常根据其所处的养殖环境不同，采用定量计量的方法选取一定量的养殖样本，根据样本量水体中的鱼卵、鱼苗、幼鱼数量来估算整体养殖容器中的总存活量。

2. 金属材料的盘点方法

在冶金行业与大型机械加工行业的审计过程中，经常遇到金属材料的盘点。这部分存货由于体积大、质量大、数量大等特点，不便于全面盘点，即使采用抽样的盘点方法也由于体积和质量的原因给盘点带来不便。

在实际工作中，一般分材质采用比重法进行抽样盘点。这种办法通过量方、计尺等方法确定金属材料的体积，然后再通过标准密度指数测算出金属材料的质量。计算方法如下：质量＝体积×密度。

3. 药品的盘点方法

在审计制药企业时，由于企业所属行业与其产品特殊性的限制，对制药企业的原料和产成品的账面价值认定有一定的影响。通常制药企业存货品种繁多，会计核算以商品箱件数为单位进行核算，盘点难度较大。那么制药企业的存货如何盘点呢？在实际工作中，对制药企业的存货通常通过内部控制调查与抽样盘点相结合的方法，确定企业的存货账面价值的真实性。

根据工作经验，制药企业由于产品的特殊性，其生产工艺较为复杂，自动化程度普遍较高；由于自动化程度较高，企业生产环节内控制度相对完善，在产品灌装包装过程中基本可以控制在允许误差范围。制药企业的生产、包装车间由于卫生环境要求极高，通常情况下不允许盘点。可以通过考核企业内控制度和分析企业内部控制执行情况的方法来判断企业在包装环节是否存在瑕疵，是否存在可能影响财务账面公允反映存货价值的因素。

在内部控制调查的基础上，可以在成品库中随机抽取某一品种的药品进行抽样盘点，结合账面存货数量进行核对。制药企业存货抽样盘点和随机检查时，产品一般包装质量能够保证，但应提高警惕的是所有产品的生产日期，关注已过期及将要到期的产品。如属到期或过期的产品，一般已失去价值，属应报废产品。

三、复习思考题与练习题

复习思考题

1. 财产清查的一般程序有哪些？
2. 什么是全面清查？企业一般在什么情况下进行全面清查？
3. 什么是局部清查？企业局部清查一般有几种不同做法？

4. 库存现金采用什么方法进行清查？应注意哪些事项？
5. 银行存款采用什么方法进行清查？步骤如何？
6. 什么是未达账项？未达账项有哪几种？如何编制银行存款余额调节表？
7. 实物资产采用哪些方法进行清查？
8. 往来款项采用什么方法进行清查？
9. 财产清查结果处理的步骤与方法如何？
10. “待处理财产损溢”账户的用途和结构是什么？

练 习 题

一、单项选择题（在每小题的备选答案中，选出一个最合适的答案）

1. 对于现金的清查，应将其结果及时填列（　　）。
   A. 盘存单　　B. 实存账存对比表
   C. 现金盘点报告表　　D. 对账单
2. 银行存款清查的方法是（　　）。
   A. 日记账与总分类账核对　　B. 日记账与收付款凭证核对
   C. 日记账与银行对账单核对　　D. 银行存款明细账与总账核对
3. 采用实地盘存制，平时账簿记录中不能反映（　　）。
   A. 财产物资的增加数　　B. 财产物资的期末数
   C. 财产物资的期初数　　D. 财产物资的盘盈数
4. 对债权债务的清查应采用的方法是（　　）。
   A. 询证核对法　　B. 实地盘点法
   C. 技术推算盘点法　　D. 抽样盘点法
5. 发现有待查明原因的现金短缺，应通过（　　）账户核算。
   A. “其他应收款”　　B. “其他应付款”
   C. “营业外支出”　　D. “待处理财产损溢”
6. 对于大堆、笨重的材料物资盘存及确定，一般采用（　　）。
   A. 实地盘点法　　B. 抽查检验法
   C. 技术推算盘点法　　D. 询证核对法
7. 下列对账工作中，属于账实核对的是（　　）。
   A. 企业银行存款日记账与银行对账单核对
   B. 总分类账与所属明细分类账核对
   C. 会计部门的财产物资明细账与财产物资保管部门的有关明细账核对
   D. 总分类账与日记账核对
8. 现金清查中无法查明原因的短款，经批准后记入（　　）账户。
   A. “管理费用”　　B. “财务费用”
   C. “其他应收款”　　D. “营业外支出”
9. 现金清查中，无法查明原因的长款，应记入（　　）账户核算。
   A. “其他应付款”　　B. “其他应收款”
   C. “管理费用”　　D. “营业外收入”
10. 库存商品因管理不善盘亏，在批准核销前，应借记（　　）账户。

A. “管理费用”　　B. “营业外支出”

C. “库存商品”　　D. “待处理财产损溢”

11. 下列各项中，属于实物资产清查范围的是(　　)。

A. 现金　　B. 存货

C. 有价证券　　D. 应收账款

12. 下列各项中，不属于财产清查的基本程序的是(　　)。

A. 清查前的准备工作　　B. 账项核对和实地盘点

C. 清查结果处理　　D. 复查报告

13. 财产清查是通过实地盘点、查证核对来查明(　　)是否相符的一种方法。

A. 账证　　B. 账表

C. 账实　　D. 账账

14. 在财产清查中填制的“账存实存对比表”是(　　)。

A. 调整账面记录的原始凭证　　B. 调整账面记录的记账凭证

C. 登记总分类账的直接依据　　D. 登记日记账的直接依据

15. 对银行存款所采用的清查方法一般是(　　)。

A. 实地盘点法　　B. 对账单

C. 估算法　　D. 技术推算法

二、多项选择题(在每小题的备选答案中，选出所有合适的答案)

1. 财产物资的盘存制度有(　　)。

A. 收付实现制　　B. 权责发生制

C. 永续盘存制　　D. 实地盘存制

E. 岗位责任制

2. 采用实地盘点法进行清查的项目有(　　)。

A. 固定资产　　B. 库存商品

C. 银行存款　　D. 往来款项

E. 现金

3. 财产清查结果的处理步骤包括(　　)。

A. 核准数字，查明原因　　B. 调整凭证，使账实相符

C. 调整账簿，使账实相符　　D. 进行批准后的账务处理

E. 销毁账簿资料

4. 下列说法中，正确的有(　　)。

A. 不需要根据“银行存款余额调节表”做任何账务处理

B. 对于未达账项，有关原始凭证到达后才做处理

C. 银行存款日记账余额与对账单余额如果调整后仍不一致，说明记账有可能出现错误

D. 期末要根据调整后的金额做账务处理

E. 银行余额调节表是通知银行更正错误的依据

5. 对于盘亏的财产物资，经批准后进行账务处理，可能涉及的借方账户有(　　)。

A. “管理费用”　　B. “营业外支出”

C. “营业外收入”　　D. “其他应收款”

E. “待处理财产损溢”

6. 下列资产中,需要从数量和质量两个方面进行清查的有(　　)。
A. 银行存款　　B. 原材料
C. 产成品　　D. 自制半成品
E. 应收账款
7. 下列各项中,属于账实核对工作内容的有(　　)。
A. 现金日记账的账面余额与实际库存数核对
B. 银行存款日记账账面余额与银行对账单核对
C. 各种债权、债务明细账账面余额与有关单位(或个人)核对
D. 各种财产物资实有数与相应明细账核对
E. 总账和明细账的核对
8. 进行局部财产清查时,正确的做法包括(　　)。
A. 现金每月清点一次　　B. 银行存款每月至少同银行核对一次
C. 贵重物品每月盘点一次　　D. 债权每年至少核对一两次
E. 债务每年至少核对一两次
9. 下列各项中,属于实物资产清查范围的有(　　)。
A. 现金　　B. 存货
C. 低值易耗品　　D. 应收账款
E. 银行存款
10. 下列清查事项中,属于不定期清查的有(　　)。
A. 发生意外灾害　　B. 清产核资前
C. 临时性检查　　D. 现金的检查
E. 银行存款的检查
11. 应记入"待处理财产损溢"账户借方核算的有(　　)。
A. 盘亏财产物资数额　　B. 盘盈财产物资的转销数额
C. 盘盈财产物资数额　　D. 盘亏财产物资的转销数额
E. 现金短缺
12. 下列各项中,需要进行全面财产清查的情况有(　　)。
A. 年终决算之前　　B. 企业股份制改制前
C. 进行全面资产评估时　　D. 单位主要领导调离时
E. 单位主要领导调入时
13. 财产清查主要解决的问题有(　　)。
A. 确定单位财产物资的实存数和债权、债务的实际余额
B. 查明财产物资的实存数与账面数的差异及其产生的原因
C. 调整账目,达到账实相符
D. 不断发现和解决会计核算和会计管理方面的问题
E. 查明总账与明细账账面数的差异及其产生的原因
14. 结转盘亏的固定资产时,不能列入"营业外支出"核算的有(　　)。
A. 固定资产的变价收入
B. 过失人赔偿部分
C. 已经提取的折旧

D. 固定资产原价扣除累计折旧、变价收入和赔偿后的差额

E. 保险公司的赔偿部分

15. 造成账实不符的原因包括(　　)。

A. 储存中发生自然损耗

B. 财产物资收发计量错误

C. 财产物资的损毁

D. 账簿的漏记、重记

E. 财产物资的被盗

三、判断题(认为正确的在题目前面括号内打"√",认为错误的在题目前面括号内打"×")

1. (　　)为了反映和监督各单位在财产清查过程中查明的各种资产的盈亏或毁损及报废的转销数额,应设置"待处理财产损溢"账户,该账户属于资产类性质账户。
2. (　　)不论采用何种盘存制度,账面上都应反映存货的增减变动及结存情况。
3. (　　)无论采用何种盘存制度,期末都需要对财产物资进行清查。
4. (　　)在财产清查的种类中,一般地说,定期清查是全面清查,不定期清查是局部清查。
5. (　　)企业对财产清查的处理都要先通过"待处理财产损溢"科目记录。
6. (　　)银行存款日记账和银行对账单都正确时,两者的余额仍然有可能不一致。
7. (　　)实地盘点法适用于大量的、成堆的、无法逐一清点或准确计量的实物资产,通常用于煤炭、砂石等大宗物资的清查。
8. (　　)企业财产清查中,发现账外设备一台,报经批准后,应冲减"营业外支出"。
9. (　　)财产清查中,对发现的确实无法支付的应付账款经批准后应转入"营业外收入"账户处理。
10. (　　)坏账是指企业无法收回或收回的可能性极小的应收款项。对于坏账,企业一旦确认,就意味着放弃了追索权。
11. (　　)账账核对是指企业银行存款日记账与银行对账单的核对。
12. (　　)会计部门各种财产物资明细分类账期末余额与财产物资使用、保管部门的有关财产物资明细分类账期末余额进行核对,属于账账核对的内容。
13. (　　)定期清查可以是全面清查,也可以是局部清查。
14. (　　)盘盈的固定资产,应按照重置价值减去估计折旧的差额计入营业外收入。
15. (　　)现金清查中发现长款,如果无法查明原因,经批准应当冲减当期管理费用。
16. (　　)财产清查如果账实不符,说明记账肯定出现了差错。
17. (　　)财产清查主要是指对企业存货、固定资产等实物资产的清查。
18. (　　)在进行财产清查前,会计部门应将所有账目全部登记入账,结出余额,核对清楚,做到账簿记录完整,计算准确,账证相符,账账相符。
19. (　　)银行存款余额调节表是用于核对银行存款余额的,因此,可以作为记账的依据。
20. (　　)根据财产物资盘点结果填制的"实存账存对比表",可以作为调整账面记录的原始凭证。

四、业务题

【业务题一】

目的:练习编制银行余额调节表。

资料:某企业银行存款日记账月末余额为124 950元,银行对账单的余额为129 885元,经核对,发现有下列未达账项:

企业已入账,银行尚未入账的企业存入转账支票11 200元。

企业购材料开出转账支票9 100元,银行尚未入账。

银行已入账,企业未入账的银行代收销售款6 790元。

银行已入账,企业未入账的银行存款利息 245 元。

要求:根据以上未达账项,编制银行存款余额调节表。

【业务题二】

目的:练习财产清查中的会计处理。

资料:某企业在财产清查中,盘盈甲材料一批,价值 3 400 元;盘亏乙材料 15 000 元,其中 5 000 元属于自然损耗,10 000 元属于非常损失。

要求:

(1) 在报经批准前,根据账存实存对比表,编制会计分录。

(2) 在批准后,根据批准处理意见编制会计分录。

【业务题三】

目的:练习财产清查中的会计处理。

资料:某企业在财产清查中,发现下列情况:

(1) 短缺机器一台,原价 6 000 元,已提折旧 2 400 元。

(2) 甲材料账面余额 300 千克,单价 20 元/千克,实地盘点数为 292 千克。乙材料账面余额 450 千克,单价 15 元/千克,实地盘点数为 460 千克。库存现金短缺 55 元。

(3) 经批准,上述盘亏的固定资产,列为营业外支出;甲材料盘亏系材料收发过程中计量误差所致,列作管理费用,乙材料盘盈作冲减管理费用处理;短缺现金责成有关过失人赔偿。

要求:根据以上资料,编制会计分录。

【业务题四】

目的:练习编制银行余额调节表。

资料:某企业 20×1 年 11 月 30 日银行存款日记账账面余额为 386 000 元,银行对账单上的余额为 368 200元。经与银行对账,发现有下列几笔未达账款:

(1) 销售产品,收到货款 60 000 元,支票已送存银行,企业已经入账,银行尚未记账。

(2) 用银行存款支付广告费 10 000 元,转账支票已开出,银行尚未记账。

(3) 本月水电费 2 800 元,银行已划出,企业尚未记账。

(4) A 公司偿付前欠货款 35 000 元,银行已收入企业账户,企业尚未记账。

要求:编制企业银行余额调节表。

【业务题五】

目的:练习财产清查后有关会计处理的分录编制。

资料:某企业 20×1 年 11 月 30 日财产清查中发现下列账实不符的情况:

(1) 企业库存材料甲盘亏 1 500 元,属于一般经营损失,经审批冲减管理费用。

(2) 企业库存材料乙盘亏 2 000 元。其中 200 元属于定额内损耗;保管人员失职造成损失 300 元;自然灾害造成损失 1 500 元,其中保险公司应赔偿 1 000 元,其余转为营业外支出。

(3) 发现账外设备一台,同类固定资产市场价格为 45 000 元,经批准转作营业外收入。

(4) 发现短缺设备一台,账面原值为 40 000 元,已提折旧 18 000 元,经批准转作营业外支出。

要求:根据上述资料编制会计分录。

【业务题六】

目的:练习财产清查的方法和清查结果的会计处理。

资料:某企业 20×1 年年终进行资产清查,在清查中发现下列事项:

(1) 发现账外机器一台,估价原值 4 000 元,现值 900 元。

(2) 发现短缺设备一台,原价 4 000 元,已提折旧 1 600 元。

(3) 查明其他应收款 350 元,已无法收回。

(4) 查明其他应付款 1 000 元,已无法偿还。

(5) 原材料的账面资料和清查资料,如表 8-1 和表 8-2 所示。

表 8-1　　原材料账面资料

材料编号	材料名称	单位	单价	结余(12 月 31 日)	
				数量	金额(元)
1	A 材料	千克	30	1 200	36 000
2	B 材料	千克	25	800	20 000
3	C 材料	吨	9 000	20	180 000
4	D 材料	千克	20	2 700	54 000

表 8-2　　某企业盘存单

财产类别:原材料

存放地点:3 号仓库　　盘点时间 12 月 31 日　　编号:105423

编号	名称	单位	数量	单价	金额	备注
1	A 材料	千克	1 120	30	33 600	定额损耗 30 千克,收发计量差错 50 千克
2	B 材料	千克	780	25	19 500	保管人员失职造成
3	C 材料	吨	19	9 000	171 000	收发计量上的差错
4	D 材料	千克	2 750	20	55 000	代办企业加工剩余材料

盘点人签章:×××　　实物保管人签章:×××

上述各项盘盈、盘亏和损失,经查明原因属实,报请领导审核批准,作如下处理:

(1) 账外固定资产,增加企业营业外收入。

(2) 固定资产损失,作为企业营业外支出。

(3) 无法收回款项转销坏账准备。

(4) 无需偿还款项转作资本公积。

(5) 材料定额内损耗,作为管理费用处理。

(6) 材料收发计量上的差错,不论盘亏、盘盈均列入管理费用处理。

(7) 管理人员失职造成材料短缺,责成过失人赔偿。

要求:

(1) 编制原材料实存、账存对照表。

(2) 将上述清查结果,做成审批前会计分录。

(3) 根据报批处理结果,做会计分录。

四、案例分析题

（一）值得注意的采购验收过程中的舞弊行为

光华会计师事务所受托对东海钢铁公司的存货进行审计，发现以下问题：

该钢铁公司从制度文件上看已经建立了完善的内部控制制度，在其存货管理环节中实行了采购人员、运输人员和保管人员等不同岗位分工负责的内部牵制制度。然而，在实际操作过程中由于三人伙同作弊，使内部控制制度失去了监督作用。该钢铁公司20×1年根据生产需要每月购进各种型号的铁矿石1 000吨。20×1年7月，采购员采购人员张刚办理购货手续后，将发票提货联交由本企业汽车司机胡强负责运输，胡强在运输途中，一方面将200吨铁矿石卖给某企业，另一方面将剩余的800吨铁矿石运到本企业仓库，交保管员王虎按1 000吨验收入库，三个人随即分得赃款。财会部门从发票、运单、入库单等各种原始凭证的手续上看，完全符合规定，照例如数付款。企业在进行年终财产清查时发现短缺铁矿石300吨，只得将不足的原材料数量金额做流动资产的盘亏处理，批准转销后部分做管理费用处理，部分作营业外支出处理。

分析要求：

（1）该企业的会计处理是否合理？你认为盘亏的300吨铁矿石应该如何进行账务处理？

（2）你认为企业的管理中存在哪些漏洞？应采取什么措施以防止类似问题的发生？

（二）獐子岛“冷水团”事件及其特殊资产的盘点

獐子岛集团股份有限公司（以下简称为“獐子岛”）的起步可追溯至1958年，集团公司位于辽宁省大连市，注册资本7.1亿元，资产总额49亿元，公司于2006年9月28日在深交所上市（股票代码002069），并创造中国农业第一个百元股，曾先后被誉为“黄海深处的一面红旗”“海上蓝筹”。现公司已发展成为以海洋水产业为主，集海珍品育苗、养殖、加工、贸易、冻鲜品冷藏物流、客运、休闲渔业于一体的大型综合性海洋食品企业。

2014年10月31日，獐子岛发布的三季度业绩报告成为A股市场议论的焦点，将近150万亩海洋牧场受北黄海异常冷水团影响而遭遇重创，这些存货的价值高达10.18亿元，是其2013年净利润9 694.28万元的10.5倍。獐子岛由预盈乍然变成亏损超8亿元。消息一出，投资者哗然。一场“海洋冷水团”寒流，竟然令一家公司巨亏8亿多元。投资者们纷纷质疑“扇贝都去哪儿了”，更有股民直接提出“生要见肉死要见壳”的要求。

分析要求：獐子岛的存货情况到底如何，请以会计师事务所审计师的角度，思考分析如下问题：

（1）对于獐子岛公司处于海洋牧场的扇贝，这一特殊的存货应该如何进行盘点？

（2）这些作为存货的生物资产盘亏了，应该如何进行会计处理？对于资产和损益将有什么重大影响？

（3）对于农业和渔业类上市公司应如何建立特殊存货资产的内部控制制度？

第九章　财 务 报 表

一、概要解析

(一) 财务报表的含义和种类

财务报表是对企业财务状况、经营成果和现金流量的结构性表述。一套完整的财务报表至少应当包括下列组成部分:资产负债表、利润表、现金流量表、所有者权益变动表和附注。财务报表的这些组成部分具有同等的重要程度。

财务报表可以按照不同的标准进行分类:

(1) 按反映经济业务的内容不同,可以分为反映财务状况、经营成果、现金流量和所有者权益增减变动情况的财务报表。

(2) 按财务报表编报主体的不同,可以分为个别财务报表和合并财务报表。个别财务报表是由企业在自身会计核算基础上对簿记记录进行加工而编制的财务报表,它主要用以反映企业自身的财务状况、经营成果和现金流量情况。合并财务报表是以母公司和子公司组成的企业集团为会计主体,根据母公司和所属子公司的个别财务报表,由母公司编制的反映企业集团财务状况、经营成果和现金流量的财务报表。

(3) 按财务报表编报期间的不同,可以分为中期财务报表和年度财务报表。中期财务报表是以短于一个完整会计年度的报告期间为基础编制的财务报表,包括月报、季报和半年报等。

财务报表的分类情况,如表 9-1 所示。

表 9-1　　财务报表按照不同的标准分类表

<table>
<tr><th colspan="2">按反映的经济内容</th><th>按编制主体</th><th colspan="2">按编制期间</th></tr>
<tr><td>财务状况(资产、负债、所有者权益)</td><td>资产负债表</td><td rowspan="2">个别财务报表</td><td colspan="2">年度财务报表</td></tr>
<tr><td>经营成果(净利润、其他综合收益)</td><td>利润表</td><td rowspan="3">中期财务报表</td><td>半年报</td></tr>
<tr><td>现金流动情况(现金流入、现金流出、现金净流量)</td><td>现金流量表</td><td rowspan="2">合并财务报表</td><td>季报</td></tr>
<tr><td>所有者权益组成及其变动情况(所有者权益增加、减少)</td><td>所有者权益变动表</td><td>月报</td></tr>
</table>

(二) 资产负债表

资产负债表是反映企业在某一特定日期财务状况的会计报表。它所反映的是企业在某一特定日期所拥有或控制的经济资源、所承担的现实义务和所有者对净资产的要求权。

我国资产负债表采用账户式格式。即左方列示资产类各项目,反映全部资产的的分布及存在形态;右方列示负债类和所有者权益类各项目,反映全部负债和所有者权益的内容及构成情况。资产负债表左、右双方平衡,资产总计等于负债和所有者权益总计,即“资产=负债+所有者权益”。为了使报表使用者通过比较不同时点资产负债表的数据,掌握企业财务状况的变动情况及发展趋势,企业需要提供比较资产负债表,资产负债表还就各项目再分为“年初余额”和“期末余额”两栏分别填列。

资产负债表应当按照资产、负债、所有者权益三大类别分别列示。资产和负债应当按照流动性分别流动资产和非流动资产、流动负债和非流动负债列示。所有者权益按组成项目列报。满足下列条件之一的,应当归类为流动资产:①预计在一个正常营业周期内变现、出售或耗用。②主要为交易目的而持有。③预计在资产负债表日起 1 年内(含 1 年)变现。④自资产负债表日起 1 年内,交换其他正常或清偿负债的能力不受限制的现金或现金等价物。满足下列条件之一的,应当归类为流动负债:①预计在一个正常营业周期内清偿。②主要为交易目的而持有。③自资产负债表日起1年内到期应予以清偿。④企业无权自主地将清偿推迟至自资产负债表日起1年以上。正常的营业周期是指企业从购买用于加工的资产起至实现现金或现金等价物的期间。正常营业周期通常短于1年。因生产周期较长等导致正常营业周期长于 1 年的,尽管相关资产往往超过 1 年才变现、出售或耗用,仍应当划分为流动资产。正常营业周期不能确定的,应当以 1 年(12 个月)作为正常营业周期。企业对资产和负债进行流动性分类时,应当采用相同的正常营业周期。

资产负债表“期末余额”栏,应当根据资产、负债和所有者权益类科目的期末余额填列,具体可以归纳为这样几种情况:①根据总账科目的余额填列;②根据明细科目的余额计算填列;③根据总账科目和明细科目的余额分析计算填列;④根据有关科目余额减去其备抵科目余额后的净额填列;⑤综合运用上述填列方法分析填列。资产负债表“年初余额”栏,企业一般根据上年末资产负债表“期末余额”栏有关项目填列。

(三) 利润表

利润表是反映企业在一定会计期间的经营成果的会计报表。

在我国,企业利润表采用“多步式”格式,即通过对当期的收入、费用、支出项目按性质加以归类,按利润形成的主要环节列示一些中间性利润指标。分步计算当期净损益,便于报表使用者理解企业经营成果的不同来源。企业在利润表中应当对费用按照功能分类,分为从事经营业务发生的成本、管理费用、销售费用、财务费用等。企业的活动通常可以划分为生产、销售、管理、融资等,每一种活动上发生的费用所发挥的功能并不相同,因此,按照费用功能法将其分开列报,有助于使用者了解费用发生的活动领域。为了使报表使用者通过比较不同期间利润的实现情况，判断企业经营成果的未来发展趋势。企业需要提供比较利润表，利润表还就各项目再分为"本期金额"和"上期金额"两栏分别填列。

利润表主要反映以下几方面的内容：①营业收入，由主营业务收入和其他业务收入组成。②营业利润，由营业收入减去营业成本（由主营业务成本和其他业务成本组成）、税金及附加、销售费用、管理费用、研发费用、财务费用，加上其他收益、投资收益、净敞口套期收益（损失以"－"号填列）、公允价值变动收益（损失以"－"号填列）、信用减值损失（损失以"－"号填列）、资产减值损失（损失以"－"号填列）、资产处置收益（损失以"－"号填列）计算而得。③利润总额，由营业利润加上营业外收入减去营业外支出计算而得。④净利润，由利润总额减去所得税费用计算而得。⑤其他综合收益，具体分为"以后会计期间不能重分类进损益的其他综合收益项目"和"以后会计期间在满足规定条件时将重分类进损益的其他综合收益"两类，并以扣除相关所得税影响后的净额列报。⑥综合收益，由净利润加上其他综合收益的税后净额计算而得。⑦每股收益，包括基本每股收益和稀释每股收益两项指标。

企业应当根据损益类科目和所有者权益类有关科目的发生额填列利润表"本年金额"栏。具体可以归纳为这样几种情况：①根据有关损益类科目的发生额分析填列；②根据有关损益类科目所属的相关明细科目的发生额分析填列；③根据"其他综合收益"科目及其所属明细科目的本期发生额分析填列；④根据表中相关项目计算填列。利润表"上期金额"栏企业一般根据上年同期"本期金额"栏内所列数字填列。

（四）现金流量表

现金流量表是反映企业在一定会计期间的现金和现金等价物流入和流出的会计报表。现金流量表按照收付实现制基础编制，弥补了按权责发生制基础编制的资产负债表和利润表提供信息的不足。通过现金流量表，报表使用者能够了解现金流量的影响因素，评价企业的支付能力、偿债能力和周转能力，预测企业未来现金流量，为其决策提供证据。

现金流量表一般采用报告式结构，分类反映经营活动现金流量、投资活动现金流量和筹资活动现金流量，同时反映汇率变动对现金和现金等价物的影响以及汇总反映企业一定期间现金和现金等价物的净增加额。为了充分反映企业的现金流量信息，企业应在附注即现金流量表补充资料中披露将净利润调节为经营活动现金流量、不涉及现金收支的重大投资和筹资活动、现金及现金等价物净变动情况等信息。为了便于报表使用者通过比较不同期间现金流量情况，判断企业现金流量的变动情况与发展趋势，在现金流量表中不仅需要列报各项目的"本期金额"，而且需要列报各项目的"上期金额"。

填列现金流量表时，经营活动产生的现金流量有直接法和间接法两种列报方法，这两种方法通常也被称为现金流量表的填列方法。直接法是通过现金收入和现金支出的主要类别列示经营活动的现金流量的方法，即以利润表中的营业收入为起算点，调整与经营活动有关的项目的增减变动，然后分别计算出经营活动产生的现金流量；间接法是将按权责发生制基础确定的净利润调整为经营活动产生的现金流量的方法，即以利润表中的净利润为起算点，调整不涉及现金的收入、费用、营业外收支，以及应收、应付等项目的增减变动，据此计算并列示经营活动产生的现金流量。采用直接法，便于分析企业经营活动产生的现金流量的来源和用途，预测企业现金流量的未来前景；采用间接法，便于将净利润与经营活动产生的现金流量净额进行比较，了解净利润与经营活动产生的现金流量净额差异的原因，从现金流量的角度分析净利润的质量。我国企业经营活动产生的现金流量采用直接法填列，同时在附注中提供以净利润为基础调节为经营活动现金流量的信息。

（五）所有者权益变动表

所有者权益变动表是指反映构成所有者权益各组成部分当期增减变动情况的会计报表。所有者权益变动表应当全面反映一定会计期间所有者权益变动的情况，不仅包括所有者权益总量的增减变动，还包括所有者权益增减变动的重要结构性信息，让报表使用者准确理解所有者权益增减变动的根源。

所有者权益是指企业资产扣除负债后由所有者享有的剩余权益。所有者权益的来源包括所有者投入的资本（包括实收资本和资本溢价等资本公积）、其他综合收益、留存收益（包括盈余公积和未分配利润）等。所有者权益变动表应当反映构成所有者权益的各组成部分当期的增减变动情况。综合收益与所有者权益的资本交易导致的所有者权益的变动，应当分别列示。

为清楚地表明构成所有者权益各组成部分当期的增减变动情况，所有者权益变动表采用矩阵格式。一方面列示导致所有者权益变动的交易或者事项，即按所有者权益变动的来源对一定时期所有者权益变动情况进行全面反映；另一方面按照所有者权益各组成部分，即实收资本（或股本）、资本公积、库存股、其他综合收益、盈余公积、未分配利润及其总额，列示交易或者事项对所有者权益的影响。

所有者权益变动表需要提供比较信息，为了便于报表使用者通过比较不同期间所有者权益情况，判断企业所有者权益的变动情况与发展趋势，在所有者权益变动表中各项目再分为“本年金额”和“上年金额”两栏分别填列。

（六）附注

附注是财务报表的重要组成部分，是对资产负债表、利润表、现金流量表和所有者权益变动表等报表中列示项目的文字描述或明细资料，以及对未能在这些报表中列示项目的说明。

附注应当遵循下列总体要求：

（1）附注相关信息应当与资产负债表、利润表、现金流量表和所有者权益变动表等财务报表列示的项目相互参照，从而有助于使用者从整体上更好地理解财务报表。

（2）附注披露的信息应当是定量和定性信息的结合，从而能从量和质两方面对企业发生的交易或者事项进行完整的反映，满足信息使用者的决策需求。

（3）附注应当按照一定的结构进行系统合理的排列和分类，有序地披露信息。附注的内容繁多,因此应当合理安排组织结构并按逻辑顺序排列、分类披露,以便于使用者的理解和掌握,提高财务报表的有用性。

附注应按照规定的顺序至少披露如下内容:①企业的基本情况;②财务报表的编制基础;③遵循《企业会计准则》的声明;④重要会计政策和会计估计;⑤会计政策和会计估计变更以及差错更正的说明;⑥报表重要项目的说明;⑦其他需要说明的重要事项;⑧有助于财务报表使用者评价企业管理资本的目标、政策及程序的信息。

(七) 财务报表列报的基本要求

财务报表的列报应按规定的要求进行,基本要求包括:

(1) 依据会计准则确认和计量的结果进行财务报表的列报。企业应当根据实际发生的交易和事项,遵循会计准则的规定进行确认和计量,并在此基础上进行财务报表的列报。

(2) 列报基础。持续经营是会计的基本前提,是会计确认、计量以及财务报表列报的基础。企业管理层应当利用其所可获得信息来评价企业自报告期末起至少 12 个月的持续经营能力。企业会计准则规范的是持续经营条件下企业对所发生交易和事项确认、计量以及报表列报。如果企业经营出现了非持续经营,应当采用其他基础进行财务报表的列报。为此,在进行财务报表列报的过程中,应当对企业持续经营的能力进行评价。

(3) 权责发生制。除现金流量表按照收付实现制列报外,企业应当按照权责发生制列报其他财务报表。

(4) 列报的一致性。可比性是会计信息质量的一项重要质量要求,目的是使同一企业不同期间和同一期间不同企业的财务报表相互可比。为此,财务报表项目的列报,包括财务报表中的项目名称、项目的分类与排列顺序等应当在各个会计期间保持一致,不得随意变更。如果会计准则要求改变财务报表项目的列报,或者企业经营业务的性质发生重大变化或对企业经营影响较大的交易或者事项发生后,变更财务报表项目的列报能够提供更为可靠、更相关的会计信息时,企业可以变更财务报表项目的列报。

(5) 依据重要性原则单独或汇总列报项目。关于项目在财务报表中是单独列报还是合并列报,应当依据重要性原则进行判断。总的原则是,某个项目从单个看如果不具有重要性,则可将其与其他项目汇总列报;如果具有重要性,则应当单独列报。企业在进行重要性判断时,应当根据企业所处的具体环境,从项目的性质和金额两方面予以判断。一方面,应当考虑该项目的性质是否属于企业日常活动,是否显著影响企业的财务状况、经营成果和现金流量等因素;另一方面,判断项目金额大小的重要性,应当通过单项金额占资产总额、负债总额、所有者权益总额、营业收入总额、营业成本总额、净利润、综合收益总额等直接相关项目金额的比重或者所属报表单列项目金额的比重加以确定。企业对于各个项目重要性的判断标准一经确定,不得随意变更。

(6) 财务报表项目金额间的相互抵销。财务报表项目应当以总额列报,资产和负债、收入和费用、直接计入当期利润的利得和损失项目的金额不能相互抵销,即不得以净额列报,但会计准则另有规定的除外。例如,企业欠客户的应付款不得与其他客户欠本企业的应收款相抵销，否则就会掩盖交易的实质。

(7) 比较信息的列报。企业在列报当期财务报表时，至少应当提供所有列报项目上一可比会计期间的比较数据，以及与理解当期财务报表相关的说明，目的是向报表使用者提供对比数据，提高会计信息的可比性，以反映企业财务状况、经营成果和现金流量的发展趋势，有助于报表使用者的判断与决策。在财务报表项目的列报确需发生变更的情况下，企业应当至少对可比期间的数据按照当期列报要求进行调整，并在附注中披露调整的原因和性质，以及调整的各项目金额。

(8) 财务报表表首的列报要求。财务报表一般分为表首、正表两部分，其中在表首部分企业应当概括地说明必要的基本信息，包括编报企业的名称，如企业名称在所属当期发生了变更的，则应明确标明；对于资产负债表而言的资产负债表日，对于利润表、现金流量表、所有者权益变动表而言的报表涵盖的会计期间；货币名称和单位，如人民币元、人民币万元等；财务报表是合并财务报表的，应当予以标明。

(9) 报告期间。企业至少应当编制年度财务报表。在编制年度财务报表时，可能存在年度财务报表涵盖的期间短于1年的情况，如企业在年度中间开始设立等。在这种情况下，企业应当披露年度财务报表的实际涵盖期间及其短于1年的原因，并应当说明由此引起财务报表项目与比较数据不具有可比性这一事实。

二、背景资料

(一) 资产负债观与收入费用观

关于资产负债观和收入费用观，在美国证券交易委员会研究报告《对美国财务报告采用以原则为基础的会计体系的研究》中是这样论述的：一般来说，准则制定者在制定准则时，可以使用两种基本方法来定义会计基本要素：资产负债观和收入费用观。

在资产负债观下，准则制定者在为一类交易制定会计准则时，首先会试图定义和规范由此类交易产生的有关资产和负债的计量，然后根据所定义的资产和负债的变化来确认收益。因此，在资产负债观下，对交易和事项的会计处理包括确定资产和负债，以及与这些交易和事项相关的资产、负债的变化。

相反，收入费用观要求准则制定者在制定准则时，首先考虑与某类交易相关的收入和费用的直接确认和计量。在这种观点下，资产负债表成了损益表的附表，包含了资产、负债和其他用以保持资产负债表平衡的应计项目和递延项目。

我国《企业会计准则》采用资产负债观。其首先定义了会计要素中的资产、负债，然后以资产、负债为基础来定义所有者权益、收入、费用和利润(含利得和损失)。资产是指企业过去的交易或者事项形成的、由企业拥有或者控制的、预期会给企业带来经济利益的资源；负债是指企业过去的交易或者事项形成的、预期会导致经济利益流出企业的现实义务；所有者权益是指企业资产扣除负债后由所有者享有的剩余权益；收入是指企业在日常活动中形成的、会导致所有者权益增加、与所有者投入资本无关的经济利益的总流入。收入只有在经济利益很可能流入，从而导致企业资产增加或负债减少，且经济利益的流入额能够可靠计量时才能予以确认；费用是指企业在日常活动中形成的、会导致所有者权益减少、与向所有者分配利润无关的经济利益的总流出。费用只有在经济利益很可能流出，从而导致企业资产减少或负债增加，且经济利益的流出额能够可靠计量时才能予以确认；利润是企业一定会计期间的经营成果。利润包括收入减去费用后的净额、直接计入当期利润的利得和损失。利得是指由企业非日常活动所形成的、会导致所有者权益增加、与所有者投入资本无关的经济利益的流入。损失是指企业非日常活动中形成的、会导致所有者权益减少、与向所有者分配利润无关的经济利益的流出。利得和损失，根据不同会计准则分别确认为，直接计入当期利润的利得和损失、直接计入所有者权益的利得和损失。这样，就不难理解"所有者权益的金额取决于资产和负债的计量"这一问题了。

（二）关于利润概念的厘清

1. 利润

利润是指企业在一定会计期间的经营成果。如果一个处于正常生产经营活动中的企业来说，如果利润为正，则业绩提升，所有者权益增加。反之；亦然。利润不仅是评价管理层业绩的一项重要指标，也是投资者、债权人等财务报表使用者进行决策时的重要参考，同时还是企业进行经营成果分配的重要参考。

2. 收益、利润与损益

收益(income)、利润(profit)与损益(profit and loss)这三者是同义的，简单来说，它们都等于(收入－费用＋利得－损失)。净收益、净利润、净损益也是同意的，指传统利润表的底线。

3. 盈利

盈利(earnings)是对某一期间业绩的计量，即该期间基本完成(或已经完成)从现金到现金循环的资产流入超过(或少于)直接或间接参与该循环的资产流出的差额。盈利只包括净收益中与本期经营业绩计量有关的项目，不包括会计政策变更以及前期调整事项的影响。

4. 利得和损失

利得(gain)是指由企业非日常活动所形成的、会导致所有者权益增加的、与所有者投入资本无关的经济利益的流入。损失(loss)是指由企业非日常活动所发生的、会导致所有者权益减少的、与向所有者分配利润无关的经济利益的流出。利得和损失包括直接计入当期利润的利得和损失与直接计入所有者权益的利得和损失。前者构成利润的内容。后者构成综合收益的内容。

5. 综合收益

综合收益(comprehensive income)是指企业在某一期间除与所有者以其所有者身份进行的交易之外的其他交易或事项所引起的所有者权益变动。综合收益＝净利润＋其他综合收益扣除所得税影响后的净额。其他综合收益是指企业根据其他会计准则规定未在当期损益中确认的各项利得和损失。

(三) 确定利润的资产负债观和收入费用观

关于如何确定利润，常见的两种观点是资产负债观和收入费用观。

1. 资产负债观

资产负债观(asset and liability view)认为，利润是剔除所有者与企业之间发生的交易或者事项之外的，期初、期末净资产的差异，也就是某一会计期间内净资产的变动额。资产负债观强调的是在企业投入资本得到保全的前提下，其资源的净增加额。其中，资本保全又存在两种观点，货币资本保全和实物资本保全。货币资本保全观下的利润是货币产出(现行价格取得的收入)减去原始货币投入(即以历史成本计量的成本和费用)后的差额。它与收入费用观下的综合收益观接近。实物资本保全观下的利润则等于以现行价格取得的收入减去以现行成本计量的成本和费用后的净额。

2. 收入费用观

收入费用观(revenue and expenses view)则认为，利润是企业收入同相关历史成本配比的结果，如果收入大于费用，则实现盈利；如果收入小于费用，则会发生亏损。因此，在收入费用观下，确定利润的关键在于收入和费用的确认、计量和正确找出两者间的配比关系。收入费用观又可具体化为当期经营观和总括收益观。

(1) 当期经营观认为，只有当期、正常经营活动的结果才能包括在利润范围之内，非经常损益应该排除在净利润之外，直接在资产负债表的所有者权益部分列报。该种观点着眼于能够为企业带来持续收益的经营活动，可以客观地衡量企业的经营业绩，减少由于市场或者宏观经济环境变化或者其他非经营者主观因素导致的经营业绩波动，使经营者的业绩考核基于一个相对合理的基础上，产生的收益信息具有较高的持续性，有利于信息使用者对未来业绩的预测。但是，在该种观点下，无法揭示出企业特定期间经营成果的全貌，无法满足全部信息使用者的需求。因为有的信息使用者关注的是企业创造长期的、持久盈利的能力，而有的信息使用者则只关注企业的短期业绩，关注企业当期的业绩以及是否能够支付更高的利润分红。

(2) 总括收益观认为，除了企业与所有者以其所有者身份进行的交易(企业接受所有者投资和向所有者分配利润)之外，企业当期所有交易或事项所确认的收入、费用、利得和损失都应该包括在利润表中。该观点下，不仅包括持续的、经常的经营活动产生的经营业绩，还包括那些偶尔发生、非持续的业务所引起的权益的变化。随着资产计量属性多元化，尤其是公允价值计量属性的广泛运用，资产持有期间价值的变化，一部分进入了利润表，而另外一些项目绕过利润表，直接进入资产负债表的股东权益，这使得利润表的信息内涵大大下降，无法充分揭示出本期所有者权益(除所有者权益自身变动之外)的所有变动，因此，总括收益观在近年开始得到了世界各国的重视。

(四) 综合收益在利润表和所有者权益变动表中的列报

利润表要反映企业经营业绩的主要来源和构成，反映综合收益总额。综合收益是指企业在某一期间除与所有者以其所有者身份进行的交易之外的其他交易或事项所引起的所有者权益变动。综合收益总额项目反映净利润和其他综合收益扣除所得税影响后的净额相加后的合计金额。其他综合收益是指企业根据其他会计准则规定未在当期损益中确认的各项利得和损失。

其他综合收益项目应当根据其他相关会计准则的规定分为下列两类列报：①不能重分类进损益的其他综合收益项目，主要包括重新计量设定收益计划变动额、权益法下不能转损益的其他综合收益、其他权益工具投资公允价值变动、企业自身信用风险公允价值变动等。②将重分类进损益的其他综合收益项目，主要包括权益法下可转损益的其他综合收益、其他债权投资公允价值变动、金融资产重分类计入其他综合收益的金额、其他债权投资信用减值准备、现金流量套期储备、外币财务报表折算差额、其他项目，如自用房地产或作为存货的房地产转换为公允价值计量模式计量的投资性房地产在转换日公允价值大于账面价值部分计入其他综合收益等。

所有者权益变动表是指反映构成所有者权益各组成部分当期增减变动情况的会计报表。所有者权益变动表应当全面反映一定会计期间所有者权益变动的情况，不仅包括所有者权益总量的增减变动，还包括所有者权益增减变动的重要结构性信息，让报表使用者准确理解所有者权益增、减变动的根源。

所有者权益的来源包括所有者投入的资本（包括实收资本和资本溢价等资本公积）、其他综合收益、留存收益（包括盈余公积和未分配利润）等。所有者权益变动表应当反映构成所有者权益的各组成部分当期的增减变动情况。在所有者权益变动表中，综合收益和与所有者（或股东）的资本交易导致的所有者权益的变动，应当分别列示。企业至少应当单独列示反映下列信息的项目：①综合收益总额；②会计政策变更和差错更正的累积影响金额；③所有者投入资本和向所有者分配利润等；④提取盈余公积；⑤所有者权益各组成部分的期初和期末余额及其调节情况。

为清楚地表明构成所有者权益各组成部分当期的增、减变动情况，所有者权益变动表采用矩阵格式。一方面，列示导致所有者权益变动的交易或者事项，即按所有者权益变动的来源对一定时期所有者权益变动情况进行全面反映；另一方面，按照所有者权益各组成部分，即实收资本（或股本）、资本公积、库存股、其他综合收益、盈余公积、未分配利润及其总额，列示交易或者事项对所有者权益的影响。

所有者权益变动表需要提供比较信息，为了便于报表使用者通过比较不同期间所有者权益情况，判断企业所有者权益的变动情况与发展趋势，在所有者权益变动表中各项目再分为“本年金额”和“上年金额”两栏分别填列。

三、复习思考题与练习题

复习思考题

1. 什么是财务报表？一套完整的财务报表至少包括哪些组成部分？

2. 什么是资产负债表、利润表、现金流量表、所有者权益变动表？
3. 财务报表列报的基本要求是什么？
4. 为什么要编制现金流量表？现金流量表的编制基础是什么？现金流量表把现金流量按照企业经济活动分为哪几类？
5. 如何理解“现金”及“现金等价物”的具体内容？
6. 资产负债表、利润表、现金流量表、所有者权益变动表各报表哪些项目之间存在相互联系？举例说明。
7. 在资产负债观下，为什么所有者权益的金额取决于资产、负债的计量？
8. “其他综合收益”是如何在财务报表中列示的？

练 习 题

一、单项选择题（在每小题的备选答案中，选出一个最合适的答案）

1. 财务报表是对企业财务状况、经营成果、现金流量的（ ）表述。
   A. 结构性　　B. 相关性
   C. 说明性　　D. 概括性
2. 企业对外报送的财务报表不包括（ ）。
   A. 资产负债表　　B. 利润表
   C. 所有者权益变动表　　D. 生产成本计算表
3. 资产负债表中的资产项目和负债项目都是按其（ ）排列。
   A. 流动性　　B. 重要性
   C. 可靠性　　D. 相关性
4. 下列项目中，属于资产负债表流动资产项目的是（ ）。
   A. 库存现金　　B. 银行存款
   C. 货币资金　　D. 其他货币资金
5. 下列项目中，属于资产负债表流动负债项目的是（ ）。
   A. 应收账款　　B. 应付账款
   C. 预收账款　　D. 预付账款
6. 下列项目中，属于资产负债表所有者权益项目的是（ ）。
   A. 短期借款　　B. 长期借款
   C. 应交税费　　D. 实收资本
7. 资产负债表中的“存货”项目，应根据（ ）。
   A. “存货”账户的期末借方余额直接填列
   B. “原材料”账户的期末借方余额直接填列
   C. “材料采购”“原材料”“生产成本”和“库存商品”等账户的期末借方余额之和，减去“存货跌价准备”账户的期末余额后的金额填列
   D. “原材料”“在产品”“库存商品”等账户的期末借方余额之和填列
8. 资产负债表中的应收账款项目，应根据（ ）减去计提的相应坏账准备后填列。
   A. “应收账款”总账账户的期末余额
   B. “应收账款”总账账户所属明细账户的期末余额
   C. “应收账款”和“应付账款”总账账户所属明细账户本期借方余额的合计数

D. “应收账款”和“预收账款”总账账户所属明细账户本期借方余额的合计数

9. 上市公司年度财务会计报告对外提供的期限是资产负债表日后( )个月内。

A. 4　　B. 2

C. 1　　D. 6

10. 下列项目中,影响利润表营业利润项目的是( )。

A. 营业外收入　　B. 税金及附加

C. 所得税费用　　D. 营业外支出

11. 下列项目中,根据利润表中相关项目金额计算填列的是( )。

A. 营业收入　　B. 营业成本

C. 利润总额　　D. 所得税费用

12. 所有者权益变动表中未分配利润项目“期末余额”与( )中未分配利润项目“期末余额”应该保持一致。

A. 资产负债表　　B. 利润表

C. 现金流量表　　D. 主营业务收支明细表

二、多项选择题(在每小题的备选答案中,选出所有合适的答案)

1. 企业财务报表的使用者主要包括( )。

A. 投资者　　B. 债权人

C. 政府及其有关部门　　D. 社会公众

E. 企业管理人员

2. 企业财务报表至少应当包括( )。

A. 资产负债表　　B. 利润表

C. 现金流量表　　D. 所有者权益变动表

E. 附注

3. 企业财务报表按照编报的时间分类,可以分为( )财务报表。

A. 年度　　B. 中期

C. 半年　　D. 季度

E. 月度

4. 下列关于财务报表的说法中,正确的有( )。

A. 资产负债表有账户式和报告式两种格式,我国采用的账户式

B. 账户式资产负债表的理论依据是“资产=负债+所有者权益”这一会计等式

C. 利润表有单步式和多步式两种格式,我国利润表采用的是多步式

D. 现金流量表补充资料中的净利润,就是利润表中的净利润

E. 所有者权益变动表中的未分配利润项目“期末余额”与资产负债表中的未分配利润项目“期末余额”应该保持一致

5. 关于财务报表列报的基本要求,一般情况下,下列说法正确的有( )。

A. 依据各项会计准则确认和计量的结果编制财务报表

B. 以持续经营为基础

C. 按权责发生制原则编制

D. 财务报表项目的列报应当在各个会计期间保持一致,不得随意变更

E. 企业至少应当按年编制财务报表

6. 编制财务报表时需要使用的账簿资料主要有（　　）。

A. 资产、负债、所有者权益账户的总账及相关明细账期末余额

B. 资产、负债、所有者权益账户的总账及相关明细账本期发生额

C. 损益类账户的本期发生额（净额）

D. 损益类账户的期末余额

E. 科目汇总表

7. 下列关于财务报表的说法中，正确的有（　　）。

A. 资产负债表是时点报表

B. 利润表、现金流量表和所有者权益变动表是时期报表

C. 资产负债表、利润表和所有者权益变动表按权责发生制编制

D. 现金流量表按收付实现制编制

E. 资产负债表、利润表、现金流量表和所有者权益变动表都属于对外报表

8. 下列关于资产负债表的说法中，正确的有（　　）。

A. 编制的理论基础是“资产＝负债＋所有者权益”这一会计等式

B. 我国的资产负债表采用账户式格式

C. 左边列示资产项目；右边列示负债和所有者权益项目

D. 资产按流动性分为流动资产和非流动资产

E. 资产负债表每个项目分别列示“年初余额”和“期末余额”

9. 下列关于利润表的说法中，正确的有（　　）。

A. 编制的理论基础是“收入－费用＝利润”这一会计等式

B. 我国的利润表采用多步式格式

C. 利润表中对费用按功能分类

D. 综合收益包括净利润和其他综合收益

E. 利润表各个项目分别列示“本期金额”和“上期金额”

10. 下列项目中，属于资产负债表中的流动资产项目的有（　　）。

A. 货币资金　　B. 存货

C. 固定资产　　D. 资本公积

E. 盈余公积

11. 下列项目中，属于资产负债表流动负债项目的有（　　）。

A. 应收账款　　B. 预收款项

C. 应付账款　　D. 预付款项

E. 短期借款

12. 下列项目中，属于资产负债表所有者权益项目的有（　　）。

A. 实收资本　　B. 资本公积

C. 盈余公积　　D. 未分配利润

E. 利润分配

13. 下列项目中，影响利润表中营业利润项目的有（　　）。

A. 营业收入　　B. 营业成本

C. 税金及附加　　D. 营业外收入

E. 所得税费用

14. 下列经济业务中，会影响企业未分配利润的项目有（　　）。
A. 本期企业实现净利润
B. 本期企业发生净亏损
C. 接受投资者投入资本
D. 按全年实现净利润的10%计提盈余公积
E. 宣告分配现金股利

15. 根据财务报表列报的基本要求，下列关于“财务报表项目”的说法中，正确的有（　　）。
A. 财务报表项目的列报应当在各个会计期间保持一致，不得随意变更
B. 性质或功能不同的项目，一般应当在财务报表中单独列报
C. 性质或功能类似的项目，一般可用汇总列报
D. 财务报表项目应当以总额列报
E. 企业在列报财务报表时，仅提供所有列报项目当期数据即可

三、判断题（认为正确的在题目前面括号内打“√”，认为错误的在题目前面括号内打“×”）

1.（　　）财务报表是对企业财务状况、经营成果和现金流量的结构性表述。

2.（　　）财务报表是根据企业日常核算资料分析、汇总编制而成的，因此，财务报表项目等同于会计科目。

3.（　　）企业应当根据实际发生的交易和事项，遵循《企业会计准则——基本准则》、各项具体准则及解释的规定进行确认和计量，并在此基础上编制财务报表。

4.（　　）企业应当以持续经营为基础编制财务报表。

5.（　　）企业的财务报表，除资产负债表按照收付实现制编制外，其他财务报表应当按权责发生制编制。

6.（　　）财务报表项目在财务报表中是单独列报还是汇总列报，应当依据重要性原则来判断。

7.（　　）在资产负债表中，可以将企业的债权与债务抵消后列示，净债权列示资产方，净债务列示负债方。

8.（　　）企业至少应当按年编制财务报表，根据《中华人民共和国会计法》的规定，会计年度自公历1月1日起至12月31日止。

9.（　　）现金流量表中的现金及现金等价物净增加额与资产负债表中货币资金的增加额应该相等。

10.（　　）所有者权益变动表反映所有者权益各组成项目在一定期间的增、减变动，并与资产负债表和利润表的相关项目相联系。

四、业务题

【业务题一】

目的：练习财务报表相关项目的填列。

资料：某企业有关账户发生额及余额，如表9-2所示。

表9-2　　**试算平衡表**

20×1年12月31日　　单位：元

账户名称	期初余额		本期发生额		期末余额	
	借方	贷方	借方	贷方	借方	贷方
库存现金	5 000		6 000	4 000	7 000	
银行存款	25 000		75 000	50 000	50 000	
应收账款	20 000		80 000	50 000	50 000	

（续表）

账户名称	期初余额		本期发生额		期末余额	
	借方	贷方	借方	贷方	借方	贷方
材料采购	60 000		5 000	5 000	60 000	
原材料	24 000		5 000	7 000	22 000	
生产成本	66 000		80 000	（　）	50 000	
库存商品	70 000		80 000	110 000	40 000	
固定资产	110 000		40 000	—	150 000	
累计折旧		25 000	—	（　）		44 000
应付账款		50 000	20 000	（　）		60 000
应付股利		50 000	50 000	40 000		40 000
应交税费		25 000	25 000	35 000		35 000
实收资本		170 000	—	—		170 000
资本公积		20 000	—	—		20 000
盈余公积		20 000	—	（　）		（　）
利润分配		20 000	（　）	（　）		（　）
主营业务收入			200 000	（　）		
主营业务成本			100 000	（　）		
其他业务收入			40 000	（　）		
其他业务成本			10 000	（　）		
税金及附加			4 000	（　）		
销售费用			20 000	（　）		
管理费用			26 000	（　）		
财务费用			10 000	（　）		
营业外收入			20 000	（　）		
营业外支出			10 000	（　）		
所得税费用			20 000	（　）		
合计	380 000	380 000	（　）	（　）	（　）	（　）

其中，应付账款、应收账款各明细账余额如下：

应付账款——长江公司　60 000（贷方）
　　　　——长城公司　10 000（贷方）
　　　　——东方公司　10 000（借方）

应收账款——甲公司　30 000（借方）
　　　　——乙公司　20 000（贷方）
　　　　——丙公司　40 000（借方）

要求：

（1）将正确的数字填入表 9-2 中的（　　），完成试算平衡表。

(2) 编制以下经济业务的会计分录,并写明利润分配各明细科目:

① 根据表 9-2 中的账户资料结转损益类账户至“本年利润”账户。

② 全年实现净利润 70 000 元,按 10%计提盈余公积。

③ 董事会宣告发放现金股利 40 000 元。

④ 年末将本年利润和利润分配各明细账户本期发生额结转至“利润分配——未分配利润”账户。

(3) 计算并填写如表 9-3 所示的财务报表项目金额。

表 9-3　　财务报表有关项目　　单位:元

财务报表	报表项目	计算过程及结果
资产负债表	货币资金	
	存货	
	应收账款	
	应付账款	
	固定资产	
	流动资产合计	
	资产总计	
	负债总额	
	未分配利润	
	所有者权益合计	
利润表	营业收入	
	营业利润	
	利润总额	
	净利润	

【业务题二】

目的:练习财务报表报表项目的填列。

资料:丙公司 20×1 年 1 月 1 日部分账户余额,如表 9-4 所示。

表 9-4　　丙公司 20×1 年 1 月 1 日部分账户余额　　单位:元

账户名称	借方	贷方
原材料	1 500 000	
生产成本	60 000	
库存商品	480 000	
固定资产	7 800 000	
累计折旧		860 000

20×1 年 1 月丙公司发生如下经济业务:

(1) 月末,结转发出材料成本 800 000 元,其中,生产甲产品耗用 400 000 元,生产乙产品耗用 300 000

元，车间一般消耗 70 000 元，公司管理部门消耗 30 000 元。

(2) 月末，分配本月份职工薪酬 360 000 元，其中，生产甲产品工人的薪酬为 200 000 元，生产乙产品工人的薪酬为 100 000 元，车间管理人员的薪酬为 40 000 元，公司管理部门职工的薪酬为 20 000 元。

(3) 月末，计提固定资产折旧 150 000 元，其中，车间负担 100 000 元，公司管理部门负担 50 000 元。

(4) 月末，按照甲、乙产品生产工人薪酬的比例分配本月发生制造费用。

(5) 假设生产成本账户期初余额均为甲产品的在产品成本，月末甲产品和乙产品全部完工，并均已验收入库，结转完工产品成本。

(6) 结转已销售产品的生产成本，其中甲产品 700 000 元，乙产品 460 000 元。

要求：

(1) 根据以上经济业务写出相应的会计分录。

(2) 填制 20×1 年 1 月 31 日如表 9-5 所示的财务报表有关项目金额。

表 9-5 **财务报表有关项目** 单位：元

财务报表	报表项目	计算过程及金额
资产负债表	存货	
	固定资产	
	应付职工薪酬	
利润表	主营业务成本	
	管理费用	

【业务题三】

目的：练习利润表的编制。

资料：某企业损益类账户 20×1 年发生额汇总，如表 9-6 所示。

表 9-6 **某企业损益类账户** 单位：元

账户名称	借方	贷方
主营业务收入		1 250 000
主营业务成本	750 000	
其他业务收入		227 500
其他业务成本	39 500	
税金及附加	20 000	
销售费用	20 000	
管理费用	132 000	
财务费用	40 000	
营业外收入		50 000
营业外支出	6 000	
所得税费用	130 000	

要求：

(1) 结转损益类账户至本年利润。

(2) 结转全年累计实现的净利润。

(3) 填列如表 9-7 所示的该企业 20×1 年利润表有关项目。

表 9-7　　某企业利润表有关项目　　单位:元

报表项目	计算过程及金额
营业收入	
营业成本	
营业利润	
利润总额	
净利润	

【业务题四】

目的:练习财务报表的编制。

资料:茂昌公司 20×1 年 1 月 1 日各有关总分类账户的余额,如表 9-8 所示。

表 9-8　　茂昌公司 20×1 年 1 月 1 日各有关总分类账户余额　　单位:元

会计科目	期初余额	
	借方	贷方
库存现金	7 100	
银行存款	379 000	
原材料	83 000	
生产成本	10 900	
固定资产	600 000	
应付账款		20 000
应付职工薪酬		60 000
实收资本		1 000 000
合计	1 080 000	1 080 000

茂昌公司 20×1 年 1 月 1 日有关明细分类账户的余额如下：

原材料:甲材料 200 千克,单价 310 元,金额 62 000 元;

乙材料 100 千克,单价 210 元,金额 21 000 元。

应付账款:红星公司,18 000 元;东风公司,2 000 元。

生产成本：

A 产品 6 700 元,其中:直接材料 3 200 元,直接人工 2 000 元,制造费用 1 500 元;

B 产品 4 200 元,其中:直接材料 1 700 元,直接人工 1 500 元,制造费用 1 000 元。

茂昌公司 20×1 年 1 月份发生的经济业务如下：

(1) 1 日,从工商银行取得借款 200 000 元,存入银行。借款期限为 1 年,年利率为 12%,按月计提利息，按季度支付利息。

(2) 3 日，以银行存款 60 000 元，支付上月份职工薪酬。

(3) 4 日，基本生产车间加工产品领用甲材料 50 千克，计 15 500 元，A 产品耗用 30 千克，计 9 300 元；B 产品耗用 20 千克，计 6 200 元；车间一般性耗用乙材料 10 千克，计 2 100 元，公司管理一般性耗用乙材料 10 千克，计 2 100 元。

(4) 5 日，销售一批产品给华东公司，其中 A 产品 300 件，单价 200 元；B 产品 200 件，单价 100 元。增值税专用发票注明：金额为 80 000 元，增值税税额为 10 400 元。货款收到存入银行。

(5) 6 日，向东风公司购进甲材料 100 千克，单价 300 元；乙材料 100 千克，单价 200 元，增值税专用发票注明：金额为 50 000 元，增值税税额为 6 500 元。货款以银行存款支付。

(6) 8 日，向东风公司购进甲材料 100 千克，单价 300 元，计 30 000 元，增值税专用发票注明：金额为 30 000 元，增值税税额为 3 900 元。货款尚未支付。

(7) 9 日，以银行存款向锐捷公司预付购买乙材料的货款 25 000 元。

(8) 10 日，从锐捷公司购进乙材料 100 千克，单价 200 元，增值税专用发票注明：金额为 20 000 元，增值税税额为 2 600 元。

(9) 11 日，购入上述甲、乙材料以银行存款共支付运杂费 4 000 元，按材料重量分配运杂费。

(10) 12 日，上述材料已验收入库，结转验收入库材料的成本。

(11) 16 日，基本生产车间加工产品领用甲材料 100 千克，计 31 000 元，其中：A 产品耗用 60 千克，计 18 600 元；B 产品耗用 40 千克，计 12 400 元；领用乙材料 60 千克，计 12 600 元，其中：A 产品耗用 40 千克，计 8 400 元；B 产品耗用 20 千克，计 4 200 元。

(12) 18 日，销售一批 A 产品给华东公司，数量 300 件，单价 200 元。增值税专用发票注明：金额为 60 000 元，增值税税额为 7 800 元。货款尚未收到。

(13) 20 日，预收华北公司的购货款 40 000 元。

(14) 22 日，销售 B 产品给华北公司，数量 400 件，单价 100 元。增值税专用发票注明：金额为 40 000 元，增值税税额为 5 200 元。

(15) 26 日，以银行存款支付产品广告费 15 960 元。

(16) 31 日，计提本月份固定资产折旧 12 000 元，其中：车间使用固定资产计提 7 900 元，行政管理部门使用固定资产计提 4 100 元。

(17) 31 日，分配职工薪酬 65 000 元，其中：生产 A 产品工人薪酬 30 000 元，生产 B 产品工人薪酬 15 000 元，车间管理人员薪酬 8 000 元，行政管理人员薪酬 12 000 元。

(18) 31 日，按生产工人薪酬比例分配结转制造费用 18 000 元。

(19) 31 日，计提本月份负担的短期借款利息 1 000 元。

(20) 31 日，A 产品、B 产品各 1 000 件全部完工，结转已完工入库产品的生产成本 133 000 元。其中：A 产品生产成本 85 000 元，B 产品生产成本 48 000 元。

(21) 31 日，结转本月已销售产品的生产成本 74 400 元。销售数量资料见业务(4)(12)(14)，其中：A 产品销售数量为 600 件，B 产品销售数量为 600 件。单位生产成本资料见业务(20)，其中：A 产品单位生产成本 85 元/件，B 产品单位生产成本 48 元/件。

(22) 31 日，计算本月城市维护建设税 728 元和教育费附加 312 元。

(23) 31 日，结转主营业务收入 180 000 元。

(24) 31 日，结转主营业务成本 79 800 元，税金及附加 1 040 元，管理费用 18 200 元，销售费用 15 960 元，财务费用 1 000 元。

(25) 31 日,计算本月所得税费用。

(26) 31 日,结转本月所得税费用。

要求:

(1) 根据上述经济业务编制会计分录。

(2) 根据上述资料编制茂昌公司 1 月份的资产负债表、利润表。

四、案例分析题

创业板上市公司欣泰电气被中国证监会暂停上市

丹东欣泰电气股份有限公司(简称欣泰电气,证券代码:300372),2016 年 9 月 2 日,接到深圳证券交易所《关于丹东欣泰电气股份有限公司股票暂停上市的决定》,深圳证券交易所决定,欣泰电气股票自 2016 年 9 月 6 日起暂停上市。自 2014 年 1 月 27 日起在深圳证券交易所上市至 2016 年 9 月 6 日起暂停上市,欣泰电气在创业板上市交易的时间不到 3 年。

1. 有关资料

中国证券监督管理委员会(以下简称中国证监会)《行政处罚决定书》〔2016〕84 号给出的原因是(根据行政处罚决定书整理):

(1) 首次公开发行股票并在创业板上市申请文件中相关财务数据存在虚假记载。

2011 年 11 月,欣泰电气向中国证监会提交首次公开发行股票并在创业板上市(以下简称 IPO)申请,2012 年 7 月 3 日,通过创业板发行审核委员会审核。2014 年 1 月 3 日,欣泰电气取得中国证监会《关于核准丹东欣泰电气股份有限公司首次公开发行股票并在创业板上市的批复》。

为实现发行上市目的,解决欣泰电气应收账款余额过大问题,欣泰电气总会计师向公司董事长、实际控制人建议在会计期末以外部借款减少应收账款,并于下期期初再还款冲回。两人商议后,实际控制人同意并与总会计师确定主要以银行汇票背书转让形式进行冲减。2011 年 12 月至 2013 年 6 月,欣泰电气通过外部借款、使用自有资金或伪造银行单据的方式虚构应收账款的收回,在年末、半年末等会计期末冲减应收款项(大部分在下一会计期期初冲回),致使其在向中国证监会报送的 IPO 申请文件中相关财务数据存在虚假记载。其中,截至 2011 年 12 月 31 日,虚减应收账款 10 156 万元,少计提坏账准备 659 万元;虚增经营活动产生的现金流净额 10 156 万元。截至 2012 年 12 月 31 日,虚减应收账款 12 062 万元,虚减其他应收款 3 384 万元,少计提坏账 726 万元;虚增经营活动产生的现金流净额 5 290 万元。截至 2013 年 6 月 30 日,虚减应收账款 15 840 万元,虚减其他应收款 5 324 万元,少计提坏账准备 313 万元;虚增应付账款 2 421 万元;虚减预付账款 500 万元;虚增货币资金 21 232 万元,虚增经营活动产生的现金流净额 8 638 万元。

欣泰电气将包含虚假财务数据的 IPO 申请文件报送中国证监会并获得中国证监会核准的行为,违反了《证券法》第十三条关于公开发行新股应当符合的条件中"最近三年财务会计文件无虚假记载,无其他重大违法行为"和第二十条第一款"发行人向国务院证券监督管理机构或者国务院授权的部门报送的证券发行申请文件,必须真实、准确、完整"的规定,构成《证券法》第一百八十九条所述"发行人不符合发行条件,以欺骗手段骗取发行核准"的行为。

(2) 上市后披露的定期报告中存在虚假记载和重大遗漏。

首先是《2013 年年度报告》《2014 年半年度报告》和《2014 年年度报告》中存在虚假记载。2013 年 12 月至 2014 年 12 月,欣泰电气在上市后继续通过外部借款或者伪造银行单据的方式虚构应收账款的收回,在年末、半年末等会计期末冲减应收款项(大部分在下一会计期期初冲回),导致其披露的相关年度和半年度报告财务数据存在虚假记载。其中,《2013 年年度报告》虚减应收账款 19 940 万元,虚减其他应收款 6 224 万元,少计提坏账准备 1 240 万元;虚增应付账款 1 521 万元;虚增货币资金 20 632 万元;虚增经营活动产生的现金流净额 12 238 万元。《2014 年半年度报告》虚减应收账款 9 974 万元,虚减其他应收款 6 994 万元,少计提坏账准备 272 万元;虚增应付账款 1 521 万元;虚减其他应付款 770 万元;虚增货币资金 14 767 万元;虚减经营活动产生的现金流净额 9 965 万元。《2014 年年度报告》虚减应收账款 7 262 万元,虚减其他应收款 7 478 万元,少计提坏账准备 363 万元,虚减经营活动产生的现金流净额 12 944 万元。

其次是《2014 年年度报告》中存在重大遗漏(略)。欣泰电气披露的 2013 年年度报告、2014 年半年度报告、2014 年年度报告存在虚假记载及 2014 年年度报告存在重大遗漏的行为,违反了《证券法》第六十三条有关"发行人、上市公司依法披露的信息,必须真实、准确、完整,不得有虚假记载、误导性陈述或者重大遗漏"的规定,构成《证券法》第一百九十三条所述"发行人、上市公司或者其他信息披露义务人未按照规定披露信息,或者披露的信息有虚假记载、误导性陈述或者重大遗漏"的行为。

2. 欣泰电气大事记

(1) 2011 年 11 月,欣泰电气向中国证券监督管理委员会(以下简称中国证监会)提交首次公开发行股票并在创业板上市(以下简称 IPO)申请。

(2) 2012 年 7 月 3 日,通过创业板发行审核委员会审核。

(3) 2014 年 1 月 3 日,欣泰电气取得中国证监会《关于核准丹东欣泰电气股份有限公司首次公开发行股票并在创业板上市的批复》。

(4) 2014 年 1 月 6 日,欣泰电气公告以下文件:

北京市东易律师事务所关于公司首次公开发行股票并在创业板上市之法律意见书;

首次公开发行股票并在创业板上市招股意向书;

2013 年 1～9 月财务报表审阅报告;

控股股东、实际控制人对招股说明书的确认意见;

北京市东易律师事务所关于公司首次公开发行股票并在创业板上市之律师工作报告;

首次公开发行股票并在创业板上市提示公告;

兴业证券股份有限公司关于公司首次公开发行股票并在创业板上市之发行保荐书。

(5) 2014 年 1 月 27 日,欣泰电气股票在深圳证券交易所上市交易。

(6) 2015 年 7 月 14 日,收到中国证监会《调查通知书》。

(7) 2016 年 5 月 31 日,欣泰电气收到中国证监会《行政处罚和市场禁入事先告知书》。

(8) 2016 年 7 月 7 日,公司收到中国证监会的《行政处罚决定书》及《市场禁入决定书》。

(9) 2016 年 9 月 2 日,欣泰电气接到深圳证券交易所《关于丹东欣泰电气股份有限公司股票暂停上市的决定》,深圳证券交易所决定欣泰电气股票自 2016 年 9 月 6 日起暂停上市。

3. 财务报表(简表)

表 1　　合并资产负债表(简)

编制单位:丹东欣泰电气股份有限公司　　单位:人民币千元

项目	2013/9/30	2012/12/31	2013/12/31	2014/12/31	2015/1/1	2015/12/31
货币资金	200 126	202 445	224 403	277 184	277 184	177 786
应收票据	4 207	8 443	10 480	9 446	9 446	40 643

（续表）

项目	2013/9/30	2012/12/31	2013/12/31	2014/12/31	2015/1/1	2015/12/31
应收账款	232 428	168 834	207 819	390 049	439 068	494 458
预付款项	46 473	54 887	51 820	84 093	67 586	61 001
应收利息						
其他应收款	8 871	6 346	6 916	14 754	83 242	62 079
存货	80 409	75 259	72 643	79 571	79 571	118 713
其他流动资产						626
流动资产合计	572 514	516 215	574 082	855 097	956 098	955 306
持有至到期投资						26 213
长期股权投资						25 521
投资性房地产						
固定资产	121 849	133 402	129 440	125 864	125 864	127 620
在建工程	16 085	14 784	16 504	29 394	29 394	10 000
工程物资						
固定资产清理						
生产性生物资产						
无形资产			28 983	28 615	28 615	36 951
开发支出	29 179	29 769				
商誉						
长期待摊费用				543	543	483
递延所得税资产	2 145	1 696	2 079	3 879	8 364	12 769
其他非流动资产						
非流动资产合计	169 258	179 651	177 005	188 295	192 780	239 557
资产总计	741 772	695 866	751 088	1 043 392	1 148 877	1 194 864
短期借款	130 000	60 000	80 000	186 900	186 900	230 000
应付票据	32 070	52 000	43 471	93 462	93 462	185 434
应付账款	57 240	74 498	62 148	73 018	86 035	89 963
预收款项	30 383	28 279	31 018	5 998	5 998	22 736
应付职工薪酬	171	497	728	1 189	1 189	1 249
应交税费	4 418	9 334	12 799	7 085	7 085	2 878
应付股利						
其他应付款	3 550	4 662	3 113	3 221	121 102	3 785

（续表）

项目	2013/9/30	2012/12/31	2013/12/31	2014/12/31	2015/1/1	2015/12/31
一年内到期的非流动负债	44 000		44 000			
其他流动负债						
流动负债合计	301 831	229 271	277 278	370 873	501 770	536 045
长期借款	50 000	109 000	50 000			
长期应付款						
专项应付款						
递延收益				0	15 256	16 551
递延所得税负债						
其他非流动负债	13 583	14 490	17 780	15 256	0	
非流动负债合计	63 583	123 490	67 780	15 256	15 256	16 551
负债合计	365 414	352 761	345 958	386 130	517 027	552 596
股本	70 000	70 000	70 000	85 779	85 779	171 557
资本公积	1 976	1 976	1 976	206 197	155 041	206 198
其他综合收益						1 670
盈余公积	27 387	27 387	33 695	38 260	35 719	36 601
未分配利润	276 996	243 742	300 359	327 027	304 156	265 389
归属于母公司所有者权益合计	376 358	343 105	406 030	657 263	631 851	630 258
少数股东权益				0	12 009	
所有者权益合计	376 358	343 105	406 030	657 263	631 851	642 267
负债和所有者权益总计	741 772	695 866	751 088	1 043 392	1 148 877	1 194 864

表 2 **合并利润表(简)**

编制单位:丹东欣泰电气股份有限公司 单位:人民币千元

项目	2013 年 1～9 月	2012 年	2013 年	2014 年	2015 年上年金额	2015 年
一、营业总收入	301 991	461 546	473 468	419 011	419 011	372 312
其中:营业收入	301 991	461 546	473 468	419 011	419 011	372 312
二、营业总成本	271 334	405 341	414 340	380 566	384 197	380 634
其中:营业成本	217 139	332 399	342 062	294 336	294 336	272 109
税金及附加	1 613	2 934	2 880	2 525	2 525	1 131
销售费用	13 441	19 514	18 296	21 534	21 534	19 836
管理费用	25 643	32 806	33 781	38 012	38 012	44 786

（续表）

项目	2013 年 1～9 月	2012 年	2013 年	2014 年	2015 年上年金额	2015 年
财务费用	10 507	15 575	14 821	12 174	12 174	12 041
资产减值损失	2 991	2 113	2 501	11 985	15 616	30 731
加：公允价值变动收益（损失以“—”号填列）						
投资收益（损失以“—”号填列）						—225
其中：对联营企业和合营企业的投资收益						—453
汇兑收益（损失以“—”号填列）						
三、营业利润（亏损以“—”号填列）	30 657	56 205	59 127	38 445	34 814	—8 547
加：营业外收入	6 781	14 189	12 250	11 091	11 091	13 870
减：营业外支出		22				694
其中：非流动资产处置损失		22				
四、利润总额（亏损总额以“—”号填列）	37 438	70 372	71 377	49 536	45 906	4 629
减：所得税费用	4 185	8 352	8 452	5 437	4 892	—1 049
五、净利润（净亏损以“—”号填列）	33 254	62 020	62 925	44 100	41 014	5 678
归属于母公司所有者的净利润	33 254	62 020	62 925	44 100	41 014	5 862
少数股东损益						—184
六、其他综合收益税后净额						1670
七、综合收益总额	33 254	62 020	62 925	44 100	41 014	7 348
归属于母公司所有者的综合收益总额	33 254	62 020	62 925	44 100	41 014	7 532
归属于少数股东的综合收益总额						—184
八、每股收益：						
（一）基本每股收益（元）	0.475 1	0.886	0.898 9	0.514 1	0.239 1	0.034 2
（二）稀释每股收益（元）	0.475 1	0.886	0.898 9	0.514 1	0.239 1	0.034 2

分析要求：

（1）阅读欣泰电气历年财务报表数据，分析应收账款在资产负债表中的占比情况，谈谈欣泰电气为什么要在年末、半年末等会计期末调减应收账款。

（2）通过上述内容，可以看出欣泰电气通过外部借款或者伪造银行单据的方式虚构应收账款的收回，在年末、半年末等会计期末冲减应收款项（大部分在下一会计期期初冲回），导致其披露的相关年度和半年度报告财务数据存在虚假记载。欣泰电气为什么选择在年末、半年末等会计期末冲减应收款项（大部分在下一会计期期初冲回）？

(3) 简单陈述欣泰电气在年末、半年末等会计期末冲减应收款项(大部分在下一会计期期初冲回)的会计处理方法为什么导致其财务数据虚假。

(4) 欣泰电气在年末、半年末等会计期末冲减应收款项(大部分在下一会计期期初冲回)的会计处理方法,会对哪些财务报表产生财务数据虚假记载的影响,具体到财务报表项目。

延伸分析:

(1) 欣泰电气首次公开发行股票并在创业板上市申请文件中相关财务数据存在虚假记载、上市后披露的定期报告中存在虚假记载,主要责任人是谁?应该受到怎样的处罚?

(2) 欣泰电气被停牌后,受害者是众多的投资人,你认为应该如何保护投资人的权益?

(3) 你认为,作为一个未来的会计人员,学校应当培养学生哪些技能、素质?

第十章　会计规范

一、概要解析

(一) 会计规范

规范是指约定俗成或明文规定的标准，将规范引申到会计领域，即为会计规范。会计规范包含三层含义：第一，是指导和制约会计工作的依据，即确定会计行为的标准；第二，是对会计工作进行评价的依据，即会计工作评价的标准；第三，是引导会计工作往特定方向发展的一种约束力和牵引力，即使会计规范发挥作用的行为机制。在这三层含义中，确定会计行为标准是会计规范最核心、最基本的内容，并在此基础上派生出事后会计工作评价标准，而第三层含义是保障会计人员能自觉遵守会计规范的必要条件。作为一种规范，所具有的共性特征是：公认性，不论何种规范都应得到绝大多数人的承认，不论这种承认是自发的还是强制的，也不论这种规范是成文的还是惯例性的，离开了公认的基础，也就无所谓规范；倾向性，规范总是与特定的社会经济制度相联系，与特定的社会经济发展水平相联系，不可避免地带有某种倾向性；层次性，作为完善的规范，必定是一个具有一定层次结构的完整约束体系，可以在不同层次上规范行为；相对统一性，虽然可能由于时期不同或地区不同使规范统一性的程度有所差别，但规范必须具备最低程度的统一性，具有相对统一的约束作用；相对稳定性，规范一经形成实施，在一定时期内应该保持相对稳定，不能随意更改，也即规范应具备反复适用性和广泛适用性，当然，随着社会经济环境的变化以及认识的深化，必然引起规范的相应调整，从而使规范能够适应环境的变化，依然具有有效约束作用。会计规范具有这些规范的公共特征，作为一种标准，它解决如何进行会计工作，并为评价会计工作提供客观依据；作为一种机制，它是保障和促进会计活动达到预期目的一种制约力量。

(二) 会计原则

会计原则这个概念首先出现于西方国家的会计文献，至今尚未形成统一或严格的定义。通常认为，原则既能反映特定领域或学科的内在规律或基本原理，又能作为指导人们行动的规范或活动规则。会计原则既可包含会计实务或会计工作的具体指导规范或规则，又可包含对会计实践活动的普遍经验的总结和会计基本原理的概括。可以认为，会计原则主要反映会计活动内在规律或长期经验的一些原理性规范要求，是对会计实务中较普遍适用的一些基本指导思想的概括，如收入实现原则、配比原则等；会计原则也是对会计实务提出的处理原则，或者规定或认可的会计基本程序与方法。对于会计原则的认识是逐步形成与发展的。早期人们将会计原则、会计实务、会计惯例概念混同使用，把它们都作为缩小多样化的会计处理方法而采取的一定限制或规范，并将那些具有代表性或较为通用流行的会计实务视为会计惯例加以肯定，在此基础上形成了会计原则的早期概念。随着人们对会计活动内在规律性认识的深化，逐渐归纳与运用会计活动的基本经验，指导规范日常会计实务，使会计原则逐步具有高于会计实务或会计惯例的特征或性质，成为广泛性的一般规定或指导思想。尽管会计原则源于会计实务、会计惯例，但由于其体现了会计活动的规律性，是对会计原理的概括反映，又属于会计理论的范畴。因此，从会计原则形成的历史与产生的作用看，会计原则是介于会计理论与会计实务之间的纽带和桥梁。

(三) 会计准则

会计准则是会计规范范畴的一个基本概念。准则是规定的准绳或法式、标准，会计准则就是对会计工作或会计实务处理的标准。会计准则产生的动因在于，企业的所有权与经营权的分离以及各类会计信息使用者对会计信息不同需求下会计信息的社会化与标准化要求。尽管社会经济环境存在着差异，但在客观上都有必要对会计实务中应采用的会计方法、程序作出规范性的具体规定。会计准则既包括可指导会计工作的概念框架和原则性规定，又包括可据以操作的具体核算程序与核算方法的规定。会计准则可以由政府主管会计工作的机关制定(如我国、日本、法国等)，也可以由民间的权威会计组织制定(如美国、英国等)，还可以由国际性的组织制定(如国际会计准则理事会)。作为一种规范，会计准则应形成书面文件，公布于众。会计准则一般分为企业会计准则、政府会计准则等几类。

(四) 会计惯例

惯例的一般解释是习惯做法，会计惯例是指会计实务中的一些习惯做法。在某个国家或地区，大多数企业自愿采用的规则与程序，是区域性的惯例。如果把范围扩大到全世界，大多数国家都习惯采用的规则与程序，即国际惯例。会计惯例是在长期的会计实践中形成，是与一定的政治、经济、法律环境相适应并随环境的变化而变化。会计惯例遍及整个会计系统，涉及会计确认、计量、记录和报告的各个方面。一方面会计惯例被抽象为会计理论，另一方面又受会计理论研究的影响。例如，会计根据资产取得日的原始交易价格入账的习惯做法形成了历史成本原则，而在历史成本原则的制约下又产生了资产计价的许多方法。会计惯例始终经历着一个汰旧立新的过程。例如，在簿记方面，单式簿记已为复式簿记所取代；在会计确认方面，收付实现制已基本上转变为权责发生制；在会计计量上历史成本计量模式，正在受公允价值计量模式的冲击。会计惯例的汰旧立新，是从自发的分散的渐进演变过程，进入人为的有组织的选优废劣的过程。会计准则就是经过人为筛选的会计惯例，或者说是人为制定的标准会计惯例。显然，会计惯例是建立会计原则、会计准则的基础。

(五) 会计制度

会计制度一般是指对会计核算应设置的会计科目以及对所发生的交易或事项如何进行记账,对会计报表的内容、形式和编制程序等作出规定的会计核算规范。会计制度是与会计准则平行而又相互交叉的一个有关会计核算规范的概念,它们属于同一层次的法规,具有同等的法律效力,其基本目标都是对会计核算作出规定。两者的差别在于会计制度着重于解决会计要素如何进行记录和报告的问题,而会计准则着重于解决会计要素如何进行确认和计量以及会计主体应当披露哪些方面的信息的问题;会计制度所作出的规定内容比较具体,可操作性较强但适用性较差,而会计准则所作出的规定内容比较原则,可操作性较弱但适用性较强;会计制度的执行对会计人员的素质要求不高,而会计准则的执行要求会计人员具有较高的职业判断能力。我国在施行《企业会计准则》之前,与计划经济管理体制相适应,企业执行的一直是部门会计制度。随着经济体制的改革,在 20 世纪 80 年代后期我国开始探索并着手制定企业会计准则,1992 年 11 月财政部颁布了《企业会计准则(基本准则)》,随后陆续制定发布了有关的具体会计准则,试图通过建立完整的会计准则体系来替代原来的会计制度。但由于会计准则体系的建立与完善需要有一个过程,在国家实施《企业会计准则(基本准则)》的同时颁布了分行业的企业会计制度,作为企业会计准则体系尚未建立与完善之前的过渡。由于当时我国对于外商投资企业、股份制企业制定有专门的会计制度,为此事实上形成了不同行业、不同所有制的企业实行不同的会计制度的局面。这一局面不利于我国企业之间会计信息的可比性,也不适应我国加入世界贸易组织(WTO)的经济环境,于是在 2000 年 12 月财政部发布《企业会计制度》,逐步取代分所有制、分行业的会计制度,这样我国形成了企业会计制度与会计准则并存的格局。在我国经济全面融入全球经济,资本市场全球化、经贸活动国际化的背景下,我国加速了会计准则的制定工作,于 2006 年 2 月颁布了由基本准则与具体准则构成的较为完善的企业会计准则体系。随着新企业会计准则的逐步实施,《企业会计制度》逐步退出了我国企业会计核算的历史舞台。

(六) 会计法规

会计法规是指由国家制定或认可并由国家强制力促使实施的有关会计工作的法律、条例、规章等的总称。我国的会计法律规范体系是以《会计法》为中心,由会计法律、会计行政法规、会计部门规章与地方性会计法规四个层次所构成。在会计法律层面,有由全国人民代表大会及其常务委员会制定实施的《会计法》《注册会计师法》等专门的会计法律以及散见于《公司法》《证券法》的有关公司会计法律规定等。会计法律的实施具有强制性,是调整会计关系的总规范,对会计行政法规、会计部门规章与地方性会计法规的制定与实施具有普遍的指导意义。在会计行政法规层面,有由国务院制定发布或由国务院有关部门制定经国务院批准发布实施的全国性会计行政法规,如《企业财务会计报告条例》《总会计师条例》等。会计行政法规是以会计法律为依据制定的,是对会计法律的具体化或对某个方面的补充。在会计部门规章层面,有由财政部或国务院其他各部、委,依据会计法律与会计行政法规的规定所制定发布的在全国实施的具有法律效力的全国性会计规章，如《企业会计准则》《政府会计准则》《企业内部控制基本规范》《行政事业单位内部控制规范（试行）》《会计基础工作规范》《会计档案管理办法》等。会计部门规章是以会计法律与会计行政法规为依据，因某一项会计工作的规范需要而制定的。在地方性会计法规层面，有由有权立法的地方人民代表大会及其常务委员会根据法律和法规授权以及地方管理的需要制定与发布仅在本行政区域内实施的地方性会计行政法规，也有由地方人民政府依据会计部门规章的规定，结合本地实际情况所制定的仅在本行政区域内具有法律效力的有关某一会计事项的具体规定。

（七）会计职业道德规范

会计职业道德规范是由会计人员在长期的工作中逐步形成的，并以某种习惯和传统形式固定下来的会计行为准则。对内而言，它构成引导、制约、调节会计行为的道德准则；对外而言，它代表着整个会计职业界对社会所承担的道德责任和义务。早期的会计职业道德规范是自发的、不成文的，是以传统或习惯的方式发挥作用的。随着会计工作的特殊性以及会计所提供信息所具有的公共性与经济后果特征的被认识，为了维护和提高会计职业的声誉和威望，逐渐出现了成文的会计职业道德准则，并运用一些非法律的强制性手段，如取消会计执业的资格等手段来要求会计人员遵守这些职业道德规范标准。我国对于注册会计师制定有专门的职业道德规范，即《中国注册会计师职业道德守则》，对于一般的会计人员目前尚没有专门的职业道德规范，但在一些文件，如《会计基础工作规范》等中规定了会计道德规范的要求。

二、背景资料

（一）会计准则的性质

明确会计准则的性质是正确认识会计准则的关键。关于会计准则的性质，一直以来从不同角度存在着不同的认识，有技术规范观、经济后果观与公共合约观等不同的观点。

1. 技术规范观

技术规范观把会计准则视为实现财务会计报告目标而设定的一种技术手段。20 世纪三、四十年代，在批评当时放任的会计实务时，有学者认为会计实务泛滥的原因在于缺乏有效的约束，因此要建立一套规范或标准来约束实务。例如，著名会计学者利特尔顿（Littleton）与佩顿（Paton）在 1940 年提出会计准（原）则应“有序、系统、内在一致，应能与可观察的客观现实相吻合；它们应是不受个人所左右的，无偏见的。”显然，当时人们在潜意识中以自然科学的眼光看待会计与会计准则。如果把会计看成是类似于物理、化学那样的一门科学，或类似于工程学那样的一门技术方法，那么，对会计实务进行规范的会计准则就如同工艺技术规程那样，是纯客观的技术规范了。并且作为技术规范，它应当在国家之间、行业之间以及不同组织形式的企业之间均能适用，即应是放之四海而皆准的。

2. 经济后果观

如果仅将会计系统作为传递数据或信息的工具，而不去考虑不同的数据与信息可能的后果，那么将约束会计系统生成信息的行为规范的会计准则作为一种纯粹的技术手段，是无可非议的。但事实上，会计信息并不是抽象的数字，这些数字代表着一定的经济意义，不同的数字将会产生不同的影响。在现实生活中，会计信息是多种合约得以履行的基础。例如，债务合约签订前，债权人需要了解债务人的财务状况与经营业绩，评价其盈利能力，进而评价其还款能力，这主要依赖于债务人的财务报表来获取相关信息；而在签约时，合约中会加入以会计信息为基础的对债务人财务指标的约束要求；在签约后，债权人要依赖债务人的财务报表来监督债务合约的履行。再如，经营者的薪酬计划中必然有对财务指标的约束，从而既影响经营者的经济利益，也影响股东的经济利益。在资本市场上，会计信息还会影响着股票的涨跌，进而影响投资者的投资收益，也影响企业的融资成本。

显然，会计信息是根据会计准则生成与提供的，不同的准则规定会使会计信息内容大相径庭，从而对各利益关系人的利益分配格局产生影响，使一部分人受益，而使另一部分人受损，会计准则具有经济后果。在对会计准则研究最为深入、会计准则制定已较为完善的美国，围绕会计准则的制定而展开的各种强大的院外游说活动，以及国会或政府对较为独立的会计准则制定机构施加的压力甚至对其会计准则的否决，就是会计准则具有经济后果的明证。会计准则的经济后果观扬弃了技术规范观，因为若是纯粹的技术规范，得出的结果具有自然科学般的唯一性，那么就没有必要伤经费神地展开院外游说活动了。会计介于科学与艺术之间，会计师在一定程度上充当着艺术家的角色。由于会计准则具有经济后果，所以它的制定过程必然为各利益集团所关注和参与，从而使得会计准则的制定类似于国家的其他法规、政策的制定那样，成为一个政治过程，这就是有学者认为的会计准则的政治过程观。这样，最终颁布施行的会计准则既要遵循会计本身的基本原则，又要考虑经济后果，出台的会计准则必然是各方力量争论与妥协的结果。关于会计准则经济后果观与政治过程观有两个典型的实例，对这两个实例的了解可以加深对会计准则的性质认识。

(1) 投资贷项的会计处理。所谓投资贷项，是指企业在进行固定资产投资时，政府给予企业按投资额的一定比例减免所得税。这是美国国会为了刺激当时处于低谷的经济，增强美国企业在国际市场上的竞争力而采取的一项政策措施。对于企业所取得的投资贷项的会计处理，依据权责发生制应将其予以递延，在该固定资产的使用寿命内摊销较为合理。另一方法是在获得投资贷项时全部计入当年损益。显然，这两种方法对经济的刺激程度不一样，具有不同的经济后果。后者使政府的投资贷项这一减税政策能更直接地体现于企业财务报表上，更能刺激企业的投资需求，从而更有利于政府政策意图的实现。1962 年，美国的会计准则制定机构“会计原则委员会”颁布了第 2 号“意见书”(即会计准则)，要求企业采用“递延法”处理投资贷项。这引起了国会的强烈反应，国会通过会计原则委员会的授权者即美国“证券交易委员会”向其施加压力，迫使会计原则委员会发布第 4 号意见书，允许企业在“递延法”与“全部计入当年损益法”之间进行选择。

(2) 废井成本的会计处理。石油、天然气公司打出废井是其经营过程中必然或者经常发生的，对于打这口井所发生的成本支出的会计处理，依据权责发生制和配比原则等，理应将之全部计入当年损益，因为该项废井成本不会为将来的收入作出贡献了。另一方法是采用“递延法”将之递延。1973 年替代会计原则委员会来制定会计准则的“财务会计准则委员会(FASB)”在 1977 年制定了第 19 号财务会计准则，是关于石油、天然气生产公司的会计处理和财务报表，其中要求对废井成本计入当期损益。显然，这会使得一些早期经常打出废井的中小型企业的财务报表不够“美观”，从而影响到其在资本市场上的融资。为此，石油、天然气行业的中小企业家们展开了院外游说活动，借助于国会的力量，使美国证券交易委员会否决上述准则，迫使财务会计准则委员会允许从“全部计入当年损益”与“递延法”中选用。

3. 公共合约观

在发达的资本市场、充满竞争的经营者市场、产品市场和劳动力市场以及较为完善的会计监管环境下，会计信息系统可以被视为解决或缓解经管责任的建立、运行与解除过程中的委托人与受托人之间信息不对称状况，降低交易成本的一个社会装置。从而，会计为资源委托人与受托人等进行经管责任关系的运行提供信息基础，影响着有关各方的经济利益，会计信息的质量就备受各方关注。在实践中，对这一问题的关注是通过对会计信息的生产、传递规则(即会计规则)制定权的制度安排来实现的。公共合约观将会计规则分为一般通用的会计规则和剩余的会计规则，前者是指参与会计规则制定的各方给予关注并能够作出适当规定的会计事项处理规则；后者是指一般通用的会计规则中未作出规定的会计事项的会计处理规则以及对一般通用的会计规则中具有较大的选择空间的会计事项处理规则的选择权。这样，会计规则制定权相应地被分为一般通用会计规则的制定权与剩余会计规则的制定权两部分。公共合约观所要解决的是企业会计规则制定权该如何进行合约安排，才是最有效率的问题。

首先，把研究的范围限定在一个企业之内。假定这个企业是由股东、债权人、经营者和一般员工四方组成，这四方签订了一组合约，这组合约的联结点就是企业。其中，股东与经营者共享企业剩余，考虑到经营才能这一人力资本的稀缺性不亚于非人力资本的稀缺性等，为此他们共享会计规则制定权。由于企业是承担有限责任的，所以债权人必须面对股东和经营者共谋串通吞噬债权资本的风险，如通过会计规则的变更将企业资本尽可能快地转化为剩余并分配掉。为此，债权人必然要求参与会计规则的制定，并力图使会计计量出最稳健的资产价值与剩余额；同时，债权人为了监护其投入资本的安全，还需要更多地利用会计信息来监测企业的生产经营状况，尤其是现金流动能力、财务状况和经营业绩，这也要求债权人必须参与会计规则的制定。若再考虑到企业剩余索取权的状态依存性以及一般员工依据自己所获报酬的公平合理程度来调整自己的工作努力程度等，一般员工一方也有理由加入会计准则制定的行列。这样，在现代企业制度下，至少股东、经营者、债权人和一般员工均要参与会计规则的制定。

然后，扩大范围，把政府引入上述的分析。政府扮演着宏观经济调控者的角色，他和企业的关系也可以被视为一种合约。实质上，政府也是企业剩余的一个重要分享者，而且它的分享比例是单个企业所不容谈判的，由税法予以明确规定。尽管有许多国家实行应税收益与会计收益的分离，但另立一套计算应税收益的资料，其成本是高昂的，所以，实践中是以计算会计收益的有关资料为基础，根据所得税法调整计算而得到应税收益。因此，政府势必也要参与会计规则的制定。政府参与会计规则的制定还有另一重要原因，那就是迫于消费者结成的政治集团的压力对自然垄断行业的企业进行价格管制的需要以及对在国际市场竞争中处于劣势地位的某些行业实施关税及非关税的贸易保护政策等。显然，会计规则的制定涉及股东、经营者、债权人、一般员工和政府五方的利益，五方均要参与会计规则的制定。

再将分析的范围扩大，把市场引入上述的分析。在充满竞争的资本市场、经营者市场、产品及服务市场和员工市场上，存在着众多企业，每个企业合约涉及众多的股东、经营者、债权人和一般员工。这时，股东、债权人以及政府就变成了外部人，而经营者和一般员工则是内部人。有关企业经营状况以及其他方面的信息在外部人与内部人、外部人与外部人、内部人与内部人之间的分布显然不对称，会计作为唯一较为完善的经济信息系统，对缓解这种不对称状态有着不可替代的作用。在这个意义上，会计也就成了外部人控制经营者、经营者控制企业经营及一般员工生产的重要工具。在这里凸显出会计规则的重要性。但是，众多的企业、股东、经营者、债权人、一般员工以及政府之间通过谈判来达成关于会计规则的一致意见，其交易成本之高是不言而喻了。解决的方法是，在这些不同类别的群体中，将会计规则的制定权授予他们之中的某一类或某几类以提高效率，降低交易成本，这本生是一项合约安排。这一合约安排直接或间接地涉及每一方的利益，其最终达成一致无疑是要通过民主决策规则与程序来实现，由此该项合约安排就具有了公共合约性。

为提高效率并降低交易成本，会计规则制定权应该授予经营者或政府，而不是其他三方。因为经营者的数量相对较少，容易达成一致，协调的交易成本相对较低；政府因其强制优势也可以提高效率并降低交易成本，甚至比经营者在这方面更有优势。但是，政府制定的会计规则不可能事无巨细均规定得很完备，各企业的具体情形不一，千变万化，势必存在剩余的会计规则制定权，这一制定权也安排给政府势必是低效率的。因此，授予政府的应是一般通用的会计规则制定权，而剩余的会计规则制定权应该授予经营者，因为经营者比政府拥有更多的企业信息，决策速度也远快于政府，能够保证剩余的会计规则制定的及时性，从而效率会高于政府。除此之外，将剩余会计规则制定权授予经营者的一个更深的原因是，从企业委托代理关系的角度看，经营者对有关利害关系人（包括股东、债权人、一般员工等）提供客观财务会计报告的责任是其经管责任的重要组成部分。但由此也导致一个问题，即经营者还是拥有了较大的会计规则选择空间，且经营者也可能根本就不遵守政府制定的一般通用的会计规则。解决这一问题的办法是就此作出合约安排及引入监督机制，以防止经营者不遵守一般通用的会计规则以及滥用剩余的会计规则制定权。这一监督权安排给股东或债权人是不适当的，因为其人数众多使得交易成本会很高，更重要的是股东、债权人以及一般员工们很可能缺乏会计专业知识，从而无法行使该权力。政府虽然依靠其强制优势能够行使这项权利，但其作为税收征缴者和通用会计规则的制定者，难以保证其监督的独立、客观与公正，其监督的结果难以得到其他利益相关者的认可。交易成本最低也即效率最高的安排就是由独立、客观、公正的会计专家来监督审查经营者对剩余会计规则制定权的行使，并将监督结果报告给股东、债权人、一般员工、政府等会计信息的需求者。

会计准则公共合约观的基本思路是，政府享有一般通用的会计规则的制定权，经营者享有剩余的会计规则的制定权，由独立、客观、公正的会计专家来监督经营者对一般通用的会计规则的遵循和对剩余的会计规则制定权的适当行使。这一合约安排的有效性取决于强大有效率的会计职业界、发达的资本市场、充满竞争的经营者市场、产品市场和劳动力市场等的存在。这样，会计准则就产生了，政府制定的一般通用的会计规则就是通常所称的会计准则，而行使独立监督的会计专家就是通常所称的注册会计师。

（二）内部控制中的博弈

常言道“魔高一尺，道高一丈”。可以认为，没有舞弊及其发展，就不会有内部控制及其发展，内部控制的产生及其发展，就是舞弊和反舞弊双方博弈的过程。

在 20 世纪 40 年代前，舞弊的主要情况是个人或部门一方可能舞弊；防范舞弊的博弈思路是一方有舞弊的行为，另一方要控制他；博弈的结果是提出内部牵制。内部牵制概念最早于 1905 年由英国学者迪克西（L.R.Dicksee）提出，他认为，内部牵制由三个要素构成，即职责分工、会计记录、人员轮换。最初，内部牵制基于两个基本设想：一是两个或两个以上的人或部门无意识地犯同样错误的可能性相对较小；二是两个或两个以上的人或部门有意识地合伙舞弊的可能性大大低于单独一个人或部门舞弊的可能性。采取的防止舞弊的措施是不相容职务的分离，即以任何个人或部门都不能单独控制任何一项或一部分业务权力的方式进行组织的责任分工。不相容职务分离，也即内部牵制，是内部控制的经典思想，也是内部控制的第一个思想精髓。在现代内部控制理论中，内部牵制仍占有重要地位，成为有关组织机构控制和职务分离控制的最基本措施。

在 20 世纪 40 年代末，舞弊的情况是可能发生的串通舞弊；防范舞弊博弈的思路是针对串通的各方都可能存在的舞弊行为，制定更好的制度；博弈的结果是内部控制这一概念得到强化。1949 年美国注册会计师协会对内部控制首次作出权威性定义，即内部控制包括组织机构的设计和企业内部采取的所有相互协调的方法与措施，以保护企业财产、检查会计信息的准确性、提高经营效率和推动企业坚持执行既定的管理政策和规章制度。

在 20 世纪 40 年代末至 60 年代，舞弊的可能情况是管理方面存在问题而引起舞弊；防范舞弊博弈的思路是认为，仅仅进行会计控制尚不够，控制应该系统化；博弈的结果是 1958 年美国注册会计师协会将内部控制划分为会计控制和管理控制。随后该协会下属的审计准则委员会发布的《审计准则公告第 1 号》对管理控制和会计控制分别作出了详细的解释。管理控制包括但不限于为贯彻管理方针和提高经营效率及有关事项提供合理保证的组织结构、程序及记录；会计控制是为资产安全、财务记录可靠及有关事项提供合理保证的组织结构、程序及记录。在管理控制中形成分级授权控制成为了内部控制的第二个思想精髓。

在20世纪70年代末至90年代，舞弊的情况是内外更多因素引起的、高层管理者可能出现的舞弊；防范舞弊博弈的思路是将控制环境纳入内部控制范畴；博弈的结果是1990年美国《审计附则公告第1号》首次以“内部控制结构”代替内部管理控制及内部会计控制。内部控制结构是指为了对实现特定公司目标提供合理保证而建立的一系列政策和程序构成的有机整体，包括控制环境、会计系统与控制程序三个部分。美国在1973～1976年对水门事件进行调查时，立法机关与行政机关开始注意内部控制问题。水门事件专案监察官办公室及美国证券交易委员的调查显示，过去不少美国大公司进行了违法的国内捐款、可疑或违法的国外支付(包括贿赂外国政府官员)，由此正式将控制环境纳入内部控制范畴。基本思想是认为控制环境是由企业全体职工(主要是企业的管理者)所造就的，是充分有效的内部控制体系得以建立和执行的基础及保证。

进入20世纪90年代后，舞弊的情况是集体性舞弊行为；防范舞弊博弈的思路是采用整体性控制结构；博弈的结果是使内部控制趋于完善。1992年9月，AICPA与美国会计学会(AAA)、财务经理协会(FEI)、国际内部审计师协会(IIA)和管理会计师协会(MAA)共同组成的资助组织委员会(COSO)发布了指导企业内部控制实践的纲领性文件COSO研究报告——《企业内部控制——整体框架》，并于1994年进行了增补。COSO委员会认为，企业内部控制是由企业董事会、经理阶层以及其他员工实施的，为财务报表的可靠性、经营活动的效率和效果、相关法律法规的遵循性等目标的实现而提供合理保证的过程。同时，提出了企业内部控制的整体框架概念以及控制环境、风险评估、控制活动、信息与沟通、监控等企业内部控制的五个要素。进入21世纪后，随着安然、世通等公司破产及其会计丑闻事件的发生，2002年美国出台《萨班斯法案》或《SOX法案》，以加强会计监督、强化信息披露、完善公司治理和防止内幕交易。作为对《萨班斯法案》的响应，美国COSO委员会同年在内部控制整体框架概念的基础上，提出了企业风险管理框架的概念，并于2004年颁布正式稿，将企业风险管理定义为是一个过程，受企业的董事会、管理层和其他员工的影响，以为实现经营的效率和效果，财务会计报告的可靠性以及现行法规的遵循提供合理保证。同时，COSO委员会将企业风险管理框架的构成要素拓展为内部环境、目标设定、事项识别、风险评估、风险应对、控制活动、信息与沟通和监控八个。将内部控制划分为五个要素或八个要素，制定一套严格的监督体系是内部控制最新的思想精髓。

(三) 国内外的会计职业道德规范

关于会计职业道德规范，在国内外均制定有相关的规定，包括对一般会计人员的职业道德规范与对注册会计师的职业道德规范。

1. 我国对一般会计人员的职业道德规范

我国《会计基础工作规范》对于一般会计人员的职业道德作出了明确的规定，把会计职业道德的内容归纳为爱岗敬业、熟悉法规、依法办事、客观公正、搞好服务与保守秘密等六个方面。

(1) 爱岗敬业。爱岗敬业要求会计人员热爱会计工作，安心本职岗位，忠于职守，尽心尽力，尽职尽责。热爱本职工作，这是做好一切工作的出发点。只有明确了这个出发点，才会勤奋、努力钻研业务技术，使自己的知识和技能适应具体所从事会计工作的要求。

（2）熟悉法规。熟悉法规要求会计人员熟悉财经法律、法规和国家统一会计制度，并结合会计工作进行广泛宣传。会计工作不只是单纯的记账、算账、报账工作，会计工作时时、事事、处处涉及遵法守规方面的问题。会计人员应当熟悉法规，做到自己在处理各项经济业务时知法依法、知章循章，依法依规把关守口，同时还要进行法规的宣传，提高法制观念。

（3）依法办事。依法办事要求会计人员应当按照会计法律、法规和国家统一会计制度规定的程序和要求进行会计工作，保证所提供的会计信息合法、真实、准确、及时、完整。按照《会计法》要求保证会计信息真实、完整的规定，会计人员必须依法办事，树立自己职业的形象和人格的尊严，敢于抵制歪风邪气，同一切违法乱纪的行为作斗争。

（4）客观公正。客观公正要求会计人员在办理会计事务中，应当实事求是、客观公正。这是一种工作态度，也是会计人员追求的一种境界。做好会计工作，不仅要有过硬的技术本领，也同样需要有实事求是的精神和客观公正的态度。否则，就会把知识和技能错用，甚至参与弄虚作假或者串通作弊。

（5）搞好服务。搞好服务要求会计人员熟悉本单位的生产经营和业务管理情况，运用掌握的会计信息和会计方法，为改善单位内部管理、提高经济效益服务。会计工作的特点，决定了会计人员应当熟悉本单位的生产经营和业务管理情况，因此，会计人员应当积极运用所掌握的会计信息和会计方法，为改善单位的内部管理、提高经济效益服务。

（6）保守秘密。保守秘密要求会计人员应当保守本单位的商业秘密，除法律规定和单位规章规定外，不能私自向外界提供或者泄露单位的会计信息。会计人员由于会计工作性质的原因，有机会了解本单位的财务状况和生产经营情况，有可能了解或者掌握重要商业机密，因此，必须严守秘密。泄密，是一种不道德行为，会计人员应当确立泄露商业秘密为大忌的观念，对于自己知悉的内部机密，在任何时候、任何情况下都应严格保守，不随意向外泄露。

2. 我国对注册会计师的职业道德规范

由于注册会计师职业的特殊性，我国一直高度重视注册会计师的职业道德规范建设，中国注册会计师协会先后发布了一系列有关职业道德要求的规范性文件，包括 1992 年 9 月发布的《中国注册会计师职业道德守则（试行）》、1996 年 12 月发布的《中国注册会计师职业道德基本准则》、2002 年 6 月发布的《中国注册会计师职业道德规范指导意见》以及 2009 年 10 月发布的《中国注册会计师职业道德守则》。《中国注册会计师职业道德守则》是在总结以往职业道德实践经验，吸收借鉴新修订的国际职业会计师道德守则的基础上制定的，既体现了中国国情，又实现了与国际职业道德守则的趋同。《中国注册会计师职业道德守则》的主要内容包括：

（1）诚信要求。诚信是我国传统道德文化的重要内容之一，"诚信者，天下之结也"。职业道德守则要求注册会计师在所有的职业活动中，保持正直，诚实守信。注册会计师如果认为业务报告、申报资料或其他信息存在含有严重虚假或误导性的陈述、含有缺少充分依据的陈述或信息、存在遗漏或含糊其辞的信息，则不得与这些有问题的信息发生牵连。

(2) 独立性要求。独立性是注册会计师执行鉴证业务的灵魂，是客观、公正的体现，也是职业道德守则的精髓。职业道德守则要求注册会计师在执行鉴证业务时，应当从内心状态和外在形式方面均保持独立性，并在六个方面强化了独立性要求：一是将独立性要求从上市公司扩展到所有涉及公众利益的实体；二是对事务所特定员工跳槽至涉及公众利益的审计客户并担任特定职位，作出冷却期的要求；三是将合伙人轮换要求扩展至所有关键审计合伙人；四是强化对审计客户提供非鉴证服务的部分规定；五是如果对某一涉及公众利益的审计客户的全部收费连续 2 年超过事务所全部收费的 15%，要求在发表审计意见之前或之后进行复核；六是禁止将关键审计合伙人的薪酬或业绩评价与其向审计客户推销的非鉴证服务直接挂钩。

(3) 客观和公正要求。客观和公正是指按照事物的本来面目去考察，从实际出发，不添加个人偏见。职业道德守则要求注册会计师在执业活动中，做到客观公正、实事求是，不得因各种不当影响而损害自己的职业判断。如果存在导致职业判断出现偏差，或对职业判断产生不当影响的情形，注册会计师不得提供相关专业服务。

(4) 专业胜任能力和应有关注要求。为确保提供具有专业水准的服务，注册会计师应当将专业知识、技能和经验始终保持在应有的水平。职业道德守则要求注册会计师不断通过教育、培训和执业实践获取和保持专业胜任能力，同时保持应有的关注，遵守职业准则和职业道德规范，勤勉尽责，认真、全面、及时地完成工作任务。

(5) 保密要求。注册会计师能否与客户维持正常的关系，有赖于双方自愿而又充分地进行沟通和交流，不掩盖任何重要的事实和情况，这以保密原则作为基础。职业道德守则要求注册会计师对职业活动中获知的涉密信息保密，包括对拟接受的客户或拟受雇的工作单位，以及所在会计师事务所内部的涉密信息保密。

(6) 良好职业行为要求。注册会计师要“惜誉如金”，自觉维护行业形象。职业道德守则要求注册会计师遵守相关法律法规，避免发生任何损害职业声誉的行为，在向公众传递信息以及推介自己和工作时，应当客观、真实、得体，不得损害职业形象。

(7) 收费要求。会计师事务所的收费应当公平地反映为客户提供的专业服务的价值，不能通过降低价格或者或有收费的方式，削弱注册会计师的独立性，降低服务质量。职业道德守则要求如果收费报价明显低于前任注册会计师或其他会计师事务所的相应报价，会计师事务所应当确保在提供专业服务时，遵守执业准则和职业道德规范的要求，使工作质量不受损害，并使客户了解专业服务的范围和收费基础。除法律法规允许外，注册会计师不得以或有收费方式提供鉴证服务，收费与否或收费多少不得以鉴证工作结果或实现特定目的为条件。

(8) 运用职业道德概念框架要求。根据职业道德概念框架，注册会计师如果发现可能违反职业道德基本原则的情形，应当首先识别该情形可能对职业道德基本原则产生的不利影响，然后评价不利影响的严重程度，如果超出了可接受的水平，则注册会计师有必要采取防范措施消除该不利影响或将其降低至可接受的水平。

(9) 对非执业会员要求。为了规范非执业会员从事专业服务时的职业道德行为,促使其更好地履行相应的社会责任,维护公众利益,职业道德守则把非执业会员纳入职业道德建设的规范体系,从职业道德基本原则、职业道德概念框架、潜在冲突、信息的编制和报告等方面作出了规定。

3. 国外对会计师的职业道德规范

从世界各国来看,都制定了相应的会计师职业道德规范,以昭示会计师应达到的道德水准。

(1) 国际会计师联合会制定的职业道德规范。国际会计师联合会为了协调国际间职业道德规范,制定和颁布了《职业会计师道德守则》,具体包括三部分。第一部分适用于所有职业会计师。职业会计师是指国际会计师联合会的成员组织的会员,不论其是在公共业务(包括个人执业者、合伙所或公司)部门,还是在工业部门、商业部门、政府部门或教育部门工作。适用于所有职业会计师的职业道德规范包括公正性和客观性、道德冲突的解决、专业胜任能力、保密、税务服务、跨国活动、宣传等。第二部分适用于执行公共业务的职业会计师。执行公共业务的职业会计师是指向客户提供专业服务的合伙人或类似职业人员、执业机构的雇员,不论其专业服务类别(如审计、税务或咨询),以及在执业机构中负有管理职责的职业会计师。适用于执行公共业务的职业会计师的职业道德规范包括鉴证业务的独立性、专业胜任能力以及与利用非会计师有关的责任、收费和佣金、与公共会计师业务不相容的活动、客户的资金、与其他执行公共业务的职业会计师的关系、广告与招揽。第三部分适用于受雇的职业会计师,适当时也可适用于执行公共业务的职业会计师。受雇的职业会计师是指受雇于工业、商业、公共或教育部门的职业会计师。适用于受雇的职业会计师的职业道德规范包括忠诚的冲突、对同行的支持、专业胜任能力、信息的表述等。

(2) 美国注册会计师协会制定的职业道德规范。美国注册会计师协会专门设立了职业道德部,负责职业道德规范的制定和发布。美国注册会计师协会的职业道德规范由四部分组成:一是职业道德原则,对注册会计师应当具备的品质作出的一般性规定,包括责任、公众利益、正直、客观和独立、应有的谨慎、服务的范围和性质。职业道德原则表明了注册会计师承担的责任,也反映了职业道德的基本信条。这些原则要求,即使牺牲个人利益也要履行职业责任,坚持正确的行为。二是行为规则,美国注册会计师协会的章程要求,会员应当遵守《职业道德守则》中的规则,并对偏离规则的行为作出合理的解释。如果说职业道德原则是注册会计师的理想行为,则行为规则就是注册会计师行为的最低标准,具有强制性。三是行为规则解释,由于经常有会员就某一具体规则提出问题,因而有必要对行为规则作出公开的解释。美国注册会计师协会职业道德部成立了一个主要由执行公共业务的执行人员组成的委员会,由委员会对行为规则作出解释。在解释最终定稿之前,要向职业界征求意见,虽然解释不具有强制性,但会员要在纪律检查听证会上证明背离解释的正当理由。四是道德裁决,是美国注册会计师协会职业道德部执行委员会根据一些具体的实际情况作出的解释,也是行为规则及其解释在具体情况和案件中的应用。同行为规则解释一样,道德裁决不具有强制性,但要求会员说明任何背离的理由。

三、复习思考题与练习题

复习思考题

1. 什么是会计法律规范、会计职业道德规范？它们之间的关系如何？
2. 我国《会计法》规定的单位负责人、会计人员的基本责任是什么？规定的法律责任有哪些？对公司、企业的会计核算有何特别规定？
3. 根据我国的《注册会计师法》，注册会计师、会计师事务所、注册会计师协会的性质如何？注册会计师的业务范围与工作规则如何？
4. 我国对会计机构设置、会计工作岗位设置有哪些要求？
5. 什么是集中核算？什么是分散核算？各有什么优点与缺点？
6. 我国对于会计人员的职称确定为哪几种？评价的基本标准条件与各类职称的相应标准条件有哪些？
7. 哪些会计资料属于会计档案的范围？会计档案保管期满，如何进行销毁？如何进行电子档案的管理？
8. 内部控制在企业管理中具有何种作用？内部控制包含的基本要素有哪些？具体含义是什么？
9. 在我国的企业会计准则体系中，基本会计准则与具体会计准则有哪些区别与联系？
10. 我国关于会计职业道德规范有哪些明文规定？为什么在法制化的现代社会中仍然需要会计职业道德规范？会计职业道德规范应如何施行？

练　习　题

一、单项选择题(在每小题的备选答案中，选出一个最合适的答案)

1. 在我国的会计法律规范体系中，层次最高的法律规范是(　　)。

   A.《会计法》　　B.《会计基础工作规范》

   C.《注册会计师法》　　D.《企业会计准则》

2.《中华人民共和国会计法》是由(　　)审议通过并修订或修正的。

   A. 全国人民代表大会　　B. 国务院

   C. 全国人大常委会　　D. 财政部

3. 根据《会计法》的规定，主管全国会计工作的政府部门是(　　)。

   A. 审计署　　B. 财政部

   C. 国家工商行政管理总局　　D. 国家税务总局

4. 会计部门规章是根据《会计法》规定的程序，由(　　)制定并公布的制度办法。

   A. 全国人大常委会　　B. 国务院

   C. 财政部或国务院其他各部、委　　D. 地方人民政府

5. 会计机构负责人、会计主管人员除应当具备会计师以上专业技术职务资格或者从事会计工作(　　)年以上经历。

   A. 4　　B. 3

   C. 2　　D. 5

6. (　　)不属于会计档案的范围。

A. 经济合同
B. 会计凭证
C. 会计账簿
D. 银行对账单

7. 基本会计准则属于(　　)。

A. 法律
B. 行政法规
C. 部门规章
D. 地方性法规

8. 我国构建的企业内部控制规范体系是由基本规范与(　　)所构成。

A. 应用指引
B. 配套指引
C. 评价指引
D. 审计指引

9. 内部控制是由企业(　　)实施的、旨在实现控制目标的过程。

A. 董事会、监事会、经理层和全体员工
B. 全体员工
C. 董事会、监事会
D. 董事会、经理层

10. 我国的(　　)对会计人员的职业道德进行了规定。

A.《会计基础工作规范》
B.《企业财务会计报告条例》
C.《证券法》
D.《公司法》

11. 会计职业道德规范主要受(　　)方面因素的影响。

A. 社会道德文化传统
B. 会计职业特性
C. 社会道德文化传统与会计职业特性两个
D. 会计技术发展

12. 保密与廉政自律是会计的(　　)。

A. 职业纪律
B. 职业技能
C. 职业责任
D. 职业态度

二、多项选择题(在每小题的备选答案中，选出所有合适的答案)

1. 从内容看，会计规范的类别有(　　)。

A. 会计核算规范
B. 会计人员素质规范
C. 会计工作组织与管理规范
D. 会计信息生成与质量规范
E. 为会计控制提供标准的规范

2. 在我国，属于会计行政法规的有(　　)。

A.《总会计师条例》
B.《会计法》
C.《企业财务会计报告条例》
D.《注册会计师法》
E.《会计基础工作规范》

3.《会计法》对公司、企业会计核算进行了特别规定，明确禁止(　　)。

A. 公司、企业随意改变资产、负债、所有者权益的确认标准或者计量方法，虚列、多列、不列或者少列资产、负债、所有者权益
B. 虚列或者隐瞒收入，推迟或者提前确认收入
C. 随意改变费用、成本的确认标准或者计量方法，虚列、多列、不列或者少列费用、成本
D. 随意调整利润的计算、分配方法，编造虚假利润或者隐瞒利润
E. 违反国家统一的会计制度规定的其他行为

4. 会计人员从事会计工作，应当符合的要求包括(　　)。

A. 具有本科学历

B. 遵守《会计法》和国家统一的会计制度等法律法规

C. 具备良好的职业道德

D. 按照国家有关规定参加继续教育

E. 具备从事会计工作所需要的专业能力

5. 我国将会计人员的职称分为(　　)。

A. 会计员　　B. 助理会计师

C. 会计师　　D. 高级会计师

E. 正高级会计师

6. 我国有关会计法律法规赋予了会计人员相应的权限包括(　　)。

A. 有权拒绝办理违法违规的会计事项

B. 有权要求本企业或单位有关部门、人员认真执行国家批准的计划、预算,遵守国家法律、财经纪律以及财务会计制度

C. 有权参与本企业或单位编制计划、制订定额、对外签订经济合同的工作,并可以参加有关生产、经营管理会议和业务会议,并以所具有的会计专业知识对企业或单位的财务收支和经济管理方面的情况提出自己的意见

D. 有权监督本企业或单位有关部门的财务收支、资金使用和财产保管、收发、计量、检验等情况

E. 有权对打击报复进行申诉

7. 按规定,企业或单位应进行归档的会计资料包括(　　)。

A. 会计预测、计划与分析资料　　B. 会计凭证

C. 会计账簿　　D. 财务会计报告

E. 其他会计资料

8. (　　)属于保管期限为30年的会计档案。

A. 原始凭证　　B. 记账凭证

C. 总账　　D. 明细账

E. 年度财务会计报告

9. 从类别看,我国企业会计准则体系中的具体准则包括(　　)。

A. 用于规范各类企业共同性基本业务的会计确认、计量和披露的准则

B. 用于规范特殊企业会计确认、计量和披露的准则

C. 用于规范各类企业特殊业务会计确认、计量和披露的准则

D. 用于规范特定行业特殊业务的会计确认、计量和披露的准则

E. 用于规范财务会计报告的准则

10. 内部会计控制与一般管理制度相比较具有的特征包括(　　)。

A. 在系统理论的指导下,把一个企业作为一个总体,并把构成总体的各个组成部分看成是一个个系统

B. 以外部审计人员为主体,以企业内部人员为客体

C. 以企业内部人员为主体,以企业内部的经济活动或经营管理活动为客体

D. 采用的手段和方法受到限制

E. 采用的手段和方法多种多样

11. 建立与实施内部控制应遵循(　　)等原则。

A. 全面性　　B. 重要性

C. 制衡性

D. 适应性

E. 成本效益

12. 企业内部控制的环境主要包括(　　)。

A. 企业文化

B. 人力资源政策

C. 内部审计

D. 反舞弊机制

E. 治理结构、组织机构设置与权责分配

13. 会计系统控制要求企业依据《会计法》、国家统一的会计制度,制定适合本企业的会计制度,明确(　　)的处理程序。

A. 会计凭证

B. 财务会计报告

C. 会计账簿

D. 相关信息披露

E. 内部审计

14. 企业内部控制对于内部风险的识别,应关注的因素包括(　　)。

A. 董事、监事、经理及其他高级管理人员的职业操守、员工专业胜任能力等人力资源因素

B. 组织机构、经营方式、资产管理、业务流程等管理因素

C. 研究开发、技术投入、信息技术运用等自主创新因素

D. 技术进步、工艺改进等科学技术因素

E. 财务状况、经营成果、现金流量等财务因素与营运安全、员工健康、环境保护等安全环保因素

15. 会计职业道德教育的组织可通过(　　)等渠道进行,以形成长效机制。

A. 法制教育

B. 专业成才教育

C. 政治教育

D. 在职继续教育

E. 社会教育

三、判断题(认为正确的在题目前面括号内打"√",认为错误的在题目前面括号内打"×")

1. (　　)会计规范应该是客观的,为此不能与特定的社会经济制度相联系,也不能与特定的社会经济发展水平相联系,不能带有某种倾向性。

2. (　　)作为会计规范应该是稳定的,即使社会经济环境发生了变化,会计规范仍应保持稳定不变,否则提供的会计信息失去可比性。

3. (　　)人们有意识地制定的会计规范通常是在自发形成的惯例基础上经过归纳、提炼、抽象、引申后形成的,相比自发形成的规范有更强的可操作性。

4. (　　)会计准则主要是对会计信息生成与披露的原则、程序、方法以及质量的约束规范,均是一些刚性规定,不存在选择空间。

5. (　　)会计行政法规是根据会计法律制定的,是对会计法律的具体化或对某个方面的补充,一般称为条例。

6. (　　)国务院财政部主管全国的会计工作,县级以上地方各级人民政府财政部门管理本行政区域内的会计工作。

7. (　　)任何企业均应设置会计机构与配备专职会计人员。

8. (　　)企业或单位应当根据《会计法》等法律法规和有关规定,不能自主任用(聘用)会计人员,但应对任用(聘用)的会计人员及其从业行为加强监督和管理。

9. (　　)会计档案是指企业或单位在进行会计核算等过程中接收或形成的,记录和反映企业或单位经济业务事项的,具有保存价值的文字、图表等各种形式的纸质会计资料。

10. (　　)企业或单位可以利用计算机、网络通信等现代信息技术手段管理会计档案。

11.（　　）各种会计档案的保管期限，根据其特点分为定期与永久两类，其中定期保管期限又分为10年与30年两种。

12.（　　）企业或单位销毁会计档案时，应由档案管理部门、会计部门和审计部门共同派员监销。

13.（　　）保管期满但未结清的债权、债务会计凭证和涉及其他未了事项的会计凭证，不得销毁。

14.（　　）我国企业会计准则体系中的基本准则规范了会计确认、计量和报告等一般要求，但不能为会计实务中出现的、具体准则尚未规范的新问题提供会计处理依据。

15.（　　）内部控制不同于企业的一般管理制度，它是以一个企业的经济活动为总体，采取一系列专门的方法、措施和程序对所属控制系统建立内部控制体系的一种特殊管理制度。

16.（　　）内部牵制基于的设想是同一流程由分工不同的人掌握之后，错误概率比由一个人把持时的错误概率要低，而且他们合伙舞弊的可能性也更低。

17.（　　）企业内部控制不仅是实现组织目标可能性的一种手段或工具，其本身就是目的。

18.（　　）我国企业内部会计控制体系建设的基本目标是，建立起一套以防范风险和控制舞弊为中心，以控制标准和评价标准为主体的内部控制制度体系，以监管部门为主导、各企业具体实施为基础、会计等中介机构咨询服务为支撑、政府监管和社会评价相结合的内部控制实施体系，推动企业完善治理结构和内部约束机制，不断提高企业的经营管理水平和可持续发展能力。

19.（　　）不相容职务分离控制，要求企业全面、系统地分析、梳理业务流程中所涉及的不相容职务，实施相应的分离措施，形成各司其职、各负其责、相互制约的工作机制。

20.（　　）授权审批控制，要求企业根据常规授权和特别授权的规定，明确各岗位办理业务和事项的权限范围、审批程序和相应责任。

21.（　　）预算控制，要求企业实施全面预算管理制度，明确各责任单位在预算管理中的职责权限，规范预算的编制、审定、下达和执行程序，强化预算约束。

22.（　　）作为会计规范，会计职业道德规范也是由国家政权以法律法规形式制定并以法律力量保证施行的强制型的调整会计关系的行为规范。

23.（　　）会计职业道德规范与会计法律规范具有密切的联系，会计职业道德规范的一些内容通过提炼可能为会计法律规范所吸收，从而成为会计法律规范的组成部分。

24.（　　）会计职业道德规范要求会计人员必须具备能履行职业责任、完成本职工作的技能，这也是会计系统运行中，会计信息的加工和提供达到一定质量标准的有效保证。

25.（　　）会计职业纪律是会计职业道德规范要求会计人员所应遵守的纪律，会计人员应根据企业领导的意见决定是否向聘用的会计师事务所提供会计凭证、会计账簿、财务会计报告及其他会计资料。

四、案例分析题

（一）应由谁来承担责任

ABC公司是一家国有控股大型企业。200×年1月，公司总经理针对公司上一年度效益下滑、出现亏损的情况，电话请示正在外地出差的董事长。因再融资的需要，董事长指示把上一年度的财务报表做得漂亮一些，总经理把这项工作交给公司总会计师，要求按董事长意见办。总会计师按公司领导意图，对上一年度的财务报表进行了技术处理，虚拟了若干笔无交易的销售收入，从而使公司财务报表中的利润数据由亏变盈。经DEF会计师事务所审计后，公司财务报表对外报出。当年4月，在《会计法》执行情况检查中，当地财政部门发现该公司存在重大会计造假行为，依据《会计法》及相关法律、法规，拟对该公司董事长、总经理、总会计师等相关人员进行行政处罚，并分别下达了行政处罚告知书。ABC公司相关人员接到行政处罚告知书后，均要求举行听证会。在听证会上，有关当事人作了如下陈述：

公司董事长称："我前一段时间出差在外，对公司情况不太了解，虽然在财务报表上签名并盖章，但只是履行手续，我不能负任何责任。具体情况可由公司总经理予以说明。"

公司总经理称："我是搞技术出身的，主要抓公司的生产经营，对会计我是门外汉，我虽在财务报表上签名并盖章，那也只是履行程序而已。以前也是这样做的，我不应承担责任。有关财务报表情况应由公司总会计师解释。"

公司总会计师称："公司对外报出的财务报表是经过DEF会计师事务所审计的，他们出具了无保留意见的审计报告。DEF会计师事务所应对本公司财务报表的真实性、完整性负责，承担由此带来的一切责任。"

分析要求：根据我国会计法律、法规的规定，分析ABC公司董事长、总经理、总会计师在听证会上的陈述是否正确，并分别说明理由。

(二) 华锐风电财务造假门事件中的职业道德缺失

华锐风电的全称华锐风电科技(集团)股份有限公司，系由华锐风电科技有限公司于2009年9月16日整体变更设立，于2011年1月13日在上海证券交易所上市，证券代码601558。华锐风电科技(集团)股份有限公司是中国第一家自主开发、设计、制造和销售适应全球不同风资源和环境条件的大型陆地、海上和潮间带风电机组的专业化高新技术企业，并在中国率先自主开发出全球领先的5MW、6MW系列风电机组。

2013年4月20日，华锐风电科技(集团)股份有限公司发布《关于前期会计差错更正的公告》，披露对2011年年报进行追溯调整，其中资产总额调减6.9亿元，降幅达2.0%；负债总额调减5.11亿元，降幅达2.4%；所有者权益调减1.77亿元，降幅达1.3%；净利润调减1.77亿元，降幅达22.8%。对于以上调整，华锐风电科技(集团)股份有限公司在对上海证券交易所《2012年年报事后审核意见函》的回复中称：追溯调整的主要原因系公司2011年度销售收入相关数据存在虚报、造假情形。公司关于收入确认的具体依据须同时满足以下三项条件：一是公司已与客户签订销售合同；二是货到现场后双方已签署设备验收手续；三是完成吊装并取得双方认可。由于部分生产人员进行了虚假的出库、入库操作，部分客服人员提供了虚假的吊装报告，部分财务人员依据虚假报告进行了账务处理，导致部分项目在未满足第二、第三项收入确认条件的情况下确认了收入。

以上事实表明，公司涉嫌制造和披露虚假信息，年度报告未能以客观事实为依据，未能如实反映财务数据及经营情况。时任公司董事长的韩俊良深陷造假漩涡，并直接导致其向董事会递交书面辞职书。2013年9月16日，上海证券交易所发布公告，因信息披露违规对华锐风电进行处罚，并对已辞职的韩俊良进行公开谴责并指出，前董事长兼总裁韩俊良，作为华锐风电公司主要负责人，未能勤勉尽责，对产品生产、销售、记账过程中存在的虚报、造假行为负有不可推卸的责任。

2015年1月9日，中国证监会发布公告，因信息披露违规对华锐风电进行处罚。公告描述了华锐风电2011年年报通过制作虚假吊装单提前确认收入的方式，虚增2011年度利润27 785.17万元，占当期披露利润总额的37.58%的具体情况：

(1) 2011年年报提前确认，2012年完成吊装。华锐风电将实际未吊装完成的项目(实际系在2012年完成吊装)在2011年确认收入，涉及营业收入150 771.28万元，营业成本135 148.75万元，预提运费2 243.82万元，计提坏账6 665.36万元，虚增2011年度利润总额6 713.35万元，占2011年利润总额的 9.08%。

(2) 2011 年年报提前确认,至 2012 年仍未完成吊装。华锐风电将实际未吊装完成的项目在 2011 年确认收入,涉及营业收入 92 902.63 万元,营业成本 65 711.30 万元,预提运费 894.58 万元,计提坏账 5 224.93万元,虚增 2011 年度利润总额 21 071.82 万元,占 2011 年利润总额的 28.50%。

中国证监会认为华锐风电 2011 年年报通过提前确认的方式虚构营业收入、虚增利润的事实明显,其行为违反《中华人民共和国证券法》第六十三条关于"发行人、上市公司依法披露的信息,必须真实、准确、完整,不得有虚假记载、误导性陈述或者重大遗漏"的规定,构成了《中华人民共和国证券法》第一百九十三条第一款所述"发行人、上市公司或者其他信息披露义务人未按照规定披露信息,或者所披露的信息有虚假记载、误导性陈述或者重大遗漏"的违法行为。中国证监会发布决定对华锐风电给予警告、责令改正、并处以 60 万元罚款,对时任董事长韩俊良采取终身证券市场禁入措施,对时任财务总监陶刚采取 10 年证券市场禁入措施,对分管客服部的副总经理于建军、分管市场部的副总经理刘征奇、分管生产部的副总经理汪晓分别采取 5 年证券市场禁入措施。

2011 年,华锐风电的前董事长韩俊良曾豪言"我们一定要在 2015 年成为全球老大"。但 4 年时间,随着财务造假门事件的发生,华锐风电从行业第一跌到第十,股价从 90 元跌落至不到 3 元。

2012 年 4 月 9 日,利安达作为华锐风电 2011 年年报审计机构,出具了标准无保留意见的审计报告。2015 年 11 月 5 日,中国证监会发布决定责令利安达改正,没收业务收入 95 万元,并处以 95 万元罚款;对签字注册会计师温京辉、王伟给予警告,分别处以 10 万元罚款,对温京辉、王伟采取 5 年证券市场禁入措施。

分析要求:

(1) 华锐风电财务造假是否属于在公司董事长直接授意、策划、组织下的财务舞弊行为?

(2) 华锐风电的财务部、市场部、客服部、生产管理部是否配合了财务舞弊全过程?

(3) 注册会计师未能发现这一财务舞弊现象的原因在哪里?

(4) 从华锐风电财务造假门事件如何认识职业道德缺失带来的危害?

模拟试卷

试　卷　一

一、单项选择题(在每小题的备选答案中，选出一个最合适的答案。本题型共 20 小题，每小题 1 分，共 20 分。)

1. 会计的基本职能是(　　)。

A. 预测和决策　　B. 核算和控制

C. 管理生产经营活动　　D. 分析和考核

2. 下列各项中，属于会计信息质量要求的是(　　)。

A. 权责发生制　　B. 持续性

C. 收付实现制　　D. 可比性

3. 企业定期对存在可能发生减值迹象的资产计提减值损失，体现了会计信息质量的(　　)要求。

A. 可靠性　　B. 重要性

C. 谨慎性　　D. 实质重于形式

4. 下列计量属性中，由真实交易形成的是(　　)。

A. 历史成本　　B. 重置成本

C. 可变现净值　　D. 公允价值

5. 下列各项中，不属于反映企业财务状况的会计要素是(　　)。

A. 利润　　B. 资产

C. 所有者权益　　D. 负债

6. 企业若本年提取盈余公积 30 万元，用资本公积 10 万元、盈余公积 8 万元转增资本，投资者追加投资 50 万元，则所有者权益净增加额应该是(　　)万元。

A. 98　　B. 80

C. 50　　D. 18

7. 有限责任公司增资扩股时，新的投资者缴纳的出资额大于其在注册资本中所占的份额部分，应记入(　　)账户。

A. “资本公积”　　B. “盈余公积”

C. “实收资本”　　D. “股本”

8. 如果会计人员把收益性支出误作为资本性支出处理，则会(　　)。

A. 虚增资产、少计费用　　B. 少计资产、虚增费用
C. 虚增资产、虚减利润　　D. 虚减资产、虚减利润

9. 若“应付账款”账户期末为借方余额，表示(　　)供应商的货款。
A. 实际应付　　B. 实际预付
C. 实际应收　　D. 实际预收

10. 按照用途和结构分类，“制造费用”账户属于(　　)账户。
A. 资产　　B. 集合分配
C. 成本计算　　D. 费用分配

11. 在借贷记账法下，所有者权益类账户的结构是(　　)。
A. 借方记增加、贷方记减少，余额在借方
B. 借方记减少、贷方记增加，余额在贷方
C. 借方记增加、贷方记减少，期末无余额
D. 借方记减少、贷方记增加，期末无余额

12. 在借贷记账法下，债权债务结算账户的借方登记(　　)。
A. 债权的增加　　B. 债务的增加
C. 债权的增加、债务的减少　　D. 债务的增加、债权的减少

13. 下列经济业务需要编制转账凭证的是(　　)。
A. 收到销售产品的货款　　B. 支付购买材料的货款
C. 从银行提取现金　　D. 车间生产产品领用材料

14. 下列不能作为原始凭证的是(　　)。
A. 经济合同　　B. 销售发票
C. 收料单　　D. 领料单

15. 在根据审核无误的付款凭证登记银行存款日记账时，将借记 2 000 元错记为贷记 2 000 元，则应采用的错账更正方法是(　　)。
A. 红字更正法　　B. 划线更正法
C. 补充登记法　　D. 注销登记法

16. 在记账无误的情况下，造成银行对账单和银行存款日记账不一致的原因是(　　)。
A. 应付款项　　B. 应收款项
C. 未达账项　　D. 外埠存款

17. 对债权债务的清查应采用的方法是(　　)。
A. 询证核对法　　B. 实地盘点法
C. 技术推算盘点法　　D. 抽样盘点法

18. 资产负债表中的“存货”项目，一般应根据(　　)。
A. “存货”账户的期末借方余额直接填列
B. “原材料”账户的期末借方余额直接填列
C. “原材料”“生产成本”和“库存商品”等账户的期末借方余额之和减去“存货跌价准

备”账户的期末余额后的金额填列

D. “原材料”“在产品”和“库存商品”等账户的期末借方余额之和填列

19. 资产负债表中的应收账款项目，一般应根据(　　)填列。

A. “应收账款”总账科目的期末余额

B. “应收账款”总账科目所属明细科目的期末余额

C. “应收账款”和“应付账款”总账科目所属明细科目本期借方余额的合计数，减去已计提坏账准备后的净额

D. “应收账款”和“预收账款”两个总账科目所属的所有期末余额在借方的明细科目余额合计数，减去已计提坏账准备后的净额

20. 我国的会计法律规范体系是以(　　)为中心构建的。

A.《会计法》　　B.《企业财务会计报告条例》

C.《公司法》　　D.《企业会计准则》

二、多项选择题(在每小题的备选答案中，选出所有合适的答案。本题型共10小题，每小题2分，共20分。)

1. 会计应向会计信息的使用者提供与一个企业的财务状况、经营成果和现金流量等有关的会计信息，目标有(　　)。

A. 反映管理层受托责任履行情况

B. 反映一个企业的会计控制情况

C. 有助于会计信息的使用者作出经济决策

D. 有助于判断这个企业的会计管理情况

E. 反映这个企业的会计核算情况

2. 对会计要素一般采用历史成本进行计量，原因在于(　　)。

A. 历史成本是通过正常交易确定下来的，比较客观，数据容易取得

B. 历史成本能比较准确地反映取得资产时的资产价值

C. 历史成本有发票、账单等凭证作依据，随时可以进行验证

D. 历史成本是企业会计准则所规定必须采用的计量属性

E. 重置成本、可变现净值、现值、公允价值对会计要素进行计量并不像采用历史成本进行计量那么客观

3. 我国企业对外提供财务报表的会计要素包括(　　)。

A. 收入、费用、利润、利润分配　　B. 收入、费用、利润

C. 收入、成本、费用、利润　　D. 资产、负债、所有者权益

E. 收入、支出、利润

4. 下列关于费用的论述中，正确的有(　　)。

A. 费用会使企业资产减少或负债增加

B. 费用会使企业资产减少，最终会导致企业所有者权益的减少

C. 费用会使企业负债增加，但不会导致企业所有者权益的减少

D. 只有发生了货币资金的支付，才是经济利益流出企业，企业才能确认费用

E. 在实际的会计工作中，费用一般是以交易价格为依据来进行计量的

5. 下列选项中，以“资产＝负债＋所有者权益”这一会计恒等式为理论依据的有（　　）。

A. 利润表

B. 复式记账

C. 资产负债表

D. 成本计算

E. 现金流量表

6. 下列账户有期末余额时，余额一定在借方的有（　　）账户。

A. 盘存

B. 资本

C. 结算

D. 成本计算

E. 收入汇转

7. 下列关于记账凭证填制的论述中，正确的有（　　）。

A. 记账凭证是由经办业务人员填制的

B. 记账凭证是由会计人员填制的

C. 记账凭证应在经济业务发生时填制

D. 记账凭证是登记账簿的直接依据

E. 记账凭证是根据审核无误的原始凭证填制的

8. 登记账簿的正确要求包括（　　）。

A. 冲销错误记录不得用红字

B. 登记账簿不得跳行、隔页

C. 更正错误不得挖补、括擦

D. 发现隔页时，空白账页应予注销

E. 登入账簿的摘要、金额应完整

9. 采用记账凭证账务处理程序的优点主要包括（　　）。

A. 简化核算工作量

B. 简明易懂，易于理解

C. 账户对应关系清晰明了

D. 总分类账登记详细，便于查账、对账

E. 适用于业务量较大的单位

10. 违反《会计法》所应承担的法律责任，主要包括（　　）。

A. 行政责任

B. 民事责任

C. 纠正责任

D. 刑事责任

E. 消除影响责任

三、判断题（认为正确的在题目前面括号内打“√”，认为错误的在题目前面括号内打“×”。本题型共10小题，每小题1分，共10分。）

1.（　　）会计信息的提供者对于所提供的会计信息，特别是对外提供的会计信息负有法律责任。

2.（　　）会计核算与会计控制是会计的两项基本职能，会计控制是在完成了会计核算后进行的。

3. (　　)会计信息质量的可靠性要求企业提供的会计信息应当与财务会计报告使用者的经济决策需要相关,有助于财务会计报告使用者对企业过去、现在或者未来的情况作出评价或者预测。

4. (　　)会计信息质量的谨慎性要求会计人员在会计核算中应尽量低估资产和可能发生的损失、费用。

5. (　　)“材料采购”和“生产成本”账户的借方都起到了归集和计算成本的作用。

6. (　　)一笔经济业务的借贷双方,在编制会计分录时,金额上发生同样的错误,则不影响借贷双方的平衡,所以不能通过试算平衡表来发现。

7. (　　)财产盘盈盘亏后,只能在查明原因和报经批准后,才能编制分录调账,使账实相符。

8. (　　)所有者权益变动表反映所有者权益各组成项目在一定期间的增减变动,并与资产负债表和利润表的相关项目之间存在着勾稽关系。

9. (　　)一个企业的净资产不可能出现负数。

10. (　　)应由总会计师而不是单位负责人对本单位的会计工作和会计资料的真实性、完整性负责。

四、会计处理题(凡要求编制会计分录的,能够列示二级科目的应列示二级科目。本题型共3题,前2题每题8分、第3题14分,共30分。)

1. 假设益丰公司某月发生如下经济业务:

(1) 向银行借入期限为10个月的借款800万元,存入银行。

(2) 接受投资者长江公司以银行存款追加投资1 000万元,已存入银行。

(3) 仓库发出A材料620万元,其中,用于甲产品生产280万元,乙产品生产220万元,生产车间一般耗用100万元,管理部门耗用20万元。

(4) 月末结算本月应付职工薪酬700万元。其中,甲产品生产工人薪酬200万元,乙产品生产工人薪酬300万元,生产车间管理人员薪酬80万元,公司管理人员薪酬120万元。

(5) 计提本月固定资产折旧20万元,其中,生产车间负担12万元,管理部门负担8万元。

(6) 以银行存款支付本月水电费10万元,其中,生产车间负担8万元,管理部门负担2万元。

(7) 按甲、乙产品生产工人薪酬比例分配结转本月发生的制造费用。

(8) 甲产品月初在产品成本为25万元,乙产品均为本月投产,本月甲产品全部完工并验收入库,乙产品全部未完工,结转已完工验收入库甲产品的成本。

要求:根据上述经济业务,编制会计分录(单位:万元)。

2. 大地公司20×1年1月月初甲产品结存500件,单位成本11元。本月实际发生下列甲产品收发业务:

(1) 5日,完工1 000件验收入库,单位成本12元。

(2) 18 日，发出 800 件。

(3) 25 日，完工 500 件验收入库，单位成本 15 元。

(4) 31 日，经实地盘点确认库存 1 190 件。

要求：

(1) 假设该公司采用永续盘存制和先进先出法，计算本期发出甲产品的数量和成本，甲产品的期末账面结存数量和成本，盘亏或盘盈数量和金额。

(2) 假设该公司采用实地盘存制和加权平均法，计算本期发出甲产品的数量和成本，甲产品的期末账面结存数量和成本。

3. 宇宙公司 20×1 年 7 月发生下列经济业务：

(1) 摊销本月份应负担的报刊杂志费 310 元，其中，生产车间负担 186 元，其余由公司管理部门负担。

(2) 计算本月份应负担短期借款利息 2 600 元。

(3) 从银行存款中划转支付本季度银行借款利息 7 800 元(前 2 月已计提 5 200 元)。

(4) 以银行存款预付下半年财产保险费 6 600 元。

(5) 摊销本月应负担的财产保险费 1 100 元，其中，生产车间负担 740 元，企业管理部门负担 360 元。

(6) 以银行存款支付本月发生的固定资产修理费 4 600 元，其中，生产车间修理费3 460 元，企业管理部门修理费 1 140 元。

(7) 生产车间租入机器设备 1 台，租期 6 个月，以银行存款预付租金 8 400 元。

(8) 摊销本月份生产车间应负担上一项业务租入机器设备的租金。

要求：

(1) 分别根据权责发生制和收付实现制确认宇宙公司 20×1 年 7 月的费用，并填入下表：

经济业务序号	权责发生制下确认的费用	收付实现制下确认的费用
(1)		
(2)		
(3)		
(4)		
(5)		
(6)		
(7)		
(8)		
合计		

(2) 根据权责发生制原则对发生的上述业务编制会计分录。

五、综合题(凡要求编制会计分录的,能够列示二级科目的应列示二级科目。本题 20 分。)

云天公司各损益类账户至 20×1 年 12 月 30 日的累计发生额如下:

单位:元

账户名称	借方发生额	贷方发生额
主营业务收入		2 400 000
其他业务收入		600 000
主营业务成本	1 440 000	
其他业务成本	360 000	
税金及附加	300 000	
销售费用	108 000	
管理费用	60 000	
财务费用	48 000	
营业外收入		22 500
营业外支出	6 000	

20×1 年 12 月 31 日,云天公司还发生下列经济业务:

(1) 销售商品一批,开出的增值税专用发票上注明售价为 240 000 元,增值税税额为 31 200,货款已收到存入银行;

(2) 结转已销商品的销售成本为 108 000 元。

(3) 以银行存款支付广告费 6 000 元。

(4) 经计算本月应交所得税 206 625 元。

(5) 以银行存款交纳应交的税费 200 000 元。

要求:

(1) 对云天公司 12 月 31 日发生的经济业务编制会计分录。

(2) 将所有损益类账户结转至"本年利润"账户。

(3) 根据上述资料编制 20×1 年如下格式的利润表。

利 润 表

编制单位:云天公司　　　　20×1 年　　　　单位:元

项目	本期金额	上期金额(略)
一、营业收入		
减:营业成本		
税金及附加		
销售费用		
管理费用		

（续表）

项目	本期金额	上期金额（略）
研发费用		
财务费用		
加：其他收益		
投资收益（损失以“－”号填列）		
公允价值变动收益（损失以“－”号填列）		
信用减值损失（损失以“－”号填列）		
资产减值损失（损失以“－”号填列）		
资产处置收益（损失以“－”号填列）		
二、营业利润（亏损以“－”号填列）		
加：营业外收入		
减：营业外支出		
三、利润总额（亏损总额以“－”号填列）		
减：所得税费用		
四、净利润（净亏损以“－”号填列）		

试　卷　二

一、单项选择题(在每小题的备选答案中,选出一个最合适的答案。本题型共20小题,每小题1分,共20分。)

1. 会计分期是从(　　)假设中引申出来的。

A. 持续经营　　B. 会计主体
C. 货币计量　　D. 权责发生制

2. 企业采用的会计处理方法不能随意变更,体现的是会计信息质量的(　　)要求。

A. 可比性　　B. 谨慎性
C. 客观性　　D. 重要性

3. 在权责发生制下,下列支出应列入本期费用的是(　　)。

A. 用银行存款支付上月水电费　　B. 用银行存款支付下月水电费
C. 用银行存款支付本月水电费　　D. 用银行存款支付前欠的水电费

4. 飞驰公司本月发生50 000元广告费,于本年年底支付,此项业务对本月会计要素的影响是(　　)。

A. 资产和负债均增加50 000元
B. 负债增加50 000元,同时所有者权益减少50 000元
C. 负债减少50 000元,同时所有者权益减少50 000元
D. 负债和资产均减少50 000元

5. 下列业务的发生不会引起会计等式两边的金额同时发生增减变动的是(　　)。

A. 向银行取得短期借款100 000元,存入银行
B. 发行股票后取得资金5 000 000元,存入银行
C. 预收产品销售货款80 000元
D. 购入材料,购料款150 000元直接用银行存款支付

6. 安达公司权益总额为100万元,以银行存款10万元归还到期的借款,则该企业的资产应为(　　)万元。

A. 90　　B. 110
C. 100　　D. 10

7. 在借贷记账法下,负债类账户的结构是(　　)。

A. 借方登记增加,贷方登记减少,余额一般在借方
B. 借方登记减少,贷方登记增加,余额一般在借方

C. 借方登记增加，贷方登记减少，余额一般在贷方

D. 借方登记减少，贷方登记增加，余额一般在贷方

8. 复式记账法对每项经济业务都以相等的金额在(　　)中进行登记。

A. 一个账户　　B. 两个账户

C. 全部账户　　D. 两个或两个以上账户

9. 本期发生的下列业务中，根据权责发生制核算基础应确认为本期收入的是(　　)。

A. 销售商品一批，价款尚未收到　　B. 收到出租固定资产押金存入银行

C. 预收货款存入银行　　D. 收到上月销货款存入银行

10. 试算平衡包括发生额试算平衡法和余额试算平衡法两种方法，它们的理论依据分别是(　　)。

A. 复式记账原理和账户的结构

B. 复式记账原理和会计等式

C. 借贷记账法的记账规则和会计等式

D. 借贷记账法的记账规则和账户的结构

11. 鑫隆公司资产总额 600 万元，如果发生以下经济业务：①收到外单位投资 40 万元存入银行；②以银行存款支付购入材料款 12 万元；③以银行存款偿还银行借款 10 万元。则该公司资产总额为(　　)万元。

A. 636　　B. 628

C. 630　　D. 648

12. 下列项目中，不属于利润分配内容的是(　　)。

A. 向投资者分配利润　　B. 弥补以前年度亏损

C. 提取盈余公积　　D. 计算所得税费用

13. 职工出差回来报销差旅费 1 000 元，退还预借的差旅费 500 元，则应编制(　　)。

A. 一张收款凭证和一张付款凭证　　B. 一张收款凭证和一张转账凭证

C. 一张转账凭证　　D. 一张付款凭证和一张转账凭证

14. 对于现金和银行存款之间的相互划转业务，为了避免重复记账，一般只填制(　　)。

A. 收款凭证　　B. 付款凭证

C. 转账凭证　　D. 结算凭证

15. 甲企业 20×1 年 11 月 30 日的银行存款对账单余额为 29 500 元，经逐笔核对，发现下列未达账项：①银行代付水电费 1 000 元，企业尚未入账；②企业存入转账支票一张 2 500 元，银行尚未入账；③企业存入销货现款 6 000 元，银行尚未入账；④银行支付企业存款利息 1 500 元，企业尚未入账。经调整后，银行存款余额一致，则企业的银行存款日记账余额应为(　　)元。

A. 39 000　　B. 38 500

C. 38 000　　D. 37 500

16. 财产清查中填制的“账存实存对比表”是(　　)。

A. 调整账面记录的原始凭证
B. 调整账面记录的记账凭证
C. 登记总分类账户的直接依据
D. 登记日记账的直接依据

17. 区别不同账务处理程序的根本标志是( )。
A. 登记总分类账的依据不同
B. 编制记账凭证的依据不同
C. 编制汇总原始凭证的依据不同
D. 编制财务报表的依据不同

18. 下列报表中,反映企业财务状况的是( )。
A. 资产负债表
B. 利润表
C. 现金流量表
D. 所有者权益变动表

19. 下列资产负债表项目中,可以根据总账科目期末余额直接填列的是( )。
A. 存货
B. 货币资金
C. 固定资产
D. 短期借款

20. 注册会计师从事( )必须保持高度的独立性,注册会计师如果与委托人存在利害关系必须实行回避。
A. 咨询业务
B. 审计业务
C. 培训业务
D. 会计制度设计业务

二、多项选择题(在每小题的备选答案中,选出所有合适的答案。本题型共10小题,每小题2分,共20分。)

1. 会计的基本假设包括( )。
A. 会计主体
B. 持续经营
C. 货币计量
D. 借贷记账
E. 会计分期

2. 会计的基本职能有( )。
A. 计划
B. 预测
C. 核算
D. 控制
E. 决策

3. 若一项经济业务发生后引起负债增加时,则可能引起( )。
A. 资产增加
B. 另一项负债减少
C. 所有者权益增加
D. 所有者权益减少
E. 资产减少

4. 下列项目中,影响企业营业利润的项目有( )。
A. 主营业务收入
B. 营业外支出
C. 其他业务收入
D. 所得税费用
E. 投资收益

5. 下列会计科目中,属于资产类科目的有( )。
A. "应收账款"
B. "应收票据"

C. “预收账款”
D. “其他应收款”
E. “预付账款”

6. 在借贷记账法下,账户的借方表示(　　)。
A. 销售费用的增加
B. 主营业务成本的增加
C. 营业外收入的转销
D. 本年利润的减少
E. 生产成本的减少

7. 下列账户中,期末结账后无余额的有(　　)账户。
A. “生产成本”
B. “销售费用”
C. “财务费用”
D. “其他业务收入”
E. “制造费用”

8. 下列账户中,属于调整账户的有(　　)账户。
A. “坏账准备”
B. “存货跌价准备”
C. “本年利润”
D. “累计折旧”
E. “待处理财产损溢”

9. 下列单据中,属于原始凭证的有(　　)。
A. 收料单
B. 领料单
C. 借款单
D. 发票
E. 对账单

10. 实地盘点法一般适用于(　　)清查。
A. 原材料
B. 银行存款
C. 应收账款
D. 库存现金
E. 固定资产

三、判断题(认为正确的在题目前面括号内打“√”,认为错误的在题目前面括号内打“×”。本题型共 10 小题,每小题 1 分,共 10 分。)

1. (　　)遵循会计信息的可比性质量要求,一个会计主体的会计处理方法不得作任何变更。
2. (　　)不能给企业未来带来预期经济利益的资源不能作为企业资产反映。
3. (　　)支付已计提的短期借款利息,一方面使企业的资产减少,另一方面使企业的负债减少。
4. (　　)所有经济业务的发生,都会引起会计等式两边金额发生变化。
5. (　　)在借贷记账法下,借贷只是记账符号,账户哪一方登记增加或减少取决于账户性质。
6. (　　)会计人员误将财务费用作为制造费用入账,利用试算平衡表无法检查出这种差错。
7. (　　)年终结转后,“本年利润”账户和“利润分配”账户均无余额。

8. (　　)未达账项是指在企业和银行之间，由于凭证的传递时间不同，企业一方已接到有关结算凭证已经登记入账，而银行一方由于尚未接到有关结算凭证尚未入账的款项。

9. (　　)汇总转账凭证按转账凭证的每一借方科目分别设置，定期按贷方对应科目归类汇总。

10. (　　)企业在确定职责分工过程中，必须考虑不相容职务相互分离的制衡要求。

四、会计处理题(凡要求编制会计分录的，能够列示二级科目的应列示二级科目。本题型共3题，前2题每题8分、第3题14分，共30分。)

1. 大山公司12月份发生下列经济业务：

(1) 1日，从外地购买原材料一批，取得的增值税发票上注明的原材料价款为88 000元，增值税税额为11 440元，支付运杂费3 000元(假设运杂费不考虑相关税费)。原材料货款和运杂费尚欠，且原材料尚未验收入库。

(2) 3日，将1日购入的原材料验收入库，结转原材料的采购成本。

(3) 5日，开出支票支付1日购买原材料的款项。

(4) 12日，销售产品一批，开出的增值税发票注明的价款为60 000元，增值税税额为7 800元。货款尚未收到。

(5) 20日，为推介新产品用银行存款支付广告费100 000元，应付销售部人员的薪酬费用20 000元。

(6) 31日，结算耗用原材料费用，其中生产产品耗用为107 500元，生产车间一般耗用为2 600元，行政管理部门耗用为1 400元。

(7) 31日，产品制造完工予以验收入库，共计12 000件，完工产品成本为98 400元。

(8) 31日，月末结转已售产品的销售成本48 000元。

要求：根据上述资料，编制相应的会计分录。

2. 艾华公司20×1年6月30日“银行存款日记账”账面余额为41 353元，开户银行送达的“对账单”其银行存款余额为43 835元。经核查，发现有以下几笔未达账项：

(1) 送存银行转账支票一张，面额1 765元，公司已增加银行存款，开户银行尚未入账。

(2) 银行代公司支付水费183元，银行已入账，减少公司银行存款，公司尚未接到通知，没有入账。

(3) 银行代公司收销货款3 950元，银行已入账，增加公司银行存款，公司尚未接到通知，没有入账。

(4) 公司开出转账支票一张，购买办公用品金额480元，公司已记银行存款减少，银行尚未入账。

根据上述资料，编制如下“银行存款余额调节表”，并指出艾华公司月末可动用的银行存款实有数额。

银行存款余额调节表

20×1 年 6 月 30 日　　单位:元

项目	金额	项目	金额
公司银行存款日记账余额		银行对账单余额	
调节后存款余额		调节后存款余额	

3. 大华公司各损益类账户 20×1 年 3 月 1 日至 30 日的累计发生额如下：

账户	借方发生额	贷方发生额
主营业务收入		2 000 000
其他业务收入		100 000
主营业务成本	1 250 000	
其他业务成本	50 000	
税金及附加	8 000	
销售费用	95 000	
管理费用	50 000	
财务费用	39 700	
营业外收入		15 000
营业外支出	5 000	

20×1 年 3 月 31 日，大华公司发生下列经济业务：

(1) 销售商品一批，开出的增值税专用发票上注明的售价为 180 000 元，增值税税额为 23 400元，收到销货款 150 000 已存入银行，余额购货人暂欠；结转该批商品的成本 90 000元。

(2) 计提管理部门使用的固定资产折旧 2 300 元。

(3) 分配管理人员薪酬费用 18 000 元。

(4) 以银行存款支付产品宣传费 5 000 元，交纳所得税 10 000 元。

(5) 将当月所有损益类账户余额结转至“本年利润”账户。

要求：

(1) 为大华公司发生的上述经济业务编制相关会计分录。

(2) 列式计算大华公司 20×1 年 3 月份的营业利润、利润总额。

(3) 按所得税税率 25%计算并编制结转应交的所得税费用的会计分录。

五、综合题(本题 20 分。)

大江公司生产 A、B 两种产品，20×1 年 12 月份有关两种产品的资料如下：

(1) 本月初 A 产品无上月未完工的在产品，B 产品有 100 件上月未完工的在产品，按单位在产品计价标准计算，其中原材料费用为 3 480 元，生产人工费用为 1 820 元，制造费用为 2 000 元。

（2）本月发生的生产费用如下表（单位：元）：

项目	原材料费用	生产人工费用	制造费用
A产品	120 500	195 600	—
B产品	100 400	130 400	—
合计	220 900	326 000	65 200

（3）月末 A 产品完工 16 000 件，B 产品完工 2 500 件，两种完工产品均已验收入库。

（4）月末有尚未完工的 A 产品 1 000 件，按单位在产品计价标准计算，其中直接材料为 2 200 元，直接人工费用为 2 700 元，制造费用为 1 600 元。B 产品无月末在产品。

要求：

（1）本月发生的制造费用按生产人工费用比例分配，计算制造费用分配率及 A、B 产品分别应负担的制造费用。

（2）计算 A、B 产品的生产成本以及完工产品和月末在产品的成本，计算结果请填在如下相应表格中。

生产成本——A 产品（完工产品：16 000 件，在产品：1 000 件） 单位：元

项目	原材料费用	生产人工费用	制造费用	合计
月初在产品成本				
原材料费用				
生产工人费用				
制造费用				
生产成本				
完工产品成本				
在产品成本				

生产成本——B 产品（完工产品：2 500 件，在产品：0 件） 单位：元

项目	原材料费用	生产人工费用	制造费用	合计
月初在产品成本				
原材料费用				
生产工人费用				
制造费用				
生产成本				
完工产品成本				
在产品成本				

试　卷　三

一、单项选择题(在每小题的备选答案中,选出一个最合适的答案。本题型共 20 小题,每小题 1 分,共 20 分。)

1. 核算和控制是会计的(　　)。

A. 基本方法　　B. 基本职能
C. 基本要求　　D. 基本原则

2. 企业应当以实际发生的交易或者事项为依据进行会计确认、计量和报告,反映了会计信息质量的(　　)要求。

A. 可靠性　　B. 谨慎性
C. 可比性　　D. 实质重于形式

3. 华天公司甲材料账面成本为 80 元,加工成 A 产品对外估计销售价格为 200 元,将甲材料加工为 A 产品估计发生的生产成本为 60 元,A 产品的销售税费为 50 元,甲材料的可变现净值为(　　)元。

A. 90　　B. 80
C. 150　　D. 120

4. 企业向银行借入短期借款,用来归还应付账款,引起该企业(　　)。

A. 资产项目和权益项目同金额增加
B. 资产项目和权益项目同金额减少
C. 资产项目之间有增有减,增减金额相等
D. 权益项目之间有增有减,增减金额相等

5. 根据复式记账原理,对每笔经济业务都必须同时在(　　)中相互联系地加以登记。

A. 一个账户的借方和另一个账户的贷方
B. 一个资产账户和一个负债账户
C. 一个总分类账户和其所属的几个明细账户
D. 两个或两个以上账户

6. 在借贷记账法下,债务结算类账户的借方登记(　　)。

A. 债权的减少数　　B. 债权的增加数
C. 债务的减少数　　D. 债务的增加数

7. 20×1 年 3 月 31 日,宏达公司收到外地一购货单位预付的货款 10 000 元。按合同规定,宏达公司应于当年 4 月末向该公司发出价值为 5 000 元的产品。宏达公司 3 月份收

到款项时，应当贷记的科目及金额为(　　)元。

A. “主营业务收入”10 000　　B. “预收账款”10 000

C. “主营业务收入”5 000　　D. “预付账款”5 000

8. 鸿运公司“应收账款”账户所属甲、乙、丙三个明细账户的期末余额分别为 300 元(借方)、2 200 元(贷方)和 3 000 元(借方)，则“应收账款”总账账户期末余额为(　　)元。

A. 1 100(借方)　　B. 2 200(贷方)

C. 3 000(借方)　　D. 5 500(贷方)

9. 借贷记账法下的双重性质账户，其具体性质根据(　　)来决定。

A. 经济业务　　B. 借方发生额

C. 贷方发生额　　D. 期末余额的方向

10. 和佳公司“生产成本”科目的期初余额为 30 万元，本期为生产产品发生直接材料费用 240 万元，直接人工费用 45 万元，制造费用 60 万元，企业行政管理费用 30 万元，本期结转完工产品成本为 300 万元。假定该公司只生产一种产品，期末“生产成本”科目的余额为(　　)万元。

A. 15　　B. 45

C. 75　　D. 105

11. (　　)应记入“预付账款”账户。

A. 先支付后计入成本的费用　　B. 先计入成本后支付的费用

C. 先预收后计入成本的费用　　D. 先预提后计入成本的费用

12. 下列账户中，期末可能有贷方余额的账户是(　　)。

A. “主营业务成本”　　B. “银行存款”

C. “应交税费”　　D. “营业外收入”

13. 下列不计入产品生产成本的项目是(　　)。

A. 直接材料　　B. 直接人工

C. 制造费用　　D. 管理费用

14. 下列项目中，属于营业外收入的是(　　)。

A. 销售产品的收入　　B. 销售材料的收入

C. 无法支付的应付货款　　D. 出租固定资产的收入

15. 大盛公司“利润分配——未分配利润”账户 20×1 年末的贷方余额为 6 000 万元，该余额反映的内容为(　　)。

A. 本年结存的未分配利润　　B. 历年结存的未分配利润

C. 本年累计的未弥补亏损　　D. 历年累计的未弥补亏损

16. 对于记账凭证的会计科目正确，但金额多计，由此而带来账簿记录错误的，应采用(　　)予以更正。

A. 红字更正法　　B. 划线更正法

C. 补充登记法　　D. 蓝字更正法

17. 下列通常属于实物资产清查范围的是(　　)。

A. 银行存款　　B. 存货

C. 预付账款　　D. 应收账款

18. 存货发生定额内损耗,在批准处理前,应记入(　　)账户。

A. “待处理财产损溢”　　B. “管理费用”

C. “营业外支出”　　D. “其他应收款”

19. 几种常见的账务处理程序中,最基本的账务处理程序是(　　)。

A. 日记总账账务处理程序　　B. 记账凭证账务处理程序

C. 汇总记账凭证账务处理程序　　D. 科目汇总表账务处理程序

20. 资产负债表中,“应收账款”项目一般应根据(　　)填列。

A. “应收账款”总分类账户期末余额

B. “应收账款”总分类账户所属各明细分类账户的期末借方余额合计

C. “应收账款”和“应付账款”总分类账所属各明细分类账的期末借方余额合计

D. “应收账款”和“预收账款”两个总账科目所属的所有期末余额在借方的明细科目余额合计数,减去已计提坏账准备后的净额

二、多项选择题(在每小题的备选答案中,选出所有合适的答案。本题型共 10 小题,每小题 2 分,共 20 分。)

1. 会计计量属性是指计量的会计要素的特性或外在表现形式,可以有(　　)几种。

A. 公允价值　　B. 可变现净值

C. 现值　　D. 历史成本

E. 重置成本

2. 企业资金运动所引起的会计要素之间的变化类型有(　　)。

A. 资产与负债同增或同减　　B. 资产与所有者权益同增或同减

C. 负债与所有者权益此增彼减　　D. 负债与负债之间此增彼减

E. 所有者权益之间此增彼减

3. 下列各项中,能够引起企业留存收益总额发生变动的有(　　)。

A. 本年度实现净利润　　B. 提取法定盈余公积

C. 向投资者宣告分配现金股利　　D. 以资本公积转增资本

E. 投资者投入资本

4. 下列关于借贷记账法下账户结构的表述中,正确的表述有(　　)。

A. 借方反映资产的增加　　B. 借方反映负债的减少

C. 贷方反映收入的发生　　D. 贷方反映费用的结转

E. 贷方反映资产的减少

5. 下列账户属于备抵账户的有(　　)。

A. “固定资产”　　B. “应收账款”

C. “本年利润”
D. “累计折旧”
E. “坏账准备”

6. 管理费用的内容包括(　　)。
A. 利息费用
B. 公司办公费用
C. 销售费用
D. 广告费用
E. 公司管理部门耗用材料

7. 下列各项中,属于外来原始凭证的有(　　)。
A. 领料单
B. 购货发票
C. 银行对账单
D. 银行付款通知
E. 入库单

8. 采用实地盘点法进行清查的项目有(　　)。
A. 固定资产
B. 库存商品
C. 银行存款
D. 往来款项
E. 现金

9. 各种账务处理程序的相同之处包括(　　)。
A. 根据原始凭证编制汇总原始凭证
B. 根据原始凭证及记账凭证登记明细分类账
C. 根据收、付款凭证登记现金日记账
D. 根据总账和明细账编制会计报表
E. 根据记账凭证登记总账

10. 企业内部控制的环境因素主要包括(　　)。
A. 企业文化
B. 人力资源政策
C. 内部审计
D. 治理结构
E. 机构设置及权责分配

三、判断题(认为正确的在题目前面括号内打“√”,认为错误的在题目前面括号内打“×”。本题型共10小题,每小题1分,共10分。)

1. (　　)包括会计政策选择在内的会计职业判断也属于会计决策的范畴。
2. (　　)采用重置成本、可变现净值、现值、公允价值对会计要素进行计量时,应当保证所确定的会计要素金额能够取得并可靠计量。
3. (　　)以银行存款归还短期借款会引起资产和负债同减,但所有者权益不变。
4. (　　)就账户的经济内容而言,“本年利润”账户与“利润分配”账户均属于所有者权益类的账户。因此,两者的用途和结构也应当完全相同。
5. (　　)结转已销售产品的生产成本时,应贷记“生产成本”账户。
6. (　　)记账凭证的填制日期与原始凭证的填制日期应当相同。
7. (　　)会计人员填制的记账凭证并不是登记账簿的唯一依据。

8.（　　）期末账项调整只需划分各会计期间的收入和费用，而不需要调整资产和负债。

9.（　　）如果法制完善了，会计职业道德规范也就没有作用了。

10.（　　）尽管是属于违法违规的会计事项，但在单位领导要求办理的情况下，会计人员无权拒绝办理。

四、会计处理题（凡要求编制会计分录的，能够列示二级科目的应列示二级科目。本题型共3题，第1题8分、第2题10分、第3题12分，共30分。）

1. 飞达公司在某一会计期发生如下经济业务：

(1) 销售发出甲产品一批，开出的增值税专用发票上注明的售价为700 000元，增值税税额为91 000元。款项上月已预收600 000元，余款当即收存银行。

(2) 结转本月已销售甲产品的生产成本350 000元。

(3) 以银行存款支付广告宣传费60 000元。

(4) 计提应由本月负担的短期借款利息6 000元。

(5) 盘盈的C材料1 000元，现已查明系材料收发过程中计量误差所致，经批准予以转销。

(6) 按本期实现利润总额285 000元的25%计算应交的所得税并结转所得税费用。

(7) 按本期税后利润的10%提取并结转盈余公积。

(8) 结转已确定从税后利润中分配给投资者的利润50 000元。

要求：对上述发生的经济业务编制会计分录。

2. 碧云公司20×1年将坏账损失的核算方法改为备抵法，假定各年坏账准备金提取比例均确定为5‰。20×1年末应收账款余额为6 000万元；20×2年实际发生坏账损失40万元，20×2年末应收账款余额为7 000万元；20×3年6月1日收到20×2年已转销的坏账10万元，存入银行，同时又确认一笔坏账损失为15万元，20×3年末应收账款余额为8 000万元。

要求：编制所有涉及到的坏账准备计提、坏账转销、转销后的坏账收回的相关会计分录（单位：万元）。

3. 假设蓝天公司20×1年11月1日资产、负债及所有者权益账户的余额如下表所示：

单位：万元

会计科目	借方金额	会计科目	贷方金额
库存现金	40	短期借款	5 000
银行存款	12 500	应付账款	2 500
应收账款	6 320	应付职工薪酬	500
原材料	8 290	应交税费	220
生产成本	6 120	实收资本	50 000
库存商品	7 450	盈余公积	7 500
固定资产	30 000	累计折旧	5 000
总计	70 720	总计	70 720

蓝天公司本月发生如下经济业务：

(1) 接收投资者投入资本 2 000 万元，存入银行。

(2) 经批准，将盈余公积 5 000 万元转为资本金。

(3) 以银行存款缴纳前期税款 120 万元。

(4) 以银行存款 113 万元购入不需安装的机器设备，取得的增值税发票注明购买价格 100 万元，增值税税额 13 万元。该机器设备已交付使用。

(5) 以银行存款偿还到期的短期借款 1 000 万元。

(6) 收回外单位原欠的销货款 2 410 万元，存入银行。

(7) 以银行存款支付职工薪酬 500 万元。

(8) 计提折旧费用 150 万元，其中生产车间固定资产折旧 120 万元，管理部门固定资产折旧 30 万元。

要求：

(1) 根据上述资料，编制会计分录。

(2) 根据如下格式编制总分类账户试算平衡表：

会计科目	期初余额(元)		本期发生额(元)		期末余额(元)	
	借方	贷方	借方	贷方	借方	贷方
库存现金						
银行存款						
应收账款						
原材料						
生产成本						
库存商品						
固定资产						
累计折旧						
短期借款						
应付账款						
应付职工薪酬						
应交税费						
实收资本						
盈余公积						
制造费用						
管理费用						
合计						

五、综合题(本题 20 分。)

张亮自某财经院校毕业进入宏达公司工作未满 1 年，首次担任总账会计，月末他根据结账前各总账账户的余额，编制了 20×1 年 3 月 31 日的试算平衡表如下：

总分类账户试算平衡表(结账前)

账户名称	借方	贷方
库存现金	1 500	
银行存款	150 000	
预付账款	7 500	
原材料	200 000	
库存商品	180 000	
固定资产	580 000	
累计折旧		30 000
短期借款		300 000
预收账款		20 000
应付利息		9 000
实收资本		750 000
利润分配		75 000
生产成本	100 000	
主营业务收入		300 000
主营业务成本	170 000	
管理费用	92 300	
财务费用	9 000	
合计	1 490 300	1 484 000

经反复加总计算，试算表还是不平衡，在确认计算无误之后，张亮十分着急，因为他知道试算不平衡意味着总账记录一定有错误。后经主管会计认真查阅账簿记录和相关凭证，发现账簿记录存在以下错误：

(1) 3 月 31 日，收到甲公司预付的购货款 30 000 元确认为 3 月份收入。

(2) 计提行政管理部门固定资产折旧 1 800 元，在过账时借记“管理费用”账户8 100 元。

(3) 本月应负担短期借款利息 5 400 元，在记账凭证上误记为 4 500 元。

要求：

(1) 为什么试算不平衡，总账记录一定有错误？请根据所学的试算平衡知识简单说明理由。

(2) 请采用适当的错账更正方法，替宏达公司更正上述记账错误，并指明所用的错账更正方法与理由。

(3) 请重新为宏达公司编制一张结账前试算平衡表。

(4) 根据所编制的结账前试算平衡表，计算宏达公司 3 月 31 日资产负债表的存货与固定资产项目金额。

试　卷　四

一、单项选择题（在每小题的备选答案中，选出一个最合适的答案。本题型共20小题，每小题1分，共20分。）

1. 下列各项中，不属于会计主要特点的是（　　）。

A. 以实物单位为主要计量尺度

B. 以凭证为基本依据

C. 以一套完整的专门技术方法为手段

D. 对经济活动的管理具有全面性、连续性和系统性

2. 根据企业会计准则，会计应采用（　　）作为核算基础。

A. 收付实现制　　B. 权责发生制

C. 实地盘存制　　D. 永续盘存制

3. 企业应当以实际发生的交易或者事项为依据进行会计确认、计量和报告，体现的是会计信息质量的（　　）要求。

A. 可靠性　　B. 相关性

C. 可理解性　　D. 实质重于形式

4. 红海公司20×1年3月发生了如下经济业务：①预付下季度房租20 000元；②收到3月份销售商品货款25 000元，款项已存入银行；③通过银行支付3月份1 000元的水电费；④预收购货方定金12 000元，货物3月份尚未发送。以权责发生制为计算基础时，3月份的收支净额为（　　）元。

A. 24 000　　B. 16 000

C. 4 000　　D. 36 000

5. 描述会计要素之间相互关系的综合会计等式为（　　）。

A. 资产＋负债＋费用＝所有者权益＋收入

B. 资产＋收入＝负债＋所有者权益＋费用

C. 资产＋费用＝负债＋所有者权益＋收入

D. 资产＋所有者权益＝负债＋收入－费用

6. 下列各项中，属于资产要素本质特征的是（　　）。

A. 企业过去的交易或者事项形成

B. 由企业所拥有

C. 由企业所控制

D. 预期会给企业带来经济利益

7. 下列关于会计科目的表述中,不正确的表述是(　　)。

A. 科目是对会计要素进行分类所形成的具体项目

B. 科目是设置会计账户的依据

C. 科目是对总分类账进一步进行明细分类的依据

D. 科目是构成财务报表项目的基础

8. 进行复式记账时,对任何一项交易或事项登记的账户数量应是(　　)。

A. 一个　　B. 两个

C. 必须在两个以上　　D. 两个或两个以上

9. 20×1 年 3 月份,飞翼公司损益类账户的余额如下:主营业务收入(贷方)55 000 元,营业外收入(贷方)5 000 元,投资收益(贷方)15 000 元,销售费用(借方)3 000 元,主营业务成本(借方)21 000 元,则该企业 3 月份的营业利润为(　　)元。

A. 51 000　　B. 46 000

C. 31 000　　D. 34 000

10. “应付账款”账户的期初余额为贷方 1 500 元,本期贷方发生额 3 000 元,借方发生额 2 500元,则该账户的期末余额为(　　)元。

A. 借方 1 000　　B. 贷方 1 000

C. 贷方 2 000　　D. 借方 2 000

11. “预收账款”账户的期初余额为借方 5 000 元,本期借方发生额 3 000 元,贷方发生额 9 000元,则本期期末余额为(　　)元。

A. 贷方 7 000　　B. 借方 1 000

C. 贷方 1 000　　D. 借方 11 000

12. 在登记账簿时,将一项交易或事项的借方和贷方方向记反,试算平衡表上的借贷方合计数(　　)。

A. 仍然相等　　B. 肯定不相等

C. 可能相等也可能不相等　　D. 在存在其他错账的情况下相等

13. 不能作为登记总分类账直接依据的是(　　)。

A. 记账凭证　　B. 原始凭证

C. 科目汇总表　　D. 汇总记账凭证

14. 由记账人员根据发生的全部经济业务按先后顺序逐日逐笔登记的账簿是(　　)。

A. 普通日记账账簿　　B. 特种日记账账簿

C. 备查账簿　　D. 总分类账账簿

15. 账簿中书写的文字和数字应紧靠底线书写,上面要留有适当空格,不要写满格。一般应占格距的(　　)。

A. 1/2　　B. 1/3

C. 2/3　　D. 3/4

16. (　　)是指各项财产物资、债权、债务等账面余额与实有数额之间的核对。

A. 账表核对　　B. 账证核对

C. 账账核对　　D. 账实核对

17. 对库存现金的清查,应采用(　　)。

A. 发函询证法　　B. 技术推算法

C. 对账单法　　D. 实地盘点法

18. (　　)是反映企业某一特定日期财务状况的财务报表。

A. 利润表　　B. 现金流量表

C. 所有者权益变动表　　D. 资产负债表

19. 下列各项中,不属于企业筹资活动交易和事项的是(　　)。

A. 接受投资者投资　　B. 从银行借款

C. 销售商品　　D. 发行债券

20. (　　)是企业对内部控制建立与实施情况进行监督检查,评价内部控制的有效性,发现内部控制的缺陷,并及时加以改进。

A. 内部环境　　B. 控制活动

C. 信息与沟通　　D. 内部监督

二、多项选择题(在每小题的备选答案中,选出所有合适的答案。本题型共10小题,每小题2分,共20分。)

1. 根据会计主体假设,企业应当对其本身发生的交易或者事项进行会计确认、计量和报告。理解该假设时应注意的问题有(　　)。

A. 将本企业发生的交易或事项与其他企业发生的交易或事项区别开来

B. 将本企业与投资者之间发生的各种交易或事项区别开来

C. 将企业发生的交易或事项与企业所有者个人的交易或事项区别开来

D. 将本企业与债权人之间发生的各种交易或事项区别开来

E. 将本企业与供应商之间发生的各种交易或事项区别开来

2. 财务会计具有的基本特征包括(　　)。

A. 以会计信息的外部使用者为主要服务对象

B. 以复式簿记系统为信息生成基础

C. 采用各企业管理与决策所需的财务报表方式来提供与披露会计信息

D. 采用通用的财务报表方式来提供与披露会计信息

E. 以统一的、法定的或公认的会计准则为依据来进行会计确认、计量与报告

3. 关于对公允价值计量的评价,下列论述中正确的有(　　)。

A. 可以提高会计信息的相关性

B. 可以提高会计信息的可靠性

C. 容易操纵,可能会被滥用

D. 可能会降低会计信息的可靠性

E. 绝大多数情况下，一个项目的公允价值能够很容易地确定

4. 下列各项中，属于在权责发生制基础下应在期末调整的内容有（　　）。

A. 应计未收收入　　B. 应计预收收入

C. 应计预付费用　　D. 应计未付费用

E. 应计已收收入

5. 收入一般具有（　　）等主要特征。

A. 从企业的日常活动中产生的，而不是从偶发的交易或者事项中产生的

B. 可能表现为企业资产的增加，或者负债的减少，或者两者兼而有之

C. 最终会导致企业所有者权益的增加

D. 不仅包括本企业经济利益的流入，而且包括本企业为第三方或客户代收的款项

E. 包括本企业经济利益的流入，但不包括本企业为第三方或客户代收的款项

6. 采用借贷记账法时，"借"可以表示（　　）。

A. 资产的增加或负债的减少　　B. 资产的减少或负债的增加

C. 费用的增加或收入的结转　　D. 费用的结转或收入的增加

E. 资产的增加或所有者权益的减少

7. 收到投资人投入的全新设备一台，该笔经济业务在编制会计分录时可能涉及的账户及方向包括（　　）。

A. 借：固定资产　　B. 贷：固定资产

C. 借：实收资本　　D. 贷：实收资本

E. 贷：累计折旧

8. （　　），应当进行财产清查。

A. 更换财产物资和现金的保管人员时

B. 发生自然灾害和意外损失时

C. 上级主管、财政、税务、审计等部门对本单位进行财务检查时

D. 进行临时性的清产核资时

E. 上级部门对本单位进行清产核资时

9. 企业在编制资产负债表时，"货币资金"项目应按照（　　）账户的期末余额的合计数填列。

A. "库存现金"　　B. "银行存款"

C. "其他应收款"　　D. "其他货币资金"

E. "应收票据"

10. 企业建立与实施有效的内部控制，应当包括的要素有（　　）。

A. 内部环境　　B. 风险评估

C. 控制活动　　D. 信息与沟通

E. 内部监督

三、判断题(认为正确的在题目前面括号内打"√",认为错误的在题目前面括号内打"×"。本题型共 10 小题,每小题 1 分,共 10 分。)

1. (　　)经济环境会影响会计的发展,但会计对经济环境不具有影响作用。
2. (　　)企业与供应商已经签订了具有法律效力的购货合同,对即将购入的设备或材料等即可确认为企业的资产。
3. (　　)企业的所有资产都应具有一定的实物形态。
4. (　　)会计科目的设置应与本企业、本单位的业务特点、业务繁简以及规模大小相适应。
5. (　　)账户如有期末余额,一般应登记在账户中用来记录减少额的那一方。
6. (　　)复合会计分录可以分解成若干个简单的会计分录。
7. (　　)所有的总分类账户都应设置明细分类账户,以提供详细核算信息。
8. (　　)所有的记账凭证都应附有原始凭证。
9. (　　)库存现金日记账只能根据现金收款凭证和现金付款凭证登记。
10. (　　)一套完整的财务报表至少应当包括资产负债表、利润表、现金流量表、所有者权益变动表及其附注。

四、会计处理题(凡要求编制会计分录的,能够列示二级科目的应列示二级科目。本题型共 3 题,前 2 题每题 8 分、第 3 题 14 分,共 30 分。)

1. 利达公司发生如下经济业务:

(1) 经股东大会批准,将资本公积 200 000 元转作股本。

(2) 购入的甲、乙两种材料验收入库,经计算甲材料实际成本为 9 500 元,乙材料实际成本为 9 800 元。

(3) 于月末时计算的固定资产折旧费为 8 000 元,其中,产品生产部门使用的固定资产计提折旧 5 000 元,公司管理部门使用的固定资产计提折旧 3 000 元。

(4) 向华盛公司销售 B 产品 40 件,开具的增值税专用发票上注明的售价为 250 000 元,增值税税额为 32 500 元,已委托开户银行向购货方收款。

(5) 出售积压的乙材料一批,开具的增值税专用发票上注明的售价为 10 000 元,增值税税额为 1 300 元。款项已全部收到并存入银行。

(6) 用银行存款支付在银行办理业务的手续费 3 000 元。

(7) 在对存货的清查中发现盘亏 A 产品 100 千克,实际成本为 3 000 元。对发现的产品盘亏进行账簿记录调整;报经批准后作为超过定额的自然损耗处理。

(8) 将本年实现的净利润 87 500 元从"本年利润"账户结转入"利润分配"账户及其所属的"未分配利润"明细账户。

要求:对发生的每项业务注明应填制的记账凭证并编制会计分录。

2. 20×1 年 3 月启新公司 A 材料收入和发出的数量等相关信息如下列明细账所列:

A 材料明细账 单位:元

20×1 年		摘要	收入			发出			结存		
月	日		数量	单价	金额	数量	单价	金额	数量	单价	金额
3	1	期初余额							500	5.04	
	5	购入	600	5.50							
	11	发出				700					
	15	购入	200	5.70							
	18	发出				300					
	24	购入	800	6.00							
	30	发出				580					
3	31	本月发生额及月末余额									

要求:(1) 根据上述资料,在永续盘存制下假设采用"先进先出法",登记完整 A 材料的下列明细账:

A 材料明细账(先进先出法) 单位:元

20×1 年		摘要	收入			发出			结存		
月	日		数量	单价	金额	数量	单价	金额	数量	单价	金额
3	1	期初余额									
	5	购入									
	11	发出									
	15	购入									
	18	发出									
	24	购入									
	30	发出									
3	31	本月发生额及月末余额									

(2) 在实地盘存制下,假设期末盘存 A 材料 510 件,根据上述给定的期初结存与收入 A 材料资料,计算 A 材料月末结存的实际成本与本月发出的实际成本。

3. 红源公司 20×1 年 10 月发生下列经济业务:

(1) 以银行存款支付上月水电费 200 元。

(2) 以银行存款预付下年度报刊费 2 400 元。

(3) 计提本月银行短期借款利息 100 元。

(4) 计提本月固定资产折旧费 1 000 元。

(5) 收到上月销货款 23 400 元。

(6) 销售商品一批,货款 58 500 元尚未收到。

(7) 计算本月应交所得税 12 400 元。

红源公司 20×1 年 10 月有关利润表相关项目的金额如下:

单位:元

损益类账户	10 月份发生额	1~9 月累计发生额
主营业务收入	600 000	8 002 000
主营业务成本	300 000	5 674 000
税金及附加	30 000	345 000
其他业务收入	50 000	280 000
其他业务成本	45 000	150 000
销售费用	35 000	450 000
管理费用	86 000	893 000
财务费用	53 000	500 000
投资收益	16 000	300 000
营业外收入	13 500	0
营业外支出	9 900	50 000

要求:

(1) 根据红源公司 20×1 年 10 月发生的(1)~(7)项经济业务分别按权责发制和收付实现制计算本月的收入额和费用额,填列在下表中:

单位:元

经济业务	权责发生制		收付实现制	
	收入额	费用额	收入额	费用额
(1)				
(2)				
(3)				
(4)				
(5)				
(6)				
(7)				
合计				

(2) 根据所给红源公司 20×1 年 10 月有关利润表相关项目资料,假定利润总额等于应纳税所得额,所得税率 25%,列式计算该公司 20×1 年 10 月的"营业利润""利润总额""所得税费用""净利润"四个项目的本期金额。

五、综合题（凡要求编制会计分录的，能够列示二级科目的应列示二级科目。本题 20 分。）

中宇公司为增值税一般纳税企业，增值税税率为 13%，所得税税率为 25%。假设按每笔销售业务分别结转销售成本，20×1 年 6 月，中宇公司发生的经济业务及相关资料如下：

(1) 向 A 公司销售商品一批，开出的增值税专用发票上注明售价为 540 000 元，增值税税额为 70 200 元，实际成本 350 000 元。公司已收到 A 公司支付的全部款项，存入银行。

(2) 向 B 公司销售商品 1 000 件，该批商品的销售价为 400 元/件，增值税专用发票已开出，实际成本为 250 元/件，已将商品办理了铁路运输并以银行存款代 B 公司垫付了运输费 1 000 元（假定不考虑相关的税费），收到全部款项即 B 公司金额为 453 000 元的银行汇票一张，当即解入银行。

(3) 向 C 公司销售商品一批，开出的增值税专用发票上注明售价为 500 000 元，增值税税额为 65 000 元，实际成本为 30 0000 元，合同约定发货前预收 C 公司含税款项的 30%，发货后余款以 3 个月期限的银行承兑汇票支付。购销双方均按约履行了合同。

(4) 除以上经济业务外，中宇公司 6 月份其他有关损益类账户的发生额如下：

账户名称	借方发生额(元)	贷方发生额(元)
其他业务收入		30 000
其他业务成本	20 000	
税金及附加	15 000	
销售费用	40 000	
管理费用	70 000	
其中:研发费用	10 000	
财务费用	12 000	
营业外收入		70 000
营业外支出	18 000	

要求：

(1) 编制上述(1)至(3)项经济业务相关的会计分录（"应交税费"账户要求写出明细账户）。

(2) 编制中宇公司 6 月份的如下格式利润表（假定计算所得税费用不考虑利润总额之外的其他因素）。

利 润 表

编制单位:中宇公司　　　　20×1 年 6 月　　　　单位:元

项目	本月数	本年累计数(略)
一、营业收入		
减:营业成本		

（续表）

项目	本月数	本年累计数（略）
税金及附加		
销售费用		
管理费用		
研发费用		
财务费用		
加：其他收益		
投资收益（损失以"－"号填列）		
公允价值变动收益（损失以"－"号填列）		
信用减值损失（损失以"－"号填列）		
资产减值损失（损失以"－"号填列）		
资产处置收益（损失以"－"号填列）		
二、营业利润（亏损以"－"号填列）		
加：营业外收入		
减：营业外支出		
三、利润总额（亏损总额以"－"号填列）		
减：所得税费用		
四、净利润（净亏损以"－"号填列）		

试　卷　五

一、单项选择题(在每小题的备选答案中，选出一个最合适的答案。本题型共 20 小题，每小题 1 分，共 20 分。)

1. 在会计假设中，对会计活动所服务的对象作出基本设定的是(　　)假设。

   A. 会计主体　　B. 持续经营

   C. 会计分期　　D. 货币计量

2. 企业提供的会计信息应当与财务会计报告使用者的经济决策需要相关，体现的是会计信息质量的(　　)要求。

   A. 可靠性　　B. 相关性

   C. 可理解性　　D. 实质重于形式

3. 利润是指企业在一定会计期间的经营成果，可用公式表示为(　　)。

   A. 利润＝收入＋费用＋利得－损失　　B. 利润＝收入＋利得－损失＋费用

   C. 利润＝收入－利得＋费用－损失　　D. 利润＝收入－费用＋利得－损失

4. 从数量上看，企业有一定数额的资产，就必然会有一定数额的(　　)。

   A. 所有者权益　　B. 支出

   C. 负债　　D. 权益

5. 通过银行收回应收账款 35 000 元，这一经济业务对会计要素的影响是(　　)。

   A. 资产增加 35 000 元，同时负债减少 35 000 元

   B. 资产增加 35 000 元，同时负债增加 35 000 元

   C. 资产减少 35 000 元，同是负债增加 35 000 元

   D. 资产总额不变

6. (　　)不属于流动负债。

   A. 短期借款　　B. 应付账款

   C. 预付账款　　D. 一年内到期的长期负债

7. “累计折旧”属于(　　)科目。

   A. 资产类　　B. 负债类

   C. 损益类　　D. 所有者权益类

8. 对发生的交易和事项必须在相互联系的账户中记录，这些账户是指(　　)。

   A. 在同一项交易或事项中建立起相互联系的明细账户

   B. 在不同交易或事项中建立起相互联系的总账账户

C. 在同一项交易或事项中建立起相互联系的总账账户

D. 在不同交易或事项中建立起相互联系的明细账户

9. 在某一账户中,反映某一会计期间终了时该账户结余金额的信息数据是(　　)。

A. 期初余额　　B. 本期增加发生额合计

C. 本期减少发生额合计　　D. 期末余额

10. 下列论述中,关于会计凭证作用的不正确的表述是(　　)。

A. 记录交易或事项信息的载体　　B. 记录会计分录的载体

C. 明确经济责任的手段　　D. 提供记账的依据

11. 企业将现金交存银行,一般应编制(　　)。

A. 现金收款凭证　　B. 银行存款收款凭证

C. 现金付款凭证　　D. 现金付款凭证和银行存款收款凭证

12. 下列各种情形中,适用划线更正法更正的错账是(　　)。

A. 在记账凭证上将科目用错　　B. 在记账凭证上金额写少

C. 在记账凭证上金额写多　　D. 记账凭证正确但记账发生笔误

13. 管理费用明细账一般应采用(　　)格式。

A. 多栏式　　B. 三栏式

C. 数量金额式　　D. 横线登记式

14. (　　)可不采用订本式账簿。

A. 总分类账　　B. 现金日记账

C. 银行存款日记账　　D. 明细分类账

15. 企业收到并已入账的销货款,但银行尚未入账,由此形成的未达账项,企业会计人员在编制“银行存款余额调节表”时,应将(　　)。

A. 银行对账单余额方调增　　B. 银行对账单余额方调减

C. 企业银行存款日记账余额方调增　　D. 企业银行存款日记账余额方调减

16. 根据财产清查结果的处理原则,对财产清查中发现的属于流动资产自然损耗部分,应(　　)。

A. 增加企业的管理费用　　B. 减少企业的管理费用

C. 增加企业的其他应收款　　D. 增加企业的营业外支出

17. 既能汇总登记总分类账,减轻总账登记工作,又能明确反映账户对应关系,便于查账、对账的账务处理程序是(　　)账务处理程序。

A. 记账凭证　　B. 多栏式日记账

C. 汇总记账凭证　　D. 科目汇总表

18. 下列各项中,不属于企业经营活动交易和事项的是(　　)。

A. 购买原材料　　B. 销售商品

C. 从银行借款　　D. 提供劳务

19. 企业按规定销毁会计档案时,应(　　)。

A. 由档案室保管人员销毁

B. 由会计人员销毁

C. 由单位负责人亲自销毁

D. 由单位档案管理机构和会计机构共同派员监督销毁

20.（　　）要求企业或单位全面系统地分析、梳理业务流程中所涉及的不相容职务，实施相应的分离措施，形成各司其职、各负其责、相互制约的工作机制。

A. 授权审批控制　　B. 会计系统控制

C. 不相容职务分离控制　　D. 预算控制

二、多项选择题（在每小题的备选答案中，选出所有合适的答案。本题型共 10 小题，每小题 2 分，共 20 分。）

1. 在会计上，明确界定会计主体假设的意义在于（　　）。

A. 划定会计所要处理的各项交易或者事项的范围

B. 将会计主体的交易或者事项与会计主体所有者的交易或者事项区分开来

C. 划定会计所要处理的各项交易或事项的时间范围

D. 将会计主体的交易或者事项与其他会计主体的交易或者事项区分开来

E. 为会计分期假设提供必要基础

2. 关于对历史成本的评价，下列论述中正确的有（　　）。

A. 数据容易取得，方便操作

B. 相关性强

C. 能够被核实和验证

D. 不同时期的会计信息可能缺乏可比性

E. 资产的账面价值可能会脱离实际价值

3. 下列各项中，属于负债要素特征的有（　　）。

A. 企业过去的交易或者事项形成的资源

B. 企业过去的交易或者事项形成的现时义务

C. 企业应当承担的现时义务

D. 预期会导致经济利益流出企业的现时义务

E. 企业的日常活动中形成的经济利益流入

4. 在借贷记账法下，在下列账户中用借方登记减少额的有（　　）账户。

A. “应付账款”　　B. “预收账款”

C. “短期借款”　　D. “资本公积”

E. “盈余公积”

5. 企业以银行存款归还短期借款，该笔经济业务在编制分录时，涉及的账户及方向有（　　）。

A. 借：银行存款　　B. 借：短期借款

C. 贷：银行存款

D. 贷：短期借款

E. 贷：库存现金

6. (　　)账户属于成本类账户。

A. “生产成本”

B. “制造费用”

C. “主营业务成本”

D. “营业外支出”

E. “劳务成本”

7. 如果企业在会计期末不进行应计未收收入的调整，将会(　　)。

A. 虚减当期资产

B. 虚减当期收入

C. 虚增当期收入

D. 虚减当期负债

E. 虚减当期利润

8. (　　)是外来原始凭证。

A. 增值税专用发票

B. 车船票

C. 银行收付结算凭证

D. 产品入库单

E. 水电费缴费账单

9. 内部控制是由企业(　　)实施的旨在实现控制目标的过程。

A. 董事会

B. 监事会

C. 股东

D. 经理层

E. 全体员工

10. 内部环境是企业实施内部控制的基础，包括(　　)等内容。

A. 治理结构

B. 机构设置及权责分配

C. 内部审计

D. 人力资源政策

E. 企业文化

三、判断题(认为正确的在题目前面括号内打“√”，认为错误的在题目前面括号内打“×”。本题型共10小题，每小题1分，共10分。)

1. (　　)根据会计信息质量的可靠性要求，企业应当以实际发生的交易或者事项为依据进行会计确认、计量和报告。

2. (　　)企业为满足生产所需而采取短期经营租赁方式租入的设备属于企业的资产。

3. (　　)我国《企业会计准则——基本准则》规定，企业可以根据自身的行业特点和经营活动的需要选择权责发生制或收付实现制作为会计基础。

4. (　　)能够用货币计量的经济资源或事项才能作为会计核算的对象。

5. (　　)会计确认是按所采用的计量单位和计量属性对交易或事项进行金额变动方面的认定，进而解决在会计处理中记录金额多少的问题。

6. (　　)企业用银行存款偿还之前欠某供应商的货款，导致经济利益的流出，因而应确认为企业的费用。

7. (　　)在借贷记账法下设置的负债类账户与所有者权益类账户的结构一致。

8.（　　）对在记账凭证上用错会计科目产生的错账应当用划线更正法更正。

9.（　　）未达账项是指企业与其客户或供应商之间对于同一项交易或事项，一方已经登记入账，另一方由于没有接到有关结算凭证而暂时尚未登记入账的款项。

10.（　　）会计档案是企业或事业单位最重要的经济档案，因此应该长期予以妥善保存。

四、会计处理题（凡要求编制会计分录的，能够列示二级科目的应列示二级科目。本题型共3题，第1题8分、第2题10分、第3题12分，共30分。）

1. 枫林公司20×1年7月发生销售业务内容如下：

(1) 收到银行收款通知，甲公司预付购买A产品款项30 000元。

(2) 按合同向甲公司发出A产品500件，每件单价60元，增值税税率13%，货款扣除预收款后的不足部分即由甲公司通过银行支付。

(3) 向乙公司出售B产品300件，每件单价150元，增值税税率13%，货款尚未收到。

(4) 按出售的两种产品的实际销售成本转账，A产品每件45元，B产品每件115元。

(5) 以银行存款支付上述A、B两种产品在销售过程中发生的运输费800元，包装费200元（假定不考虑相关的税费）。

(6) 以银行存款支付本月广告费4 500元。

(7) 向丙公司出售材料物资100千克，每千克12元，货款1 356元（含增值税税额）已收到，存入银行。

(8) 按出售的材料物资实际销售成本每千克10元进行结转。

要求：根据上列各项经济业务编制会计分录。

2. 东风公司20×1年10月1日"库存商品"账户及其所属明细账户资料如下：

库存商品	数量(件)	单价(元/件)	金额(元)
甲产品	2 000	500	1 000 000
乙产品	3 000	450	1 350 000
合计			2 350 000

东风公司10月份发生下列与所生产产品有关的经济业务：

(1) 出售甲产品1 600件，生产完工入库甲产品1 000件，每件生产成本530元。

(2) 出售乙产品2 500件，生产完工入库乙产品2 000件，每件生产成本425元。

假设东风公司采用月末一次加权平均法计算产品出售出库成本与结存成本。

要求：

(1) 编制上述产品完工入库的会计分录。

(2) 编制上述产品出售出库结转成本的会计分录。

(3) 根据如下格式编制"库存商品"的明细分类账户本期发生额及余额表，进行试算验证。

明细分类账户	期初余额(元)	本期发生额(元)		期末余额(元)
		借方	贷方	
甲产品	1 000 000			
乙产品	1 350 000			
合计	2 350 000			

3. 达人公司于20×1年年初设立,对应收账款采用余额百分比法计提坏账准备,假定各年坏账准备金提取比例均确定为1%。该公司各年度末应收账款余额如下表所列:

年度	20×1年年末	20×2年年末	20×3年年末	20×4年年末
应收账款余额(元)	3 500 000	4 000 000	3 800 000	4 200 000

该公司于20×2年度确认坏账损失40 000元,于20×3年度原已确认坏账又收回15 000元。

要求:编制该公司各年度及年末所有涉及到的坏账准备计提、坏账转销、转销后的坏账收回的相关会计分录。

五、综合题(凡要求编制会计分录的,能够列示二级科目的应列示二级科目。本题20分。)

假设长江公司为增值税一般纳税人,存货采用实际成本计价,20×1年9月1日有关会计科目的余额如下:

科目余额表

账户名称	借方余额(元)	账户名称	贷方余额(元)
库存现金	600	短期借款	4 500
银行存款	56 000	应付票据	7 600
应收票据	6 800	其他应付款	1 500
原材料	6 500	应付职工薪酬	17 800
库存商品	27 600	应交税费	3 400
固定资产	24 000	累计折旧	3 200
在建工程	18 000	实收资本	60 500
无形资产	5 000	利润分配	46 000
合计	144 500	合计	144 500

20×1年9月发生以下经济业务:

(1) 购入原材料一批,增值税专用发票上注明的售价为3 000元,增值税税额为390元,材料已验收入库,款项以银行存款支付。

(2) 销售产品一批,开具的增值税专用发票上注明的售价为50 000元,增值税税额为

6 500元，款项收到存入银行。同时结转该批产品的成本 25 000 元。

(3) 购入不需要安装的设备一台，增值税专用发票上注明的售价为 10 000 元，增值税税额为 1 300 元，款项以银行存款支付，设备已经交付使用。

(4) 生产车间为生产产品领用原材料 6 000 元。

(5) 以银行存款归还短期借款 4 500 元及支付本月借款利息 500 元。

(6) 以银行存款支付职工薪酬 17 800 元。

(7) 分配本月职工薪酬费用 21 000 元，其中生产工人 15 000 元，车间管理人员 6 000 元。

(8) 计提生产车间用固定资产折旧 1 000 元。

(9) 假设本月只生产一种产品，结转本月制造费用。

(10) 假设产品本月投产本月完工，结转本月完工产品成本。

(11) 结转上述业务涉及的各损益类账户。

(12) 预交本月所得税 3 500 元。

要求：

(1) 根据上述资料，编制相关会计分录。

(2) 假设除上述业务外不考虑其他事项，计算长江公司 20×1 年 9 月“资产负债表”中下列项目的期末数：货币资金、存货、流动资产合计、固定资产净值、资产总计、应交税金、流动负债合计、负债合计、未分配利润、所有者权益合计、负债与所有者权益总计。

试　卷　六

一、单项选择题(在每小题的备选答案中,选出一个最合适的答案。本题型共20小题,每小题1分,共20分。)

1. 在会计假设中,对会计所服务对象的经营活动是否按现在的目标、方针与形式一直进行下去所作出基本设定的是(　　)假设。

　A. 会计主体　　　　B. 持续经营

　C. 会计分期　　　　D. 货币计量

2. 企业不应仅以交易或者事项的法律形式为依据,而应按照交易或者事项的经济实质进行会计确认、计量和报告,体现的是会计信息质量的(　　)要求。

　A. 可比性　　　　B. 实质重于形式

　C. 谨慎性　　　　D. 及时性

3. 由于(　　)的假设,才产生了本期与其他期间的差异,从而出现了权责发生制和收付实现制两种不同的会计基础。

　A. 会计主体　　　　B. 持续经营

　C. 会计分期　　　　D. 货币计量

4. (　　)不属于费用要素。

　A. 销售费用　　　　B. 应交税费

　C. 管理费用　　　　D. 财务费用

5. 胜利公司20×1年3月份资产增加400万元,负债减少250万元,若不考虑其他因素,则该公司的所有者权益(　　)万元。

　A. 减少150　　　　B. 增加650

　C. 增加150　　　　D. 减少650

6. 假设红旗公司本期提取盈余公积30万元,用资本公积10万元、盈余公积8万元转增资本,投资者追加投资50万元,则本期所有者权益净增加额应该是(　　)万元。

　A. 98　　　　B. 80

　C. 50　　　　D. 18

7. 账户期末余额的基本计算公式为(　　)。

　A. 期末余额=期初余额+本期增加发生额合计+本期减少发生额合计

　B. 期末余额=期初余额+本期增加发生额合计−本期减少发生额合计

　C. 期末余额=期初余额−本期增加发生额合计+本期减少发生额合计

D. 期末余额＝期初余额－本期增加发生额合计－本期减少发生额合计

8. 借贷记账法的记账符号“借”对下列账户表示增加的是(　　)账户。

A. “股本”　　B. “应付账款”

C. “应收账款”　　D. “预收账款”

9. 用银行存款支付企业3月份广告费5 000元,该笔业务的分录应表示为(　　)。

A. 借：管理费用5 000，贷：银行存款5 000

B. 借：销售费用5 000，贷：银行存款5 000

C. 借：财务费用5 000，贷：银行存款5 000

D. 借：制造费用5 000，贷：银行存款5 000

10. (　　)账户年末结转后没有余额。

A. “库存现金”　　B. “资本公积”

C. “本年利润”　　D. “短期借款”

11. 下列各项中,属于营业收入的是(　　)。

A. 主营业务收入与其他业务收入　　B. 主营业务收入与投资收益

C. 主营业务收入与营业外收入　　D. 其他业务收入与营业外收入

12. 下列账户中,发生额于期末时不应结转“本年利润”账户的是(　　)账户。

A. “主营业务收入”　　B. “主营业务成本”

C. “制造费用”　　D. “其他业务收入”

13. 金飞公司计提20×1年3月份车间管理人员的薪酬,应记入(　　)账户。

A. “生产成本”　　B. “财务费用”

C. “管理费用”　　D. “制造费用”

14. 对于库存现金和银行存款之间的相互存取业务,应填制的记账凭证是(　　)。

A. 收款记账凭证　　B. 付款记账凭证

C. 转账记账凭证　　D. 同时填制收款与付款记账凭证

15. 能通过试算平衡方法查找到错误的情况是(　　)。

A. 漏记的经济业务　　B. 重复记录的经济业务

C. 借贷方向记反　　D. 借贷方金额不等

16. 下列各种情形中,适用补充登记法更正的错账是(　　)。

A. 在记账凭证上将科目用错　　B. 在记账凭证上金额写少

C. 在记账凭证上金额写多　　D. 记账凭证正确但记账发生笔误

17. 在银行存款余额调节表上,表明企业可以动用存款数的是(　　)。

A. 企业已收银行未收款项　　B. 银行存款日记账余额

C. 银行对账单余额　　D. 调节以后的存款余额

18. 资产负债表的资产项目通常按照(　　)的顺序进行排列。

A. 货币资金、应收账款、长期股权投资、存货、固定资产

B. 货币资金、应收账款、存货、长期股权投资、固定资产

C. 应收账款、货币资金、长期股权投资、存货、固定资产

D. 应收账款、货币资金、存货、固定资产、长期股权投资

19. 下列各项中,不属于企业投资活动交易和事项的是(　　)。

A. 购建固定资产　　B. 处置子公司

C. 购入无形资产　　D. 吸收投资

20. 使用保险箱储存现金和重要文件这一控制方式属于(　　)。

A. 人员控制　　B. 监督及管理控制

C. 授权和批准　　D. 实物控制

二、多项选择题(在每小题的备选答案中,选出所有合适的答案。本题型共 10 小题,每小题 2 分,共 20 分。)

1. 下列各项中,属于会计核算基本程序的有(　　)。

A. 会计确认　　B. 会计报告

C. 会计分析　　D. 会计计量

E. 会计记录

2. 将一项资源确认为资产,除了应符合资产要素的定义,还应符合的条件有(　　)。

A. 与该资源有关的经济利益很可能流入企业

B. 与该义务有关的经济利益很可能流出企业

C. 该资源的成本或价值能够可靠计量

D. 未来流出的经济利益的金额能够可靠计量

E. 与收入有关的经济利益应当很可能流入企业

3. 反映企业经营成果的会计要素有(　　)。

A. 资产　　B. 负债

C. 收入　　D. 利润

E. 费用

4. (　　)的经济业务会引起资产总额发生变化。

A. 从银行提取现金　　B. 将现金存入银行

C. 收到投资者投入设备一台　　D. 将借款存入银行

E. 企业收回应收账款

5. 通过“总分类账户发生额及余额试算表”一般不能发现的错误有(　　)。

A. 登记账户时将金额位次颠倒　　B. 漏记交易或事项

C. 重复记录交易或事项　　D. 借贷记账方向彼此颠倒

E. 记账方向正确但记错了账户

6. 现金日记账登记的要求有(　　)。

A. 由出纳人员登记

B. 由会计人员登记

C. 按时间顺序逐日逐笔登记,逐日结出余额
D. 按时间顺序逐日逐笔登记,按旬结出余额
E. 按时间顺序逐日逐笔登记,按月结出余额

7. 企业在财产清查中盘盈材料,该笔经济业务在编制会计分录时,涉及的账户及方向包括(　　)。
A. 借:待处理财产损溢　　B. 借:原材料
C. 贷:待处理财产损溢　　D. 贷:原材料
E. 贷:营业外收入

8. 企业下列活动中,属于经营活动的有(　　)。
A. 销售商品　　B. 购买商品
C. 购建固定资产　　D. 支付职工薪酬
E. 支付税费

9. 内部控制是单位内部的一种管理制度,它具有(　　)等特征。
A. 手段和方法多种多样
B. 主体是单位内部人员
C. 客体是单位内部的经济活动(或经营管理活动)
D. 属于单位内部的管理
E. 属于单位对基层的管理

10. 下列各项中,属于内部控制常见的控制措施有(　　)。
A. 内部监督　　B. 财产保护控制
C. 会计系统控制　　D. 运营分析控制
E. 不相容职务分离控制

三、判断题(认为正确的在题目前面括号内打"√",认为错误的在题目前面括号内打"×"。本题型共10小题,每小题1分,共10分。)

1. (　　)会计信息质量要求的可比性要求对相同或相似的交易或者事项采用一致的会计政策。
2. (　　)会计年度即公历年度,通常从某一年的1月1日起,到该年12月31日为止。
3. (　　)资产是企业拥有的资源,企业对借入的款项并不拥有所有权,因而不能将其确认为企业的资产。
4. (　　)所有者权益是指企业所有者对企业资产扣除负债后所享有的剩余权益。
5. (　　)费用、成本类账户期末一般都无余额,如果有余额,必定在借方。
6. (　　)在简单的交易和事项中,相关账户记录的借贷双方的金额是相等的,而在复杂交易和事项中,相关账户记录的借贷双方的金额是不相等的。
7. (　　)权责发生制基础确认收入和费用只在会计期末发生,与平时交易或事项的处理无关。

8.（　　）企业应当按照权责发生制编制资产负债表、利润表、现金流量表与所有者权益变动表。

9.（　　）一笔业务在相关账户中将借贷方向记反可以通过试算平衡发现。

10.（　　）根据我国会计法规的规定，注册会计师、会计师事务所负有行政、民事和刑事三种法律责任。

四、会计处理题（凡要求编制会计分录的，能够列示二级科目的应列示二级科目。本题型共3题，每题10分，共30分。）

1. 东风公司发生如下经济业务：

（1）收到投资者按投资合同交来的资本金420 000元，已存入银行。

（2）向银行借入期限为3个月的借款400 000元存入银行。

（3）经股东大会批准，将资本公积200 000元转作实收资本。

（4）计提管理部门固定资产折旧费25 000元。

（5）签发3个月到期的商业汇票50 000元抵付上月所欠货款。

（6）向红光公司销售A产品，开出的增值税专用发票上注明的售价为20 000元，增值税税额为2 600千元，款项已通过银行收讫，同时结转产品成本15 000元。

（7）用银行存款归还短期借款本金200 000元，并支付利息2 500元。

（8）本年应提取的坏账准备金为25 000元，但在年末时“坏账准备”账户借方余额为5 000元，对实际应提取的坏账准备进行账务处理。

要求：对发生的每项业务注明应填制的记账凭证并编制会计分录。

2. 假定鸿达公司20×1年7月初有关总分类账户的余额（单位：万元）如下：

库存现金（借方）	60	银行存款（借方）	40 000
原材料（借方）	940	固定资产（借方）	32 000
生产成本（借方）	3 000	短期借款（贷方）	2 000
应付账款（贷方）	10 000	实收资本（贷方）	64 000

鸿达公司本月发生如下交易或事项：

（1）收到投资者投入的货币资金40 000万元，已存入银行。

（2）用银行存款购入不需要安装的设备一台，增值税专用发票上注明的价款为8 000万元，增值税税额为1 040万元。

（3）购入材料一批，增值税专用发票上注明的价款为3 000万元，增值税税额为390万元，货款尚未支付，材料尚未验收入库。

（4）上批材料运达验收入库。

（5）借入短期借款4 000万元，存入银行。

（6）用银行存款7 000万元偿还应付账款。

（7）生产产品领用材料一批，价值900万元。

（8）用银行存款6 000万元偿还短期借款。

要求：

(1) 根据所给交易或事项编制会计分录(单位:万元)。

(2) 根据如下格式编制“总分类账户发生额及余额试算表”。

总分类账户发生额及余额试算表　　单位:万元

账户名称	期初余额		本期发生额		期末余额	
	借方	贷方	借方	贷方	借方	贷方
库存现金						
银行存款						
材料采购						
原材料						
固定资产						
生产成本						
短期借款						
应付账款						
应交税费						
实收资本						
合计						

3. 盛宇公司生产甲、乙两种产品。甲产品期初无在产品；乙产品期初在产品 100 件，成本 800 万元。本期有关两种产品生产的成本资料如下：

(1) 根据材料费用分配表，甲产品领用原材料 3 055 万元，乙产品领用原材料 1 045 万元，生产车间一般耗用原材料 500 万元。

(2) 根据职工薪酬费用分配表，甲产品应负担生产工人薪酬费用 600 万元，乙产品应负担生产工人薪酬费用 200 万元，生产车间管理人员薪酬费用 80 万元。

(3) 根据折旧费用分配表，生产车间本月计提折旧费 200 万元。

(4) 除发生上述费用外，还通过银行支付生产车间发生的水电费、报刊费等费用 80 万元。

(5) 期末将发生的制造费用按产品负担生产工人薪酬费用分配于甲、乙两种产品。

(6) 本期甲产品投产 500 件，期末在产品 200 件(完工程度 50%)；本期乙产品没有新投产的产品，期初 100 件在产品在期内完工。完工产品入库结转完工产品成本。

要求：编制有关业务的会计分录。

五、综合题(凡要求编制会计分录的，能够列示二级科目的应列示二级科目。本题 20 分。)

佳园公司于 20×1 年 12 月发生如下业务：

(1) 3 日，销售 A 产品 500 件，每件 100 万元，开出的增值税专用发票上注明的售价为 50 000 千元，增值税税额为 6 500 万元，收到购货单位的银行承兑汇票，同时结转产品成本

25 000万元。

(2) 4 日,通过银行转账支付公司管理部门所购买的 50 万元办公用品。

(3) 6 日,通过银行转账支付生产车间临时租入设备的租金 180 万元。

(4) 7 日,通过银行归还短期借款本金 10 000 千元并支付利息 500 万元。

(5) 15 日,生产车间领用原材料 50 千克,成本 34 000 万元。

(6) 22 日,向宏图公司销售产品 110 件,每件单价 100 万元,开出的增值税专用发票上注明的售价为 11 000 万元,增值税税额为 1 430 万元,货款尚未收到。结转产品成本 5 600 万元。

(7) 24 日,通过银行转账支付所发生的广告费用 500 万元。

(8) 31 日,计提本月固定资产折旧 5 000 万元,其中生产部门 3 000 万元,管理部门 2 000万元,并摊销无形资产 200 万元。

(9) 31 日,分配薪酬费用,其中产品生产人员 11 400 万元,车间管理部门人员 570 万元,行政管理部门人员 590 万元。

(10) 31 日,通过银行支付薪酬费用。

(11) 假设本月只生产一种产品,月末将制造费用结转至生产成本。

(12) 假设所生产的产品本月投产本月完工,月末完工产品入库结转成本。

(13) 月末结转各损益账户。

(14) 按实现利润的 25%计交所得税费用,并结转至本年利润账户。

(15) 将净利润结转至利润分配账户。

(16) 按照净利润的 10%提取法定盈余公积金。

要求:

(1) 编制相关会计分录(单位:万元)。

(2) 编制如下格式的佳园公司 12 月份的利润表:

利 润 表

编制单位:佳园公司　　　　20×1 年 12 月　　　　单位:万元

项目	本月数	本年累计数(略)
一、营业收入		
减:营业成本		
税金及附加		
销售费用		
管理费用		
研发费用		
财务费用		
加:其他收益		
投资收益(损失以"—"号填列)		

（续表）

项目	本月数	本年累计数（略）
公允价值变动收益（损失以“－”号填列）		
信用减值损失（损失以“－”号填列）		
资产减值损失（损失以“－”号填列）		
资产处置收益（损失以“－”号填列）		
二、营业利润（亏损以“－”号填列）		
加：营业外收入		
减：营业外支出		
三、利润总额（亏损总额以“－”号填列）		
减：所得税费用		
四、净利润（净亏损以“－”号填列）		

练习题参考答案

第一章　练习题参考答案

一、单项选择题

1. D　2. A　3. C　4. D　5. C　6. C　7. A　8. C　9. B　10. B

二、多项选择题

1. ABCE　2. AD　3. ACDE　4. BCDE　5. ACE　6. BCE　7. BCD　8. ACDE　9. ACDE　10. ACE

三、判断题

1. √　2. √　3. ×　4. ×　5. √　6. ×　7. √　8. √　9. √　10. √　11. √　12. ×　13. √　14. ×　15. √　16. ×

第二章　练习题参考答案

一、单项选择题

1. C　2. B　3. A　4. A　5. B　6. C　7. C　8. B　9. C　10. A　11. C　12. C　13. B　14. C　15. D　16. C　17. C　18. A　19. A　20. C

二、多项选择题

1. ACDE　2. CDE　3. BCE　4. ABC　5. ACE　6. ABDE　7. ABC　8. ABCE　9. ABC　10. CD　11. ABCE　12. ABCDE　13. CE　14. DE　15. BCDE

三、判断题

1. ×　2. √　3. √　4. ×　5. ×　6. √　7. ×　8. √　9. ×　10. ×　11. √　12. √　13. √　14. √　15. ×　16. √　17. √　18. √　19. ×　20. ×

四、业务题

按收付实现制与权责发生制进行收入、费用确认及盈亏计算　　单位:元

业务序号	收付实现制		权责发生制	
	收入	费用	收入	费用
(1)		50 000		
(2)	100 000			
(3)	80 000		80 000	
(4)		90 000		90 000

（续表）

业务序号	收付实现制		权责发生制	
	收入	费用	收入	费用
(5)		20 000		
(6)			250 000	
(7)	50 000			
(8)				10 000
合计	230 000	160 000	330 000	100 000
盈亏计算	230 000－160 000＝70 000		330 000－100 000＝230 000	

第三章　练习题参考答案

一、单项选择题

1. C　2. C　3. C　4. B　5. D　6. C　7. A　8. A　9. B　10. B　11. C　12. B　13. D　14. C　15. D

二、多项选择题

1. AE　2. ACE　3. BD　4. ABCDE　5. DE　6. BCDE　7. BCDE　8. ABC　9. BD　10. ABCD

三、判断题

1. ×　2. ×　3. √　4. ×　5. ×　6. √　7. ×　8. √　9. ×　10. √　11. ×　12. √　13. ×　14. √　15. ×　16. ×　17. ×　18. ×　19. ×　20. √

四、业务题

【业务题一】

经济业务对资产和权益的影响

业务	资产			负债			所有者权益		
	类别	增加	减少	类别	增加	减少	类别	增加	减少
(1)	银行存款	20 000					实收资本	20 000	
(2)	银行存款		23 000	应付账款		23 000			
(3)				应付账款		100 000	资本公积	100 000	
(4)	应收账款 银行存款	 45 200	45 200						
(5)	原材料	21 300		应付账款	21 300				
(6)				短期借款	80 000		实收资本		80 000
(7)	固定资产 银行存款	7 600	 5 000	应付账款	2 600				

（续表）

业务	资产			负债			所有者权益		
	类别	增加	减少	类别	增加	减少	类别	增加	减少
(8)							实收资本 资本公积	50 000	 50 000
(9)				应付股利	40 000		利润分配		40 000
(10)	银行存款		40 000	应付股利		40 000			

【业务题二】

(1) 经济业务影响的会计要素和金额

经济业务影响的会计要素和金额

业务	资产		负债		收入		费用		利润	
	增加	减少	增加	减少	增加	减少	增加	减少	增加	减少
(1)	120 000				120 000					
(2)		20 000								20 000
(3)			25 000				25 000			
(4)	20 000								20 000	
(5)		90 000					90 000			

(2) 东方公司 11 月份实现利润为 5 000 元。

(3) 东方公司 11 月末资产、负债和所有者权益分别为:290 900 元、55 900 元、235 000 元。

【业务题三】

(1) 经济业务具体内容如下：

① 深海公司 3 月 11 日以售价 330 000 元销售吸尘器一批,全部货款均已收存银行。

② 深海公司 3 月 18 日以售价 270 000 元销售吸尘器一批,全部货款已于上月收存银行。

③ 深海公司 3 月 31 日计提短期借款利息 150 000 元。

④ 深海公司 3 月 31 日结转本月已销商品的成本 410 000 元。

(2) 3 月末的所有者权益 790 000 元。

(3) 3 月份实现的利润 40 000 元。

【业务题四】

A=0　B=360 000　C=140 000　D=－3 600　E=364 600　F=124 200

【业务题五】

(1) 9 月 2～10 日间每日发生的经济业务如下：

2 日,偿还短期借款 20 000 元,以银行存款支付(资产和负债同减)。

3 日,收到某公司前欠货款 5 000 元(资产内部此增彼减)。

4 日,因到期无力还款而将应付货款 3 600 元转为应付票据(负债内部此增彼减)。

5 日,投资人投入价值 40 000 元的机器设备,其溢价为 15 000 元(资产和所有者权益同增)。

6 日,从银行提取现金 6 300 元(资产内部此增彼减)。

7日,购买原材料21 000元,以银行存款支付12 000元,其余9 000元暂欠(资产内部此增彼减、资产和负债同增)。

8日,经董事会同意,将资本公积8 000元转增资本(所有者权益内部此增彼减)。

9日,将3 200元现金存入银行(资产内部此增彼减)。

10日,向银行借得为期3个月的借款55 000元,并存入开户银行(资产和负债同增)。

(2) 9月10日的资产为223 000元,负债为83 000元、所有者权益为140 000元。

第四章 练习题参考答案

一、单项选择题

1. A 2. D 3. C 4. B 5. D 6. D 7. B 8. C 9. B 10. C 11. D 12. A 13. D 14. C 15. A 16. D 17. B 18. D 19. C 20. B 21. D 22. D 23. B 24. A 25. C

二、多项选择题

1. BCD 2. BDE 3. AC 4. ACDE 5. ACDE 6. CE 7. ABCDE 8. AB 9. BCDE 10. CDE 11. ABCDE 12. BCD 13. ACD 14. ABCDE 15. AB

三、判断题

1. × 2. √ 3. × 4. × 5. × 6. × 7. × 8. √ 9. √ 10. × 11. × 12. × 13. × 14. × 15. × 16. √ 17. √ 18. × 19. √ 20. √

【业务题一】

(1)～(4)库存现金、应收账款、原材料、银行存款。

(5)～(9)预付账款、固定资产、固定资产、应收账款、固定资产。

(10)～(12)库存商品、固定资产、无形资产。

【业务题二】

(1)～(5)实收资本、预收账款、应付利息、短期借款、盈余公积。

(6)～(10)应付账款、资本公积、应交税费、应付职工薪酬、本年利润。

【业务题三】

(1)～(5)管理费用、管理费用、销售费用、营业外支出、主营业务成本。

(6)～(10)制造费用*、财务费用、营业外支出、生产成本*、生产成本*。

(11)～(15)其他业务收入、制造费用*、营业外收入、主营业务收入、其他业务成本。

【业务题四】

(1)～(5)66 000、79 000、11 000、95 000、0。

(6)～(10)300 000、0、6 000、170 000、170 000。

【业务题五】

序号	会计分录	序号	会计分录
(1)	借：库存现金 8 000 贷：银行存款 8 000	(2)	借：固定资产 90 000 贷：银行存款 90 000
(3)	借：无形资产 30 000 贷：银行存款 30 000	(4)	借：应付职工薪酬 300 000 贷：实收资本 300 000

（续表）

序号	会计分录	序号	会计分录
(5)	借：原材料 100 000 银行存款 700 000 贷：实收资本 800 000	(6)	借：银行存款 400 000 预收账款 80 000 贷：主营业务收入 480 000
(7)	借：制造费用 3 500 贷：预付账款 3 500	(8)	借：预付账款 12 000 贷：银行存款 12 000
(9)	借：原材料 76 000 贷：预付账款 76 000	(10)	借：银行存款 20 000 贷：库存现金 20 000
(11)	借：应收账款 900 000 贷：主营业务收入 900 000	(12)	借：主营业务成本 860 000 贷：库存商品 860 000
(13)	借：应付账款 50 000 贷：实收资本 50 000	(14)	借：资本公积 2 000 000 贷：实收资本 2 000 000
(15)	借：应付股利 1 000 000 贷：银行存款 1 000 000	(16)	借：营业外支出 50 000 贷：银行存款 50 000
(17)	借：税金及附加 20 000 贷：应交税费 20 000	(18)	借：制造费用 25 000 管理费用 15 000 贷：累计折旧 40 000
(19)	借：销售费用 8 500 贷：其他应收款 5 000 库存现金 3 500	(20)	借：短期借款 1 000 000 财务费用 5 000 应付利息 55 000 贷：银行存款 1 060 000

【业务题六】

(1)“应收账款”总分类账户余额＝20 000＋1 500 00－88 000＝82 000(元)

“应收账款——东方公司”明细分类账户余额＝60 000(元)

“应收账款——南方公司”明细分类账户余额＝20 000＋50 000－70 000＝0

“应收账款——西方公司”明细分类账户余额＝40 000－18 000＝22 000(元)

“预收账款”总分类账户余额＝30 000－29 000＝1 000(元)

“预收账款——北方公司”明细分类账户余额＝30 000－20 000＝10 000(元)

“预收账款——中方公司”明细分类账户余额＝－9 000(元)(即借方余额)

“库存商品”总分类账户余额＝380 000－156 500＝223 500(元)

“库存商品——甲商品”明细分类账户余额＝220 000－75 500＝144 500(元)

“库存商品——乙商品”明细分类账户余额＝160 000－81 000＝79 000(元)

(2) 甲商品销售毛利＝(80 000＋15 000)－75 500＝19 500(元)

乙商品销售毛利＝(70 000＋14 000)－81 000＝3 000(元)

【业务题七】

(1) 投资者投入资本 500 000 元，其中固定资产 80 000 元，银行存款 420 000 元。

(2) 开业当日取得为期 6 个月的借款 120 000 元，年利率 6%，到期一次还本付息。

(3) 以银行存款 60 000 元购买材料一批并当即验收入库。

(4) 向车间发出价值为 20 000 元的材料一批，用于制造产品，但月末均未完工。

(5) 向银行提取现金 2 000 元,以备零用。

(6) 预收某客户转入开户银行的购货款 3 000 元。

(7) 计提本月应承担的借款利息 200 元。

(8) 结算本月职工薪酬 10 000 元。

【业务题八】

账户名称	按经济内容分类	按用途和结构分类	按与财务报表的关系分类
银行存款	资产	盘存	实
应收账款	资产	债权结算	实
预收账款	负债	债权债务结算	实
原材料	资产	盘存	实
固定资产	资产	盘存	实
累计折旧	资产	备抵调整	实
生产成本	成本	成本计算	实
制造费用	成本	集合分配	实
财务费用	费用	费用汇转	虚
主营业务收入	收入	收入汇转	虚
主营业务成本	费用	费用汇转	虚
所得税费用	费用	费用汇转	虚
营业外支出	费用	费用汇转	虚
实收资本	所有者权益	资本	实
利润分配	所有者权益	备抵调整	实

【业务题九】

如"库存现金"账户既属于盘存类、又属于资产类,其余账户的归类可比照此方法进行分析。

【业务题十】

(1) 各明细账户余额的经济含义如下表所示。

普庆公司部分结算类总分类账户及所属明细分类账户余额表 单位:元

账户	借方	贷方	含义	账户	借方	贷方	含义
应收账款	600 000		—	应付账款		50 000	—
其中:甲公司	700 000		债权	其中:子公司		80 000	债务
乙公司		300 000	债务	丑公司		10 000	债务
丙公司	200 000		债权	寅公司	40 000		债权

(2) 债权有两项其金额合计为 940 000 元。具体情况为:

应收账款＝700 000＋200 000＝900 000(元)，预付账款＝40 000(元)。

债务也有两项其金额合计为 390 000 元。具体情况为：

应付账款＝80 000＋10 000＝90 000(元)，预收账款＝300 000(元)。

【业务题十一】

(1) 债权两项：

应收账款＝"应收账款"账户总账余额合计＋"预收账款"账户借方明细账余额合计

＝740 000＋20 000＝760 000(元)

预付账款＝"预付账款"账户借方明细账余额合计

＝86 000＋12 000＝98 000(元)

(2) 债务两项：

应付账款＝"应付账款"账户总账余额＋"预付账款"账户贷方明细账余额合计

＝40 000＋28 000＝68 000(元)

预收账款＝"预收账款"账户贷方明细账余额合计

＝30 000＋90 000＝120 000(元)

第五章　练习题参考答案

一、单项选择题

1. C　2. A　3. C　4. B　5. A　6. A　7. A　8. B　9. C　10. D　11. A　12. B　13. A　14. D　15. B　16. C　17. B　18. A　19. A　20. D　21. D　22. D　23. B　24. A　25. B　26. B　27. D　28. A　29. B　30. B

二、多项选择题

1. AB　2. CD　3. AC　4. BE　5. CE　6. BDE　7. BCE　8. BCD　9. ACD　10. ABCD　11. BCDE　12. ABCD　13. ABD　14. BCD　15. AB　16. ABD　17. ABCD　18. AE　19. BC　20. ABCDE　21. ABCE　22. AD　23. ACDE　24. ABCD　25. ABCE　26. BCE　27. DE　28. AB　29. ABCDE　30. ACD

三、判断题

1. ×　2. ×　3. √　4. ×　5. ×　6. ×　7. √　8. √　9. √　10. √　11. √　12. ×　13. √　14. ×　15. √　16. ×　17. ×　18. ×　19. √　20. ×　21. √　22. ×　23. √　24. √　25. ×　26. √　27. √　28. √　29. ×　30. √

四、业务题

【业务题一】

序号	会计分录	序号	会计分录
(1)	借：银行存款　500 000 　贷：短期借款　500 000	(2)	借：财务费用　2 500 　贷：应付利息　2 500
(3)	借：短期借款　500 000 　应付利息　10 000 　贷：银行存款　510 000	(4)	借：材料采购——甲　124 800 　——乙　43 200 　应交税费——应交增值税(进项税额) 　21 520 　贷：银行存款　189 520

（续表）

序号	会计分录	序号	会计分录
(5)	借：固定资产 500 000 　贷：实收资本 500 000	(6)	借：原材料——甲 124 800 　——乙 43 200 　贷：材料采购——甲 124 800 　——乙 43 200
(7)	借：预付账款——C公司 60 000 　贷：银行存款 60 000	(8)	借：材料采购——乙 65 000 　应交税费——应交增值税（进项税额） 　8 450 　贷：预付账款——C公司 73 450 借：原材料——乙 65 000 　贷：材料采购——乙 65 000
(9)	借：预付账款——C公司 13 450 　贷：银行存款 13 450		

【业务题二】

序号	会计分录	序号	会计分录
(1)	借：生产成本——甲产品 60 000 　——乙产品 50 000 　制造费用 6 000 　管理费用 5 000 　贷：原材料 121 000	(2)	借：生产成本——甲产品 20 000 　——乙产品 30 000 　制造费用 10 000 　管理费用 15 000 　贷：应付职工薪酬 75 000
(3)	借：制造费用 59 000 　管理费用 20 000 　贷：累计折旧 79 000	(4)	借：生产成本——甲产品 30 000 　——乙产品 45 000 　贷：制造费用 75 000
(5)	借：库存商品——甲产品 120 000 　贷：生产成本——甲产品 120 000		

【业务题三】

序号	会计分录	序号	会计分录
(1)	借：银行存款 67 800 　贷：主营业务收入 60 000 　应交税费——应交增值税（销项税额） 　7 800	(2)	借：应收账款 101 700 　贷：主营业务收入 90 000 　应交税费——应交增值税（销项税额） 　11 700
(3)	借：税金及附加 6 000 　贷：应交税费 6 000	(4)	借：主营业务成本 70 000 　贷：库存商品——丙 30 000 　——丁 40 000
(5)	借：银行存款 9 000 　贷：营业外收入 9 000	(6)	借：销售费用 8 000 　贷：银行存款 8 000

（续表）

序号	会计分录	序号	会计分录
(7)	借：主营业务收入 150 000 营业外收入 9 000 贷：本年利润 159 000 借：本年利润 84 000 贷：主营业务成本 70 000 税金及附加 6 000 销售费用 8 000	(8)	借：所得税费用 18 750 贷：应交税费 18 750 借：本年利润 18 750 贷：所得税费用 18 750
(9)	借：本年利润 156 250 贷：利润分配 156 250	(10)	借：利润分配 15 625 贷：盈余公积 15 625

【业务题四】

(1) 甲产品发出数量 800 件，发出成本＝11×500＋12×300＝9 100(元)

期末结存数量＝500＋1 000－800＋900＝1 600(件)，结存成本＝15×900＋12×700＝21 900(元)

盘亏 100 件，盘亏金额＝12×100＝1 200(元)

(2) 发出数量＝500＋1 000＋900－1 500＝900(件)

加权平均成本＝(11×500＋12 000＋15×900)÷2 400＝12.916 7(元/件)，发出成本 11 625 元

期末结存数量 1 500 件，结存成本 19 375 元。

【业务题五】

项目	甲产品	乙产品	丙产品
月初在产品成本	35 000	24 000	10 000
本月生产费用	125 000	60 000	35 000
本月完工产品成本	160 000	84 000	45 000
本月完工验收数量	8 000	2 100	3 000
完工产品单位成本	20	40	15
月初库存商品数量	2 000	2 900	5 000
月初库存商品成本	38 000	110 200	90 000
库存商品平均单位成本	19.8	38.84	16.875
本月销售数量	6 000	1 000	2 000
本月销售成本	118 800	38 840	33 750
月末库存商品数量	4 000	4 000	6 000
月末库存商品成本	79 200	155 360	101 250

【业务题六】

序号	会计分录	序号	会计分录
(1)	借：材料采购　450 000 　应交税费——应交增值税(进项税额) 　56 500 　贷：应付账款　506 500 借：原材料　450 000 　贷：材料采购　450 000	(2)	借：应交税费——应交所得税　780 000 　贷：银行存款　780 000
(3)	借：其他应收款——小李　8 000 　贷：库存现金　8 000	(4)	借：应付账款　506 500 　贷：银行存款　506 500
(5)	借：销售费用　160 000 　贷：银行存款　160 000	(6)	借：预付账款　900 000 　贷：银行存款　900 000
(7)	借：管理费用　8 200 　贷：其他应收款——小李　8 000 　　库存现金　200	(8)	借：管理费用　400 000 　贷：预付账款　400 000

【业务题七】

销售成本＝6 780 000×(1－30%)＝4 746 000(元)

本年完工入库产品成本＝560 000＋4 746 000－230 000＝5 076 000(元)

【业务题八】

营业利润＝8 000 000＋2 000 000－4 000 000－1 500 000－500 000－160 000－200 000－600 000－700 000＋2 500 000＝4 840 000(元)

总利润＝4 840 000＋100 000－80 000＝4 860 000(元)

所得税费用＝1 215 000(元)

净利润＝4 860 000－1 215 000＝3 645 000(元)

【业务题九】

序号	会计分录	序号	会计分录
(1)	2～4 月每月月末预提利息 1 250 元 借：财务费用　1 250 　贷：应付利息　1 250	(2)	4 月末确认收入 20 000 元 借：预收账款　22 600 　贷：主营业务收入　20 000 　　应交税费——应交增值税(销项税额) 　　2 600
(3)	7～9 月每月月末摊销保险费 60 000 元 借：管理费用　60 000 　贷：预付账款　60 000	(4)	10～12 月每月月末摊销房屋租金 80 000 元 借：管理费用　80 000 　贷：预付账款　80 000
(5)	12 月底计提坏账准备 20 000 元 借：信用减值损失——计提的坏账准备 　50 000 　贷：坏账准备　50 000		

【业务题十】

使 201×年东南公司利润增加：－8 000＋6 000－5 000＋10 000－5 000＝－2 000(元)

【业务题十一】

序号	会计分录	序号	会计分录
(1)	借：材料采购　45 000 　应交税费——应交增值税(进项税额) 　　5 650 　贷：预付账款——南方公司　45 200 　　银行存款　5 450 借：原材料　45 000 　贷：材料采购　45 000	(2)	借：生产成本——A 产品　60 000 　　——B 产品　20 000 　贷：原材料　80 000
(3)	借：银行存款　100 000 　贷：应收账款——东方公司　100 000	(4)	借：库存现金　80 000 　贷：银行存款　80 000
(5)	借：应付职工薪酬　80 000 　贷：库存现金　80 000	(6)	借：材料采购　50 000 　应交税费——应交增值税(进项税额) 　　6 500 　贷：应付账款——西北公司　56 500 借：原材料　50 000 　贷：材料采购　50 000
(7)	借：应交税费　15 000 　贷：银行存款　15 000	(8)	借：制造费用　8 000 　管理费用　2 000 　贷：累计折旧　10 000
(9)	借：生产成本——A 产品　40 000 　　——B 产品　30 000 　制造费用　10 000 　管理费用　20 000 　贷：应付职工薪酬　100 000	(10)	借：制造费用　3 000 　管理费用　2 000 　贷：银行存款　5 000
(11)	借：生产成本——A 产品　12 000 　　——B 产品　9 000 　贷：制造费用　21 000	(12)	借：库存商品——A 产品　112 000 　　——B 产品　59 000 　贷：生产成本——A 产品　112 000 　　——B 产品　59 000
(13)	借：银行存款　50 000 　贷：营业外收入　50 000	(14)	借：财务费用　5 000 　贷：应付利息　5 000
(15)	借：短期借款　100 000 　应付利息　20 000 　贷：银行存款　120 000	(16)	借：预收账款——西南公司　203 400 　贷：主营业务收入　180 000 　　应交税费——应交增值税(销项税额) 　　23 400
(17)	借：应收账款——联合公司　282 500 　贷：主营业务收入　250 000 　　应交税费——应交增值税(销项税额) 　　32 500	(18)	借：税金及附加　43 000 　贷：应交税费　43 000

（续表）

序号	会计分录	序号	会计分录
(19)	借：主营业务成本 309 000 贷：库存商品——A产品 200 000 ——B产品 109 000	(20)	借：主营业务收入 430 000 营业外收入 50 000 贷：本年利润 480 000 借：本年利润 381 000 贷：税金及附加 43 000 主营业务成本 309 000 财务费用 5 000 管理费用 24 000
(21)	借：所得税费用 24 750 贷：应交税费——应交所得税 24 750 借：本年利润 24 750 贷：所得税费用 24 750	(22)	借：本年利润 757 500 贷：利润分配 757 500
(23)	借：利润分配 75 750 贷：盈余公积 75 750		

第六章　练习题参考答案

一、单项选择题

1. B　2. A　3. D　4. A　5. B　6. C　7. D　8. D　9. C　10. A　11. A　12. A　13. B　14. C　15. D　16. D　17. C　18. B　19. C　20. A

二、多项选择题

1. BD　2. ABCDE　3. BD　4. ABE　5. BCDE　6. ABC　7. ABE　8. CD　9. ABC　10. BCDE　11. ABCD　12. CD　13. ABCD　14. DE　15. ACDE　16. ABC　17. ABCE　18. ABC　19. CDE　20. CDE

三、判断题

1. ×　2. ×　3. ×　4. √　5. √　6. √　7. ×　8. ×　9. ×　10. √　11. ×　12. √　13. ×　14. √　15. √　16. √　17. ×　18. √　19. ×　20. ×

四、业务题

【业务题一】

通用记账凭证上的会计分录

序号	会计分录	序号	会计分录
(1)	借：固定资产 300 000 贷：实收资本 300 000	(2)	借：固定资产 22 000 应交税费——应交增值税(进项税额) 2 600 贷：银行存款 24 600
(3)	借：预付账款 15 000 贷：银行存款 15 000	(4)	借：材料采购——甲材料 10 600 应交税费——应交增值税(进项税额) 1 300 贷：应付账款 11 900 借：原材料——甲材料 10 600 贷：材料采购——甲材料 10 600

（续表）

序号	会计分录	序号	会计分录
(5)	借：应收账款——联华公司 227 200 贷：主营业务收入 200 000 应交税费——应交增值税(销项税额) 26 000 银行存款 1 200	(6)	借：银行存款 14 690 贷：其他业务收入 13 000 应交税费——应交增值税(销项税额) 1 690 借：其他业务成本 10 000 贷：原材料——丙材料 10 000
(7)	借：销售费用 3 000 贷：银行存款 3 000	(8)	借：应付利息 2 600 财务费用 1 400 贷：银行存款 4 000
(9)	借：制造费用 5 000 贷：预付账款 5 000	(10)	借：主营业务成本 120 000 贷：库存商品——A产品 120 000

【业务题二】

序号	记账凭证	会计分录
(1)	银行存款付款凭证	借：应付账款 50 000 贷：银行存款 50 000
(2)	银行存款付款凭证	借：库存现金 6 000 贷：银行存款 6 000
(3)	银行存款收款凭证	借：银行存款 33 900 贷：主营业务收入 30 000 应交税费——应交增值税(销项税额) 3 900
(4)	库存现金付款凭证	借：管理费用 500 贷：库存现金 500
(5)	库存现金收款凭证	借：库存现金 150 贷：其他应收款 150

【业务题三】

制造费用分配表

20×1年7月

产品名称	分配标准(生产工人薪酬)	分配率	分配金额(元)
甲产品	18 000		9 000
乙产品	12 000		6 000
合计	30 000	0.50	15 000

审核(签章)　　　　制表(签章)

依据制造费用分配表，应编制转账凭证，凭证上的会计分录

借：生产成本——甲产品　9 000

　　　　　　——乙产品　6 000

　贷：制造费用　15 000

产品成本计算单

产品名称：甲产品　　　　20×1 年 7 月 31 日　　　　完工数量：500 件

项 目	直接材料	直接人工	制造费用	合计
月初在产品成本	2 500	2 000	1 000	5 500
本月生产费用	40 000	18 000	9 000	67 000
生产费用累计	42 500	20 000	10 000	72 500
完工产品成本	42 500	20 000	10 000	72 500
月末在产品成本	0	0	0	0
单位成本	85	40	20	145

产品入库单

交库部门：基本生产车间　　　　20×1 年 7 月 31 日　　　　产成品库

产品类别	产品名称及规格	产品编号	计量单位	实收数量	单位成本	实际成本
	甲产品		件	500	145	72 500
合计				500	145	72 500

依据产品成本计算单、产品入库单，应编制转账凭证，凭证上的会计分录为：

借：库存商品——甲产品　　　　72 500

　　贷：生产成本——甲产品　　　　72 500

【业务题四】

差旅费报销单存在的问题有：①住宿费超过费用开支标准 40 元。②“其他”项目中的出租车费及餐费已含在市内交通费及伙食补助内；电话卡及购买礼品费用不属于差旅费报销范畴。③书写不规范：人民币大写金额“叁仟壹佰壹拾元”后没有写“整(或正)”字，“叁仟壹佰壹拾元”与“合计人民币(大写)”之间有空白。④缺少财务主管签字或盖章。

记账凭证存在的问题有：①该项业务应编制一张转账凭证和一张库存现金收款凭证。②采购人员差旅费应列入“管理费用”账户，不计入材料采购成本。③凭证空白部分没有用斜线划去，合计金额栏的第一位数字前要填写人民币符号￥。④会计主管、审核人员未签字盖章。

差旅费报销单

单位：采购部　　　　20×1 年 5 月 8 日

出发				到达				公出补助				住宿费	市内交通	伙食补助	其他	合计金额
月	日	时	地点	月	日	时	地点	飞机	火车	轮船	长途汽车					
5	5		上海	5	5		杭州		65							65
5	7		杭州	5	7		上海		65			600	240	300		1 205

（续表）

<table>
<tr><td colspan="4">出发</td><td colspan="4">到达</td><td colspan="4">公出补助</td><td rowspan="2">住宿费</td><td rowspan="2">市内交通</td><td rowspan="2">伙食补助</td><td rowspan="2">其他</td><td rowspan="2">合计金额</td></tr>
<tr><td>月</td><td>日</td><td>时</td><td>地点</td><td>月</td><td>日</td><td>时</td><td>地点</td><td>飞机</td><td>火车</td><td>轮船</td><td>长途汽车</td></tr>
<tr><td></td><td></td><td></td><td></td><td></td><td></td><td></td><td></td><td></td><td></td><td></td><td></td><td></td><td></td><td></td><td></td><td></td></tr>
<tr><td colspan="8">合　计</td><td></td><td>130</td><td></td><td></td><td>600</td><td>240</td><td>300</td><td></td><td>1 270</td></tr>
<tr><td colspan="17">人民币(大写):壹仟贰佰柒拾元整</td></tr>
<tr><td colspan="17">原借差旅费 2 000 元,报销 1 270 元,结余(~~或超支~~) 730 元。</td></tr>
<tr><td colspan="8">出差事由</td><td colspan="9">张宏去杭州采购材料</td></tr>
</table>

审批:林澄　　会计主管:　签字　　报账人:张宏　　审核人:杨扬

转账凭证

20×1 年 5 月 8 日　　转字第 86 号

摘　要	一级科目	二级或明细科目	借方金额	记账	贷方金额	记账
张宏报销差旅费	管理费用		1 270			
	其他应收款				1 270	
合　计			￥1 270		￥1 270	

附件 1 张

会计主管:签字　　记账:肖敏　　审核:签字　　制单:杨扬

收款凭证

借方科目:库存现金　　20×1 年 5 月 8 日　　现收字第 号

<table>
<tr><td rowspan="2">摘　要</td><td colspan="2">贷 方 科 目</td><td rowspan="2">金额</td><td rowspan="2">记账</td></tr>
<tr><td>一级科目</td><td>二级科目或明细科目</td></tr>
<tr><td>张宏报销退回多余现金</td><td>其他应收款</td><td>张宏</td><td>730</td><td>√</td></tr>
<tr><td>原始凭证见转字第 86 号</td><td></td><td></td><td></td><td></td></tr>
<tr><td></td><td></td><td></td><td></td><td></td></tr>
<tr><td>合计</td><td></td><td>￥730</td><td></td><td></td></tr>
</table>

附件　张

会计主管:签字　　记账:肖敏　　出纳:签字　　审核:签字　　制单:杨扬

第七章　练习题参考答案

一、单项选择题

1. A　2. D　3. A　4. A　5. A　6. C　7. B　8. B　9. A　10. D　11. A　12. C　13. D　14. C　15. A　16. C　17. D　18. B　19. B　20. C　21. A　22. B　23. A　24. D　25. C

二、多项选择题

1. ABCDE　2. CDE　3. ACD　4. ABCD　5. ABC　6. ABE　7. ABCDE　8. AC　9. AD

10. ABE 11. BC 12. ABD 13. ACD 14. ABE 15. CD 16. ACD 17. ADE 18. BC 19. CD 20. ABCDE 21. ABCDE 22. ABC 23. BC 24. AB 25. AC

三、判断题

1. √ 2. √ 3. × 4. × 5. × 6. √ 7. × 8. √ 9. √ 10. √ 11. × 12. √ 13. √ 14. √ 15. √ 16. × 17. × 18. × 19. √ 20. √ 21. × 22. × 23. √ 24. √ 25. √

四、业务题

【业务题一】

(1) 编制的专用记账凭证(以会计分录代替)

序号	会计分录	序号	会计分录
(1)	银付 1 借：库存现金 2 000 贷：银行存款 2 000	(2)	现收 1 借：库存现金 850 贷：应收账款 850
(3)	现付 1 借：银行存款 850 贷：库存现金 850	(4)	现付 2 借：其他应收款 1 500 贷：库存现金 1 500
(5)	现付 3 借：管理费用 500 贷：库存现金 500	(6)	转 1 借：管理费用 1 300 贷：其他应收款 1 300 现收 2 借：库存现金 200 贷：其他应收款 200
(7)	银付 2 借：库存现金 120 000 贷：银行存款 120 000	(8)	现付 4 借：应付职工薪酬 120 000 贷：库存现金 120 000
(9)	现付 5 借：管理费用 800 贷：库存现金 800	(10)	现收 3 借：库存现金 900 贷：其他应付款 900

(2) 根据专用记账凭证登记的库存现金日记账

库存现金日记账

20×1 年		凭证		摘要	对应科目	收入	付出	结余
月	日	种类	号数					
6	1			月初余额				2 500
	2	银付	1	提取现金	银行存款	2 000		4 500
	4	现收	1	上月销货款差额	应收账款	850		5 350
	5	现付	1	现金存入银行	银行存款		850	4 500

（续表）

20×1年		凭证		摘要	对应科目	收入	付出	结余
月	日	种类	号数					
	10	现付	2	预借差旅费	其他应收款		1 500	3 000
	15	现付	3	付公司办公用品费	管理费用		500	2 500
	18	现收	2	交回多余现金	其他应收款	200		2 700
	20	银付	2	提取现金	银行存款	120 000		
	20	现付	4	发放本月工资	应付职工薪酬		120 000	2 700
	25	现付	5	付业务招待费	管理费用		800	1 900
	30	现收	3	收到押金	其他应付款	900		2 800
6	30			本月合计		123 950	123 650	2 800

（3）月末结出库存现金日记账的本月发生额和月末余额见库存现金日记账。

【业务题二】

（1）编制的专用记账凭证(以会计分录代替)

序号	会计分录	序号	会计分录
（1）	转1 借：生产成本——甲产品　40 000 　　　　　　——乙产品　30 000 　　制造费用　5 000 　　贷：原材料　75 000	（2）	银付1 借：制造费用　1 800 　　贷：银行存款　1 800
（3）	银付2 借：制造费用　4 500 　　管理费用　2 500 　　贷：银行存款　7 000	（4）	转2 借：生产成本——甲产品　200 000 　　　　　　——乙产品　100 000 　　制造费用　20 000 　　管理费用　40 000 　　贷：应付职工薪酬　360 000
（5）	转3 借：制造费用　6 000 　　贷：累计折旧　6 000	（6）	转4 借：制造费用　1 000 　　贷：预付账款　1 000
（7）	转5 借：制造费用　2 000 　　贷：其他应付款　2 000	（8）	转6 借：生产成本——甲产品　24 180 　　　　　　——乙产品　16 120 　　贷：制造费用　40 300

（2）根据专用记账凭证逐笔登记制造费用总分类账和明细分类账并进行月末结账

总分类账

会计科目:制造费用

20×1年		凭证		摘要	对应科目	借方	贷方	借或贷	余额
月	日	种类	号数						
7	5	转	1	领用材料	原材料	5 000		借	5 000
	15	银付	1	零星支出	银行存款	1 800		借	6 800
	25	银付	2	水电费	银行存款	4 500		借	11 300
	31	转	2	结算工资	应付职工薪酬	20 000		借	31 300
	31	转	3	计提折旧	累计折旧	6 000		借	37 300
	31	转	4	摊销保险费	预付账款	1 000		借	38 300
	31	转	5	计提租金	其他应付款	2 000		借	40 300
	31	转	6	结转	生产成本		40 300	平	θ
7	31			本月合计		40 300	40 300	平	θ

(可以不逐笔结计余额)

制造费用明细分类账

明细科目:基本生产车间

20×1年		凭证		摘　要	借方						贷方	余额
月	日	种类	号数		机物料	薪酬	折旧	水电费	保险费	其他		
7	5	转	1	领用材料	5 000							5 000
	15	银付	1	零星支出						1 800		6 800
	25	银付	2	水电费				4 500				11 300
	31	转	2	结算工资		20 000						31 300
	31	转	3	计提折旧			6 000					37 300
	31	转	4	摊销保险费					1 000			38 300
	31	转	5	计提租金						2 000		40 300
	31	转	6	结转							40 300	θ
7	31			本月合计	5 000	20 000	6 000	4 500	1 000	3 800	40 300	θ

【业务题三】

(1) 编制的专用记账凭证(以会计分录代替)

序号	会计分录	序号	会计分录
(1)	转1 借:材料采购——甲材料　8 000 　应交税费——应交增值税(进项税额) 　　1 040 　贷:应付账款——A公司　9 040 转2 借:原材料——甲材料　8 000 　贷:材料采购——甲材料　8 000	(2)	转3 借:原材料——甲材料　18 000 　贷:实收资本——B公司　18 000

（续表）

序号	会计分录	序号	会计分录
（3）	转 4 借：生产成本　　24 000 　　贷：原材料——甲材料　　24 000	（4）	银付 1 借：预付账款——C 公司　　8 000 　　贷：银行存款　　8 000
（5）	银付 2 借：材料采购——甲材料　　12 000 　　应交税费——应交增值税（进项税额） 　　1 560 　　贷：银行存款　　13 560	（6）	转 5 借：材料采购——甲材料　　20 000 　　应交税费——应交增值税（进项税额） 　　2 600 　　贷：预付账款——C 公司　　22 600 转 6 借：原材料——甲材料　　20 000 　　贷：材料采购——甲材料　　20 000 银付 3 借：预付账款——C 公司　　14 600 　　贷：银行存款　　14 600
（7）	转 7 借：管理费用　　16 000 　　制造费用　　10 000 　　贷：原材料——甲材料　　26 000	（8）	转 8 借：原材料——甲材料　　12 000 　　贷：材料采购——甲材料　　12 000

（2）登记甲材料明细分类账并进行月末结账

原材料明细分类账

品名：甲材料　　　　实物计量单位＿千克＿

20×1 年		凭证		摘要	收入			发出			结存		
月	日	种类	号数		数量	单价	金额	数量	单价	金额	数量	单价	金额
8	1			月初							500	20	10 000
	2	转	2	购入	400	20	8 000				900	20	18 000
	5	转	3	投资转入	900	20	18 000				1 800	20	36 000
	10	转	4	领用				1 200	20	24 000	600	20	12 000
	25	转	6	购入	1 000	20	20 000				1 600	20	32 000
	28	转	7	领用				1 300	20	26 000	300	20	6 000
	30	转	8	购入	600	20	12 000				900	20	18 000
8	31			合计	2 900	20	58 000	2 500	20	50 000	900	20	18 000

【业务题四】

（1）划线更正法

更正的方法：先用红色墨水笔将管理费用明细分类账中错误数字“675”全数划去，然后在“675”的上方用蓝（黑）墨水笔写上“765”，并加盖更正人员名章。

（2）红字更正法

借：制造费用　　4 500

　　贷：原材料　　4 500

（根据记账凭证登记账簿略，下同。）

借：生产成本　　4 500

　　贷：原材料　　4 500

（3）红字更正法

借：财务费用　　720 000

　　贷：银行存款　　720 000

（4）补充登记法

借：主营业务成本　　9 000

　　贷：库存商品　　9 000

【业务题五】

（1）转 18　借：管理费用　　1 800

　　　　　　　贷：原材料　　1 800

（2）转 19　借：本年利润　　93 300

　　　　　　　贷：管理费用　　93 300

总分类账

会计科目：管理费用

20×1 年		凭证		摘要	对应科目	借方	贷方	借或贷	余额
月	日	种类	号数						
9	2	现付	1	购买办公用品	库存现金	800		借	800
	10	银付	3	支付业务招待费	银行存款	1 200		借	2 000
	20	银付	7	支付本月水电费	银行存款	4 000		借	6 000
	30	转	15	领用材料	原材料	3 500		借	9 500
	30	转	16	分配职工薪酬	应付职工薪酬	80 000		借	89 500
	30	转	17	计提折旧	计 印章 累~~积~~折旧	2 000		借	91 500
	30	转	18	补记转 15 少记金额	原材料	1 800		借	93 300
	30	转	19	结转管理费用	本年利润		93 300	平	θ
9	30			本月合计		93 300	93 300	平	θ

注：表中划去“积”字的横线为红线。

【业务题六】

（1）借：管理费用　　50 000

　　　　贷：银行存款　　50 000

（根据记账凭证登记账簿略，下同。）

借：营业外支出　　50 000

　贷：银行存款　　50 000

(2) 借：银行存款　　67 800

　　贷：主营业务收入　　60 000

　　　应交税费——应交增值税(销项税额)　　7 800

借：银行存款　　67 800

　贷：预收账款　　67 800

(3)“管理费用”账户采用划线更正，即先用红色墨水笔划去“管理费用”账户借方的“2 450”，并在旁边加盖私章，然后在“2 450”的上方写上蓝字“2 540”。

(4) 借：管理费用　　1 800

　　贷：预付账款　　1 800

记账错误影响公司8月份营业利润的数额＝－50 000＋60 000＋90＋1 800＝11 890(元)(虚增利润)

错账更正后该公司8月份的营业利润＝(2 500 000－60 000)＋300 000－1 300 000－120 000－50 000－25 000－(80 000－50 000＋90＋1 800)－40 000＝1 173 110(元)

错账更正后该公司8月份的利润总额＝1 173 110＋20 000－(5 000＋50 000)＝1 138 110(元)

借：主营业务收入　　2 440 000

　其他业务收入　　300 000

　营业外收入　　20 000

　贷：本年利润　　2 760 000

借：本年利润　　1 621 890

　贷：主营业务成本　　1 300 000

　　其他业务成本　　120 000

　　税金及附加　　50 000

　　销售费用　　25 000

　　管理费用　　31 890

　　财务费用　　40 000

　　营业外支出　　55 000

【业务题七】

(1) 第一组：根据第一组交易或事项编制的记账凭证见表1。根据记账凭证编制科目汇总表见表2；根据记账凭证编制汇总收款凭证、汇总付款凭证、汇总转账凭证，分别见表3、表4、表5、表6。在编制汇总记账凭证工作量不大的情况下，汇总记账凭证账务处理程序，不仅简化了登记总账的工作量，汇总记账凭证和根据其登记的总账反映了账户间的对应关系。

表1　东方公司交易或事项的记账凭证(替代)

20×1年		凭证号	摘要	借/贷	会计科目	明细科目	金额
月	日						
7	1	银收1	收回欠款	借 贷	银行存款 应收账款	 八一公司	22 000 22 000

（续表）

20×1年 月	日	凭证号	摘要	借/贷	会计科目	明细科目	金额
7	3	银付1	归还借款	借 贷	短期借款 银行存款		40 000 40 000
7	5	银收2	收到长城公司投资	借 贷	银行存款 实收资本		30 000 30 000
7	6	银付2	发放工资	借 贷	应付职工薪酬 银行存款		50 000 50 000
7	8	银付3	支付广告费	借 贷	销售费用 银行存款		5 900 5 900
7	10	银收3	销售产品： A产品300件 B产品200件	借 贷	银行存款 主营业务收入 应交税费	 A产品 B产品 应交增值税(销项税额)	90 400 80 000 60 000 20 000 10 400 10 400
7	12	银收4	取得短期借款	借 贷	银行存款 短期借款		20 000 20 000
7	14	银付4	购买办公用品	借 贷	制造费用 管理费用 银行存款		900 1 100 2 000
7	15	银付5	偿还红星公司货款	借 贷	应付账款 银行存款	红星公司	15 000 15 000
7	15	转1	销售产品： A产品300件 B产品400件	借 贷	应收账款 主营业务收入 应交税费	八一公司 A产品 B产品 应交增值税(销项税额)	113 000 100 000 60 000 40 000 13 000 13 000

说明：在汇总记账凭证账务处理程序下，7月15日的转1号凭证需拆分为2张简单分录的转账凭证，编号为转1、转2。

表2 **科目汇总表**

20×1年7月1日～15日

会计科目	账页	本期发生额 借方	贷方	记账凭证起讫号
银行存款		162 400	112 900	
应收账款		113 000	22 000	
短期借款		40 000	20 000	

（续表）

会计科目	账页	本期发生额		记账凭证起讫号
		借方	贷方	
实收资本			30 000	自银收字第 1 号至第 4 号； 自银付字第 1 号至第 5 号； 自转字第 1 号至第 1 号。
应付职工薪酬		50 000		
应交税费			23 400	
销售费用		5 900		
制造费用		900		
管理费用		1 100		
应付账款		15 000		
主营业务收入			180 000	
合计		388 300	388 300	

表 3 **汇总收款凭证**

借方科目:银行存款 20×1 年 7 月 汇收字第 701 号

贷方科目	金额				总账账页
	1～10 日银收字第 1 号至 3 号	11～20 日银收字第 4 号至 4 号	21～31 日银收字第 号至 号	合计	
应收账款	22 000			22 000	
实收资本	30 000			30 000	
主营业务收入	80 000			80 000	
应交税费	10 400			10 400	
短期借款		20 000		20 000	
合计	142 400	20 000		162 400	

表 4 **汇总付款凭证**

贷方科目:银行存款 20×1 年 7 月 汇付字第 701 号

借方科目	金额				总账账页
	1～10 日银付字第 1 号至 3 号	11～20 日银付字第 4 号至 5 号	21～31 日银付字第 号至 号	合计	
短期借款	40 000			40 000	
应付职工薪酬	50 000			50 000	
销售费用	5 900			5 900	

（续表）

借方科目	金额				总账账页
	1～10 日银付字第 1 号至 3 号	11～20 日银付字第 4 号至 5 号	21～31 日银付字第　号至　号	合计	
制造费用		900		900	
管理费用		1 100		1 100	
应付账款		15 000		15 000	
合计	95 900	17 000		112 900	

表 5　　　　**汇总转账凭证**

贷方科目：主营业务收入　　　20×1 年 7 月　　　汇转字第 701 号

借方科目	金额				总账账页
	1～10 日转字第　号至　号	11～20 日转字第 1 号至 1 号	21～31 日转字第　号至　号	合计	
应收账款		100 000		100 000	
合计		100 000		100 000	

表 6　　　　**汇总转账凭证**

贷方科目：应交税费　　　20×1 年 7 月　　　汇转字第 702 号

借方科目	金额				总账账页
	1～10 日转字第　号至　号	11～20 日转字第 2 号至 2 号	21～31 日转字第　号至　号	合计	
应收账款		13 000		13 000	
合计		13 000		13 000	

（2）第二组：根据第二组交易或事项编制的记账凭证见表 7。根据表 7 编制的科目汇总表见表 8。

表 7　　　　**东方公司有关交易或事项的记账凭证（替代）**

20×1 年		凭证号	摘要	借/贷	会计科目	明细科目	金额
月	日						
7	16	转 2	生产领用材料：	借	生产成本		34 000
			甲材料 100 吨			A 产品	20 000
			乙材料 20 吨			B 产品	14 000
				贷	原材料		34 000
						甲材料	30 000
						乙材料	4 000

（续表）

20×1年		凭证号	摘要	借/贷	会计科目	明细科目	金额
月	日						
7	18	转3	购入材料	借	材料采购		30 000
						甲材料	30 000
					应交税费		3 900
						应交增值税（进项税额）	3 900
				贷	应付账款		33 900
						东风公司	33 900
7	18	转4	材料入库：甲材料100吨	借	原材料	甲材料	30 000
				贷	材料采购	甲材料	30 000
7	20	转5	购入材料	借	材料采购		30 000
						乙材料	30 000
					应交税费		3 900
						应交增值税（进项税额）	3 900
				贷	应付账款		33 900
						红星公司	33 900
7	20	转6	材料入库：乙材料150吨	借	原材料	乙材料	30 000
				贷	材料采购	乙材料	30 000
7	22	银付6	偿还东风公司货款	借	应付账款	东风公司	12 000
				贷	银行存款		12 000
7	25	转7	领用材料	借	生产成本		15 000
						A产品	9 000
						B产品	6 000
					制造费用		2 000
					管理费用		2 000
				贷	原材料		19 000
						甲材料	15 000
						乙材料	4 000
7	28	银付7	偿还红星公司货款	借	应付账款	红星公司	30 000
				贷	银行存款		30 000
7	31	转8	计提折旧	借	制造费用		5 800
					管理费用		4 200
				贷	累计折旧		10 000
7	31	转9	分配职工薪酬	借	生产成本		40 500
						A产品	27 000
						B产品	13 500
					制造费用		10 800
					管理费用		16 200
				贷	应付职工薪酬		67 500
7	31	转10	收到投资转入设备	借	固定资产		28 000
				贷	实收资本		28 000

（续表）

20×1年 月	日	凭证号	摘要	借/贷	会计科目	明细科目	金额
7	31	转11	结转制造费用	借	生产成本		19 500
						A产品	13 000
						B产品	6 500
				贷	制造费用		19 500
7	31	转12	结转入库产品生产成本：A产品完工1 000件 B产品完工1 000件	借	库存商品		121 000
						A产品	76 000
						B产品	45 000
				贷	生产成本		121 000
						A产品	76 000
						B产品	45 000
7	31	转13	结转已售生产成本：A产品600件 B产品600件	借	主营业务成本		72 600
						A产品	45 600
						B产品	27 000
				贷	库存商品		72 600
						A产品	45 600
						B产品	27 000
7	31	转14	结转主营业务收入	借	主营业务收入		180 000
				贷	本年利润		180 000
7	31	转15	结转主营业务成本、管理费用、销售费用	借	本年利润		102 000
				贷	主营业务成本		72 600
					管理费用		23 500
					销售费用		5 900

说明：在汇总记账凭证账务处理程序下，第(24)笔交易或事项可以编制3笔简单会计分录，另行编号。

表8 **科目汇总表**

20×1年7月16日～31日

会计科目	账页	本期发生额 借方	本期发生额 贷方	记账凭证起讫号
银行存款			42 000	
原材料		60 000	53 000	
材料采购		60 000	60 000	
生产成本		109 000	121 000	
库存商品		121 000	72 600	
固定资产		28 000		
累计折旧			10 000	
应付账款		42 000	67 800	

（续表）

会计科目	账页	本期发生额		记账凭证起讫号
		借方	贷方	
应交税费		7 800		自银收字第-号至第-号； 自银付字第 6 号至第 7 号； 自转字第 2 号至第 15 号。
应付职工薪酬			67 500	
实收资本			28 000	
制造费用		18 600	19 500	
管理费用		22 400	23 500	
销售费用			5 900	
主营业务收入		180 000		
主营业务成本		72 600	72 600	
本年利润		102 000	180 000	
合计		823 400	823 400	

表 9 **汇总付款凭证**

贷方科目：银行存款　　20×1 年 7 月　　汇付字第 701 号

借方科目	金额				总账账页
	1～10 日银付字第　号至　号	11～20 日银付字第　号至　号	21～31 日银付字第 6 号至 7 号	合计	
应付账款			42 000	42 000	
合计				42 000	

表 10 **汇总转账凭证**

贷方科目：原材料　　20×1 年 7 月　　汇转字第 703 号

借方科目	金额				总账账页
	1～10 日转字第　号至　号	11～20 日转字第 2 号至 6 号	21～31 日转字第 7 号至 15 号	合计	
生产成本		34 000	15 000	49 000	
制造费用			2 000	2 000	
管理费用			2 000	2 000	
合计		34 000	19 000	53 000	

表 11　　汇总转账凭证

贷方科目:应付账款　　20×1 年 7 月　　汇转字第 704 号

借方科目	金额				总账账页
	1～10 日 转字第　号至　号	11～20 日 转字第 2 号至 6 号	21～31 日 转字第　号至　号	合计	
材料采购		60 000		60 000	
应交税费		7 800		7 800	
合计		67 800		67 800	

第二组的交易或事项编制的记账凭证(表 7)中,转账凭证涉及原材料、应付账款、材料采购、累计折旧、应付职工薪酬、实收资本、制造费用、生产成本、库存商品、本年利润、主营业务成本、管理费用、销售费用 13 个贷方科目,需要编制 13 张汇总转账凭证(部分略),汇总转账凭证的工作量很大,并且容易出现遗漏或重复。第二组的汇总记账凭证的编制,如表 9 至表 11 所示,其余(略)。

(3) 略。

(4) 略。

第八章　练习题参考答案

一、单项选择题

1. C　2. C　3. D　4. A　5. D　6. C　7. A　8. A　9. D　10. D　11. B　12. D　13. C　14. A　15. B

二、多项选择题

1. CD　2. ABE　3. ACD　4. ABC　5. ABD　6. BCD　7. ABCD　8. BCDE　9. BC　10. AC　11. AB　12. ABCD　13. ABCD　14. ABCE　15. ABCDE

三、判断题

1. ×　2. ×　3. √　4. ×　5. ×　6. √　7. ×　8. ×　9. √　10. ×　11. ×　12. √　13. √　14. √　15. ×　16. ×　17. ×　18. ×　19. ×　20. √

四、业务题

【业务题一】

企业银行存款日记账和银行对账单调节后余额 131 985 元。

银行存款余额调节表　　单位:元

企业银行存款日记账	金额	银行对账单	金额
企业银行存款日记账余额	124 950	银行对账单余额	129 885
加:银行已入账企业尚未入账的款项	7 035	加:企业已入账银行未入账的款项	11 200
减:银行已入账企业未支付的款项		减:企业已支付银行未支付的款项	9 100
调节后的余额	131 985	调节后的余额	131 985

【业务题二】

序号	会计分录	序号	会计分录
(1)	甲材料经批准前： 借：原材料——甲材料　　3 400 　　贷：待处理财产损溢　　3 400 乙材料经批准前： 借：待处理财产损溢　　15 000 　　贷：原材料——乙材料　　15 000	(2)	甲材料经批准后： 借：待处理财产损溢　　3 400 　　贷：管理费用　　3 400 乙材料经批准后： 借：管理费用　　5 000 　　营业外支出　　10 000 　　贷：待处理财产损溢　　15 000

【业务题三】

序号	会计分录	序号	会计分录
(1)	借：待处理财产损溢——待处理固定资产损溢 　　3 600 　　累计折旧　　2 400 　　贷：固定资产　　6 000	(2)	借：待处理财产损溢——待处理流动资产损溢 　　160 　　贷：原材料——甲材料　　160 借：原材料——乙材料　　150 　　贷：待处理财产损溢——待处理流动资产损溢　　150 借：待处理财产损溢——待处理流动资产损溢 　　55 　　贷：库存现金　　55
(3)	借：待处理财产损溢——待处理流动资产损溢 　　65 　　贷：管理费用　　10 　　　　其他应收款　　55	(4)	

【业务题四】

银行存款余额调节表

20×1年11月30日　　　　单位:元

企业银行存款日记账	金额	银行对账单	金额
企业银行存款日记账余额 加:银行已入账企业尚未入账的代收款项 减:银行已付企业未支付的款项	386 000 35 000 2 800	银行对账单余额 加:企业已入账银行未入账的款项 减:企业已支付银行未支付的款项	368 200 60 000 10 000
调节后的余额	418 200	调节后的余额	418 200

【业务题五】

序号	会计分录	序号	会计分录
(1)	审批前，根据账存实存对比表所列盘亏数，做会计处理 借：待处理财产损溢——待处理流动资产损溢 1 500 贷：原材料——甲材料 1 500 审批后，做会计处理： 借：管理费用 1 500 贷：待处理财产损溢——待处理流动资产损溢 1 500	(2)	审批前，做会计处理： 借：待处理财产损溢——待处理流动资产损溢 2 000 贷：原材料——乙材料 2 000 审批后，做会计处理： 借：管理费用 200 其他应收款——保管员 300 其他应收款——保险公 1 000 营业外支出——非正常损失 500 贷：待处理财产损溢——待处理流动资产损溢 2 000
(3)	审批前，做会计处理： 借：固定资产 45 000 贷：待处理财产损溢——待处理固定资产损溢 45 000 审批后，做会计处理： 借：待处理财产损溢——待处理固定资产损溢 45 000 贷：营业外收入——固定资产盘盈 45 000	(4)	审批前，做会计处理： 借：待处理财产损溢——待处理固定资产损溢 22 000 累计折旧 18 000 贷：固定资产 40 000 审批后，做会计处理： 借：营业外支出——固定资产盘亏 22 000 贷：待处理财产损溢——待处理固定资产损溢 22 000

【业务题六】

实存和账存对比表

20×1 年 12 月 31 日

材料名称	计量单位	单价	实存		账存		对比结果				备注
							盘盈		盘亏		
			数量	金额	数量	金额	数量	金额	数量	金额	
A 材料	千克	30	1 120	33 600	1 200	36 000			80	2 400	
B 材料	千克	25	780	19 500	800	20 000			20	500	
C 材料	吨	9 000	19	171 000	20	180 000			1	9 000	
D 材料	千克	20	2 750	55 000	2 700	54 000	50	1 000			
合计				279 100		290 000	50	1 000		11 900	

审批前会计分录

序号	会计分录	序号	会计分录
(1)	借：待处理财产损溢——待处理流动资产损溢 11 900 贷：原材料——A 2 400 ——B 500 ——C 9 000 借：原材料——D 1 000 贷：待处理财产损溢——待处理流动资产损溢 1 000	(2)	借：固定资产 900 贷：待处理财产损溢——待处理固定资产损溢 900
(3)	借：待处理财产损溢——待处理固定资产损溢 2 400 累计折旧 1 600 贷：固定资产 4 000		

审批后会计分录

序号	会计分录	序号	会计分录
(1)	借：管理费用 2 400 贷：待处理财产损溢——待处理流动资产损溢 2 400 借：其他应付款 500 贷：待处理财产损溢——待处理流动资产损溢 500 借：管理费用 9 000 贷：待处理财产损溢——待处理流动资产损溢 9 000 借：待处理财产损溢——待处理流动资产损溢 1 000 贷：营业外收入 1 000	(2)	借：待处理财产损溢——待处理固定资产损溢 900 贷：营业外收入 900
(3)	借：营业外支出 2 400 贷：待处理财产损溢——待处理固定资产损溢 2 400	(4)	借：坏账准备 350 贷：其他应收款 350
(5)	借：其他应收款 1 000 贷：营业外收入 1 000		

第九章　练习题参考答案

一、单项选择题

1. A　2. D　3. A　4. C　5. B　6. D　7. C　8. D　9. A　10. B　11. C　12. A

二、多项选择题

1. ABCDE　2. ABCDE　3. AB　4. ABCDE　5. ABDE　6. AC　7. ABCDE　8. ABCDE　9. ABCE　10. AB　11. BCE　12. ABCD　13. ABC　14. ABE　15. ABCD

三、判断题

1. √　2. ×　3. √　4. √　5. ×　6. √　7. ×　8. √　9. ×　10. √

四、业务题

【业务题一】

（1）试算平衡表

试算平衡表

单位:元

账户名称	期初余额		本期发生额		期末余额	
	借方	贷方	借方	贷方	借方	贷方
库存现金	5 000		6 000	4 000	7 000	
银行存款	25 000		75 000	50 000	50 000	
应收账款	20 000		80 000	50 000	50 000	
材料采购	60 000		5 000	5 000	60 000	
原材料	24 000		5 000	7 000	22 000	
生产成本	66 000		80 000	(96 000)	50 000	
库存商品	70 000		80 000	110 000	40 000	
固定资产	110 000		40 000	—	150 000	
累计折旧		25 000	—	(19 000)		44 000
应付账款		50 000	20 000	(30 000)		60 000
应付股利		50 000	50 000	40 000		40 000
应交税费		25 000	25 000	35 000		35 000
实收资本		170 000	—	—		170 000
资本公积		20 000	—	—		20 000
盈余公积		20 000	—	(6 000)		26 000
利润分配		20 000	(46 000)	(60 000)		(34 000)
主营业务收入			200 000	(200 000)		
主营业务成本			100 000	(100 000)		
其他业务收入			40 000	(40 000)		
其他业务成本			10 000	(10 000)		
税金及附加			4 000	(4 000)		
销售费用			20 000	(20 000)		
管理费用			26 000	(26 000)		
财务费用			10 000	(10 000)		
营业外收入			20 000	(20 000)		
营业外支出			10 000	(10 000)		
所得税费用			20 000	(20 000)		
合计	380 000	380 000	(972 000)	(972 000)	(429 000)	(429 000)

（2）会计分录。

序号	会计分录	序号	会计分录
（1）	借：主营业务收入 200 000 其他业务收入 40 000 营业外收入 20 000 贷：本年利润 260 000 借：本年利润 200 000 贷：主营业务成本 100 000 其他业务成本 10 000 税金及附加 4 000 销售费用 20 000 管理费用 26 000 财务费用 10 000 营业外支出 10 000 所得税费用 20 000	（2）	借：利润分配——提取盈余公积 6 000 贷：盈余公积 6 000
（3）	借：利润分配——应付现金股利 40 000 贷：应付股利 40 000	（4）	借：本年利润 60 000 贷：利润分配——未分配利润 60 000 借：利润分配——未分配利润 46 000 贷：利润分配——提取盈余公积 6 000 ——应付现金股利 40 000

（3）财务报表项目金额。

财务报表有关项目

单位:元

财务报表	报表项目	计算过程及结果
资产负债表	货币资金	7 000＋50 000＝57 000
	存货	60 000＋22 000＋50 000＋40 000＝172 000
	应收账款	30 000＋40 000＝70 000
	应付账款	60 000＋10 000＝70 000
	固定资产	150 000－44 000＝106 000
	流动资产合计	57 000＋172 000＋70 000＋10 000＝309 000
	资产总计	309 000＋106 000＝415 000
	负债总额	60 000＋10 000＋20 000＋40 000＋35 000＝165 000
	未分配利润	34 000
	所有者权益合计	170 000＋20 000＋27 000＋34 000＝250 000
利润表	营业收入	200 000＋40 000＝240 000
	营业利润	240 000－(100 000＋10 000＋4 000＋20 000＋26 000＋10 000)＝70 000
	利润总额	70 000＋20 000－10 000＝80 000
	净利润	80 000－20 000＝60 000

【业务题二】

（1）会计分录

序号	会计分录	序号	会计分录
（1）	借：生产成本——甲产品 400 000 ——乙产品 300 000 制造费用 70 000 管理费用 30 000 贷：原材料 800 000	（2）	借：生产成本——甲产品 200 000 ——乙产品 100 000 制造费用 40 000 管理费用 20 000 贷：应付职工薪酬 360 000
（3）	借：制造费用 100 000 管理费用 50 000 贷：累计折旧 150 000	（4）	借：生产成本——甲产品 140 000 ——乙产品 70 000 贷：制造费用 210 000
（5）	借：库存商品——甲产品 800 000 ——乙产品 470 000 贷：生产成本——甲产品 800 000 ——乙产品 470 000	（6）	借：主营业务成本——甲产品 700 000 ——乙产品 460 000 贷：库存商品——甲产品 700 000 ——乙产品 460 000

（2）报表项目金额。

财务报表	报表项目	计算过程及金额(元)
资产负债表	存货	700 000＋0＋590 000＝1 290 000
	固定资产	7 800 000－(860 000＋150 000)＝6 790 000
	应付职工薪酬	360 000
利润表	主营业务成本	700 000＋460 000＝1 160 000
	管理费用	30 000＋20 000＋50 000＝100 000

【业务题三】

（1）结转损益类账户至本年利润

会计分录	会计分录
借：主营业务收入 1 250 000 其他业务收入 227 500 营业外收入 50 000 贷：本年利润 1 527 500	借：本年利润 1 137 500 贷：主营业务成本 750 000 其他业务成本 39 500 税金及附加 20 000 销售费用 20 000 管理费用 132 000 财务费用 40 000 营业外支出 6 000 所得税费用 130 000

（2）结转全年累计实现的净利润

会计分录	
借：本年利润　　390 000 　贷：利润分配　　390 000	

(3) 利润表有关报表项目

财务报表有关项目

报表项目	计算过程及金额(元)
营业收入	1 250 000+227 500=1 477 500
营业成本	750 000+39 500=789 500
营业利润	1 477 500−789 500−20 000−20 000−132 000−40 000=476 000
利润总额	476 000+50 000−6 000=520 000
净利润	520 000−130 000=390 000

【业务题四】

(1) 会计分录

序号	会计分录	序号	会计分录
(1)	借：银行存款　　200 000 　贷：短期借款　　200 000	(2)	借：应付职工薪酬　　60 000 　贷：银行存款　　60 000
(3)	借：生产成本——A产品　　9 300 　　　　　——B产品　　6 200 　制造费用　　2 100 　管理费用　　2 100 　贷：原材料——甲材料　　15 500 　　　　　——乙材料　　4 200	(4)	借：银行存款　　90 400 　贷：主营业务收入——A产品　　60 000 　　　　　　　——B产品　　20 000 　　应交税费——应交增值税(销项税额) 　　　　10 400
(5)	借：材料采购——甲材料　　30 000 　　　　　——乙材料　　20 000 　应交税费——应交增值税(进项税额) 　　　　6 500 　贷：银行存款　　56 500	(6)	借：材料采购——甲材料　　30 000 　应交税费——应交增值税(进项税额) 　　　　3 900 　贷：应付账款——东风公司　　33 900
(7)	借：预付账款——锐捷公司　　25 000 　贷：银行存款　　25 000	(8)	借：材料采购——乙材料　　20 000 　应交税费——应交增值税(进项税额) 　　　　2 600 　贷：预付账款——锐捷公司　　22 600
(9)	借：材料采购——甲材料　　2 000 　　　　　——乙材料　　2 000 　贷：银行存款　　4 000	(10)	借：原材料——甲材料　　62 000 　　　　——乙材料　　42 000 　贷：材料采购——甲材料　　62 000 　　　　　——乙材料　　42 000

（续表）

序号	会计分录	序号	会计分录
(11)	借：生产成本——A产品 27 000 ——B产品 16 600 贷：原材料——甲材料 31 000 ——乙材料 12 600	(12)	借：应收账款——华东公司 67 800 贷：主营业务收入——A产品 60 000 应交税费——应交增值税(销项税额) 7 800
(13)	借：银行存款 40 000 贷：预收账款——华北公司 40 000	(14)	借：预收账款——华北公司 45 200 贷：主营业务收入——B产品 40 000 应交税费——应交增值税(进项税额) 5 200
(15)	借：销售费用 15 960 贷：银行存款 15 960	(16)	借：制造费用 7 900 管理费用 4 100 贷：累计折旧 12 000
(17)	借：生产成本——A产品 30 000 ——B产品 15 000 制造费用 8 000 管理费用 12 000 贷：应付职工薪酬 65 000	(18)	借：生产成本——A产品 12 000 ——B产品 6 000 贷：制造费用 18 000
(19)	借：财务费用 1 000 贷：应付利息 1 000	(20)	借：库存商品——A产品 85 000 ——B产品 48 000 贷：生产成本——A产品 85 000 ——B产品 48 000
(21)	借：主营业务成本——A产品 51 000 ——B产品 28 800 贷：库存商品——A产品 51 000 ——B产品 28 800	(22)	借：税金及附加 1 040 贷：应交税费——应交城市维护建设税 728 ——应交教育费附加 312
(23)	借：主营业务收入 180 000 贷：本年利润 180 000	(24)	借：本年利润 116 000 贷：主营业务成本 79 800 税金及附加 1 040 管理费用 18 200 销售费用 15 960 财务费用 1 000
(25)	借：所得税费用 16 000 贷：应交税费——应交所得税 16 000	(26)	借：本年利润 16 000 贷：所得税费用 16 000

说明：

业务(22)：A产品生产成本＝85 000(元)，单位生产成本＝85 000÷1 000＝85(元/件)；

B产品生产成本＝48 000(元)，单位生产成本＝48 000÷1 000＝48(元/件)。

业务(23)：主营业务成本：A产品＝(300＋300)×85＝51 000(元)；

B产品＝(200＋400)×48＝28 800(元)。

试算平衡表

20×1 年 1 月 31 日　　　　单位:元

账户名称	期初余额		本期发生额		期末余额	
	借方	贷方	借方	贷方	借方	贷方
库存现金	7 100				7 100	
银行存款	379 000		330 400	161 460	547 940	
应收账款			67 800		67 800	
预付账款			25 000	22 600	2 400	
材料采购			104 000	104 000		
原材料	83 000		104 000	63 300	123 700	
库存商品			133 000	79 800	53 200	
固定资产	600 000				600 000	
累计折旧				12 000		12 000
短期借款				200 000		200 000
应付账款		20 000		33 900		53 900
预收账款			45 200	40 000	5 200	
应付职工薪酬		60 000	60 000	65 000		65 000
应交税费			13 000	40 440		27 440
应付利息				1 000		1 000
实收资本		1 000 000				1 000 000
本年利润			132 000	180 000		48 000
生产成本	10 900		122 100	133 000		
制造分配			18 000	18 000		
主营业务收入			180 000	180 000		
主营业务成本			79 800	79 800		
税金及附加			1 040	1 040		
销售费用			15 960	15 960		
管理费用			18 200	18 200		
财务费用			1 000	1 000		
所得税费用			16 000	16 000		
合计	1 080 000	1 080 000	1 466 500	1 466 500	1 407 340	1 407 340

其中:

应收账款——华东公司(借方)　67 800

预收账款——华北公司(借方)　5 200

应付账款——东风公司(贷方)　35 900

应付账款——红星公司(贷方)　18 000

预付账款——锐捷公司(借方)　2 400

（2）资产负债表、利润表。

资产负债表

会企 01 表

编制单位：茂昌公司　　20×1 年 1 月 31 日　　单位：元

资产	期末余额	年初余额	负债和所有者权益（或股东权益）	期末余额	年初余额
流动资产：			流动负债：		
货币资金	555 040	386 100	短期借款	200 000	
交易性金融资产			交易性金融负债		
衍生金融资产			衍生金融负债		
应收票据			应付票据		
应收账款	73 000		应付账款	53 900	20 000
应收账款融资			预收款项		
预付款项	2 400		合同负债		
其他应收款			应付职工薪酬	65 000	60 000
存货	176 900	93 900	应交税费	27 440	
合同资产			其他应付款	1 000	
一年内到期的非流动资产			一年内到期的非流动负债		
其他流动资产			其他流动负债		
流动资产合计	807 340	480 000	流动负债合计	347 340	80 000
非流动资产：			非流动负债：		
债权投资			长期借款		
其他债权投资			应付债券		
长期应收款			其中：优先股		
长期股权投资			永续债		
其他权益工具投资			租赁负债		
其他非流动金融资产			长期应付款		
投资性房地产			预计负债		
固定资产	588 000	600 000	递延收益		
在建工程			递延所得税负债		
生产性生物资产			其他非流动负债		
油气资产			非流动负债合计		
使用权资产			负债合计	347 340	
无形资产			所有者权益（或股东权益）：		

（续表）

资产	期末余额	年初余额	负债和所有者权益（或股东权益）	期末余额	年初余额
开发支出			实收资本（或股本）	1 000 000	1 000 000
商誉			其他权益工具		
长期待摊费用			其中：优先股		
递延所得税资产			永续债		
其他非流动资产			资本公积		
非流动资产合计	588 000	600 000	减：库存股		
			其他综合收益		
			专项储备		
			盈余公积		
			未分配利润	48 000	
			所有者权益（或股东权益）合计	1 048 000	1 000 000
资产总计	1 395 340	1 080 000	负债和所有者权益（或股东权益）总计	1 395 340	1 080 000

利　润　表

会企 02 表

编制单位：茂昌公司　　20×1 年 1 月　　单位：元

项目	本月数	本年累计数
一、营业收入	180 000	180 000
减：营业成本	79 800	79 800
税金及附加	1 040	1 040
销售费用	15 960	15 960
管理费用	18 200	18 200
研发费用		
财务费用	1 000	1 000
加：其他收益		
投资收益（损失以“－”填列）		
公允价值变动收益（损失以“－”填列）		
信用减值损失（损失以“－”填列）		
资产减值损失（损失以“－”填列）		
资产处置收益（损失以“－”填列）		

（续表）

项目	本月数	本年累计数
二、营业利润（亏损以“－”号填列）	64 000	64 000
加：营业外收入		
减：营业外支出		
三、利润总额（亏损总额以“－”号填列）	64 000	64 000
减：所得税费用	16 000	16 000
四、净利润（净亏损以“－”号填列）	48 000	48 000
五、每股收益：		
（一）基本每股收益		
（二）稀释每股收益		

第十章　练习题参考答案

一、单项选择题

1. A　2. C　3. B　4. C　5. B　6. A　7. C　8. B　9. A　10. A　11. C　12. A

二、多项选择题

1. CDE　2. AC　3. ABCDE　4. BCDE　5. BCDE　6. ABCDE　7. BCDE　8. ABCD　9. ACDE　10. ACE　11. ABCDE　12. ABCE　13. ABCD　14. ABCE　15. BDE

三、判断题

1. ×　2. ×　3. √　4. ×　5. √　6. √　7. ×　8. ×　9. ×　10. √　11. √　12. √　13. √　14. ×　15. √　16. √　17. ×　18. √　19. √　20. √　21. √　22. ×　23. √　24. √　25. ×

模拟试卷参考答案

试　卷　一

一、单项选择题

1. B　2. D　3. C　4. A　5. A　6. C　7. A　8. A　9. B　10. B　11. B　12. C　13. D　14. A　15. B　16. C　17. A　18. C　19. D　20. A

二、多项选择题

1. AC　2. ABCE　3. BD　4. ABE　5. BC　6. AD　7. BDE　8. BCDE　9. BCD　10. AD

三、判断题

1. √　2. ×　3. ×　4. ×　5. √　6. √　7. ×　8. √　9. ×　10. ×

四、会计处理题

1. 会计分录

单位:万元

	会计分录		会计分录
(1)	借:银行存款　800 　贷:短期借款　800	(2)	借:银行存款　1 000 　贷:实收资本　1 000
(3)	借:生产成本——甲产品　280 　　　　　——乙产品　220 　制造费用　100 　管理费用　20 　贷:原材料——A 材料　620	(4)	借:生产成本——甲产品　200 　　　　　——乙产品　300 　制造费用　80 　管理费用　120 　贷:应付职工薪酬　700
(5)	借:制造费用　12 　管理费用　8 　贷:累计折旧　20	(6)	借:制造费用　8 　管理费用　2 　贷:银行存款　10
(7)	借:生产成本——甲产品(200×200/500) 　80 　　　　　——乙产品(200×300/500) 　120 　贷:制造费用　200	(8)	借:库存商品——甲产品(25+280+200+80) 　585 　贷:生产成本——甲产品　585

2. (1) 甲产品发出数量 800 件,发出成本 9 100 元;期末账面结存数量 1 200 件,结存成本 15 900 元;盘亏 10 件,盘亏金额 120 元。

(2) 发出数量 810 件,加权平均成本 12.50 元,发出成本 10 125 元;期末结存数量 1 190 件,结存成本 14 875 元。

3.（1）根据权责发生制和收付实现制确认宇宙公司20×1年7月的费用

序号	权责发生制下确认的费用	收付实现制下确认的费用
(1)	310	
(2)	2 600	
(3)		7 800
(4)		6 600
(5)	1 100	
(6)	4 600	4 600
(7)		8 400
(8)	1 400	
合计	10 010	27 400

（2）会计分录

单位：元

	会计分录		会计分录
(1)	借：制造费用 186 管理费用 124 贷：预付账款 310	(2)	借：财务费用 2 600 贷：应付利息 2 600
(3)	借：应付利息 7 800 贷：银行存款 7 800	(4)	借：预付账款 6 600 贷：银行存款 6 600
(5)	借：制造费用 740 管理费用 360 贷：预付账款 1 100	(6)	借：制造费用 3 460 管理费用 1 140 贷：银行存款 4 600
(7)	借：预付账款 8 400 贷：银行存款 8 400	(8)	借：制造费用 1 400 贷：预付账款 1 400

五、综合题

（1）12月31日发生经济业务的会计分录

单位：元

	会计分录		会计分录
(1)	借：银行存款 271 200 贷：主营业务收入 240 000 应交税费——应交增值税(销项税额) 31 200	(2)	借：主营业务成本 108 000 贷：库存商品 108 000
(3)	借：销售费用 6 000 贷：银行存款 6 000	(4)	借：所得税费用 206 625 贷：应交税费——应交所得税 206 625

（续表）

	会计分录		会计分录
(5)	借：应交税费 200 000 　贷：银行存款 200 000		

（2）将所有损益类账户结转至“本年利润”账户的会计分录

单位：元

借：主营业务收入 2 640 000 其他业务收入 600 000 营业外收入 22 500 　贷：本年利润 3 262 500	借：本年利润 2 642 625 　贷：主营业务成本 1 548 000 　　其他业务成本 360 000 　　税金及附加 300 000 　　销售费用 114 000 　　管理费用 60 000 　　财务费用 48 000 　　营业外支出 6 000 　　所得税费用 206 625

（3）利润表

利　润　表

编制单位：云天公司　　　　20×1年　　　　单位：元

项目	本期金额	上期金额(略)
一、营业收入	3 240 000	
减：营业成本	1 908 000	
税金及附加	300 000	
销售费用	114 000	
管理费用	60 000	
研发费用		
财务费用	48 000	
加：其他收益	—	
投资收益(损失以“－”号填列)	—	
公允价值变动收益(损失以“－”号填列)	—	
信用减值损失(损失以“－”号填列)	—	
资产减值损失(损失以“－”号填列)	—	
资产处置收益(损失以“－”号填列)	—	
二、营业利润(亏损以“－”号填列)	810 000	

（续表）

项目	本期金额	上期金额（略）
加：营业外收入	22 500	
减：营业外支出	6 000	
三、利润总额（亏损总额以"－"号填列）	826 500	
减：所得税费用	206 625	
四、净利润（净亏损以"－"号填列）	619 875	

试 卷 二

一、单项选择题

1. A 2. A 3. C 4. B 5. D 6. A 7. D 8. D 9. A 10. C 11. C 12. D 13. B 14. B 15. C 16. A 17. A 18. A 19. D 20. B

二、多项选择题

1. ABCE 2. CD 3. ABD 4. ACE 5. ABDE 6. ABCD 7. BCDE 8. ABD 9. ABCD 10. ADE

三、判断题

1. × 2. √ 3. √ 4. × 5. √ 6. √ 7. × 8. × 9. × 10. √

四、会计处理题

1. 会计分录

单位：元

	会计分录		会计分录
（1）	借：材料采购 91 000 应交税费——应交增值税（进项税额） 11 440 贷：应付账款 102 440	（2）	借：原材料 91 000 贷：材料采购 91 000
（3）	借：应付账款 102 440 贷：银行存款 102 440	（4）	借：应收账款 67 800 贷：主营业务收入 60 000 应交税费——应交增值税（销项税额） 7 800
（5）	借：销售费用 120 000 贷：银行存款 100 000 应付职工薪酬 20 000	（6）	借：生产成本 107 500 制造费用 2 600 管理费用 1 400 贷：原材料 111 500
（7）	借：库存商品 98 400 贷：生产成本 98 400	（8）	借：主营业务成本 48 000 贷：库存商品 48 000

2. 银行存款余额调节表

银行存款余额调节表

20×5 年 6 月 30 日　　单位:元

项目	金额	项目	金额
企业银行存款日记账余额	41 353	银行对账单余额	43 835
加:银行已收,企业未收的款项	3 950	加:企业已收,银行未收的款项	1 765
减:银行已付,企业未付的款项	183	减:企业已付,银行未付的款项	480
调节后存款余额	45 120	调节后存款余额	45 120

艾华公司月末可动用的银行存款实有数额为 45 120 元。

3. (1)会计分录

单位:元

	会计分录		会计分录
(1)	借:应收账款　53 400 　银行存款　150 000 　贷:主营业务收入　180 000 　　应交税费——应交增值税(销项税额)　23 400 借:主营业务成本　90 000 　贷:库存商品　90 000	(2)	借:管理费用　2 300 　贷:累计折旧　2 300
(3)	借:管理费用　18 000 　贷:应付职工薪酬　18 000	(4)	借:销售费用　5 000 　应交税费——应交所得税　10 000 　贷:银行存款　15 000
(5)	借:主营业务收入　2 180 000 　其他业务收入　100 000 　营业外收入　15 000 　贷:本年利润　2 295 000 借:本年利润　1 613 000 　贷:主营业务成本　1 340 000 　　其他业务成本　50 000 　　税金及附加　8 000 　　销售费用　100 000 　　管理费用　70 300 　　财务费用　39 700 　　营业外支出　5 000		

(2) 营业利润、利润总额计算

营业利润=2 180 000+100 000-1 340 000-50 000-8 000-100 000-70 300-39 700
=672 000(元)

利润总额=672 000+15 000-5 000=682 000(元)

(3) 计算并结转应交的所得税费用

借:所得税费用　170 500

　贷:应交税费——应交所得税　170 500

借：本年利润　　170 500
　　贷：所得税费用　　170 500

五、综合题

（1）制造费用分配率＝制造费用/生产人工费用＝65 200÷326 000＝0.20

A 产品应负担的制造费用＝195 600×0.20＝39 120(元)

B 产品应负担的制造费用＝130 400×0.20＝26 080(元)

（2）填列生产成本计算表。

生产成本——A 产品(完工产品:16 000 件,在产品:1 000 件)　　单位:元

项目	原材料费用	生产人工费用	制造费用	合计
月初在产品成本	0	0	0	0
原材料费用	120 500			120 500
生产工人费用		195 600		195 600
制造费用			39 120	39 120
生产成本	120 500	195 600	39 120	355 220
完工产品成本	118 300	192 900	37 520	348 720
在产品成本	2 200	2 700	1 600	65 000

生产成本——B 产品(完工产品:2 500 件,在产品:0 件)　　单位:元

项目	原材料费用	生产人工费用	制造费用	合计
月初在产品成本	3 480	1 820	2 000	7 300
原材料费用	100 400			100 400
生产工人费用		130 400		130 400
制造费用			26 080	26 080
生产成本	103 880	132 220	28 080	264 180
完工产品成本	103 880	132 220	28 080	264 180
在产品成本	0	0	0	0

试　卷　三

一、单项选择题

1. B　2. A　3. A　4. D　5. D　6. C　7. B　8. A　9. D　10. C　11. A　12. C　13. D　14. C　15. B　16. A　17. B　18. A　19. B　20. D

二、多项选择题

1. ABCDE　2. ABCDE　3. AC　4. ABCDE　5. DE　6. BE　7. BD　8. ABE　9. ABCD　10. ABCDE

三、判断题

1. √ 2. √ 3. √ 4. × 5. × 6. × 7. × 8. × 9. × 10. ×

四、会计处理题

1. 会计分录

单位:元

	会计分录		会计分录
(1)	借:预收账款 600 000 银行存款 191 000 贷:主营业务收入 700 000 应交税费——应交增值税(销项税额) 91 000	(2)	借:主营业务成本 350 000 贷:库存商品 350 000
(3)	借:销售费用 60 000 贷:银行存款 60 000	(4)	借:财务费用 6 000 贷:应付利息 6 000
(5)	借:待处理财产损溢——待处理流动资产损溢 1 000 贷:管理费用 1 000	(6)	借:所得税费用 71 250 贷:应交税费——应交所得税 71 250 借:本年利润 71 250 贷:所得税费用 71 250
(7)	借:利润分配 21 375 贷:盈余公积 21 375	(8)	借:利润分配 50 000 贷:应付股利 50 000

2. 各年坏账损失计提及相关业务会计分录

单位:万元

	会计分录		会计分录
(1)	20×1 年末计提坏账准备: 应计提额=6 000×5‰=30 借:信用减值损失——计提的坏账准备 30 贷:坏账准备 30	(2)	20×2 年发生坏账损失: 借:坏账准备 40 贷:应收账款 40 计提坏账准备: 应计提额=7 000×5‰−30+40=45 借:信用减值损失——计提的坏账准备 45 贷:坏账准备 45
(3)	20×3 年收到转销的坏账: 借:应收账款 10 贷:坏账准备 10 借:银行存款 10 贷:应收账款 10 发生坏账损失: 借:坏账准备 15 贷:应收账款 15 计提坏账准备: 应计提额=8 000×5‰−35−10+15=10 借:信用减值损失——计提的坏账准备 10 贷:坏账准备 10		

3.（1）会计分录

单位：万元

	会计分录		会计分录
（1）	借：银行存款 2 000 贷：实收资本 2 000	（2）	借：盈余公积 5 000 贷：实收资本 5 000
（3）	借：应交税费 120 贷：银行存款 120	（4）	借：固定资产 100 应交税费——应交增值税（进项税额） 13 贷：银行存款 113
5）	借：短期借款 1 000 贷：银行存款 1 000	（6）	借：银行存款 2 410 贷：应收账款 2 410
（7）	借：应付职工薪酬 500 贷：银行存款 500	（8）	借：制造费用 120 管理费用 30 贷：累计折旧 150

（2）总分类账户试算平衡表

会计科目	期初余额（元）		本期发生额（元）		期末余额（元）	
	借方	贷方	借方	贷方	借方	贷方
库存现金	40				40	
银行存款	12 500		4 410	1 733	15 177	
应收账款	6 320			2 410	3 910	
原材料	8 290				8 290	
生产成本	6 120				6 120	
库存商品	7 450				7 450	
固定资产	30 000		100		30 100	
累计折旧		5 000		150		5 150
短期借款		5 000	1 000			4 000
应付账款		2 500				2 500
应付职工薪酬		500	500			
应交税费		220	133			87
实收资本		50 000		7 000		57 000
盈余公积		7 500	5 000			2 500
制造费用			120		120	
管理费用			30		30	
合计	70 720	70 720	11 293	11 293	71 237	71 237

五、综合题

（1）由于一定时期发生的每一笔经济业务，都遵循“有借必有贷，借贷必相等”的记账原理进行记账，因此一定时期的所有账户借方发生额合计应该等于所有账户贷方发生额合计。而依据会计恒等式“资产＝负债＋所有者权益”，所有账户的借方余额（资产）应该等于所有账户贷方的余额（负债和所有者权益）。所以如果试算结果不平衡，则说明账户记录肯定有错误。

（2）错账更正

① 借：银行存款　　30 000（红字）

　　贷：主营业务收入　　30 000（红字）

借：银行存款　　30 000

　　贷：预收账款　　30 000

采用红字更正法。因为记账凭证科目用错引起账簿记录错误。

② “管理费用”账户借方 8 100 用红线划去并盖章，然后在其上方写上蓝字 1 800。

采用划线更正法。因为记账凭证无误，纯属登记账簿错误。

③ 借：财务费用　　900

　　贷：应付利息　　900

采用补充登记法。因为记账凭证金额少记引起账簿记录错误。

（3）试算平衡表

总分类账户试算平衡表（调整）　　单位：元

账户名称	借方	贷方
库存现金	1 500	
银行存款	150 000	
预付账款	7 500	
原材料	200 000	
库存商品	180 000	
固定资产	580 000	
累计折旧		30 000
短期借款		300 000
预收账款		50 000
应付利息		9 900
实收资本		750 000
利润分配		75 000
生产成本	100 000	
主营业务收入		270 000
主营业务成本	170 000	
管理费用	86 000	
财务费用	9 900	
合计	1 484 900	1 484 900

(4) 存货＝200 000＋180 000＋100 000＝480 000(元)

固定资产＝580 000－30 000＝550 000(元)

试 卷 四

一、单项选择题

1. A 2. B 3. A 4. A 5. C 6. D 7. C 8. D 9. B 10. C 11. C 12. A 13. B 14. A 15. A 16. D 17. D 18. D 19. C 20. D

二、多项选择题

1. AC 2. ABDE 3. ACD 4. ABCD 5. ABCE 6. ACE 7. AD 8. ABCDE 9. ABD 10. ABCDE

三、判断题

1. × 2. × 3. × 4. √ 5. × 6. √ 7. × 8. × 9. × 10. √

四、会计处理题

1. 应填制的记账凭证与会计分录

单位:元

	会计分录		会计分录
(1)	应填制转账记账凭证 借：资本公积 200 000 贷：股本 200 000	(2)	应填制转账记账凭证 借：原材料——甲材料 9 500 ——乙材料 9 800 贷：材料采购——甲材料 9 500 ——乙材料 9 800
(3)	应填制转账记账凭证 借：制造费用 5 000 管理费用 3 000 贷：累计折旧 8 000	(4)	应填制转账记账凭证 借：应收账款——华盛公司 282 500 贷：主营业务收入——B产品 250 000 应交税费——应交增值税(销项税额) 32 500
(5)	应填制收款记账凭证 借：银行存款 11 300 贷：其他业务收入 10 000 应交税费——应交增值税(销项税额) 1 300	(6)	应填制付款记账凭证 借：财务费用 3 000 贷：银行存款 3 000
(7)	应填制转账记账凭证 借：待处理财产损溢——待处理流动资产损溢 3 000 贷：库存商品 3 000 借：营业外支出 3 000 贷：待处理财产损溢——待处理流动资 产损溢 3 000	(8)	应填制转账记账凭证 借：本年利润 87 500 贷：利润分配——未分配利润 87 500

2. (1)在永续盘存制下假设采用“先进先出法”的A材料明细账

A 材料明细账(先进先出法)　　单位:元

20×1 年		摘要	收入			发出			结存		
月	日		数量	单价	金额	数量	单价	金额	数量	单价	金额
3	1	期初余额							500	5.04	2 520
	5	购入	600	5.50	3 300				500 600	5.04 5.50	5 820
	11	发出				500 200	5.04 5.50	2 520 1 100	400	5.50	2 200
	15	购入	200	5.70	1 140				400 200	5.50 5.70	3 340
	18	发出				300	5.50	1 650	100 200	5.50 5.70	1 690
	24	购入	800	6.00	4 800				100 200 800	5.50 5.70 6.00	6 490
	30	发出				100 200 280	5.50 5.70 6.00	550 1 140 1 680	520	6.00	3 120
3	31	本月发生额及月末余额	1 600		9 240	1 580		8 640	520	6.00	3 120

(2) 在实地盘存制下 A 材料月末结存的实际成本与本月发出的实际成本

平均单价=(2 520+9 240)/(500+1 600)=5.60(元/件)

A 材料月末结存的实际成本=510×5.60=2 856(元)

A 材料本月发出数量=500+1 600−510=1 590(件)

A 材料本月发出成本=2 520+9 240−2 856=8 904(元),或者 1 590×5.60=8 904(元)

3. (1)按权责发生制与收付实现制计算本月收入和费用金额

单位:元

经济业务	权责发生制		收付实现制	
	收入	费用	收入	费用
(1)				200
(2)				2 400
(3)		100		
(4)		1 000		
(5)			23 400	
(6)	58 500			
(7)		12 400		
合计	58 500	13 500	23 400	2 600

（2）有关利润表项目计算

营业利润＝600 000＋50 000－300 000－30 000－45 000－35 000－86 000－53 000＋16 000＝117 000(元)

利润总额＝117 000＋13 500－9 900＝120 600(元)

所得税费用＝120 600×25％＝30 150(元)

净利润＝120 600－30 150＝90 450(元)

五、综合题

（1）编制(1)至(3)项经济业务相关的会计分录

单位:元

	会计分录		会计分录
(1)	借：银行存款　610 200 　贷：主营业务收入　540 000 　　应交税费——应交增值税(销项税额)　70 200 借：主营业务成本　350 000 　贷：库存商品　350 000	(2)	借：银行存款　453 000 　贷：主营业务收入　400 000 　　应交税费——应交增值税(销项税额)　52 000 　　银行存款　1 000 借：主营业务成本　250 000 　贷：库存商品　250 000
(3)	借：银行存款　169 500 　贷：预收账款——C公司　169 500 借：预收账款——C公司　565 000 　贷：主营业务收入　500 000 　　应交税费——应交增值税(销项税额)　65 000 借：主营业务成本　300 000 　贷：库存商品　300 000 借：应收票据　395 500 　贷：预收账款——C公司　395 500		

（2）利润表

利　润　表

编制单位:中宇公司　　　　20×1年6月　　　　单位:元

项目	本月数	本年累计数(略)
一、营业收入	1 470 000	
减:营业成本	920 000	
税金及附加	15 000	
销售费用	40 000	
管理费用	60 000	
研发费用	10 000	
财务费用	12 000	
加:其他收益		

（续表）

项目	本月数	本年累计数(略)
投资收益(损失以“－”号填列)		
公允价值变动收益(损失以“－”号填列)		
信用减值损失(损失以“－”号填列)		
资产减值损失(损失以“－”号填列)		
资产处置收益(损失以“－”号填列)		
二、营业利润(亏损以“－”号填列)	413 000	
加:营业外收入	70 000	
减:营业外支出	18 000	
三、利润总额(亏损总额以“－”号填列)	465 000	
减:所得税费用	116 250	
四、净利润(净亏损以“－”号填列)	348 750	

试 卷 五

一、单项选择题

1. A 2. B 3. D 4. D 5. D 6. C 7. A 8. C 9. D 10. B 11. C 12. D 13. A 14. D 15. A 16. A 17. C 18. C 19. D 20. C

二、多项选择题

1. ABD 2. ACDE 3. BCD 4. ABCDE 5. BC 6. ABE 7. ABE 8. ABCE 9. ABDE 10. ABCDE

三、判断题

1. √ 2. × 3. × 4. √ 5. × 6. × 7. √ 8. × 9. × 10. ×

四、会计处理题

1. 会计分录

单位:元

	会计分录		会计分录
(1)	借：银行存款 30 000 贷：预收账款——甲公司 30 000	(2)	借：预收账款——甲公司 30 000 银行存款 3 900 贷：主营业务收入 30 000 应交税费——应交增值税(销项税额) 3 900
(3)	借：应收账款——乙公司 50 850 贷：主营业务收入 45 000 应交税费——应交增值税(销项税额) 5 850	(4)	借：主营业务成本——A产品 22 500 ——B产品 34 500 贷：库存商品——A产品 22 500 ——B产品 34 500

（续表）

	会计分录		会计分录
(5)	借：销售费用 1 000 贷：银行存款 1 000	(6)	借：销售费用 4 500 贷：银行存款 4 500
(7)	借：银行存款 1 356 贷：其他业务收入 1 200 应交税费——应交增值税(销项税额) 156	(8)	借：其他业务成本 1 000 贷：原材料 1 000

2. (1)产品完工入库的会计分录

借：库存商品——甲产品 530 000

——乙产品 850 000

贷：生产成本——甲产品 530 000

——乙产品 850 000

(2) 产品出售出库结转成本的会计分录

月末一次加权平均法下甲产品成本

=(1 000 000+530 000)/(2 000+1 000)=510(元/件)

月末一次加权平均法下乙产品成本

=(1 350 000+850 000)/(3 000+2 000)=440(元/件)

借：主营业务成本 1 916 000

贷：库存商品——甲产品 816 000

——乙产品 1 100 000

(3)"库存商品"的明细分类账户本期发生额及余额表

单位:元

明细分类账户	期初余额	本期发生额		期末余额
		借方	贷方	
甲产品	1 000 000	530 000	816 000	714 000
乙产品	1 350 000	850 000	1 100 000	1 100 000
合计	2 350 000	1 380 000	1 916 000	1 814 000

3. 各年有关坏账准备计提、坏账转销、转销后的坏账收回的会计分录

单位:元

	会计分录		会计分录
(1)	20×1 年年末计提坏账准备： 应计提额=3 500 000×1%=35 000(元) 借：信用减值损失——计提的坏账准备 35 000 贷：坏账准备 35 000	(2)	20×2 年度发生坏账损失： 借：坏账准备 40 000 贷：应收账款 40 000 20×2 年年末计提坏账准备： 应计提额=4 000 000×1%－(35 000－40 000)=45 000(元) 借：信用减值损失——计提的坏账准备 45 000 贷：坏账准备 45 000

（续表）

	会计分录		会计分录
(3)	20×3 年度原已确认坏账又收回： 借：应收账款　　15 000 　　贷：坏账准备　　15 000 借：银行存款　　15 000 　　贷：应收账款　　15 000 20×3 年年末计提坏账准备： 应计提额＝3 800 000×1%－(40 000＋15 000)＝－17 000(元)，即应冲销多提的坏账准备： 借：信用减值损失——计提的坏账准备　　17 000 　　贷：资产减值损失　　17 000	(4)	20×4 年年末计提坏账准备 应计提额＝4 200 000×1%－38 000＝4 000(元) 借：资产减值损失　　4 000 　　贷：坏账准备　　40 000

五、综合题

(1) 相关会计分录

单位:元

	会计分录		会计分录
(1)	借：原材料　　3 000 　　应交税费——应交增值税(进项税额)　　390 　　贷：银行存款　　3 390	(2)	借：银行存款　　56 500 　　贷：主营业务收入　　50 000 　　　　应交税费——应交增值税(销项税额)　　6 500 借：主营业务成本　　25 000 　　贷：库存商品　　25 000
(3)	借：固定资产　　10 000 　　应交税费——应交增值税(进项税额)　　1 300 　　贷：银行存款　　11 300	(4)	借：生产成本　　6 000 　　贷：原材料　　6 000
(5)	借：财务费用　　500 　　短期借款　　4 500 　　贷：银行存款　　5 000	(6)	借：应付职工薪酬　　17 800 　　贷：银行存款　　17 800
(7)	借：生产成本　　15 000 　　制造费用　　6 000 　　贷：应付职工薪酬　　21 000	(8)	借：制造费用　　1 000 　　贷：累计折旧　　1 000
(9)	借：生产成本　　7 000 　　贷：制造费用　　7 000	(10)	借：库存商品　　28 000 　　贷：生产成本　　28 000
(11)	借：主营业务收入　　50 000 　　贷：本年利润　　50 000 借：本年利润　　25 500 　　贷：主营业务成本　　25 000 　　　　财务费用　　500	(12)	借：应交税费——应交所得税　　3 500 　　贷：银行存款　　3 500

(2) 资产负债表期末数

货币资金=72 110(元)

存货=34 100(元)

流动资产合计=113 010(元)

固定资产净值=29 800(元)

资产总计=165 810(元)

应交税费=4 710(元)

流动负债合计=34 810(元)

负债合计=34 810(元)

未分配利润=70 500(元)

所有者权益合计=131 000(元)

负债与所有者权益总计=165 810(元)

试 卷 六

一、单项选择题

1. B 2. B 3. C 4. B 5. B 6. C 7. B 8. C 9. B 10. C 11. A 12. C 13. D 14. B 15. D 16. B 17. D 18. B 19. D 20. D

二、多项选择题

1. ABDE 2. AC 3. CDE 4. CD 5. BCDE 6. AC 7. BC 8. ABDE 9. ABCD 10. BCDE

三、判断题

1. √ 2. √ 3. × 4. √ 5. √ 6. × 7. × 8. × 9. × 10. √

四、会计处理题

1. 每项业务应填制的记账凭证与编制的会计分录

单位:元

	记账凭证类别与会计分录		记账凭证类别与会计分录
(1)	应填制收款记账凭证 借:银行存款 420 000 贷:实收资本 420 000	(2)	应填制收款记账凭证 借:银行存款 400 000 贷:短期借款 400 000
(3)	应填制转账记账凭证 借:资本公积 200 000 贷:实收资本 200 000	(4)	应填制转账记账凭证 借:管理费用 25 000 贷:累计折旧 25 000
(5)	应填制转账记账凭证 借:应付账款 50 000 贷:应付票据 50 000	(6)	应填制收款记账凭证 借:银行存款 22 600 贷:主营业务收入 20 000 应交税费——应交增值税(销项税额) 2 600 应填制转账记账凭证 借:主营业务成本 15 000 贷:库存商品 15 000

（续表）

	记账凭证类别与会计分录		记账凭证类别与会计分录
(7)	应填制付款记账凭证 借：短期借款　200 000 　　财务费用　2 500 　贷：银行存款　202 500	(8)	应填制转账记账凭证 借：信用减值损失——计提的坏账准备 　　30 000 　贷：坏账准备　30 000

2.（1）编制的会计分录

单位：万元

	会计分录		会计分录
(1)	借：银行存款　40 000 　贷：实收资本　40 000	(2)	借：固定资产　8 000 　　应交税费——应交增值税（进项税额） 　　1 040 　贷：银行存款　9 040
(3)	借：材料采购　3 000 　　应交税费——应交增值税（进项税额） 　　390 　贷：应付账款　3 390	(4)	借：原材料　3 000 　贷：材料采购　3 000
(5)	借：银行存款　4 000 　贷：短期借款　4 000	(6)	借：应付账款　7 000 　贷：银行存款　7 000
(7)	借：生产成本　900 　贷：原材料　900	(8)	借：短期借款　6 000 　贷：银行存款　6 000

（2）发生额及余额试算表

总分类账户发生额及余额试算表　　单位：万元

账户名称	期初余额		本期发生额		期末余额	
	借方	贷方	借方	贷方	借方	贷方
库存现金	60				60	
银行存款	40 000		44 000	22 040	61 960	
材料采购			3 000	3 000		
原材料	940		3 000	900	3 040	
固定资产	32 000		8 000		40 000	
生产成本	3 000		900		3 900	
短期借款		2 000	6 000	4 000		
应付账款		10 000	7 000	3 390		6 390
应交税费			1 430		1 430	
实收资本		64 000		40 000		104 000
合计	76 000	76 000	73 330	73 330	110 390	110 390

3. 编制的有关业务会计分录及相关计算

单位:万元

	会计分录		会计分录
(1)	借:生产成本——甲 3 055 ——乙 1 045 制造费用 500 贷:原材料 4 600	(2)	借:生产成本——甲 600 ——乙 200 制造费用 80 贷:应付职工薪酬 880
(3)	借:制造费用 200 贷:累计折旧 200	(4)	借:制造费用 80 贷:银行存款 80
(5)	甲产品应分摊制造费用 $=860\times\frac{600}{600+200}=645$(万元) 乙产品应分摊制造费用 $=860\times\frac{200}{600+200}=215$(万元) 借:生产成本——甲 645 ——乙 215 贷:制造费用 860	(6)	甲产品共发生生产成本 4 300 万元。 其中:完工产品成本(300 件) $=4\ 300\times\frac{300}{300+100}=3\ 225$(万元) 在产品成本(200 件,完工程度 50%) $=4\ 300\times\frac{100}{300+100}=1\ 075$(万元) 乙产品完工产品(100 件)成本 2 260 万元 借:库存商品——甲 3 225 ——乙 2 260 贷:生产成本——甲 3 225 ——乙 2 260

五、综合题

(1) 相关会计分录

单位:万元

	会计分录		会计分录
(1)	借:应收票据 56 500 贷:主营业务收入 50 000 应交税费——应交增值税(销项税额) 6 500 借:主营业务成本 25 000 贷:库存商品 25 000	(2)	借:管理费用 50 贷:银行存款 50
(3)	借:制造费用 180 贷:银行存款 180	(4)	借:短期借款 10 000 财务费用 500 贷:银行存款 10 500
(5)	借:生产成本 34 000 贷:原材料 34 000	(6)	借:应收账款 12 430 贷:主营业务收入 11 000 应交税费——应交增值税(销项税额) 1 430 借:主营业务成本 5 600 贷:库存商品 5 600

（续表）

	会计分录		会计分录
(7)	借：销售费用　500 　贷：银行存款　500	(8)	借：制造费用　3 000 　管理费用　2 000 　贷：累计折旧　5 000 借：管理费用　200 　贷：无形资产　200
(9)	借：生产成本　11 400 　制造费用　570 　管理费用　590 　贷：应付职工薪酬　12 560	(10)	借：应付职工薪酬　12 560 　贷：银行存款　12 560
(11)	将制造费用转入生产成本： 借：生产成本　3 750 　贷：制造费用　3 750	(12)	完工产品入库结转成本： 借：库存商品　49 150 　贷：生产成本　49 150
(13)	结转各损益账户的发生额： 借：本年利润　34 440 　贷：主营业务成本　30 600 　　销售费用　500 　　管理费用　2 840 　　财务费用　500 借：主营业务收入　61 000 　贷：本年利润　61 000	(14)	总利润＝61 000－34 440＝26 560(千元) 计算应交所得税： 应交所得税＝26 560×25%＝6 640(千元) 借：所得税费用　6 640 　贷：应交税费——应交所得税　6 640 将所得税费用结转至本年利润账户： 借：本年利润　6 640 　贷：所得税费用　6 640
(15)	净利润＝26 560－6 640＝19 920(千元) 将净利润结转利润分配账户： 借：本年利润　19 920 　贷：利润分配——未分配利润　19 920	(16)	按照净利润的10%提取法定盈余公积金： 借：利润分配——提取法定盈余公积 　1 992 　贷：盈余公积——法定盈余公积　1 992

（2）利润表

利　润　表

编制单位:佳园公司　　　　20×1年12月　　　　单位:万元

项目	本月数	本年累计数(略)
一、营业收入	61 000	
减:营业成本	30 600	
税金及附加		
销售费用	500	
管理费用	2 840	
研发费用		
财务费用	500	

（续表）

项目	本月数	本年累计数(略)
加:其他收益		
投资收益(损失以“－”号填列)		
公允价值变动收益(损失以“－”号填列)		
信用减值损失(损失以“－”号填列)		
资产减值损失(损失以“－”号填列)		
资产处置收益(损失以“－”号填列)		
二、营业利润(亏损以“－”号填列)	26 560	
加:营业外收入		
减:营业外支出		
三、利润总额(亏损总额以“－”号填列)	26 560	
减:所得税费用	6 640	
四、净利润(净亏损以“－”号填列)	19 920	